献给至亲至爱至高至雅的导师张似赞大先生
For my respected supervisor Prof. Zhang Sizan

中华大地幅员辽阔，民族文化异彩纷呈。探源泱泱华夏文明、寻根传统聚落文化，在城市双修、乡村振兴的今天尤其具有深刻而长远的意义。厦门大学自2011年起，在城乡规划专业本科二年级学生中进行暑期"城乡认识实习"，已历时八年了。从皖南民居、婺源山水、徽杭聚落、赣江南北，到云贵高原的黔东南；从晋西陕北、齐鲁大地，到绵长宏阔的河西走廊，祖国南北都留下了师生的汗水和足迹。那些古城、古镇、古村落、古建筑，那些倾诉着深情与沧桑的人文回响，构成了丰富多彩、各具特色的城乡历史文化和空间原型，是城乡认识实习的最基本内容。八年的"城乡认识"之旅只能窥探世界聚落文化冰山之一角，我们的"聚落寻源"行动也刚刚起步，但往昔点滴集结于此，是师生步伐与心路历程的记录和总结，更是未来之路的基础和开端。

厦门大学"双一流"学科建设资助项目
厦门大学本科教材资助项目

聚落寻源

IN SEARCHING FOR THE CONVENTION OF SETTLEMENTS

杨哲 ◎ 编著

图书在版编目(CIP)数据

聚落寻源/杨哲编著. —厦门:厦门大学出版社,2019.5
ISBN 978-7-5615-6927-6

Ⅰ.①聚… Ⅱ.①杨… Ⅲ.①聚落地理—研究—徽州地区 Ⅳ.①K925.42

中国版本图书馆 CIP 数据核字(2018)第 085475 号

出版人	郑文礼
责任编辑	陈进才

出版发行　厦门大学出版社
社　　址　厦门市软件园二期望海路 39 号
邮政编码　361008
总 编 办　0592-2182177　0592-2181406(传真)
营销中心　0592-2184458　0592-2181365
网　　址　http://www.xmupress.com
邮　　箱　xmup@xmupress.com
印　　刷　厦门市竞成印刷有限公司

开本　889 mm×1 194 mm　1/16
印张　32.75
插页　2
字数　892 千字
版次　2019 年 5 月第 1 版
印次　2019 年 5 月第 1 次印刷
定价　180.00 元(附赠光盘)

本书如有印装质量问题请直接寄承印厂调换

厦门大学出版社
微信二维码

厦门大学出版社
微博二维码

内容简介

本书根据厦门大学建筑与土木工程学院师生亲历其中的实习调研，图文并茂地梳理了2011—2018年暑期现场考察的心得和成果。全书共分四篇，第一篇系统回顾了2011—2015年历次城乡规划认识实习；第二篇翔实展现了2016年"山水婺源"实践的方方面面；第三篇汇集了2017年"徽杭古道·第三空间"实践成果；第四篇对2018年"赣江南北·诺利空间"的考察方法做了总结。中国南方，从皖南民居、婺源山水、徽杭聚落、赣江南北，到云贵高原的黔东南；中国北方，从晋西陕北、齐鲁大地，到绵长宏阔的河西走廊，那些古城、古镇、古村落、古建筑，那些倾诉着深厚情感与沧桑巨变的人文回响，构成了丰富多彩、各具特色的城乡历史文化和空间原型，是城乡规划、建筑学专业学习不可或缺的经典内容。

作为一部城乡认识实践教学成果的著作，本书可供在校城乡规划、建筑学、艺术设计等专业师生参考。同时，也可作为热爱中国传统城乡与建筑文化的人士、旅行者的业余读物，分享专业经验和旅程收获。

2017年1月5日,邬大光副校长在厦门大学建筑与土木工程学院海沧院前乡建社揭牌仪式上讲话

序一

邬大光

一年一年的城乡认识实习，从大学课堂到城镇乡村，构筑起现代城乡建设与传统文化相结合的桥梁。今年将实习成果编纂成册，从中可以看到学生们在实践活动中不断思考、不断成长，令我感到十分欣慰。我想借这个机会给同学们说几句话：

社会发展重在文化传承，传统文化的根在乡村。今日这个喧嚣的社会中，人们对文化的执着越来越弱。在现代化进程中，城市快速发展，趋向千篇一律，历史文化的传承很大程度上被忽视。要找到中国传统文化的根，还是要回到古城镇、古村落中去。实习队伍在祖国的东西南北实地考察，学习理解传统聚落的空间形态、历史文化特征，也思考、探讨如何将城乡建设与传统文化结合起来。保护古建筑、古村落，这是我们要做的事。但我们更要做的，是一种文化的传承，一种文化的薪火相传。

大学培养人才，除了专业能力的培养，更要培养学生的文化情怀。这种文化情怀，包括建筑、乡村、人文、历史等多个方面。学生不仅要在学校，更要在现场实习调研中不断感悟历史、感悟文化、增长知识、磨炼技能。

我希望厦门大学城市规划系的城乡认识实习能够作为一个传统延续下去；我希望在一次一次的实习中，给建筑留点记忆，给乡村留点文化，给学生留点经验；我希望我们的学生能够拥有文化情怀，能够对他们所做的事抱有极大的文化自信，并一直坚持下去，把这一件非常有意义的事做成源远流长的传统。

厦门大学副校长

王绍森

序二

王绍森

感受、感悟

"读万卷书,行万里路。"城乡是人类社会发展的物质与文化载体,现场调研实习是城乡规划专业学习的重要环节。通过现场调研学习,学生可以真实感受城乡存在的有形环境空间系统格局,感悟城乡发展变化的无形综合因素。

厦门大学城乡规划专业的教学重视现场调研实习,令师生富有热情和兴趣。多年来在杨哲副教授等带领下,师生们纵行南北,横贯东西,勘城察村,查文阅理,持续多年,收获良多,受益长久!现整理成册,以现硕果!是为序。

厦门大学建筑与土木工程学院院长

王　慧

写在《聚落寻源》付梓出版之际

王 慧

最早读到本书中的一些段落、篇章，是在杨哲老师的微信朋友圈。看到杨哲老师作为课程主讲以及带队老师，陆陆续续一篇一篇推送出来的，图文并茂、文字清雅、层次有致的厦门大学城市规划专业"城乡认识实习"活动日志以及专题小结等，感动于他们师生团队对于这门实习课程的认真态度以及倾力投入，也惊喜于字里行间显露出的师生们从中所获得的丰富见识与感悟。于是，在一年多前的某个夜晚，作为一位与杨哲老师工作室紧挨着的"隔壁邻居"，作为一位被杨哲老师一直以"慧姐"相称的老同事、老朋友，我就在杨老师微信朋友圈里给其提出一个温馨建议："杨兄，是否考虑一下，将你们的这些实习日记、专题小结等梳理提炼、编纂成书啊？"

我的这个建议立即得到杨老师的积极回应，我们二人随即还商议了将这门实习课程及其相关成果与厦门大学正在推动展开的"大学生社会实践""大学生双创""教学改革"等活动相捆绑、相结合，以提升成果影响力。我们拥有一个共识：对于在校读书的大学生，尤其是城市规划和建筑学专业的学生们，"行万里路"与"读万卷书"都不可或缺！面对大千世界、祖国各地丰富多姿的山水、乡镇、廊桥、聚落，及其附着的生动深邃的生活、市井、人文、历史，引导学生们身临其境，用自己的眼睛去目睹、用自己的足迹去丈量、用自己的身手去感触、用自己的心灵去体味，从中所得、所悟、所铭记，是其他学习方式所不能替代的。这其中成果来之不易，值得珍惜，也值得分享与推广。

春去秋来，春华秋实。在学院及学校领导、同事以及多个部门的共同鼓励支持下，由杨哲老师编著的，饱含"城乡认识实习"团队师生们心血和汗水、回忆与感悟的这本洋洋洒洒数百页的"巨著"——《聚落寻源》，即将付梓出版，我在此表示衷心祝贺，并作为曾为此书出版起到一点点推动作用的人，感到欢欣、自豪，与有荣焉！

厦门大学建筑与土木工程学院教授

INTRODUCTION

China is a vast country with a splendid, enchanting, and charming culture. As such, it is of profound significance to explore the origin of the civilization and traditional settlement culture of China.

The Journey of the Fieldtrips has been crafted for sophomores of the Department of Urban Planning, School of Architecture and Civil Engineering, Xiamen University since the opening of the department. It has been eight years since 2011. Ancient cities, towns, villages, and ancient buildings, constituting a unique urban and rural culture and space prototype, are the most basic contents of the fieldtrips.

Urban and rural planning and architectural design are inseparable from the cognition of local and place. Specific methods of cognition/perception are reading, photography, sketching, interview, etc. When the perceiver controls the object with his/her own or acquired experience and forms the existence of subjective consciousness, "image" is created. This image has social significance through the recognition of collective consciousness and finally affects the positioning, direction, framework, focus, and even details of planning and design.

For each fieldtrip, we require students to focus on the following four aspects to further understand and summarize the spatial prototype of local towns and the "primitive ecology" characteristics of history and culture.

(1) Landscape pattern, regional group relations, and transportation contact information.

(2) Spatial structure of cities, towns and villages, street texture, and characteristics of architectural community (type, distribution, etc.).

(3) Natural geography, urban and rural features, and characteristics of architectural style and form.

(4) Refinement of intangible and emotional elements, such as history, humanity and local customs (intangible cultural heritage, etc.).

This book collect the previous experience of teachers and students in the fieldtrips. In addition to those real records of the sketch of students and teachers, there are insightful words with depth and temperature.

Through the fieldtrips, we clearly recognize that history and culture of urban and rural areas are no longer just made up of historic sites and ancient architectural culture heritage; they also includes the tangible and intangible cultural heritage. History and culture of urban and rural areas have been endowed with a more abundant connotation of sustainable development of society, and it is the core elements and inner soul of human settlements.

Admittedly, the eight-year journey of the fieldtrips only reveals the tip of the iceberg of world settlement culture. We are at the beginning of our "Searching for the Convention of Settlements". The accumulation of the past is not only the record and summary of teachers' and students' experience and mental journey but also the foundation and beginning of the future road.

前　言

> "对于未知的事物，实际上有两种态度：一是接受人们基于书本、神话或神灵启示所做的声明；二是自己亲自走出去看一看，而这种方法正是哲学和科学的方法。"
>
> ——伯特兰·罗素《哲学简史》

积跬步，以至千里。

厦门大学建筑与土木工程学院历来重视教学实践环节的设置与实施。城乡规划系创办于2007年，2009年城乡规划专业本科五年制正式招生，2010年开始招收城市与区域规划硕士研究生。自2011年以来，每到本科二年级结束的暑假，按教学计划进行为期1.5周（实际9～12天）的"城乡认识实习"。笔者非常荣幸地连续担任实习带队教师，并与主讲的课程"城乡历史文化与保护"紧密对接。带领规划本科班全体同学的同时，鼓励并吸纳研究生参与，也欢迎校内外老师加盟，行走于祖国的古城、古镇、古村落，边走边画，测绘访谈。朝夕相处的十余天时间里，师生们一起吃住行、传帮带，同甘共苦，互促进步，每个人都获得了一笔难得的人生财富。

一、关于城乡认识实习

聚落是人类各种形式聚居地的总称。或者说，有人聚居的地方就可以称之为聚落。然而，城市与乡村具有迥然不同的特质。聚落的多样性体现着自然与世界的复杂和多样（世界也可以理解为人类想象力所认识和创造的自然）。城乡认识实习，顾名思义，就是对城市与乡村物质空间和历史文化的实地考察与调研。结合"城乡历史文化与保护"课程，我们把这种短时间、多种类地点的现场认知聚焦于人类聚落的空间原型与文化的原生态特征。

随着城市化进程的加快，中国大部分城市的面貌都发生了巨大的变化，很多已经看不出历史发展的脉络和痕迹，而趋向"千城一面"。同时，在城市化与工业化背景下，广大乡村要么迅速空心化甚至消亡，要么蜕变为城市人寻找"乡愁"的旅游景点，逐渐失去了乡村本身所应有的品质与特色。这些现象普遍令人感到失望和焦虑，期待能够有所改善。另外，更快的现代化生活节奏、更高的高楼大厦、更宽的马路、更大的超市……所带来的并不一定是身心的放松和怡然，而原有的历史文化传统似乎又找不到合适的方式和形式重新融入现代环境。这一切，似乎都在呼唤空间形态与社会文化的转型与发展。而要获得成功的转型，首先必须对人类聚落的原型有比较准确的理解和把握。这些"原型"在城市化水平较高的都会闹市中已较难觅其踪迹，必须到更为广大的古城镇和古村落中，或许能找到一些人类聚居空间的典型或线索，从中找到聚落空间原型的特点特征和历史文化传统的表现形式。

华东非沿海大部地区以及广大的中原地区、西部边远地区，都有着积淀深厚的历史文化。其大多以农耕文化为基础，融入了官商晋爵的功名思想，形成了丰富的城镇和村寨群落。这些古镇村落是中国城乡建筑文化传承的重要基因。通过实地踏勘、研习，发现它们既有鲜明的个性特色，同时又具有某些普遍的共性特征，对城乡规划的入门乃至工作来说，都是必做的基本功课。城乡认识实习选择历史形成的各地区古城镇及村寨进行聚落空间原型的实地考察，让生活在东南沿海的师生们有机会以陌生、新奇的眼光来审视这些独有的个性与共性。

我们计划通过每一次的实地考察和调研，对当地城镇空间原型及历史文化"原生态"特征做进一步的了解和总结，主要包括以下4个方面的内容：

（1）山水格局、区域性组团关系及交通联系方式。
（2）城、镇、村的空间结构，街巷肌理与建筑群落（类型、分布等）特征。
（3）自然地理、城乡风貌与建筑风格形式特点。
（4）历史、人文、乡俗等虚体和情感要素的提炼（非物质文化遗产等）。

二、认知的层面与方法

城乡规划与建筑设计都离不开对地方与场所的各种认知，如气候、物产、资源、交通、历史、文化等方面。认知体验也有多种途径，如从形态（人地关系）、区域（特色显现）、地段场所（领域感）、风土人文（历史积淀）等。认知的具体方式方法则有阅读（书刊及影像资料）、摄影、写生、访谈等。如果要更为本质地来挖掘认知的价值或意义，那就属于认知层面的架构了。

认知层面，由具象上升为抽象，大体上可分为外在形式、主观意象和社会意义。城市、乡村与建筑的形式是原本物理或物质的存在，对于认知者（规划设计者）来说，属于原物或"原创"。当认知者以自身或习得的经验来把控这个客体，形成主观意识到的存在时，比如测绘图、写生画等，便"客创"出意象（image）。这个主观性很强的意象经由集体意识的认可与增强便具有了社会意义，最终影响到规划设计的定位、方向、框架、重点乃至细节。可见，看上去不一定很"美"的速写，在认知过程中往往起到决定性的作用。

三、关于速写

首先，不同于美术中的绘画，城乡规划与建筑专业的速写是当下对城镇空间或建筑形式所看到及感悟的记录；虽然大多仍体现为形态，但常常会忽略明暗与光影，甚至可以忽略色彩与质感（当然也可以专门来记录或表现这些）；以形式本身及其相互关系为记录重点，如果能包含人的活动则更佳。

其次，一般考察调研时间都很有限，通过短时间速写，训练的是概括、取舍能力，表达的是对有感场景的最基本、最强烈的印象。

再有，不同于摄影摄像的"忠实"记录，速写就是对客体的主观加工，成为进一步发展所需要的意象材料，带有很强的专业选择性。

最后，必须说，作为专业记录的速写，与美术绘画作品并非水火不容，概括的水平和表现的意境往往异曲同工、殊途同归，也能给人以美感和启发。

本书中的速写作品就是那些让师生们心动的现场真实记录。

四、关于本书

作为教学环节的基本要求，学生实习结束一两周内必须提交实习报告（电子版），经过教师评审、修改后成为正式报告，开学后提交。2016年起，我们将城乡认识实习与申报厦门大学校级实践重点团队进行了捆绑。实习过程及成果，通过网络传媒进行系列宣传报道，如"微信公众号系列推送"和官网新闻报道。从实习过程的图文日记推送到后续系列专题报道，一直得到厦门大学多位领导、校内外师生、同行们、朋友们的热情关注和支持，这更坚定了我们出版实践队成果这一初衷的信念和决心。这里盘点一下2014级城乡规划班"厦门大学山水婺源实践队"的成果清单，也是本书得以出笼的重要基础：

（1）每位队员的实践报告（全队完成速写586幅，人均16.7幅）。

（2）村落测绘和典型建筑测绘小组的成果汇总。

（3）实践队综合报告以及4个子课题报告。

（4）实践队公众号推送文章，4个系列共25篇。

（5）学院官网和《厦大石语》新闻报道。

（6）实践队全程与成果视频制作（本书附光盘《山水婺源》）。

（7）实践成果汇报展（厦大三家村、学院中庭）。

（8）在全校范围举行的"2016年厦门大学社会实践'十佳团队''最有人气团队'评选"活动中，"山水婺源"实践队获得第一名。

（9）"山水婺源"社会实践队荣获"2016年福建省大中专学生志愿者暑期'三下乡'社会实践活动优秀团队"称号。

（10）2017年6月，作为社会实践教学成果的组成部分，带队教师以个人名义获得厦门大学校级高等教育教学成果二等奖，以教师团队的集体名义获得一等奖。

"山水婺源"这部分便是呈现在您面前的《聚落寻源》第二篇。

我们将2011—2015年历届城乡认识实习详情与部分成果汇集成第一篇，将2017年"徽杭古道·第三空间"实习成果编为第三篇，将最新的2018年"赣江南北·诺利空间"实习概况编为第四篇。

上山下乡，走街串巷，通过实地考察调研，我们认识到，城乡历史与文化"已不再仅仅是一个由历史遗迹和古代建筑构成的文化遗产"，也不仅仅包括历史人物、民风民俗、工艺美食等物质与非物质文化遗产，"它已经被赋予了更为丰富的社会可持续发展的内涵"，是人类聚落生生不息、继往开来的核心要素与内在灵魂。

千里之行始于足下，万卷书画出自手上。对于城乡规划和建筑学专业人员来说，每到一处城市或乡村，心中多少都会有如当年凯撒大帝的那种壮志豪情："我来了，我看见，我建设。"年复一年，借由我们的脚、眼、手、脑、心，累积成人类聚落广厦的智慧和精华。实习途中，后续总结，直到本书编撰付梓，那些宏阔的场面、瞬间的感动、长久的美好，定格于此，终生相伴！

厦门大学建筑与土木工程学院副教授

2019年1月30日

Contents

Episode I The Journey of the Fieldtrips
Fieldtrips Between 2011 and 2015

Chapter 1 Charming Shanxi and Shaanxi   /003
    1.1 Qikou Ancient Town in Shanxi Province   /005
    1.2 Jiaxian County and Mizhi County in Shaanxi Province   /012
    1.3 Dangshi Manor in Suide County   /016
    1.4 The Wang's Compound   /017
    1.5 Pingyao Ancient City   /018
    1.6 Chang's Manor and Taiyuan City   /021
    Epilogue I Cycling to Tibet   /022
    Epilogue II Yingxian Pogoda   /024
    Epilogue III Interview on Urban Perception   /027
    Epilogue IV A Comparative Study of Northern and Southern Defensible Settlements   /028
    Reflection and Notes   /030

Chapter 2 Penetrating into Hexi Corridor   /036
    2.1 Xi'an City   /038
    2.2 Tianshui City   /040
    2.3 Wuwei City   /044
    2.4 Zhangye City   /047
    2.5 Jiayuguan City   /052
    2.6 Dunhuang City   /054
    Epilogue   /062
    Reflection and Notes   /063

Chapter 3 Wonders of Southeastern Guizhou Province   /067
    3.1 Zhenyuan City   /068
    3.2 Xijiang Hmong Village   /071
    3.3 Langde Upper Hmong Village   /077

目录

第1篇 朝花夕拾
2011—2015年城乡认识实习回顾

第1章 晋陕风韵 / 003
    1.1 碛口古镇 / 005
    1.2 佳县—米脂 / 012
    1.3 绥德党氏庄园 / 016
    1.4 王家大院 / 017
    1.5 平遥古城 / 018
    1.6 常家庄园—太原 / 021
    尾声一：一路向西 / 022
    尾声二：应县木塔 / 024
    尾声三：《城市感知》访谈录 / 027
    尾声四：南北方防卫性聚落比较研究 / 028
    感想与寄语 / 030

第2章 河西走廊 / 036
    2.1 西 安 / 038
    2.2 天 水 / 040
    2.3 武 威 / 044
    2.4 张 掖 / 047
    2.5 嘉峪关 / 052
    2.6 敦 煌 / 054
    尾 声 / 062
    感想与寄语 / 063

第3章 且看黔行 / 067
    3.1 镇 远 / 068
    3.2 西江苗寨 / 071
    3.3 郎德上寨 / 077

  3.4 Biasha Village in Congjiang County /080
  3.5 Zhaoxing Dong Village in Liping County /083
  3.6 Qingyan Ancient Town and Guiyang City /085
  Epilogue /089
  Reflection and Notes /091

Chapter 4 Exploring Southern Anhui /095

  4.1 Hongcun Village /096
  4.2 A High Intensity Day /100
  4.3 Guanlu and Nanping Village: Rhythm of the Rain /105
  4.4 Lucun Village: Touching Woodcarvings /108
  4.5 Mukeng Village: Crouching Tiger Hidden Dragon /111
  4.6 Tachuan Village /113
  4.7 Xidi Village /114
  4.8 Mount Huangshan /118
  Epilogue Tunxi Ancient Street /119
  Reflection and Notes /122

Chapter 5 Glimpse of Shandong /129

  5.1 Jinan City /130
  5.2 Zhujiayu Village: The First Village in Shandong Province /131
  5.3 Mount Taishan /137
  5.4 Shanxijie Village /138
  5.5 Qufu City: Hometown of Confucius /142
  5.6 Qingdao City /143
  5.7 Xiongyasuo Village /145
  5.8 Penglai Pavilion and Penglai City on Water /148
  5.9 Yantai City /149
  Epilogue I /149
  Epilogue II On Dalian City /151
  Reflection and Notes /158

Episode II Touching the Mountain and Water of Wuyuan
Review of the 2016 Fieldtrips

Chapter 6 Pre-departure Matters /163

  6.1 Objectives, Tasks and Schedules /163
  6.2 Motivation and Preparation /165

3.4 岜 沙　　　　　　　　　/ 080
3.5 肇兴侗寨　　　　　　　/ 083
3.6 青岩古镇　　　　　　　/ 085
尾 声　　　　　　　　　　/ 089
感想与寄语　　　　　　　　/ 091

第 4 章　厦遇皖南　　　/ 095

4.1 宏 村　　　　　　　　/ 096
4.2 高强度的一天　　　　　/ 100
4.3 关麓—南屏村：雨中曲　/ 105
4.4 卢村：木雕楼的感动　　/ 108
4.5 木坑竹海　　　　　　　/ 111
4.6 塔川秋色　　　　　　　/ 113
4.7 西 递　　　　　　　　/ 114
4.8 黄 山　　　　　　　　/ 118
尾声：屯溪老街　　　　　　/ 119
感想与寄语　　　　　　　　/ 122

第 5 章　齐鲁大地　　　/ 129

5.1 济 南　　　　　　　　/ 130
5.2 朱家峪村　　　　　　　/ 131
5.3 泰 山　　　　　　　　/ 137
5.4 山西街村　　　　　　　/ 138
5.5 曲 阜　　　　　　　　/ 142
5.6 青 岛　　　　　　　　/ 143
5.7 雄崖所村　　　　　　　/ 145
5.8 蓬莱水城及蓬莱阁　　　/ 148
5.9 烟 台　　　　　　　　/ 149
尾声一　　　　　　　　　　/ 149
尾声二：大连专题　　　　　/ 151
感想与寄语　　　　　　　　/ 158

第 2 篇　山水婺源
2016 年城乡认识实习

第 6 章　蓄势：行前准备　　/ 163

6.1 实习目的、任务与行程计划　　/ 163
6.2 行前动员与准备　　　　　　　/ 165

Chapter 7 Itinerary   /167
  7.1 Wuyuan: The Most Beautiful Village of China (Part I)   /167
  7.2 Wuyuan: The Most Beautiful Village of China (Part II)   /169
  7.3 Jingdezhen: The Porcelain Capital of China   /177
  7.4 Mount Sanqingshan: A Well-known Place for Taoism   /186
  7.5 Jixi: A Cradle of Huizhou Culture   /192

Chapter 8 Focusing on Themes   /200
  8.1 Landscape Pattern and Natural Heritage of Huizhou (Part I)   /200
  8.2 Landscape Pattern and Natural Heritage of Huizhou (Part II)   /204
  8.3 Commercial Heritage of Huizhou   /208
  8.4 Cultural Heritage of Huizhou   /222
  8.5 Layouts of Huizhou Settlements   /228

Chapter 9 Reports and Exhibitions   /234
  9.1 Featured Students' Reports   /234
  9.2 WeChat Subscription Series   /246
  9.3 Reports by the Director of the Fieldtrips   /261
  9.4 Exhibition and Honors of Fieldtrip Outcomes   /264

Chapter 10 Settlement Portrayal of Wuyuan   /270
  10.1 Programing   /271
  10.2 Scenario   /275
  10.3 Environmental Portrayal   /281
  10.4 Ancestral Temple   /286
  10.5 History and Culture   /293
  10.6 Space Characteristics of Settlement   /297
  10.7 Finale   /302

Episode III Hui—Hang Ancient Path
Review of the 2017 Fieldtrips

Chapter 11 Itinerary of the 2017 Fieldtrips /309
  11.1 The Hui-Hang Ancient Path Is Waiting for Us!   /309
  11.2 Impression of First Destination: Jixi County   /314
  Spin-off: The Adventure of UAV Photographing at Longchuan Village   /318
  11.3 Hiking in the Hui-Hang Ancient Path   /320
  11.4 Nanxun Ancient Town   /326
  11.5 The Culture & Art of Wuzhen Ancient Town   /330
  11.6 Unforgettable Zhuge Village   /335

第7章 征程：行程纪实 / 167

　　7.1　婺源（上）　　　　　　　　　　　　　　／ 167
　　7.2　婺源（下）　　　　　　　　　　　　　　／ 169
　　7.3　天青色等烟雨　而我在等你——遇见景德镇　／ 177
　　7.4　三清山　　　　　　　　　　　　　　　　／ 186
　　7.5　大美无垠　梦回绩溪　　　　　　　　　　／ 192

第8章 聚焦：专题研究 / 200

　　8.1　古镇情愫，山水有魂：山水格局（上）　　／ 200
　　8.2　古镇情愫，山水有魂：山水格局（下）　　／ 204
　　8.3　在徽言商　　　　　　　　　　　　　　　／ 208
　　8.4　徽写韶华　　　　　　　　　　　　　　　／ 222
　　8.5　一落一户　　　　　　　　　　　　　　　／ 228

第9章 升华：总结展示 / 234

　　9.1　实习报告精选　　　　　　　　　　　　　／ 234
　　9.2　微信公众号系列推送　　　　　　　　　　／ 246
　　9.3　带队教师总结　　　　　　　　　　　　　／ 261
　　9.4　实习成果汇总　　　　　　　　　　　　　／ 264

第10章 婺源聚落画像 / 270

　　10.1　项目计划与实施　　　　　　　　　　　／ 271
　　10.2　项目总览　　　　　　　　　　　　　　／ 275
　　10.3　山水格局　　　　　　　　　　　　　　／ 281
　　10.4　宗祠建筑特征　　　　　　　　　　　　／ 286
　　10.5　历史文化钩沉　　　　　　　　　　　　／ 293
　　10.6　聚落空间特征　　　　　　　　　　　　／ 297
　　10.7　大结局　　　　　　　　　　　　　　　／ 302

第3篇　徽杭古道
2017年城乡认识实习

第11章 纪　实 / 309

　　11.1　徽杭古道，等我们来　　　　　　　　　　　　／ 309
　　11.2　绩溪印象：寻徽州文化之源　　　　　　　　　／ 314
　　番外篇——龙川航拍历险记　　　　　　　　　　　　／ 318
　　11.3　感受徽商辉煌，对话徽杭文化：穿越徽杭古道纪实　／ 320
　　11.4　世间难寻，最忆南浔　　　　　　　　　　　　／ 326
　　11.5　乌镇：文·艺　　　　　　　　　　　　　　　／ 330
　　11.6　淡泊宁静传千载，五行八卦成古村：诸葛村纪实　／ 335

    Spin-off: The Settlements on Yin-Yang Diagram　　/341
    11.7　Xinye Village　　/343
    11.8　Sanmenyuan Village　　/346
    11.9　Longmen Ancient Town　　/352
    11.10　West Lake in Hangzhou　　/355

Chapter 12　Themed Studies　　/361
    12.1　Landscape Pattern of Hui-Hang Ancient Path　　/361
    12.2　Space Structure of Hui-Hang Settlement　　/370
    12.3　Space & Form of Architecture of Hui-Hang　　/377
    12.4　Economic and Cultural Development of Hui-Hang　　/384
    12.5　Like Brilliant Bird on Flight: Bird's Eye View of Hui-Hang Villages　　/393

Chapter 13　Concluding Remarks　　/398
    13.1　Abnormal Notes of the Director　/398
    13.2　Reports by the Team Leader　　/406
    13.3　Reports by the Director of the Fieldtrips　　/408
    13.4　Exhibition of Fieldtrip Outcomes　/411

Episode IV Memoir of Ganjiang River
Review of the 2018 Fieldtrips

Chapter 14　Itinerary Records　　/417
    14.1　Preparation and Departure　　/417
    14.2　The First Port: Ganzhou Ancient City　　/421
    14.3　The Second Port: Five Villages of Ji'an City　　/425
    14.4　The Third Port: Two Villages of Fuzhou City　　/439
    14.5　The Forth Port: Yingtan and Wuyuan　　/446

Chapter 15　Reports　　/454
    15.1　Highlights of Students' Reports　　/454
    15.2　First Group: Yanfang and Beixia Village　　/468
    15.3　Second Group: Diaoyuan and Meibei Village　　/472
    15.4　Third Group: Liukeng & Zhuqiao Village　　/479
    15.5　Forth Group: Hengkeng and Likeng Village　　/486
    15.6　The Drone Group: When We Were Flying　　/490
    16.7　Directors' Reports　　/492

Endnotes　　/497
Postscript　　/501

外一篇：太极图上的聚落　／ 341
11.7　古祠古文化，新叶新篇章：新叶村纪实　／ 343
11.8　砖雕木刻立古建，巷曲溪畔住人家：三门源村纪实　／ 346
11.9　孙权故里，龙门古镇　／ 352
11.10　西湖印象：淡妆浓抹总相宜　／ 355

第12章　专　题　／ 361
12.1　泛巘徽杭：徽杭路上古镇村落的山水格局　／ 361
12.2　水岸聚韵：徽杭聚落空间结构特征对比　／ 370
12.3　徽杭人家：建筑空间与形式　／ 377
12.4　古道新经：徽杭产业经济与文化发展对比　／ 384
12.5　如翚斯飞：《瞰访徽杭》视频　／ 393

第13章　总　结　／ 398
13.1　"变态"老师手札　／ 398
13.2　实践队长总结　／ 406
13.3　带队教师总结　／ 408
13.4　实习成果展　／ 411

第4篇　赣江南北
2018年城乡认识实习

第14章　见闻录　／ 417
14.1　寻源之旅，再次启程　／ 417
14.2　第一站："郁孤台下清江水畔"赣州古城　／ 421
14.3　第二站："千言万语古村老屋"吉安　／ 425
14.4　第三站："古祠森森水余情"流坑竹桥　／ 439
14.5　第四站："烟波浩渺如仙境"鹰潭、婺源　／ 446

第15章　启示录　／ 454
15.1　个人报告集萃　／ 454
15.2　第一组报告：燕坊、陂下村聚落特征及公共空间分析　／ 468
15.3　第二组报告：钓源、渼陂村公共空间特征分析　／ 472
15.4　第三组报告：流坑、竹桥村　／ 479
15.5　第四组报告：横坑、李坑村　／ 486
15.6　无人机组报告：高处风景独好　／ 490
15.7　带队教师总结　／ 492

结束语　／ 497
后　记　／ 501

Episode I
The Journey of the Fieldtrips
Fieldtrips Between 2011 and 2015

- Chapter 1 Charming Shanxi and Shaanxi
- Chapter 2 Penetrating into Hexi Corridor
- Chapter 3 Wonders of Southeastern Guizhou Province
- Chapter 4 Exploring Southern Anhui
- Chapter 5 Glimpse of Shandong

第 **1** 篇
朝花夕拾
2011—2015年城乡认识实习回顾

- 第1章 晋陕风韵
- 第2章 河西走廊
- 第3章 且看黔行
- 第4章 厦遇皖南
- 第5章 齐鲁大地

传统聚落和民居的建设者们并非为了今天的乡愁而刻意营造，恰恰是因陋就简、因地制宜，在有限的空间环境和技术条件下最大化地丰富空间，使生存所需、志趣爱好、知识财富、理想抱负都在这空间里得以展示，和谐共生。"城乡认识实习"就是要深入这些可以视为"原型"的聚落空间，触摸、体会、感悟其形式与温度。同时，结合"城乡历史文化与保护"课程教学目标，让实践与理论充分对照、互补、融合。实习地点我们倾向于选择与东南沿海有较大反差的地区，通过亲眼所见的显著对比，引导学生聚焦下列线索的提示：

　　城镇乡村的历史文化特色（发展历程）是什么？
　　这些特色的成因有哪些？
　　有价值、需要保护的是什么？它们在城乡空间中的分布如何？
　　如何解决历史文化遗存与现代城市发展的矛盾？
　　各类保护中有哪些值得汲取的成功经验或失败教训？

　　自第一届规划班起，我们已经顺利走过了晋西陕北、河西走廊、黔东南、皖南、山东、婺源绩溪、徽杭古道、赣江南北等地方，期间经历了无数精彩和感动！在这里，我们汇集前五年（2011—2015）的实习情况，以图文摘记的形式做一次简要的回顾与巡礼。

第1章 晋陕风韵

Chapter 1 Charming Shanxi & Shaanxi

> 黄河之水天上来，奔流至黄土高原，泥沙俱下，由北向南迸发着、咆哮着。
>
> 黄河，中华民族的母亲河，华夏文明的发祥地。
>
> 黄河与黄土地交织相伴，衍生了多少个或建筑精致或风貌奇特或文化厚重的小镇村落，如同一部物化了的历史，见证了中华五千年沧桑。
>
> 山西、陕西、河南三省，积淀、构筑了中原华夏历史文化的主体，大批古城、古镇、古村落散落其中，是中华文化遗产中的瑰宝。
>
> 我们选取古镇村落较为集中的晋陕区域作为实地考察目的地，以获得第一手资料和感官认识，深化"城乡历史文化与保护"课程内容。同时，直观认知和思考与南方民居聚落的对比（如影响、演替、流变或差别）。
>
> 选自2011年7月18日，在厦门大学漳州校区的实习动员时发言

山西、陕西都是文物大省，拥有丰厚的历史文化遗产。从古城镇村落和建筑方面来说，晋、陕两省分布着"北方大院建筑群"和"西北古村落群"。千百年的历史传承，使得这些聚落在环境布局、空间形式、艺术风格上有着不同于西南、江南及东南等地的鲜明特色。实习选择晋西、陕北一带的古城镇村落，便于设计合理的路线。我们联系了专门从事大专院校实习的"纵横山水文化艺术交流有限公司"，妥善安排住与行。出发前一个月，进行实习指导和动员，让同学们预备功课，熟悉调研内容与重点，对实习地点的历史背景等心中有数，并做好足够的体能储备。

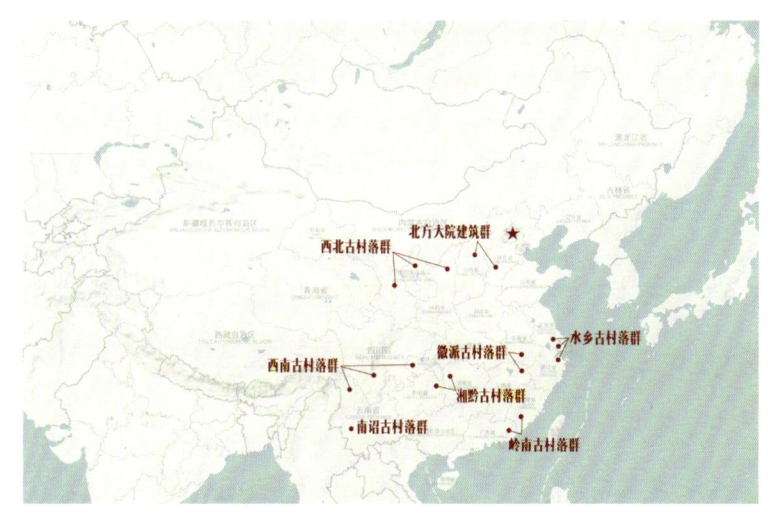

中国古村镇分类与分布　绘图：高子璇（2017级城乡规划硕士研究生）
来源：根据《中国古镇精华游（2014版）》"古村镇分类与分布"改绘

时间：2011年7月25日—8月4日。

行程：厦门—太原—碛口（7月25—26日），路经离石区彩家庄（7月26日），入住碛口古镇（7月26—29日）。期间：李家山村（7月27日）、临县孙家沟—方山县张家塔（7月28日）、西湾村（7月29日）。米脂（7月30—31日，三大庄园、杨家沟村、万佛洞、李自成行宫）、绥德（8月1日，党氏庄园）、平遥古城（8月2—4日）。路途中在佳县白云山白云观（7月29日）、王家大院（8月2日）、常家庄园（8月4日），均做短暂考察。8月4日抵达太原，做总结并解散。

人员：2009级城乡规划班21名，土木工程班1名，2010—2012级研究生3名。

晋陕风韵"全家福"（2011年7月30日摄于米脂常氏庄园）

（均为左起）第一排：陈萍萍、张牧艺。第二排：裴亚新、彭晶、王丹、林琳、杨哲（带队教师）。
第三排：林浩韬、吴迪、杨林川、柏雄艳、吴睎。第四排：赖添、梁玲燕、王玉琢、方泰瑜、田春思。
第五排：成庚、夏天（2009级土木工程本科生）、孙梦唯。第六排：倪浩涛（2011级规划研究生）、杨鸣川、高广达、吴露洁（2012级建筑学研究生）、辛雯娴（2010级规划研究生）、刘宗禹

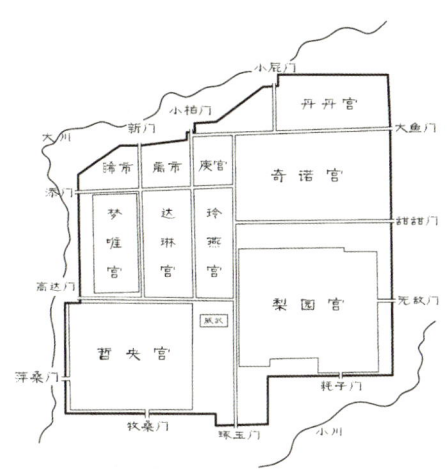
特制实习班服上的"全家福" 设计：方泰瑜

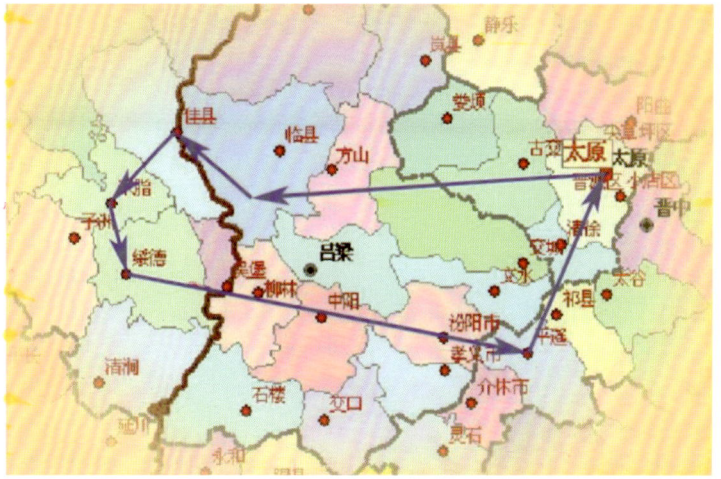
晋陕风韵实习路线图　作者：孙梦唯

"第一次与晋中的地气相接，就感到这里氤氲着一种气息，艰苦中顶着不屈，悲怆中透着大气。这片土地孕育了怎样的一种情怀？望着以为只在水乡柔情里流淌的梯田，触着河岸与河水交织成的肌理。这片土地上有怎样的一曲生生不息？背靠黄土面朝天，干燥，贫瘠，是什么撑起了他们活着的勇气？连亘的山体，炽烈的骄阳，一代代黄土地人用他们的脊梁丈量着天地间的距离，没有吴侬软语，没有水乡柔情，在这里我体会到的是生命最原始的张力。这种力量仿佛从黄土中沁入生命，在无尽的抗争中升华为最真实淳朴的生存状态。"【孙梦唯】

"这里是一部物化了的历史，到处都弥漫着悠悠历史所散发的诱人的神秘和厚重感。这种感觉渗透在李家山村错落的院落中，蕴藏在张家塔尘封的垂花雕门里，徜徉在姜氏庄园精致的庭院结构中，漂浮在王家大院细腻的雕梁画栋里……这一条'农村包围城市'的实习道路上，我隐隐感受到了晋陕人民走向繁荣的过程；从简单窑洞院落到'明五暗四六厢窑'的城堡式庄园，再到王家大院壮观的层楼叠院的发展变化中，我渐渐看到了陕北晋西人发家致富的轨迹，看到了他们用双手和意志创造的人间奇迹。"【田春思】

1.1　碛口古镇
Qikou Ancient Town in Shanxi Province

碛口古镇是本次城乡认识实习计划中的第一站。我们的行程是前一天从厦门到太原的 K904 次列车开始的。因为晚点，经过了整整 46 个小时车程的颠簸摇晃，中午才抵达终点太原站。简单吃过午饭后，我们乘坐清晨就在等候的大巴出发了。沿着晋商古道经过著名的彩家庄时，做短暂停留和参观。

1.1.1　彩家庄

彩家庄是晋商古道的重要节点，坐西朝东，高低错落分布在黄土沟壑的半腰间。村里人口不足 500，李姓居多，传说为陕西米脂人李闯王家族的后裔。起伏斑斓的山形地貌和 300 多年的人文历史，造就了如此诗情画意的村名。从大路边望去，彩家庄掩映在黄土枣林间，显得古朴而安详。粗略考察之下，院落布局精巧，建筑形态以靠崖式窑洞四合院为主（即原生黄土窑洞与北京四合院逐渐融合而成的建筑形式）。听说明清时代出过文武举人，所以很多院落大门朝向东北，避讳衙门口朝南开。虽然不少院落以及门户已然破败，但从空间格局、青砖路面、雕花门楼，甚至还有收集雨水的完备系统，依稀可见当初的富足和发达。粗浅看过之后，继续驱车抵达实习第一个目的地：碛口古镇。

远眺彩家庄　摄影：杨哲（2011年7月27日）

夕阳时分，虽败犹荣的窑洞式民居院落　摄影：杨哲

1.1.2 碛口古镇

　　山西省吕梁地区临县，晋陕大峡谷黄河之滨、惟余莽莽的黄土高坡上，坐落着拥有200多年历史的水陆转运码头碛口镇，被誉为"九曲黄河第一镇"。"碛"（qì），指水中由沙石堆积而成的浅滩。碛口得名于其下游的大同碛。大同碛是黄河第二碛，第一当属闻名遐迩的壶口，不过从地理位置上看，碛口却在壶口上游。大同碛落差10米多，水急浪高，暗礁密布，无法行船，令船夫们谈碛色变，于是，碛口成为北干流上水运航道的中转站。西北各省物资经黄河河套平原装船顺流而来，到此上岸转陆路运往中原各地。碛口的繁荣盖缘于此。镇子沿山形顺河流呈弯钩形状，弯转处后面卧虎山的山腰上矗立着一座雄伟大气的黑龙庙，入门柱子上的楹联："物阜民熙小都会，河声岳色大文章。"把古镇的繁华及其山水环境概括得十分到位。

黄河岸边的碛口古镇　摄影：方泰瑜

"虎啸黄河，龙吟碛口。"顺着滚滚波涛向前就是号称黄河第二碛的大同碛和麒麟滩。湫水河汇入碛口黄河处的右岸突起一峰建黑龙庙一座，下方左右横向铺陈着商铺林立、车马店栉比的碛口古镇。大山大水气势磅礴，峡谷河滩波涛汹涌。"九曲黄河十八弯，宁夏起身到潼关，万里风光谁第一？还数碛口金银山。"

"一到碛口，看到黄河边上的镇子和附近几个山村，我们还是被大大震动了。震动我们的，第一是黄土高原特有的深沟大壑秃峁断梁，荒寒枯瘠又庄严雄浑；第二是碛口镇三百年的兴衰历史，那么独特又丰富多彩，那是一曲商人和苦力的奋斗史；第三，在深沟里，在陡坡上，在悬崖顶，在黄河边，一座座窑洞村落，那么自然地惊险、自然地变化、自然地和天地山川生为一体。稍一细看，墀头上装饰着精致的砖雕，门窗上的细棂也疏密有致，连碾子上的石磙和牲口的料槽还刻着花呐！"（陈志华，《古镇碛口》）

"久经时空磨砺而形成的令人叹为观止的窑洞景观，处处体现着老百姓朴素而智慧的自然观，最平凡的生活里孕育着最动人的艺术……这一片深情的黄土地上，饱含着深情的古村落窑洞建筑里，摇曳着无尽的风情，潜藏着不竭的精华，启迪着当代建筑与城镇化研究的灵感。"（李锦生，《城镇化研究》2009.4）

2011年7月26日，抵达碛口古镇入住黄河宾馆（荣光店）

2011年7月29日，离开时在黄河宾馆大门内合影

第1章　晋陕风韵

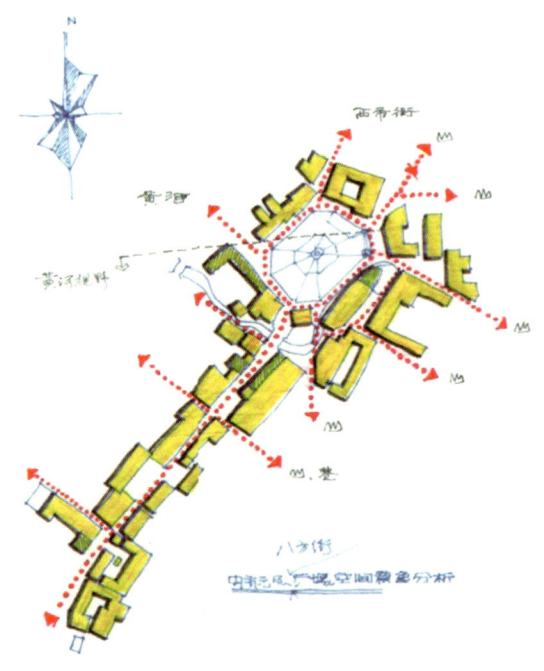

碛口古镇中市街、八方街空间分析 作者：杨哲（2005 年）

荣光店是清朝道光年间建成的大粮油货栈，现为黄河宾馆。五层靠崖式窑洞气势非凡，大门前有双柱厦檐，二层倒座中央建一座三开间的木构楼台，悬挂"望河楼"牌匾。"从望河楼远眺，黄河奔流，一泻千里，对岸悬崖层叠，壁立如屏，而缝隙间又零落散布着一些穷寒的窑洞，那气象又雄浑又苍凉。"（陈志华，《古镇碛口》）住在冬暖夏凉的窑洞客房中，头枕着大同碛传来的滚滚波涛，脑海中回荡着船家纤夫的号子、驼马大队的铃声，吕梁英雄、太行山上、黄河儿女……一幕幕史诗场景让人久久不眠。

再回到现实中的碛口。2004 年冬至 2005 年春，笔者有幸参与了《碛口古镇保护规划》的部分工作。国内外学者曾多次汇聚碛口对其展开讨论，终于在 2005 年 9 月"中国古村镇保护与发展国际研讨会"上形成了著名的《中国古村镇保护与发展碛口宣言》，成为我国古村镇保护发展事业的里程碑。这一重要的国际性文件针对古村镇保护提出了具体的目标和措施，并要求把古村镇保护纳入经济社会发展规划，安排专项保护资金，鼓励社会力量参与。2011 年 7 月盛夏，26 名厦大师生在碛口古镇逗留 4 天 3 夜，流连于古老商街和周边村落，忘返于黄土高原的苍莽与滔滔黄河的波浪，醉心于父老乡亲的淳朴善良……那些鲜活的现场体会和宝贵的一手资料将永远铭记在心。

恰在本书付梓前夜，2019 年 5 月 24 日，第四届古村镇大会在碛口召开，探讨乡村振兴背景下的古村镇保护，并再次发表新的碛口宣言，特此辑录、推广。

中国古村镇保护与发展碛口新宣言

2005年9月16日的《中国古村镇保护与发展碛口宣言》指出:"中国幅员辽阔、历史悠久、民族众多,地理多样、文化多元,形成了各具特色的古村镇,是中华民族宝贵的历史文化遗产。遗憾的是,由于盲目开发建设、保护意识淡薄等原因,给许多古村镇造成了不可逆转的破坏,并有快速消失的趋势。保护古村镇已成为迫切任务,势在必行、刻不容缓。"

《碛口宣言》在我国古村镇保护与发展事业刚起步的阶段,起到了唤醒社会公众关注古村镇的作用。14年后的今天,古村镇的文化价值已经被更大范围接受,有更多数量的古村镇被列入了政府部门的保护名单,有部分古村镇也得到了实际保护。这是近年来专业人士与政府部门合作的一项重大成果。但是,我们仍然要认识到,由于古村镇的庞大数量,和当下所面临的新型城镇化、乡村振兴、文旅融合、互联网新时代的社会大背景,我们还需要做出更大、更艰苦卓绝的努力,才能让古村镇得到有效保护。

为此,我们呼吁:

一、各级政府继续加大古村镇的保护力度,并且在执行过程中始终坚守遗产保护的科学理念和基本原则,始终坚持政府在古村镇保护与发展工作中的引导作用,大力支持古村镇的基础研究工作,多方鼓励和扶持民间自发组织开展多种形式的古村镇保护与活化途径,主动规范和管控进入古村镇的社会资金。

二、多方探索古村镇在乡村振兴中所发挥的积极作用。十九大报告提出了乡村振兴战略,并且明确了"产业兴旺、生态宜居、乡风文明、治理有效、生活富裕"的总要求。古村镇现有文化资源和景观资源的先天优势,应该在乡村振兴的道路上扮演排头兵的角色。

三、重视古村镇的数字化工作。古村镇现存的数量庞大,历史信息极为丰富,但是它们所面临的乡村空心化、旅游过度化等方面的威胁也非常严峻。为全国古村镇建立数字化体系的工作,应该尽快进行。这些数字化资源务必尽量详细,同时应该利用互联网的优势,为全国乃至全世界的研究者所共享和使用。

四、多角度、多学科开展古村镇的价值研究。古村镇的文化价值不只体现在建筑和构筑物上,还体现在非物质文化遗产、农业、历史学、社会学、人类学、地理学、经济学、民俗学、文学、哲学、艺术等学科上,需要有不同专业的学者对古村镇进行不同角度的研究,才能充分地挖掘出它们的价值。鼓励学者们对全国和全球范围内相同或类似的古村镇,进行比较性的分析研究,以发现和凸显各自的独特价值,并将其作为保护与发展工作的出发点。

五、广泛开展古村镇价值认识和保护理念的大众普及工作,推动古村镇保护与发展的公众参与,提高古村镇在地方和民族文化认同中所发挥的作用。古村镇的价值认识和遗产保护的科学理念,已经为专业人员和部分文化人士所认识,但是仍未深入到广大普通民众。很多古村镇只是被当作旅游消费地,在现实操作中也出现了很多与遗产保护的科学理念相违背的错误行为。我们需要有更多的专业人员与跨专业的文化学者,去研发更加有效地普及古村镇价值认识的文化产品,和更加有效地落实遗产保护科学理念的实践经验。

六、专业人士要继续提高在古村镇保护规划、修缮设计、转化利用上的专业水准。鼓励在各地开展多学科、跨行业、超部门的交流活动,强化规划设计方案的可实施性和针对性,以及应对古村镇各个利益相关方的不同诉求的包容性。古村镇的保护与发展需要将价值研究与实践探索这两大环节打通,需要多学科互动,需要跨行业合作,也需要不同部门的相互支持。此类活动如果以实际案例作为讨论对象,将会具有更好的针对性和实效性。

七、原住民是古村镇文化的重要传承载体,政府和专业人士应该鼓励并强化原住民作为古村镇保护与发展主体的地位,努力提升古村镇的宜居水平,为原住民的继续居住创造条件,包括改善社会公共服务、基础设施、公共空间、景观绿化等;也应该设法提高古村镇居民的劳动技能和生活美学素养,并且积极吸引年轻一代以多种方式回归或服务于古村镇。古村镇只有和良好的生活环境及文化氛围相融合时,才会重构出具有吸引力的生活方式。

八、深入开展与古村镇保护相关的传统建筑修缮与改造技术培训。高水平的修缮与恰如其分的改造,是创造古村镇宜居环境的重要手段。各地应培养既谙熟本地传统建造技术,又掌握适度改造技术的工匠队伍。

九、积极引导新居民在古村镇内开展文艺创作、文化创业等活动,积极探索多种形态的产业发展路径。古村镇不排斥新居民,新居民对古村镇的文化价值应该有深度认识与高度认同,相关部门应该为他们进驻古村镇创造条件。

发布地点:中国·碛口古镇
发布时间:2019年5月24日

1.1.3 李家山村

距碛口镇约5千米、河南坪西南凤凰山中坐落着国家级历史文化名村：李家山村。依靠黄河船运、驼马运输发迹的东西财主修建的大院构筑了村落基本格局，街巷、院落依山向阳，层层叠叠，极富层次感，如凤凰展翅，如波涌浪卷。走在村中任何一处，都可以环视立体景象的村落。

据陈志华老师《古镇碛口》书中记载，李家山村口大路两边原有3座小庙，分列南北，呈夹岸之势，正是风水所说的"水口"。在水口修庙宇、植大树是常规的村落布局，"既有守住村落财源的意义，也有美化景观的作用"。村里保存至今的庙宇是始建于咸丰五年（1855）的三宫庙，耸立于山坡悬崖之上。村东南有3口水井，是全村唯一生活水源，其中2口以石砌窑洞覆盖。

李家山村西财主院的新窑院、东财主院；台阶上写生的同学们

摄影：杨哲（2011年7月28日）

去碛口很多人是去看浅滩和古巷，却不知精华尽在凤凰形的李家山村。著名画家吴冠中先生将其与湖南张家界、山陕蒙黄土高原列为自己的三大发现。他评价李家山："这样的村庄，这样的房子，走遍全世界都难以找到。"

李家山民居以窑洞为主，窑洞叠置，错落有序。窑洞前普遍有廊檐伸出，多数为四合院。整个民居分布在黄土山坡上，较大的四合院都是水磨青砖对缝砌筑，无论造型、风格、艺术都十分考究。照壁上、门楼上、厦檐上和窑洞门窗上的砖木雕刻，每一个细节都很精美，每家的窑洞都依山势而建，却错落有致，巧妙吻合中国传统风水学说。

1.1.4 西湾村

距碛口镇约2千米的西湾村，始建于明朝末年，背靠卧虎山，面临湫水河，是首批全国历史文化名村。村口白墙上"西湾村"3个遒劲有力的大字是著名文物学家、古建筑学家罗哲文先生题写的，十分醒目。村落由城堡式民居建筑群组成，对外封闭，对内开放，堪称"村是一座堡，堡是一山村"。堡内有5条南北走向的巷子，据说代表金木水火土五行，既是出入的主通道，又兼做排洪设施。我们抵达西湾村时，正逢大雨，但无论雨中还是雨后在村中行走，均无积水。更为奇特的是，分布在巷子两侧的院落都设正门和侧门，随意进入一户人家，就可串遍全村各院。这种"堡是一大院，堡内院院通"的互连格局非常罕见，印证了当年陈家富甲一方、占据碛口半条街的盛况。

雨中的西湾村 摄影：杨哲（2011年7月29日）

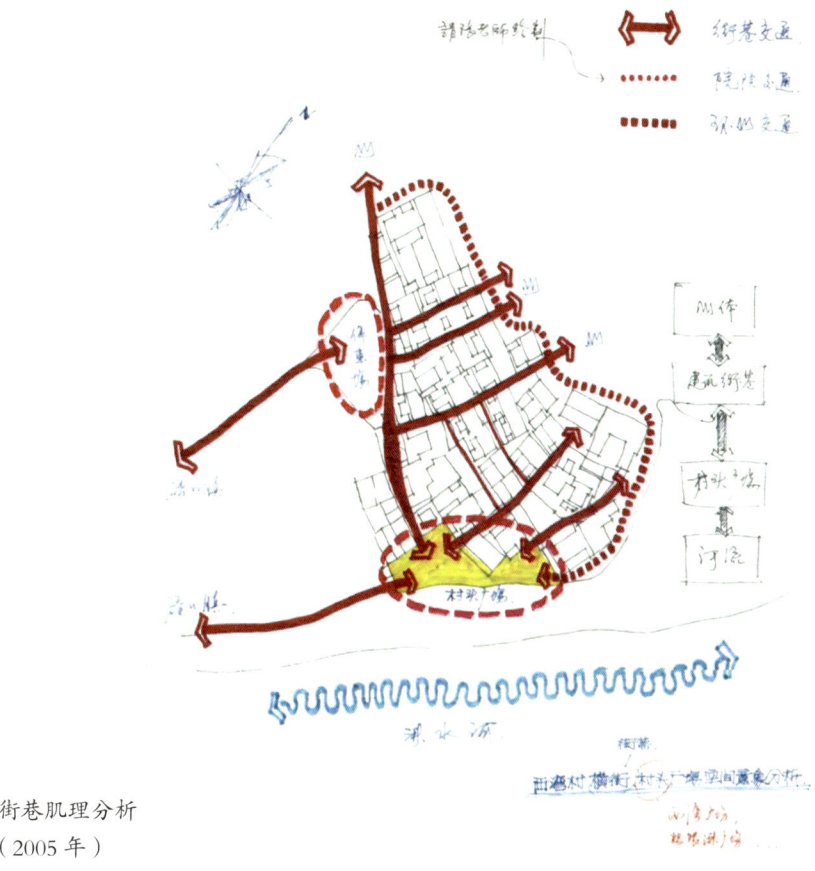

西湾村落格局与街巷肌理分析
作者：杨哲（2005年）

第1章　晋陕风韵 | 011

1.1.5 临县孙家沟和方山县张家塔

临县孙家沟村口观音庙、学堂及窑洞民居
摄影：杨哲（2011年7月28日）

方山县张家塔村民居雕花门楼 摄影：林浩韬 速写：杨哲（2011年7月28日）

"我们不能因为保留历史证据的私心去阻止文明古村的村民用现代的生活方式去改造他们的家园。同时作为规划者，更应该去寻找能平衡保留古村与接纳现代生活的方法，从而去帮助这些古村的真正主人寻找到生活在文明古村的幸福感与自豪感。"【吴迪】

在晋西黄土高原中翻山越岭，每到一个村子，精神都会为之一振。距离碛口25千米的临县孙家沟号称"黄土高原小江南"，村内溪水淙淙，书声琅琅。村南背坡的窑院较为集中，十几个院落连成一片，蔚为壮观。最有特点的是"十连窑"，十孔带柱厦檐砖箍窑一字排开，其中既有可作为天然冷库的深窑，也有存放金银财宝的窑中窑。村口观音庙内供奉着观音、"眼乍"（眼光娘娘）、河神、天地、山神、土地、关公、虸蛾、虾蟆（虫神刘猛）多位神灵。每年农历二月十九观音神诞会上，村里都会请戏班连唱3天梆子戏。

方山县张家塔古民居远近闻名，因为这个村当年曾有一半以上的人家都是地主。今日萧飒破败的景象中，依稀可见精雕细刻的彩绘垂花。村中大部分院落是典型的窑洞四合院，具有黄土高原原生建筑的地域特质。院内马棚、柴房甚至石磨都对称布局。村里历来学风浓郁，清朝就曾有知县赠予"文明之村"牌匾。家家户户的题匾既含义丰富，又融汇了精湛的书法艺术。我们真心期待，有着深厚文化底蕴却日益损毁的张家塔村能够早日得到妥善保护。

1.2 佳县—米脂
Jiaxian County and Mizhi Ancient Town of Shaanxi Province

碛口去往米脂途经佳县。黄河岸边的佳县县城，依山就势的垂直错落给人留下了极为深刻的印象。白云山上的白云观更由于它地处黄河大峡谷晋陕山崖段，水形山势之险要、建筑群体之壮观，大大冲击每个人的视觉，惊艳之余只有聚精会神地做记录。米脂县境内我们到访了著名的三大庄园：姜氏庄园、马氏庄园和常氏庄园。米脂古城内则参观了万佛洞和李自成行宫。这些具有封建堡垒性质的地主庄园、香火依然的宗教古迹、叱咤风云的历史人物遗迹，形象而生动地反映了人与自然休戚相关以及当时的社会状况和历史场景。

杨家沟村马氏庄园，始建于清同治年间。其主体扶风寨，由召开过"中共中央十二月会议"的旧院和坐落在"九龙口"山峁上的新院组成，规模宏大，极具历史文化价值。

夕照下的白云观（左图）和聚精会神写生的学生（右图）摄影：杨哲（2011年7月29日）

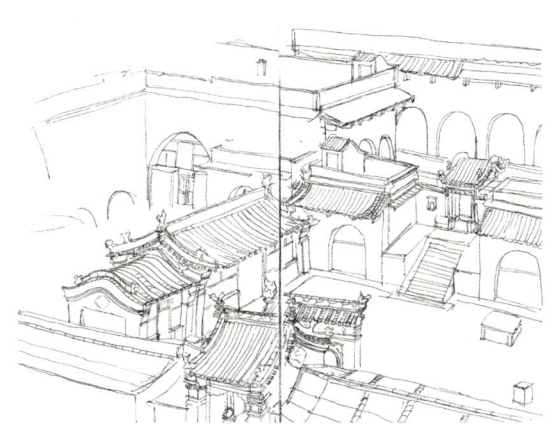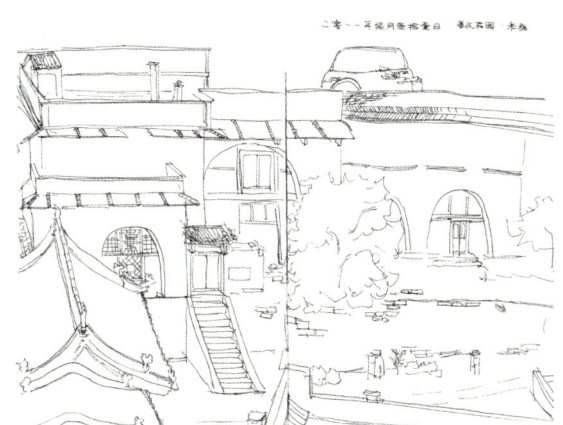

米脂姜氏庄园入口与整体鸟瞰写生 摄影：杨哲 速写：王玉琢；方泰瑜

第1章 晋陕风韵 | 013

 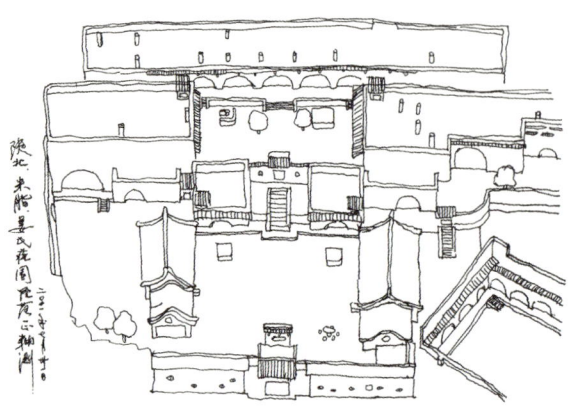

姜氏庄园内院门头 速写：刘宗禹　　　　正轴测法表现下中上3个院落 速写：杨哲

姜氏庄园上院内景 摄影：林琳

　　陕西榆林市的佳县，地处晋陕大峡谷段，县域内的白云山是陕北道教中心。滔滔黄河岸边的高崖之上，耸立着壮观的白云观建筑群，夕阳西照，轰隆而去……

　　"姜氏庄园是陕北第一财主的城堡式庄园，气势恢宏。上、中、下三座院落背倚绝壁，层层相依，环环相扣。不管是窑洞还是房舍或是门楼，都设计巧妙、施工精细、布局紧凑、浑然一体。上院的窑洞上砌十字花墙，从高处俯瞰，组成了非常对称的六环相套的图案。中院的房舍四抹隔扇门，斜、方格窗棂，卷棚顶，布筒瓦，自有文化韵味。建得最精巧的当属中院的大门楼。门前有一对石鼓，本是官宦人家装饰，姜耀祖无官无衔只是土财主，但他决心压过官宦，就大胆地在门首修了石鼓，而且在门额上题写了'武魁'两个大字，表示主人的雄心壮志。进入大门，就是砖砌的圆门转扇，上面有精细的浮雕，与大门前后映衬。从中院要进入上院，又得穿过一座门楼。这座门楼虽然小一些，但修得富丽堂皇。"【方泰瑜】

米脂李自成行宫 摄影：方泰瑜　　　　　　　门前石狮 速写：刘宗禹

杨家沟山峁 作者：刘宗禹

马氏庄园上空的彩云 摄影：杨哲

在马氏庄园革命历史展览馆，团支书带领大家忆党史唱红歌 摄影：杨哲

米脂常氏庄园 摄影：杨哲

2011年7月30日，这一天当中，走了万佛洞，画了常氏庄园，又走了李闯王行宫，等走到米脂古城的北门，大伙儿就都走不动了。

米脂古城北门 摄影：杨哲

第1章 晋陕风韵

1.3 绥德党氏庄园
Dangshi Manor in Suide County

绥德县贺家石村距离县城十几千米,坐落于群山环抱之中,位置十分隐蔽,交通很不方便。党氏庄园始建于清代康熙年间,如今绿树簇拥,建筑与山势相融相生,层叠错落。高高低低、独立又互通的院落14个,窑洞100多孔,层层机关,明道暗道相连,堪比一座坚固的堡垒,令我们啧啧称奇,流连忘返。

党氏庄园前写生的学生 摄影:杨哲(2011年8月1日)

党氏庄园鸟瞰写生 作者:林琳

党氏庄园村口卖李子的绥德老乡
摄影:杨哲(2011年8月1日)

2011年8月1日下午,绥德党氏庄园前合影 摄影:高权(实习领队,现任教于太原知达常青藤中学校)

看看手势就知道是实习的第几天了!2009级这个班集体荣誉感、时空感都很强,合影都这么萌,这么有创意。

1.4　王家大院
The Wang's Compound

在平遥古城驻留3天,期间专程前往相距35千米的王家大院。王家大院由5座全封闭古堡相连而成,分布在中国历史文化名镇静升镇的北部黄土高坡上,其中高家崖、红门堡两组建筑群落气势最为恢宏,宛若两座城池,一桥飞架相连。堡内窑洞瓦房,巧妙连缀,格局承继西周时期形成的前堂后寝庭院风格。红门堡街巷布局呈"王"字形,并附会龙的造型,与高家崖一起似"龙游凤翔",被誉为"山西的紫禁城"。

王家大院合影

第1章　晋陕风韵

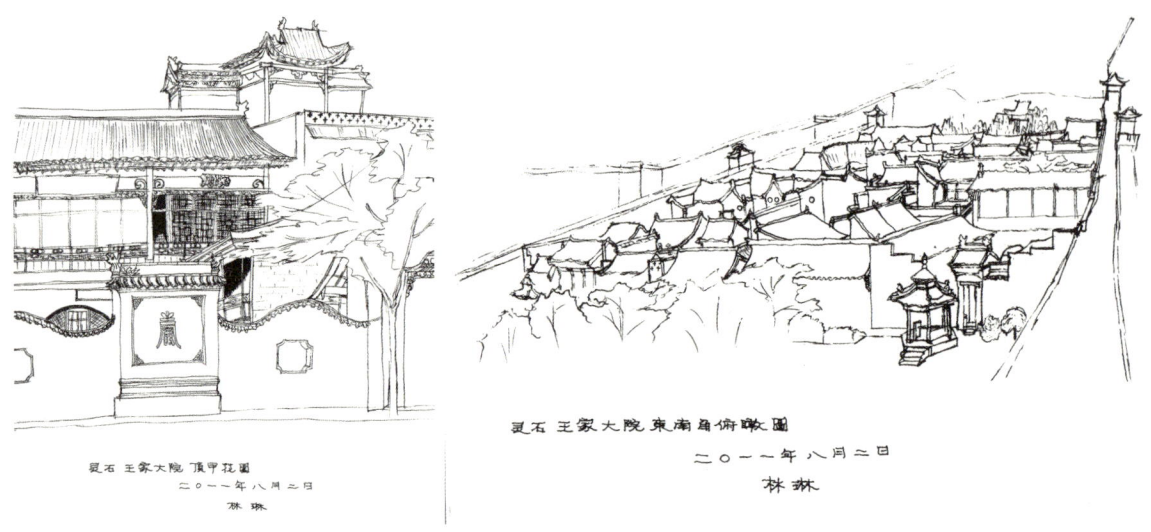

王家大院速写 作者：林琳

1.5 平遥古城
Pingyao Ancient City

　　关于平遥古城自不必多说。我们以一幅幅古意盎然的摄影、写生展现其独特的经历。因为上城墙的门票只能使用一次，于是精心选择了下午稍晚时刻登城，一览夕阳时分的古城景致。月挂树梢之时，赶到北门瓮城外，刚好拍到月下古城夜景。此时，一辆高大的工程车轰鸣着疾驰而来，仿若一个能吞噬城楼的巨大怪物！按下快门之际，忽觉画面诡异，让人不禁追忆起当年"刀下留城"的惊险一幕，那段妇孺皆知的珍贵往事。

2011年8月3日，平遥古城北门外，月明星稀 摄影：杨哲

花重锦官城：平遥城北门外 摄影：孙梦唯

民居博物馆内院 摄影：杨哲

登上平遥古城中轴线——明清街的市楼，四周都是民居屋顶、脊饰、高墙、烟囱，一片灰色的点线面在阳光下谱写出富有节奏、欢乐明快的交响乐章。

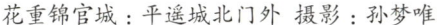
屋顶交响曲 摄影：杨哲

晋陕民居门窗格集锦 作者：吴迪

"精致的窗是木制的，风雨洗刷后，部分已经破损，于是我拿出纸笔，希望在它们不复存在之前，记录下这些窗极具设计感的平面样式。"【吴迪】

惜别平遥古城，在北门外合影 摄影：高权

在中国古建筑体系中，窗棂格属于小木作装修，是传统民居艺术的重要组成部分。与官式建筑拘泥成法不同，民居中的窗棂格充分发挥木材榫接拼连的特性，组成了外观精巧、变化丰富、寓意深刻又简洁大方的图案。窗棂纹样变化数不胜数，大致可分横竖棂子（包括一码三箭、斜方格、豆腐块、回字、井口字、步步锦、八块柴等）、拐子纹（万字、灯笼框、盘长、方胜、亞字、汉字等）和菱花（也叫"琐窗"或"网户"）3类，花样繁多，匠心独运，技巧精湛，可谓绝学。

1.6 常家庄园—太原
Chang's Manor and Taiyuan City

8月4日上午，离开平遥古城回太原路上，经过著名的常家庄园，做短暂停留、参观。民谚"乔家一个院，常家两条街"，说的是常家庄园格局和规模之大，堪称三晋民居建筑之首。的确，只有亲自到这个"民间故宫"里走一走，才能领略其恢宏。我们看到一幅"榆次常家万里茶路行程示意图"，南起崇安（福建武夷山），经汉口、洛阳，至山西雁门关，再分两路西进。正是常家先人开辟了中国茶商的第一条丝绸之路，从而使其成为对外贸易第一世家的名门望族。

下午回到太原，参访山西大学风景科学研究所，所长霍耀中老师热情接待了人困马乏的实践队，并满怀深情地向大家传授黄土高原原生建筑演替变迁的调查与研究心得。霍老师的丰硕成果将同学们实习所见的新鲜印象和感官认识提升到新的理论高度。晚宴时分，大家共聚一堂，回顾这趟可以称之为"农村包围城市"的实习旅程。在百感交集、诸多不舍中，"晋陕风韵"城乡认识实习宣告结束。

2011年8月4日，榆次常家庄园"光前裕后"堡门前合影

常家庄园内景　摄影：张牧艺

常家庄园静园，从琴心亭（万字亭）俯瞰沼余湖　摄影：杨哲

"和其他晋商大院相比，常家庄园的特殊在于有一处静园。静园之美赋予了常家庄园无与伦比的灵气。而静园之美、静园之灵则在于它的水系。无山不雄，无木不神，无水不灵。水是灵气的象征，美感的源泉。静园正是以水系为主题构造出自然之美，展现出水在造景功能中无限的美感和'涤我尘襟'的感受。"（常家庄园官网）

尾声一：一路向西
Epilogue I Cycling to Tibet

实习结束，有的回家，有的继续结伴旅行。班长林浩韬飞往成都，单人独骑，用32天时间抵达拉萨，实现了每一个骑行者最大的夙愿，给自己的人生创造了一笔不菲的财富。我们每天都在想象着浩韬一路上所见到的壮观风景和可能遇到的艰辛困苦，当他没有手机信号而无法联络时就担心着、祈祷着。

一路向西 图片提供：林浩韬

"我知道这次旅行必将遭遇重重困难,必将经历无数挫折,但我坚信我可以。最后送一句话给自己:用车轮丈量2500公里,不放弃,不退缩,不到万不得已绝不搭车,向着前方勇敢前进。有些事情现在不做,以后就没有机会做了。"【林浩韬】

尾声二:应县木塔
Epilogue II Yingxian Pogoda

在太原休整一天后,我带着3位研究生,开着霍老师的越野车,开启了梦想已久的中华古建筑朝圣之旅——古代最高木建筑应县木塔和遗存最久的五台山佛光寺。2011年8月6日下午,我们拜见了应县木塔文管所马玉江所长,参观了他倾其所有创建的"山西省朔州市乙斑古建文化有限公司"。将传统木构技艺与现代数码机床技术相结合,按1:6、1:10、1:20等比例,从最细微的斗栱

2011年8月6日—2016年10月12日,应县木塔模型从初见到制成

应县木塔的塔刹、角檐 摄影:杨哲(2011年8月6日)

五台山佛光寺东大殿，如翚斯飞 摄影：杨哲（2011年8月8日）

"从碛口古镇到姜氏庄园，从王家大院到平遥古城，从应县木塔到佛光寺，每一处都透露出浓郁的文化历史气息。作为历史的鉴证，作为时代的纪念碑，它们是最容易被人扭曲和遗忘的历史文物，让我们以更专业的目光看待它们，保护它们，延续它们。"【倪波涛，2011级城乡规划硕士研究生】

构件开始，用纯木材按照真实的结构关系复原制作了一批中国最经典的古建筑。马所长对中国文化的广博认知，对木塔、对古建、对传统文化的挚爱与梦想，令人钦佩之至。也是从那天起，笔者结下了一个心愿：能在厦门大学建筑与土木工程学院制作一个大比例应县木塔模型。光阴荏苒，岁月倥偬。当时间来到2016年10月12日，这个心愿终于实现了！应该说，正是5年前的"晋陕风韵"实习创造了这样的契机，才让诸多热爱中国古建文化人士的共识凝聚成这样的成果。

应县木塔之谜

应县木塔，位于山西省朔州市应县（古称应州）县城西北佛宫寺内，也称应州塔，全称佛宫寺释迦塔，通常简称为木塔，是佛宫寺的主体建筑；建成于辽清宁二年（1056年），金明昌六年（1195年）增修完毕，是中国唯一遗存最古老、最高大的纯木结构楼阁式建筑，高峻宏伟，巍峨壮观，堪称世界木构建筑的典范。木塔总高度据梁思成、莫宗江先生1934年测量为67.31米，王贵祥先生1992年实测为65.89米。其平面呈正八边形，底层直径30.27米，外观5层，首层重檐，内置一尊11米高释迦佛像。塔体内部结构实为9层，在每个明层的平坐与腰檐之间为一暗层，形成明五暗四六重檐。各层出檐深邃，檐下是素有中国建筑至美元素之称的各式斗栱，种类达54种之多，几乎涵盖古代斗栱类型。"它的外形轮廓、结构手法，处处显示出辽代建筑的特点，是现存辽代建筑中，形体最宏伟的杰作"（陈明达）。寒来暑往近一千年，历经风雨、地震、炮火、修缮不当等天灾人祸，木塔仍巍然屹立，蔚为奇观。

木塔优良的抗震性能和抗损毁能力关键在于科学巧妙的纯木结构体系：双筒体结构框架起到吸震的作用，暗层内外槽的斜撑构件减小震动，以及悬浮地基基础的隔震作用，加之各种斗栱将强大的震动化解于千万个"铺和叠"的微小变形之中。正如悬于五层外槽正南里面门额上的篆书匾额所题："木德参天"。

木塔不仅是研究古代木结构建筑与技术发展状况的珍贵文本，其外观造型和室内精巧的布局设计，以及文物佛像、雕塑、壁画、匾额等也同样具有重要的文化和艺术价值。在外观造型上，木塔高宽比例接近2:1，呈现出一种"庄严稳重里带玲珑豪放"。木塔底层设置重檐和副阶周匝，使庞大的塔身轻盈而又稳重，再逐层向内递收，飞檐平缓翼角舒展，到顶层八角攒尖汇聚成塔刹，形成雄伟挺拔、气韵生动的优美轮廓。佛塔内部，内槽直径逐层向上是缩小的，而槽中佛像坛座却是扩大的。这一收一扩，让观者在登临行进中缩小了人—神间距。每层暗层的中空使得佛像上部有很大的空间，绕行于内外槽间，可以从内槽柱高范围形成的框景中以各种角度观赏佛像，加之半截栅栏的围合，又区分出明显的外动内静两个区域。这一动一静，营造出俗世凡尘与佛界梵容的动态联想和体验。我们无法揣度古人是如何达致这种完美、超越的审美认知和精湛技能的，但木塔就这样傲然独立，如塔内释迦佛像般注视着一代代紧张忙碌的芸芸众生。

自20世纪30年代木塔被重新"发现"以来，对它的研究和维护的探讨一直不曾停歇，用火热来形容亦不为过。但是，围绕它的身世仍有诸多疑惑得不到最终的结论，诸如规制之谜、命名之谜、始建年代之谜、地宫之谜、地基漂浮之谜、结构之谜乃至牌匾之谜，都让这座千年古塔散发出更加迷人的光彩，让人不禁要前往探个究竟。作为第一批全国重点文保单位（1961年），如此集科学技术、历史文化、建筑艺术之大成的应县木塔，却迟至21世纪10年代后期才被列入世界文化遗产的推选名单。而围绕如何拯救、修缮日益扭转倾斜的古塔开展的研讨会，其费用据说已经可以再建一座木塔，也表明了修缮危旧古建任务之巨之难。

应县木塔的建造年代处于宋辽金这个中国社会南北大对峙、大交融的时代，既是城市布局结构大变革，也是建筑走向精致化、定型化发展的关键时期。木塔虽为现存孤例，却反映了中国古代佛教文化与古建筑最典型的特点与风貌，是古代纯木结构成就的最高代表，是弥足珍贵的世界文化遗产。春秋代序，阴晴晨昏，身姿妙曼的木塔孑然傲立于雁北平原之上，悄然鸣奏着梵音的神秘与建筑的精巧，谱写了一部信仰之虔诚浩渺与建构之宏大壮丽的传世篇章。正可谓：

一座古塔道尽梵尘沧桑，万千木构传承匠心无量。

——摘自杨哲、周立立、王昭宇《小议应县木塔及其模型制作》，载《2016年中国建筑史学年会论文集》，武汉：武汉理工大学出版社，2016.8

尾声三：《城市感知》访谈录
Epilogue III Interview on Urban Perception

在编写本章、翻阅以前文件时，看到实习之前跟 2009 级规划班筹备《成·城》系刊时的一篇访谈稿件，主题正是关于城市的感知。可惜这个刊物一直未能如期出版，至今已成尘封憾事，特将访谈稿辑录在此，以资回味。

《成·城》专访栏目：城市感知

提问：王玉琢　　回答：杨哲　　时间：2011 年 7 月 7 日

您大概都去过哪些城市？

答：这个问题好大啊！去过哪些城市，还从来没有计算过呢。国内省或自治区的首府加直辖市去过 20 多个，其他城市有 30 多个。国外主要是欧洲，有 20 多个城市，美洲、非洲空白，亚太只有 5 个城市。

在您旅行时，您会特别注意城市的哪些方面？作为本科生的我们，应该以怎样的眼光，从哪些方面去感受一个城市呢？您能否提一些建议，如何让我们在有限的时间内更全面地认识一个城市？

答：了解一个城市有很多方面且方法众多。在去之前最好先做功课，预先了解城市历史脉络与人文概况，但身临其境才有可能产生新的认知。当然，过多地看别人的经验总结，也会影响自身的体验和判断。如果时间充裕，不妨把自己当做"外星人"，以陌生的眼光来打量所到之处。从专业角度，可以适当运用 Lynch 城市意象要素等方法来概括城市的结构和特色，比如通过各种交通方式来体验城市空间、功能之间的关联。但更重要的是，一定要结合社会、经济、地理、人文等其他重要因素的情况综合考察和感受，不能仅仅局限在空间等物质形态方面。

在您旅游的经历中，您有什么收获，对您的职业有什么帮助或者影响？

答：每次游历都会有收获，对于职业的影响应该是点滴积累、潜移默化的。读书是跟个别人交流，阅读城市则是与各种人群对话。常言说"百闻不如一见"，可到了那个地方后，往往会觉得一见不如百闻，或者所见胜过百闻。这就是阅读的不同结果。读万卷书和行万里路相辅相成，是每个人成长的必经之路。

在这些城市中，您最喜爱的是哪一座城市，为什么？

答：巴塞罗那！虽然很早就知道这座城市跟大师高迪的紧密关联，也举办过奥运会，但身临其境，还是有很多惊喜和感动。多姿多彩的城市形象、生活场景和艺术氛围折射出城市的活力与魅力。

在这些城市中,有没有一座城市让您失望过,为什么?

答:越南河内。由于处于改革初期阶段,到处是工地,新旧杂陈,拥挤混乱。游走其间,既看不到震撼人心的历史遗迹,也感觉不到舒适的现代生活,与概念中的首都城市相去甚远。据说,金融危机前后的房价甚至要用黄金来标称!或许,这个城市可以映照我们的过去和未来。

您觉得现在城市与以前相比,有哪些进步和不足呢?

答:与其说是城市的进步,还不如说是人类技术的进步,比如交通与资讯工具的发展使得人们在城市中和城市间的往来变得快捷和容易,也使得人们的欲望加速膨胀。技术瓶颈的突破,让人们的视野不断扩大,能力不断增强,但也带来失衡的危险。人类对地球资源的无限占用,必须通过自省、自觉、自律,否则,城市只会让生活更糟糕。

您认为现代城市应该从古代城市中学习什么呢?

答:这个问题跟上一个有关联。总体上说,城市已成为人类聚居地的主要形式。古代城市政治、经济、文化各方面较为统一,生活方式、城市形象等变革较为缓慢,能够积淀出有价值、有特色的地方历史文化。从古代城市,可以看到人类的原始张力,看到实用价值向文化价值的转变,看到技术手段的进步。而现代城市由于观念和方式的快速改变,人类价值取向多元化,复杂而矛盾,让城市既有不断更新的全新体验和境界,也存在盛极而衰的危险倾向和结果。从城市规划学术角度说,人类应该有智慧、有能力使现代城市保留过去的美好,并走向美好的未来。

【王玉琢,厦门大学2009级城市规划本科生,现就职于中国城市规划设计研究院西部分院】

尾声四:南北方防卫性聚落比较研究
Epilogue IV Comparison of Defensible Settlements

在长达两千多年的封建社会里,地主庄园或家族聚落中形成了许多防卫性较强的建筑群落。通过实地勘访比较,不难发现,中国南北方防卫性民居聚落特点迥异,但也有不少有意思的相同点。张牧艺同学(2009级城乡规划本科)交来的实习报告,就此做了初步梳理和探讨,现择要辑录于此,作为进一步研究的基础。

南北方防卫性聚落比较研究

张牧艺

我们此次实习所考察的晋陕地区，位于中国中西部无定河以东、汾河以西、长城以南。独特的地理气候环境以及便捷的水陆交通一度成就了著名的晋商群体，造就了众多庄园、大院等宛如城堡、具有防卫性质的建筑群落。这些聚落规模宏大、厚重古朴、静雅考究，是中国内地民风的典型体现。

中国南方客家土楼同样具有强烈的防范外敌的性质，建筑风格独特，历史文化悠久，是人与自然诗意栖居的典范，体现了客家人因时、因地、因人制宜，对住所与身心和谐的追求。

本文通过对晋陕古民居与客家土楼这两种聚落空间的比较，梳理出南北方防卫性建筑群落的异同点，并对这些古老建筑的发展提出一些建议。

一、晋陕古民居与福建客家土楼形成过程比较

黄河流域肥沃的土壤、得天独厚的环境养育了中华民族的第一代子孙。晋商的名号响遍全国，有些家族可以说富可敌国，在等级森严的封建社会借着捐官的头号得到了建造较高等级建筑的资格。晋陕地区的大院和庄园多是由有钱的晋商或是当地的财主为了安身和防止外人侵夺财产所建造的大规模家族性建筑群落。相比之下，客家是一个迁徙的民族，由于战乱等经过5次的南迁，一路从晋豫地区迁徙到粤赣闽一带南方深山地区定居。出于防御和安身的需要，并没有那么雄厚资产的客家人采取就地取材的方式，利用夯土技术，建造了现在我们所看到的土楼。

二、晋陕古民居与福建客家土楼建筑群落比较

◇ 风水观念对于居住选址的影响

中国人自古以来都非常讲究风水，尤其在选择自己的住宅等栖息之地时，讲究阴阳平衡，五行相生。大多遵"龙、穴、砂、水、向"为"地理五诀"，强调"阳宅须教择地形，背山面水称人心。山有来龙昂秀发，水须围抱作环形。明堂宽大斯为福，水口收藏积万金，关煞二方无障碍，光明正大旺门庭"。纵观南北建筑，坐北朝南，依山傍水，左青龙、右白虎、前朱雀、后玄武的观念在全国各地都得到了一致的认可。选择一个风水宝地不仅关系到家族的居住问题，更关系到子孙后代能否繁荣发展下去。

◇ 地理条件对于建筑形式的影响

从晋中到陕北，建筑形式的差距相当大。晋中结合着黄土高原和北京四合院的模式，往晋西陕北则主要保持着原生窑洞的建筑形式。这些建筑形式与当地的地理条件是分不开的。山西省与陕西省虽只有一条黄河之隔，但地势完全不同。山西地处华北平原西部，地势较为平坦，较为适合四合大院这种建筑形式。而陕北地区人民根据黄土高原土层厚实、地下水位低的特点，挖窑洞作为民居，有冬暖夏凉的优点。客家土楼地处山区，有聚集发展的特点，选取一处风水较好的地方形成一片村落。客家人就地取材，运用当地最为常见的生土、竹片、木条等巧妙建造而成。而土楼建造中大量运用的夯土技术，厚实的外墙保证了楼内冬暖夏凉，和陕北的窑洞有着异曲同工之妙。

◇ **家族观念对于房屋格局的影响**

从防御的角度来看，无论南北方，都是以家族为单位建成高且厚的外墙进行防御，外墙的开窗都比较小，位置也比较高，相对而言对外封闭、对内开敞。然而，相对于南方客家，晋陕地区都是世代经营、较为有钱的大家族，除了很强的对外防御性，对内的等级制度也较为严格。而客家人当官为商的较少，并作为外系迁入，对外防御的心理更强，对内则较为注重公平和睦，没有那么严格的等级制度。

◇ **生活习惯对于居室结构的影响**

从南北的防御性建筑对比看来，生活习惯的不同让居室的结构也有所不同，一个是三院由下而上排列，中间有暗道相连；一个是圈圈相套，一圈分若干份，有独立的楼梯，也有内通式的廊道。相同点是，在保证私密性的情况下都考虑到了相互间的联系方便。对外防御、对内开放连通是防御性建筑的一大特征。

三、南北方防卫性古建筑群落的发展、保护与传承

从陕北到晋中，古建筑的保存完好程度是递增的。陕北有很多曾经繁荣的庄园都已经很难找到昔日辉煌的痕迹，让人不免感慨其家族的兴衰成败。晋中地区的大院则在现代旅游业和电影电视剧的发展下修复得较为完整，虽然规模不如从前那么宏大，但开放的部分已足以让人感受到昔日的繁荣奢华。客家土楼的发展目前主要也是依靠旅游业，虽有不少土楼还有人居住，但保持百年坚固的土楼因为人们的离去也开始渐渐腐化，仅靠旅游者的参观似乎已经不可遏制土楼的老化。

从这次的实地考察和之前的参观，我对南北方防卫性古建筑都怀有一种感慨。它们的宏大让我感叹，但如今的衰败又让人惋惜。建筑是凝固的艺术，古建筑从选址到建造遵循风水观念，所用的材料都是就地取材，所采取的建筑形式结合当地的地貌气候，符合当地居民的生活习惯，是我们祖先智慧的结晶，在建筑中所蕴含的对家人团结互助、希望后代积极进取的文化精神都值得现在的人学习。

旅游业能很好地促进人们了解古建，但并不足以支撑古建筑群落的保护。建筑的灵魂还是居民。其实，相对于现在的砖瓦房，古建筑反而有着更好的通风隔热功能，既环保又节能。我认为政府应该做好制度设计和技术引领，鼓励居民继续居住在古建筑群落中；应该让这些古建筑具有新的防卫性功能，防止强大的现代技术所带来的朝夕毁灭和"千城一面""千村一面"的结局，使得古建继续散发出属于它们的独特光芒。

(2011 年 8 月 26 日)

感想与寄语
Reflection and Notes

2011 年实习的 2009 级规划班毕业已经 3 年多了，他们仍然非常关心、支持城乡认识实习这个教学环节，纷纷抒发当年的感想并对学弟学妹们的专业学习寄予希望。

在杨老师的盛情邀请下,开始回想5年多前的晋陕实习。回顾本科5年的日子,这一段旅途着实是浓墨重彩的一笔。从厦门到太原路途遥远,加之火车晚点,人生第一次坐了40几个小时的火车;第一次住进窑洞,4个人躺在一铺炕上;对于一个在南方长大的孩子,也是第一次见识了黄土高原的广阔与荒凉。那么多的第一次,至今记忆犹新。

烈日、黄土、村落、大院、速写、面食,都是此行的关键词。于我而言,最大的收获是在初学专业之时,对城市、历史及空间有了更为直观的感受,并因此爱上了这种亲身体验的方式。在后来的旅途中越走越远,至今已走过10个国家30余个城市,慢慢对于规划、人文、城市空间有了自己的认知。

很感谢杨老师为我们安排这样的实践,并同我们一起在烈日炎炎下写生,为我们在突降大雨后准备姜茶,这也许就是所谓的身教重于言传吧。

给学弟学妹的话:无论之后从事什么工作,相信现在所学、所看、所知都会有所帮助,希望厦大规划越来越好。

读过的书,走过的路,现在的我,未来的你。

【张牧艺,厦门大学2009级城市规划本科生,首任班长,英国UCL硕士,现就职于中国金茂控股有限公司】

回忆起2011年的"晋陕风韵"实习之路,从温润如春的南方来到深沉厚重的黄土高原,一路所见带来的震撼与感悟记忆犹新。

山西、陕西同属黄土高原,气候条件与自然条件极为相似,独特的自然环境造就了这一带独特的建筑风格,统称晋派建筑,其中的建筑风格大致分为两类——窑洞建筑与晋派城市建筑。

民居的窑洞文化,是与环境紧密结合的,"天人合一"的自然选择,因地势,借自然,省材省料,冬暖夏凉。至今,窑洞建筑仍是陕北最主要的建筑形式。另一类建筑风格便是充分蕴含了晋商文化的大院建筑,如乔家大院、王家大院。这类建筑集北方砖窑的雄浑与南方庭院的秀美于一体,院落宽广,砖瓦磨合,斗拱飞檐,彩饰金装,精雕细琢,工艺考究。

虽时间过了5年,但记忆从未走远,这是一次与老师和同学的"文化苦旅"。对于当时刚入门的我们,无疑是一次丰富的认知教学,这样的实习认知带给我们的收获远比书本教学来得直接与深刻。

【林琳,厦门大学2009级城市规划本科生,现就职于贵阳市城乡规划设计研究院】

学弟学妹们都如此优秀着实让我有些不知所措，但杨老师的盛情难却，那我就开门见山地说一些自己这些年对于一些热门话题的想法吧。

1. 城市规划到底是啥？值不值得我去爱它？

相信每一个从高中生到大学规划系学生，都需要一个适应期，因为它完全不同于以前的高中课程。它没有明确的公式，没有清楚的衡量标准，它需要画图，需要美感，它似乎什么都需要学，什么都需要懂，似乎学了什么自己也说不上来。

城市规划不同于建筑设计，它是一项社会工作，一种公共政策，也注定将受到各种约束，需要在多方妥协中寻求合理而非最优的方案，并需要做很多不是那么纯粹的设计的工作。如果你需要一个天马行空发挥想象力的地方，那城市规划是不适合的。

但城市规划也有其自身的趣味。它的包罗万象虽让人苦恼，却给每个从事它的人留下了施展的空间，无论是喜欢经济社会还是历史文化，都可以在其中找到自己的方向。至少对于我来说，虽然我从未真正喜欢上这个专业，但依然感激它给了我一双更全面看待世界、观察生活的眼睛。我时常会想，如果没有学习这个专业，自己会成为一个什么样的人，也许心间会少了那么一丝柔软吧。因此，城市规划专业是适合那些对于生活和社会有着情怀的人，至少它不会让你觉得无聊。

2. 城市规划能去哪工作？

如果仅从学习上说，规划是有趣的，但谈到专业必然要说到工作的去向问题。实话实说，规划从事本行工作并不容易。且不论近年来城市规划岗位有所减少，光是各大规划院要求研究生学历的门槛就让人望而却步，而且这个专业本科还是五年制。

因此，想进规划院工作，考个研究生是必需的。此外，在规划院招聘时，主要看重的是简历、考试成绩和其他因素。至少让自己在简历上有一点突出，成绩好或者丰富的实习经历。

除了规划院，房地产、咨询以及其他不相关行业也可以考虑。专业毕竟培养的是基本素质，工作还是要选自己喜欢的。

3. 旅行与规划？

最后一个问题就回归正题吧。规划专业貌似是比较会玩的专业了，没有几个专业像我们这样，由老师带队到处考察写生。回想自己大学期间似乎没做什么正事，就是到处跑，有些事现在想来也是有种初生牛犊不怕虎的勇气。若是问我支不支持旅行，那我肯定是支持的，毕竟想要规划良好的人居环境，首先自己必须要有广博的见识。用一位老师的话说，一个好的规划师肯定是会玩的。山川形胜，风俗民情，每一个地方都有自己的特色，城市规划工作本身就是对每一个城市空间的高级私人定制。所以，这样的玩自然也不能是走马观花，一点一滴随手记在心间，有时在案例对比分析上便可得到应用。至于地点、时间、方式本就无定式，名山大川、名声古迹诚然令人神往，红砖大厝、渔港旧村也别有一番风味。规划本就是解决城市这个生态系统的问题，自然从生活中来，到生活中去。

2011年8月8日，骑行西藏途中

【林浩韬，2009级城市规划，南京大学城规学院硕士，就职于杭州城市规划设计咨询有限公司】

这次实习开始于7月25日,结束于8月4日,历时11天,横跨山西、陕西两省。与散布其间的很多古城镇、古村落和建筑单体进行了零距离"亲密接触",对黄河文化、汾河文化、晋商文化也有了更深刻的理解。我们在看看美景、拍拍照片、画画风景、谈谈学术、聊聊日常、听听音乐、品品美食之余,也有闲暇、有心情体悟人生点滴,好生惬意!

这样的一次实习,不仅放松、暂停了高强度、繁重的学习和工作,而且极大地增长了我们的见识和阅历。从建筑、村落和城镇的表象,思考它背后的形成、演化逻辑,同时也了解到了我国历史文化名城和古建筑保护的困境与无奈,思索现有规划体系的缺陷和改进方式。此外,还能和老师们、同学们互动讨论,增进友谊,简直就是一箭三雕!何乐而不为?如果你们谁不想去啊,没关系啊,把位置让给我,我来代替你去,哈哈!

下面给大家聊聊我们规划系学生未来的发展方向和必要的准备。我们的专业,城市规划是让"城市""乘势""成事"的"程式"(之一)。它主要包含4方面的内容:土地使用的配置、城市空间的组合、交通运输网络的架构和城市政策的设计与实施。它的实质是"处理城市各种功能之间、城市政府与各类公众之间的相互关系"。它涉及非常多的学科,如建筑、经济、地理、交通、政治、生态、景观、房地产、历史名城保护、人口、市政工程(给排水、暖通、供电……)等。其广阔深邃的内涵,不断更新的技术和方法以及能对城市、区域和城镇化产生巨大助推作用的潜质让不少学子深深着迷、沉醉,甚至立志为之奋斗终生。受益于文理兼修、严谨苛刻的学科训练,城市规划毕业生既具备出色的审美素养(感性),又具备冷静、高效的分析问题和解决问题的能力(理性)。因此,我们的出路也很广,机会也很多。学弟学妹们在繁重的学习生活之余,一定要好好思考,尽早(最好要在大四开始前)明确自己未来的发展方向(直接就业、国内读研读博、出国深造),并尽快动手做准备(刷GPA,练习手绘和快题,发表论文,考雅思、托福、GRE,政府部门、规划设计院或地产公司实习……),多和身边的同学、师兄师姐、老师们交流,听取他们的建议和意见。

选择直接就业的同学,要尽早准备考试(如公务员方向的行测+申论、设计院方向的快题)或者开始找实习。有些设计院在招人时,还需要学生提交作品集。整理作品集也是一段耗时耗力的过程。提前动手准备,不断修改、优化,才能创造出高质量的作品集。实习的话,最好不要短于3个月,不然,刚刚明白这份工作是怎么回事后,就得"打包走人"了。

有志于读研读博的同学,尽早发现、识别自己感兴趣的研究方向尤为重要,要想好自己要往哪个研究方向"跑"。做到面面俱到、全面开花、在多个方向都取得建树,对于处于职业生涯早期的我们是绝对不可能的。本科是"全面肤浅",研究生是"局部深入"。"照着讲"(本科阶段,复述已有理论与方法)是容易的,"接着讲"(研究生阶段,实现理论突破,对学科发展做出贡献)是非常困难的。因此,大家一定要以低调、谦卑的态度进行学习和研究。在明确大致的研究方向之后,广泛阅读该方向的"经典"文献(早期一定只读"经典"文献,中后期再慢慢拓展涉猎范围),了解分析框架、研究范式,并积极思考,做好记录(不仅是经典理论和方法,还要写下自己的思考),为未来的研究生生涯做好准备。另外,在国内读研读博的同学,要在通过初试,确定能进入复试后,尽快联系导师,让他/她看到你的优点和闪光点,愿意把你纳入门下。

前途光明,道路依然曲折。找到"钱多、活少、离家近"的工作的概率是微乎其微的。另外,工作中,我们还不得不受到其他学科背景(如建筑、经济、地理……)的学生的竞争和挑战。

因此，要把"自己那份该做的工作，做得比别人出色"，我们还需要非常勤奋，付出异于常人的艰辛和努力。

果戈理有言，"城市是一本石头的大书，每个时代增添新的一页"。希望大家在这个最好又最坏的时代，为城市里的人民解决棘手问题，助其实现"美好的生活"，为城市的发展贡献自己的力量，为城市的腾飞与崛起披荆斩棘、铺路搭桥。也祝愿大家在"搏击风雨雷电"之后，都能"迎接烂漫春光"。加油！

【杨林川，厦门大学2009级城市规划本科生，香港大学建筑学院博士研究生】

喜欢回忆，因为时间总会帮忙过滤掉无谓的东西，好的东西却历久弥新。2009年到2014年，再到2017年，我在厦大度过了8年的青春时光，厦大、厦门也注定是我生命中不可或缺的部分，塑造着我的人格。

读万卷书，在认识城市的实践课中第一次与行万里路相结合：走过大大小小的村落、观察新新旧旧的城市、遇见形形色色的人，不论当初是否有所感悟，都必然在生命中留下痕迹。见得多了，或许某一天所学的知识就像打通了任督二脉，融会贯通、推陈出新了，最不济，也是丰富的"案例谈资"。做规划的，不就是得见多识广，博闻强记嘛。

"看城市"这样的实践课，由老师带着学生天南地北地走一走、转一转，最能培养的是理解与包容的心态。规划师要有一颗包容的心态去做规划：理解不同的人，尊重不同的偏好，而非一味地坚持自我，规划师的"自我"是不同人群的组合。看到书前提到未能出版的杂志《成·城》，想到当时起这个名字的含义："城，古以土成之，今以成城之众志筑城，必成也"，我们一起携手并进吧，做一个可以把情怀与实践相结合的规划师！

PS：外出实习写生的过程中，小伙伴们见过彼此最惨的样子，深刻战友情谊的培养更胜于一起通宵画图。晋陕实习的时候大家早上一起买包子吃；一起坐三四个小时的大巴困到不行到达目的地，然后顶着7月底12点钟的大太阳写生；一起偷瞄米脂的姑娘到底有多好看；淋雨生病了一起喝姜汤；南方的孩子在北方的山沟沟里吃了几天面食后，一进城终于能吃到米饭时的表情……一幕幕犹在心头。

【梁玲燕，厦门大学城乡规划2009级本科、2014级硕士，现就职于北京清华同衡规划设计研究院】

2011年的暑期实习对我来说是一趟熟悉而又陌生的经历。说熟悉，是因为黄土高原就是我的家乡，生于斯长于斯，有割舍不下的感情。说陌生，时间要倒流到2009年高考毕业填报志愿时，毅然决然选择南下，来到离家约1800千米的海岛城市。大学期间每年寒暑假由于准备出国、实习等事情，回家的时间寥寥无几，黄土高原于我，几乎成了一个陌生的地理概念。这次实习让我有了一个难得的机会和全班同学一道，在杨哲老师的带领下，深入黄土高原，再度认知这个我熟悉而又陌生的家乡。

对我而言，与其他同学最大的不同，就是这次实习经历给我扮演"三重角色"的绝佳机会。

参与者：自然是班集体的普通一员，恰逢其时参与了晋陕风韵实习。

观察者：以一个旁观者的心态，观察来自祖国各地的同学对黄土高原地区的感知和态度。

主人翁：从一个本地人的视角再度审视自己的家乡，大家既然来到我的家乡便是客，行好客之道。

时光飞逝，到了毕业季各奔东西，我选择了跨过大洋，远赴美利坚求学深造，让自己迎接更多的挑战。家乡渐行渐远，从家乡到南疆再到异邦，一直在路上，看过了不同的风景，感触最深的，有两句话和大家分享：

第一句，走到哪儿人都不一样，自然地理历史条件塑造了不同人种，国家、民族、地区概念的演进一定程度上刻意将人与人的差异显性化；

第二句，无论走到哪儿人都一样，人类之所以为人，不同种族、国家、地区的人有着惊人的相似性，这种相似性五味杂陈，酸甜苦辣，悲欢离合，冷暖自知。

基于以上两点认识，我最终选择了"交通"这一方向作为自己的毕生职业追求。因为交往通达，让更多的人能够更便捷有效地联结起来。过去的封闭，在一定程度上固化了群体的差异性；未来的互动，不是为了消弭差异，而是增进彼此的理解，即使是差异所引发的误会，从某种程度上讲，也是最美丽动人的故事。

【高广达，厦门大学城乡规划2009级本科生，美国宾夕法尼亚大学硕士，现就职于中国城乡规划设计研究院交通分院】

第 2 章　河西走廊

Chapter 2 Penatrating into Hexi Corridor

> 2012年7月16—27日，全队共33人从西安开始，历天水、武威、张掖、嘉峪关、敦煌，贯穿河西走廊，在连绵的祁连山和黑山之间，饱览大河、草原、戈壁、沙漠、丹霞、雅丹等旖旎壮丽的大自然风光，走读长安、天水、河西四郡等丝路重镇的深厚历史人文，体验麦积山、敦煌等著名石窟以及大佛寺、海藏寺、马蹄寺等博大精深的佛教文化……雪山、长城、驼铃、寺钟，点滴记录一路见闻，分享思考和喜悦。
>
> ——2012年8月10日，杨哲（QQ相册）

绵长的祁连山脉　摄影：兰慧东

2012年8月12日，中国邮政发行"河西走廊"特种邮票一套四枚（从左往右：千年帝京；大漠雄关；神秘故国；西域胜境）

"河西走廊的都市圈呈带状发展，无论是古代著名的河西四郡，还是如今的河西五市，都是沿着地形和道路分布的。河西地区的气候相对较为干旱，干旱地区特有的水系和绿洲决定了城市的生成发展和空间分布。除了自然条件，河西走廊的城市还受经济、政治以及军事的共同影响，形成了不同层次的空间体系，其中少数主要城市迅速发展，成为一定区域的核心。因而，这种历史延续下来的城镇网络体系较为松散，联系简单，功能较为单一，难以促进区域经济共同发展。"【李伟】

"纯洁，美好，是我心中一直以来对雪山的定义。在如此炎热的季节看见远处出现的雪山，又多了一丝坚强，一丝韧性，一丝神秘。"【何忠莉】

河西走廊，"古丝绸之路的锁钥之地和黄金路段，像一块瑰丽的宝玉，镶嵌在中国西部的三大高原上，历史悠久，风景秀美……这片大漠黄沙的地方，有着塞上江南的美誉"。据说昔者人皇伏羲、女娲皆诞生于此。我们行走其间，醉心于西部独特的壮阔景象：这里有天水的麦积山石窟、武威的马踏飞燕、张掖的卧佛寺和丹霞奇观，这里有嘉峪关玉门关的豪情与悲壮，这里有敦煌城外的鸣沙山月牙泉、雅丹地貌等自然奇景和莫高窟、西千佛洞等人文名胜。一路上，绵长而壮丽的祁连山脉伴随着我们，荒凉而炙热的大漠戈壁考验着我们。

实习结束不久，中国邮政总局发行了丝绸之路特种邮票，多巧！接着，2012年10月8日，央视综合频道（CCTV-1）首播大型史诗剧情纪录片《玄奘之路》，又让我们重温西域之路的那份艰辛与神奇，感慨现代交通工具所带来的便捷。

时间：2012年7月15—27日。

"河西走廊"实习路线图　作者：邹佳旻（2011级建筑学硕士研究生）

行程：厦门—西安（7月15—17日，兵马俑、大雁塔、钟鼓楼、陕西省博物馆、城墙）、天水麦积山—仙人崖（7月18—19日）、武威（7月20—21日，雷台观、海藏寺、武威文庙、西夏博物馆）、张掖（7月21—22日，丹霞地貌、马蹄寺、大佛寺）、嘉峪关（7月23日，嘉峪关关城、悬臂长城）、敦煌（7月24—27日，榆林窟、莫高窟、鸣沙山—月牙泉、雅丹地貌、玉门关、西千佛洞、敦煌博物馆）。

人员：2010级城乡规划班19名，2011+2012级硕士研究生+台湾研究生共13名。

第2章　河西走廊 ｜ 037

2.1 西 安
Xi'an City

从厦门乘火车，第二天凌晨到达实习第一站西安。一出火车站，千年古城墙扑面而来，一路上的舟车劳顿瞬间消失。作为豪拥3000年文明历史的六朝古都，西安的名气太大了，要去的地方太多了，多少天才叫够呢？！所以，我们只做仅有两天的停留计划，选择了陕西省博物馆、大雁塔、秦始皇陵兵马俑这些不可不去的地点。紧张的行程之余，在宏阔的城墙上环绕古城骑行，看城池的中轴对称、赏城墙内外迥异的城市风貌，别有一番体验和乐趣。

在西安古城北门（永宁门）瓮城内合影

"古都西安，我更偏好称之长安。秦砖汉瓦唐诗宋词，千百年来它一直矗立在那里。"【杨绿霞】

秦始皇兵马俑博物馆一号坑（左）、二号坑（右）摄影：杨哲

"每位士兵的表情、神态、姿势，都表现了对始皇帝绝对地服从和尊敬。为数众多的陶俑将皇室的气魄、威严，展现得淋漓尽致。我完全被历史所折服，因为，2200年前的历史，此刻离我仅有不到10米的距离。"【蔡一鸣】

陕西历史博物馆的唐代仕女塑像
摄影及速写：兰慧东

"最美的面孔：不是偶遇的哪个美女，而是在陕西历史博物馆陈列的唐代仕女塑像。第一次发现丰腴的脸颊也能美至于斯，真是个个都是胖美人。在其中的一尊塑像前，我不知留恋了多长时间。"【兰慧东】

在城墙上环城骑行 摄影：周贤钦（2006级建筑学硕士研究生）

"西安这样一座古都，拥有的是东京、纽约不曾有的过往，拥有大城市浮华下的文化底蕴。北京作为中国的首都，拥有着堪比西安的历史文化遗产和名胜古迹。然而北京留下的更多是明清的中国，那是一个'崖山之后再无中华'的中国，是一个故步自封逐渐衰落的天朝帝国的残影。在西安，我们看到的是秦汉传承，大唐胜景。外国人记住的中国是'汉族'，是'唐人'，汉唐两朝的辉煌浓缩于西安一城。如果说北京见证了古代中国由盛转衰的没落，而西安却记录的是古代中国最辉煌的一页，一个开放繁盛的长安，更能显示中华民族的气魄。"【张未】

第2章　河西走廊

2.2 天 水
Tianshui city

7月18日晨离开古城西安，乘坐大巴经由麦积山隧道（当时号称亚洲第二长的公路隧道，全长12.286千米），穿越秦岭，到达实习第二站天水，正式踏入河西走廊。我们直接入住麦积山脚下麦积村的村民家中，东家住几人，西家住几人，占据了村头到村尾的六七家农户。迥异于东南沿海的饮食和起居环境特色，让同学们感到惊异、兴奋。当天下午，我们首先来到了藏于深山、人文深厚的仙人崖，游客稀少，景色原始淳朴，不禁沾沾自喜，诸多难忘经历在其中。第二天，在云雾缭绕中，体验了中国第四大石窟——麦积山石窟带来的巨大震撼（被誉为"东方雕塑馆"）。

◆ 仙人崖（2012年7月18日）

仙人崖景区线路是从西崖到东崖再到南崖，然后从仙人湖下山。相传古时常有高人隐居其山修行学道，故称仙人崖。仙人崖寺庙群始建于南北朝时期，距今已有1600年历史。天然的丹霞崖壁，独领风骚；崖壁穹拱下营造寺庙建筑，堪称一绝。

西崖的崖壁下，寺庙建筑呈一扇面，规模阵容强大，有佛、道、儒家各派，有三教九流各门，且各有道场和神位，各色信徒都能找到参拜之所，均在那宏大的崖壁下和谐相处，共享安乐。在南崖，盛传夏秋深夜，常有灯火浮现，是神仙携灯往来，即天水八景的第三景"仙人送灯"。故有词云："翠峰林立仙人崖，南崖佛千，西崖仙众。"

"苍翠的群峰掩映中一峰突起，傲然独立，那便是仙人崖。古寺深山，素香缭绕，宛若桃源。沿石阶而下，很快就到了仙人湖，碧水青山，朱红亭台，在西部的荒凉与空旷中结合了江南的妩媚。"
【杨绿霞】

麦积山仙人崖仙人湖景象　摄影：杨哲

仙人崖山麓转角　速写：张未

仙人崖西崖灵应寺及东崖罗汉堂石壁
速写：陆秋子；苏臻盛

仙人崖南崖（千佛崖）石壁佛像仍具北魏遗风　摄影：杨哲

"就在走出林子即将来到寺院门前的那一刻，我转头看了寺院后的崖壁，不由得痴了，一尊佛像，静静伫立在崖壁之上，慈眉善目，神色安详，脚踏莲花座，腾云驾雾，俯瞰苍生。佛祖身旁一位弟子，双手合十，身子前倾，似在闭目凝听着什么。'轰隆隆——'旁边的崖壁忽然动了起来，一间间窟室缓缓开启，顺着起伏的岩石，向远处延伸，窟中佛祖盘膝而坐，讲经说法，山间梵音回荡，香火缭绕。'咚——'不知何处传来钟声，在山间荡漾，我猛地一醒，竟已来到寺中。回味刚才的画面，我竟有些颤抖了，只想向着佛的方向，深深一拜。这一刻，我确信佛是存在的，或在这山崖上，或在这庙宇中，或是一颗青松，或是一朵闲云，飘然于极乐，俯视众生。"【黄若诚】

"当我们在石阶上奋力攀登，偶然翘首发现一尊尊佛像伫立在绝壁，以一副悲悯仁慈的神情向下观望着我们，那种油然而生的崇拜和赞叹使我们的任何语言文字都苍白无力，唯有继续前行，争取早些到达佛像脚下。最为奇特的是仙人崖的三教殿，佛、道、儒三家的塑像如此和谐地出现在同一祠堂，在朝代更迭频繁、没有稳定宗教信仰的古代中国是很少见的。这让我想起那一首诗句：'道临天下化万物，佛慈照世渡众生，儒晖千古传薪火，三教同心天地行。'"【张未】

◆ 麦积山石窟（2012年7月19日）

秦岭西端，小陇山中，一座奇峰孤直耸峙，形似麦垛，故称麦积山。因常年有雨，"麦积烟雨"成为天水八景之首。麦积山石窟的开凿，始自十六国后秦，至明清止，现共有石窟194个，各式造像七千余座，壁画千幅。作为中国四大名窟之一，麦积山石窟艺术横融中原、西域、印度风格，纵合5世纪至13世纪特点，是融通古今中外、冠绝天下的艺术宝库。

"还未登山，我已被那攀缘曲折的栈道所折服。早在后秦时期，人们为了心中的执念，就可以不顾生死，在峭壁上修建佛窟来表达对佛的崇高敬意，实在令人佩服。行走在栈道上，我仍感害怕，没有钢筋水泥的支撑，前人是凭借什么样的意志和方法修建出如此精美绝伦的石窟？此刻，我仿佛走在历史的长廊上，感叹信仰的伟大与自身的渺小。"【蔡一鸣】

"感染我的是每一尊佛像的神态。从佛像安详的眉目、温婉的笑容，我仿佛能看到当年凿窟人信念的虔诚和心灵的富足。佛家说，佛无人相，无我相，无众生相，无寿者相。但我分明从这些佛像中辨别出了千百年前世俗人家、寻常百姓的面孔，那是优雅从容，充满了对生活的欣赏与赞美。"【兰慧东】

麦积山石窟　摄影：杨哲

麦积山石窟塑像　摄影：杨哲；兰慧东　　　　　　　用心观察，勤于记录　摄影：杨哲

在天水麦积山石窟山脚下合影　摄影：高权
"俺几乎是躺平了才拍得到这样全的画面啊！"——高权

左起：张飞飞、张耘逸、黄若诚、高炳绪、蔡一鸣、张未、蔡子健、陈博文、刘叙霆、马佳骏、苏臻盛、陆秋子（2010级建筑学研究生）、高蟒（2011级建筑学研究生）、陈劼（2009级建筑学研究生）、沈英滢（2012级建筑学研究生）、杨哲（带队教师）、尹秋怡、孟碧轩、杨绿霞、周贤钦（2006级台湾研究生）、陈明智（台湾摄影人）、邹佳旻（2011级建筑学研究生）、郭颖（2011级建筑学研究生）、刘茜、姜文欣、李伟、何忠莉、兰慧东、吴诗静（2006级建筑学）、刘蕾（2006级建筑学）、张智强（2011级建筑学研究生）

2.3 武威
Wuwei City

武威古称凉州,公元前121年,汉武帝派骠骑将军霍去病远征河西,击败匈奴,为彰其"武功军威"而得名武威。之后有"五凉"先后在此建都。中国旅游标志"马踏飞燕"正是在武威雷台汉墓出土。这一出自东汉无名艺术匠师手上的杰作,极富浪漫色彩,凝练了高度的智慧、丰富的想象、深刻的生活体验和娴熟精深的艺术技巧。在武威短暂的两天时间里,我们还考察了海藏寺、西夏博物馆和全国三大孔庙之一的文庙。

武威雷台汉墓是举世闻名的稀世珍宝。据史料记载,雷台为前凉(301—375)国王张茂所筑灵钧台。《资治通鉴》中记载,为东晋元帝大兴四年(321年)始筑"周轮80余堵,基高9仞"。现雷台保存基本完好,长106米,宽60米,高8.5米。台上有明清时期的古建筑群雷祖殿、三星斗姆殿等10座,建筑雄伟、规模宏大。1969年在雷台下发现东汉晚期(186—219)的大型砖石墓葬,出土了大量文物,其中有铸造精致的99件铜车马仪仗俑、艺术价值最高的一匹铜奔马。

武威雷台正大门 速写:刘叙霆

"马踏飞燕"的真实大小 摄影:杨哲

铜奔马又称"马超龙雀"或"马踏飞燕",高34.5厘米,长45厘米,重7.15千克。呈飞奔状的马昂头嘶鸣,三足腾空,右后蹄踏着一只展翅奋飞、回首惊视的"风神鸟"龙雀;马头上一撮呈流线形的鬃毛指向彗星一般的尾部,既表达了奔马风驰电掣的速度超过飞鸟,又巧妙地利用飞鸟的躯体扩大了着地面积,保证了奔马的稳定。它体形矫健,神势若飞,艺术造型优美,合乎力学平衡原理,且给人以腾云凌雾、一跃千里之感。

据《汉书》记载,西汉武帝为了远征匈奴,开拓疆土,派贰师将军李广利发兵西域,进行了长达4年的战争。太初四年(前101)从大宛国引进大宛马,武帝非常爱惜,赐名为"天马"。传说这种马流的汗为红色,像鲜血一样,故称"汗血马"。武威因"凉州畜牧甲天下"成了良马的交易、繁殖基地,后人有"凉州大马,横行天下"之说。因此,在武威发现表现"天马行空"的铜奔马,并非偶然。

马踏飞燕有多大？从教科书和各种介绍上不难知晓它的造型甚至尺寸，但没有哪本书会按原大小来展示。每到一些"优秀"旅游城市，那些高大的奔马城雕标志总让人产生怀疑，看上去那样肥硕、笨重甚至滑稽的奔马，何以飞奔踏燕（而且很多时候看不到惊回首的飞燕）？到了武威的雷台，看到真实大小的复制模型，恍然大悟：原来是尺度！尺度的无限放大，造成了完全不同的3D效果。尺度概念可以折射到我们的道路交通拥堵问题上：并非一味地拓宽道路就能解决，关键在于道路网络的疏密设置与智能管理。主干道要由次干道、支路乃至毛细血管级的小路来配套，特别是各级别道路连接处以及路口的设计和管理控制。就如同奔马的四肢与躯干的比例，并不是简单按比例放大就能依然传神的，甚至也不是完全按照真马的比例制作的。

"梵宫之冠"海藏寺始建于晋，扩建于南宋淳祐九年（1249），元朝时扩建修缮为藏传佛教寺院。元末毁于战火，经明成化、清康乾历朝多次重建修葺，成为凉州乃至西北丝绸之路上最有影响力的佛教寺院。

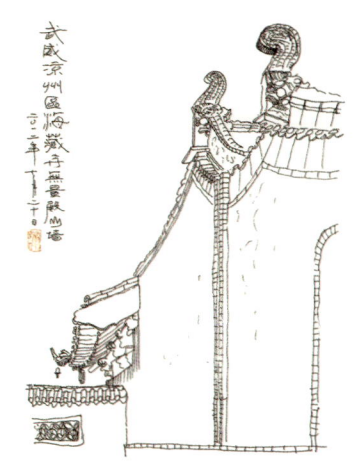

武威海藏寺无量殿的精美山墙
速写：杨哲　摄影：杨绿霞

武威雷台观三星斗姆殿建筑细部　摄影：杨哲

武威北门、路标 摄影：陈明智

"武威，不仅这个城市的名字霸气，连路标都霸气：距离我们下榻的宾馆不远有一座城门，这倒不稀奇。令人惊讶的是在城门不远处立着的路标，上面标着东北西三个方位，而各个方位对应的地点分别是张掖、兰州、武南。"【高炳绪】

桀骜不屈、迎风玉立的白杨 摄影：蔡一鸣

2012年7月21日，武威往张掖途中 摄影：杨哲

南有祁连山脉，北边黑山相望。茫茫戈壁自脚下伸向无尽的远方，中间偶有绿洲点缀，那就是人类居住和生活的城乡聚落，是从古代的驿站扩展而来。沿途铁路、国道、高速公路、西气东输工程并列，沿着连绵不绝的祁连山脉前行。这样的河西走廊经典景象和风光，伴随我们从武威到敦煌大约870千米的路程。

2.4 张 掖
Zhangye City

张掖自古就有"一湖山光,半城塔影,苇溪连片,古刹遍地"之美景,再加上如梦如幻、七彩斑斓、气势磅礴的丹霞地貌,让所有队员都忘情其中,沉醉于大自然的神工鬼斧和天地造化。作为丝路重镇,市内的大佛寺、镇远楼、山西会馆等古迹名胜,让我们对"塞上江南"有了生动而明确的形象写照。马蹄寺距离市区65千米,是包含了胜果寺,普光寺,千佛洞,金塔寺,上、中、下观音洞等7处石窟群组成的巨大景区。这些远离尘嚣、孤傲清静的寺院,还有裕固族独特的民族风情,构成了莽原中那份珍贵的人文点缀,让人再次体悟到宗教信仰的力量。

◆ 七彩丹霞（2012年7月21日下午）

"景区的旅游车上,导游一手指左,一手指右,说,你们看,左边的山体是典型的五彩丹霞地貌,右边的山还是绿色,几百年后,经过雨水侵蚀和风化,右边的山体也会变得像左边一样。接着半开玩笑说,大家到那时候可以再来看看,看是不是真的。"【陆秋子】

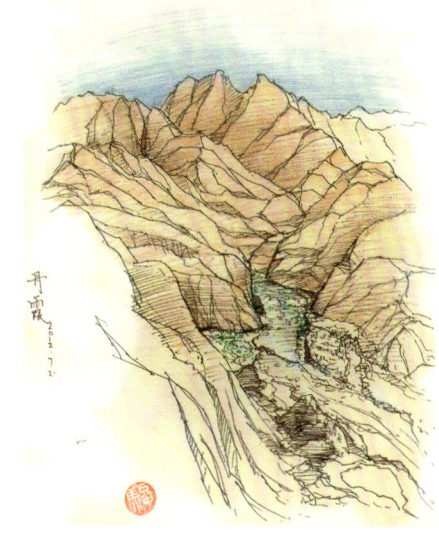

2012年7月21日,张掖七彩丹霞地貌 摄影:张未 速写:马佳骏

丹霞长卷一 摄影:高骈（2011级建筑学硕士研究生）

丹霞长卷二 摄影：张未

丹霞近景 摄影：杨哲

第 2 章 河西走廊

丹霞长卷三 摄影：张未

2012年7月21日，在丹霞地貌里徜徉，流连忘返 摄影：杨哲

漫漫长路 摄影：兰慧东

◆ 马蹄寺（2012 年 7 月 22 日上午）

马蹄寺的北寺石窟群始凿于东晋时期，史称"三十三天"石窟，7 层 21 窟，气势恢宏，呈宝塔形开凿于百米岩壁上。远观似壁挂浮雕，匪夷所思；近看惊险曲折，巧夺天工。

2012 年 7 月 22 日，遥望马蹄寺北窟　摄影：杨哲

从马蹄寺北窟回望　摄影：陈博文

"层次分明的丹霞，光影炫丽的鸣沙山，自然提供的美景不需要更多的构图和调整。美景俯拾皆是，自然景观随时间、天气的变化又让人有了更多的选择。可以说西北的大地上有着南方未曾有的雄浑和壮丽，而其蕴藏的历史财富更是不可多得的。仙人崖、海藏寺以及马蹄寺这样人文与自然景观结合紧密且和谐的景点，给我们留下了无比深刻的印象。"【张末】

马蹄寺千佛洞　摄影：杨哲

◆ 大佛寺（2012 年 7 月 22 日下午）

"在这里我深刻体会到了什么叫佛门清净，在这里我终于见到了想象中的寺院，没有游人的喧嚣，没有'热情'推销香火的和尚。这些寺院或隐于深山老林，远离世俗，孤傲地存在着；或掩隐在庭院古树之间，清静雅致。庙宇没有刻意的装饰，有些甚至已破败不堪。但正是这种不事雕琢，让它更加地恬淡与自然。庙里有和尚，但他们绝不会上来给你推销香火，他们有着自己的骄傲与气节。也正是这种'冷淡'让人觉得他们更值得敬重。我觉得作为寺院就应该远离世俗，这样才能突出它们孤高、清冷脱俗的气质。"【刘茜】

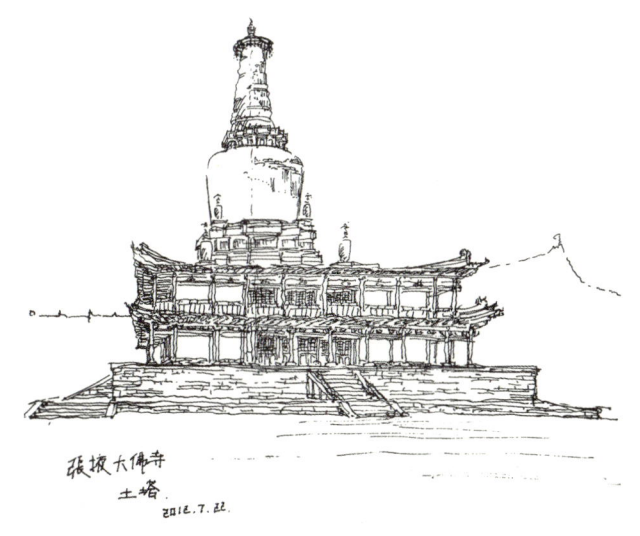

2012 年 7 月 22 日，张掖大佛寺土塔　速写：陆秋子

2.5 嘉峪关
Jiayuguang City

我们虽为长城西端的嘉峪关早已谙熟于心，然而，到了现场，还是被那苍茫群山环绕中的雄关险隘深深震撼。天气的阴晴瞬息万变，刚刚烈阳下的巍峨关隘，转瞬间乌云笼罩，却愈显其坚固和险峻，仿若身临金戈铁马的古代战场。"顺路"去到悬臂长城时，虽然下着雨且人困马乏，但大家依然兴致不减。

◆ 嘉峪关（2012 年 7 月 23 日上午）

"站在城楼上，放眼望去，当年的金戈铁马已不复存在，但心中总有一股说不出的思绪，或是感慨，或是缅怀。嘉峪关是古代丝绸之路上的重要补给站，关外便是大漠戈壁。可以想见，当年传道的僧侣和经商的驼队在穿越黑戈壁后，看到嘉峪关城楼的那种欣喜。"【陈博文】

嘉峪关东外城的瓮城城门朝宗门
摄影：刘叙霆

嘉峪关关城位置扼守险要，南北的祁连山脉与黑山之间只有十余千米，是河西走廊西部最狭窄的地段，称作"河西第一隘口"。关城之北有暗壁连接黑山悬壁长城，南有明墙连接天下第一墩。高山峡谷对峙中，嘉峪关居于其中。因此，作为万里长城最西端的关隘，嘉峪关层层设防，固若金汤。内城、外城皆设瓮城，城外有双重壕墙、壕沟，城内关门重重。城内外共有12道关口，古人能想到的防御手段几乎全用上了，真可谓"天下雄关""连陲锁钥"。

如果说以前对嘉峪关的印象只局限于大漠孤城，那此行后可就要改观了。嘉峪关坐落在祁连山和黑山中间形成的川谷地带，此处两山距离最近，势如瓶口。嘉峪关因九眼泉水而设关，嘉峪关关城从选址、建筑都和九眼泉有着密切联系，关城对内依山傍水，草木秀丽。这也为边塞雄关增添了几分柔美。

嘉峪关，风云突变关城上，黑云压城城不摧　摄影：姜文欣；杨哲

"登上嘉峪关城楼，极目远眺，一片茫然戈壁瀚海。等游览一圈再次登上城楼时，天色骤变，颇有'黑云压城城欲摧'之感，阴暗的天色结合瑟瑟冷风，联想到霍去病和卫青率精兵西征以及从这里踏上征程的使者张骞、苏武。万物皆寂，天地间好像只有我一人，眼前幻化出金戈铁马，将军白发，想象着戍边的士兵，在亘古长风中，执戟伫立……不料，风雨袭来，最终还是淋了场雨。现在想来，这场大雨在嘉峪关赶上，也算适时适地了，边关锁钥和暴风雨的结合，相互增长了对方的威严。"【杨绿霞】

◆ 悬臂长城（2012年7月23日下午）

2012年7月23日下午，细雨中的悬臂长城多了一份柔情和亲切
摄影：周贤钦

第2章　河西走廊

2.6 敦 煌
Dunhuang City

"敦，大也；煌，盛也。"敦煌，是河西走廊实习的最后一站。闻名遐迩的千年古城，好像一台无形的时光机，常常让我们在广袤的时空隧道里穿越。在城市街道中行走，不经意间就望见道路尽端的沙漠轰然眼前！而专程到达"春风不度"的玉门关时，时值正午，队员们头顶烈日、脚踏黄沙的写生场景，已然定格成为后来每次实习动员时的经典画面。投身于雅丹地貌、鸣沙山、月牙泉的大自然怀抱，流连于榆林窟、莫高窟、西千佛洞的沧桑之间，沉醉于武威西夏博物馆、敦煌博物馆的琳琅文物，我们不禁回顾自身：从哪里来，到哪里去？西千佛洞守护者的执信、党河岸边的纵情山水、临别时分的"大漠风情宴"……给长长的河西走廊之行画上了依依不舍的句号。

◆ 榆林窟（2012年7月24日下午）

敦煌去往榆林窟途中 摄影：杨哲

"在经过葱岭（今帕米尔高原）之后，绕过塔克拉玛干沙漠，来自欧洲与来自西亚的商队在敦煌交汇。来自南亚次大陆的佛教也经由丝绸之路来到了敦煌。往来的商队和僧侣在此处交织，造就了敦煌佛教石窟文化的兴盛。莫高窟、榆林窟、西千佛洞等石窟便是当年敦煌佛教兴盛的凭证。千年的丝绸之路，也是千年菩提路，却只在今日一朝一夕之间。这是一条文化交融的道路。敦煌的壁画及塑像带有浓重的西域特色；到张掖，有党项文化特征的大佛寺、藏传佛教的三十三天和汉传佛教的马蹄寺；再到武威，有中原特色的海藏寺；最后还有天水仙人崖的中国特色的儒道释并存。佛教与中国文化的融合更深。而这段时间留下的文物，是文化交流的凭证，也是值得我们去保护、去爱惜的宝贵遗产。"【陈博文】

榆林窟 摄影及速写：杨哲（2012年7月24日下午）

甘泉灌沃土，骄阳照绿洲。榆林窟又名万佛峡。在瓜州县城南约 75 千米的南山山谷中，踏实河（又名榆林河）从中穿流而过，两岸榆树成林，石窟因此得名"榆林窟"。现存洞窟 43 个，其精美的壁画艺术在我国唐代至元代的佛教石窟中占重要地位，是莫高窟的"姊妹窟"，并与西千佛洞一起同称为敦煌石窟。速写画面中间的卷棚顶建筑是榆林窟最有名的 2 号窟，内有著名的水月观音壁画。

"湍流的河水就像锋利的快刀不断冲刷出两岸陡峭的岩壁，榆林窟和西千佛洞便在这上面开凿建造，人和自然的力量在这里完美结合。"【蔡子健】

"他们曾有一颗心，一个念头，让他们穿越千年的风沙，将纯净的灵魂，此刻，呈现在茫然的我面前。我开始明白，为什么在这里我无法再在那些石崖、那些雕塑面前摆出 V 字手傻笑着照相，为什么在这里我常被震慑到不能言语，为什么在这里听到老师年少时的冒险经历会无限神往，为什么在这里我时常想起走西藏的学长给我们演讲时那种艳羡下的隐隐失落，为什么在这里我开始回想不起过去二十年的生命。"【尹秋怡】

◆ 莫高窟—鸣沙山—月牙泉（2012 年 7 月 25 日）

2012 年 7 月 25 日上午，全队来到蜚声中外的敦煌莫高窟，尽情浏览、写生。临近中午，一直没有下笔的我在著名的第 17 窟藏经洞前徘徊良久，思绪万千。感觉挺直、亮白的白杨树林中隐现着藏经洞的画面很有意境，仿佛树影婆娑间满面羞愧和无奈的王道士向我走来……遂成此画。【杨哲】

敦煌莫高窟藏经洞　摄影及速写：杨哲

"我们大约三十人一个组，跟着一个导游，在莫高窟狭窄的栈道上艰难穿行。进入洞窟后，大家比肩接踵，挤在一块巴掌大的暗室里，有些人还来不及看到壁画佛像，便又被导游引至下一个洞窟。在进了几个洞窟后，意犹未尽的我们惊讶地得知，整个参观行程已经结束。原来，每个组只能参观六七个洞窟，并且一些真正具有巨大艺术价值的洞窟不对游客开放。这让跋涉几千千米的我们大感失望。"【刘叙霆】

敦煌莫高窟建筑 速写：刘叙霆

"天地间的曲线浑然天成，明的暗的光影，近的远的沙丘，单调的东西在这里变成了天然的美景。向着沙漠深处走去，越是罕有人至的地方景色就越加纯净和美丽。起伏的沙山，金黄的叶子，嫩绿的草地和那一汪清澈的泉水在夕阳余晖的照耀下构成了一幅完美的画面。"【蔡子健】

月牙泉全景 摄影：蔡一鸣　　　　　　　　夕照月牙泉 摄影：杨哲

"我来到了月牙泉边，看着微波荡漾的水面，太神奇了，周围的沙漠也不能阻止它的存在，即使烈焰炙烤，也不会消失。它没有大海一般的广阔，没有波涛一般的汹涌，没有溪流一般的湍急。我觉得，月牙泉是静静地躺着，非常非常得淡然，我竟然想到它已经成佛了！"【张飞飞】

"那七彩斑斓的丹霞，神秘莫测的雅丹，炽热迷人的沙丘，同样让我着迷。我似乎明白了，为什么会有人愿意生活在这里，为什么他们也是幸福的。人类文明总是发源于大河流域，人们也总是选择自然环境优越、山清水秀的地方定居。这里虽不具备这样的条件，却被大自然赋予了一番别样的风貌，不似东南沿海的热带风光，不似江南水乡的小桥流水，她荒芜而不单调，贫瘠而不失大气，一样让人神往。"【何忠莉】

迷人的沙丘 摄影：何忠莉

对于人类生存而言，沙漠的意义不仅仅在于其严苛残酷的自然特性，它也有舒适的一面。例如，清爽干燥的空气，海洋般无垠的起伏，流动的风景，还有热浪或海市蜃楼等奇幻景象。亲临沙漠，我们会觉得离这颗星球甚至宇宙更近了，因为沙漠是地球世界存在的重要状态之一。

从太空俯瞰宇宙中的这颗蓝色星球，除绝大部分的海洋外，陆地上依次可见沙漠、冰川、戈壁、高山、草原、丘陵、森林、河流、绿洲、平原，而地震、火山、沙尘暴、暴风雨雪、洪水、台风、海啸等，则是它们生命的常态与活力所在。人类赖以生存的农田和聚落散落在平原、丘陵的绿洲当中，城市、产业这些人类的创造物似乎增强着自然的活力。当人类最终能够与大自然真正和谐相处时，沙漠就成了聚落的一部分，或者说，沙漠本身也是聚落。

由此，我们可以断定，决定聚落形态的基本因素有两个：自然的地理条件与人类的社会制度。为应对绿洲乃至沙漠各种舒适或严苛的自然条件，人类发明创造各种技术，以"天人合一"为最高境界。古代的风水学，当代的生态城市；砖瓦木土石，钢筋水泥玻璃，各种复合材料，都是为了达成另一种自然。而与严苛自然条件相对比，人类自身的制度化社会对于聚落形态来说，似乎更为严苛。无论聚落风貌，还是理想城市，都明确表达着社会宗法礼制的意志，体现为明确的地域性、民族性、时代性。这些特性的变革，必然极大地影响着聚落形态的结构与形式。

换句话说，城乡规划与建筑设计的创新，应该是从新时代条件下的民族文化内涵出发，表达本地区的地域特征，从而创造新的聚落形态。

夕阳西下，月牙泉再回首 摄影：黄若诚

第2章 河西走廊

2012年7月26日上午 玉门关景区四周 戈壁茫茫 摄影·杨哲

◆ 雅丹地貌—玉门关—西千佛洞（2012年7月26日）

苍凉、壮观的雅丹地貌 摄影：杨哲　速写：陆秋子

"大自然是神奇的。风吹日晒下造就了雅丹地貌。鬼斧神工、巧夺天工，这些词语都不足以形容眼前出现的奇观。那闪着粼粼波光的黑戈壁就像波涛汹涌的大海；起伏的土山丘整齐地排列着，仿佛即将出征的舰队。"【蔡子健】

"大西北的景观算不上精致，它没有小桥流水的婉约，烟雨蒙蒙的细腻，有的只是莽莽平沙，茫茫戈壁。它是一种粗犷的美，一种豪壮的美。但正是这种粗糙让人变得豁达、变得豪迈。西北之旅，对我来说不仅是一场视觉的盛宴，更是一场心灵的震撼与洗涤。"【刘茜】

上午从敦煌市出发，开行180多千米前往雅丹国家地质公园、玉门关景区，一路上黑山、黑戈壁伴行。但见戈壁莽莽、天高云低，豪情万丈、光芒四射……景区大门的楹联上写道："秦燧汉关今犹在，张骞李广俱往矣""看大漠孤烟长河落日，听塞外羌笛胡角马嘶"。这种了无人烟、荒凉严酷的景观动辄就是上百公里的尺度。所以，实习总结时大家的各种感慨也就难怪了。"门楼城墙古刹，枯木戈壁黄沙，此行不虚今生。"（高炳绪）还有一位研究生同学无奈地感叹："这辈子不会再来了！"

古有艰苦戍边、抛洒热血的威猛将士，今有不畏烈日与大漠烘烤、全情投入的厦大学子。他们是（左起）：张耘逸、张未、蔡一鸣、黄若诚。感人的瞬间定格成永恒。

"此刻，我似乎站在一个文明的边缘……心头异样沉重，不是这城关，而是一个民族的重量。"【黄若诚】

2012年7月26日中午，炽烈骄阳下、滚烫沙漠上、玉门关前的伙伴们
摄影：杨哲

2012年7月26日下午，西千佛洞党河岸边，大家激情释放，动态合影 摄影：周贤钦

"西千佛洞，是在茫茫戈壁中一块绿意甚浓的地方，只有少少的几十窟，却大多是古时为积功德的百姓集体凑钱修凿的。有的石窟因为后期资金不够，甚至佛像只塑了一半、壁画只上了线稿就搁置在了那里，由此我们反倒更能窥探塑像的技术秘密以及为木胎泥塑、石胎泥塑的制作工艺找到佐证。"【姜文欣】

"西千佛洞的第6窟很有意思，三世佛中过去佛——燃灯古佛的佛像已经不在了，现在佛——阿弥陀佛还在，而未来佛——弥勒佛却未完工。过去已去，现在还在，未来未来，不知是巧合，还是有意为之。"【陈博文】

"除了一尊精美的佛头给我留下了深刻的印象，参观结束后与解说员的聊天更让我吃惊。他在莫高窟待了10年，在这里待了也有8年，将自己的青春毫无保留地献给了敦煌。而在解说过程中，感觉他是将这些珍贵文物当成自己的宝贝，如数家珍，充满情感。不禁想起课上杨老师向我们介绍阮仪三老先生时说，保护历史文化很可能是一项吃力不讨好的工作，但历史总是需要一些伟大的人来做这项工作。"【蔡一鸣】

"大漠风情宴"上，同学们畅谈感想，河西走廊实习拉上帷幕 摄影：陈明智

"河西走廊之行，是沿着佛的足迹在前进。因为我们一路走了好多石窟寺庙，有仙人崖、麦积山石窟、雷台观、海藏寺、马蹄寺、大佛寺、榆林石窟、莫高窟及西千佛洞。中国的四大石窟，这次西行我们就欣赏到了其中的两个。"【兰慧东】

尾 声
Epilogue

如同长长的河西走廊，正常 9~10 天的实习也被拉长为 13 天。宏阔场景和漫长路途给所有队员带来巨大震撼的同时，也不堪重负，身心疲惫。开学后，全班同学重抖精神，积极策划"河西走廊实习成果展"。材料准备基本就绪，协商与其他实践活动一起联合办展事宜时，却因为场地档期而一直拖延至期末，最终竟未能如期展出，遗憾至今！看着当年那些照片、速写、实习报告，依然感动，历历如在眼前。特将笔者当时为展览而创作的"写在前面"辑录于此，聊补缺憾。

河西走廊实习成果展·写在前面

丝绸之路，河西走廊。

这些如史诗般华美而辉煌的名字，映照着悠久灿烂的文明，却也包含着对生命的威胁和挑战。这是一条严酷冷峻、苍茫遥远的古道，一条危险重重、考验累累的古道，一条传播文化、通衢商业的古道，一条成就传奇、激励梦想的古道。如今，借助于现代化交通工具能够轻易到达它的任何一点，但即便如此，每当我们亲临其中，仍然会被它壮丽的厚重和苍凉的华彩所深深打动。

> 踏足孤烟落日的长河戈壁，
> 行走叠嶂七彩的雅丹丹霞，
> 倾听铁甲玉门的胡琴羌笛，
> 流连雄关险隘的鸣沙月泉，
> 醉心大漠石窟的乐舞飞天，
> 凝神气吞山河的边塞豪情。

我们沿着时空长廊，探访边陲古镇的前世今生，追寻霍去病、张骞、班超、乐樽、玄奘的模糊足迹，用相机、用画笔、用双脚、用心灵，去感受细微而真实的触动，记录如历史般易逝又无比永恒的遐思。

杨哲，2012 年 12 月 6 日

感想与寄语
Reflection and Notes

有人说，再美好的东西，回忆的次数多了，味道终会淡去。我却不以为然，因为人生总有那么些丢不掉、忘不了的画面，会随着时间沉淀出更美好的样子。五年前的河西走廊实习之旅便是很好的例证。每当我打开记忆的阀门，恢宏古朴的西安城墙、精致绚丽的石窟壁画、广袤无垠的戈壁荒滩、炽热迷人的沙丘丹霞等便不断涌入脑海，伴随而来的还有同学们顶着烈日坐在地上画着速写的样子，为看日出早起时睡眼朦胧的样子……

我想，这段记忆之所以让我念念不忘，离不开所见之景带来的震撼，离不开旅程所学之识带来的提升，更离不开与大学所有同窗结伴游学带来的快乐以及同行老师答疑解惑带来的明悟。旅程中的我，学会了在实践中运用所学理论去认知城市，了解了不同景区的开发模式，体验了不同地域的民风民俗，也坚定了今后要多走多看的决心……

每一次的旅行都将为生命增添一抹不一样的色彩，我想大家都希望有个色彩斑斓的人生。无论是否真心喜欢规划这个专业，城乡规划认识实习于大家而言都将是一场不容错过的盛宴，唯一需要做的便是尽情享受。

【何忠莉，厦门大学城乡规划系2010级本科生，现就职于贵州省城乡规划设计研究院】

古韵西安，晨钟雁塔；重阁悬崖，大佛涅槃；龙城飞将，大漠孤烟，一夫当关；乘风飞天，琵琶千年，丝路蜿蜒。走进丝路，聆听辉煌与失落交织的乐章，触摸远古与现在叠加的遗迹，是专业的入门，更是心灵的涤荡。眼睛寻着这历史，心灵便进入厚重与灵动融汇的艺术殿堂，美学与信仰辉映的精神家园。只有荒凉的沙漠，没有荒凉的人生，在历史的书页上不停地努力行走，保护千年民族的文化与建筑，我们将走向日新月异的明天。

【李伟，厦门大学城乡规划系2010级本科生，现为武汉大学城市设计学院硕士研究生】

"河西走廊"，一个原本在历史书上看到过的名字，我没有记住它起于何地、去往何方，却没想到在2012年借着规划实习的机会在杨老师的带领下走了一遭。

从古丝绸之路的起点——西安启程，入境甘肃，踏上河西走廊。走过武威、张掖、嘉峪关，止于敦煌，一路上见识了千年古都的神韵，也看到了大漠孤烟、长河落日的壮阔，但作为一个规划人，更让我为之惊叹的是厚重的文化与精巧的建筑。彩陶、壁画、岩画、古城遗址、大小石窟、古寺民居，无一不是工艺、建筑与文化、信仰共同练就的产物。每到一地，我们都拿出纸笔，取景写生，这时候，写生的意义或许不仅仅在于锻炼技法、培养美感或收集素材，而更多地应是通过观察、绘画去领会实体背后的韵味、文化与思想，去解读壁画的每一处用笔与用色，佛雕的每一个姿势与雕饰，石窟的每一室装点与布局，民居的每一个空间与结构。但一路走来，憾功力尚浅，我们常常能勾勒出其形，却绘不出其神。

毕业之后，我前往英国留学。学业之余也没有停止游历的脚步，走过欧洲13个国家20多个城市，游过深湖、雪山、海峡、极光，也看过老城、古堡、教堂、遗址。欧洲大陆也常有一城的历史、一路的风光，却少有如河西走廊一般的积淀着众多文化宝藏的长廊。

经此一行，我想：学习建筑、规划就应该多行走、多观察、多动笔、多思考，而我们规划设计的无论是实体、空间，还是房屋、城市，背后都应该带有对自然的尊重、对文化的敬仰和对生活的憧憬。

【张耘逸，厦门大学城乡规划系2010级本科，现就职于上海数慧系统技术有限公司】

感念杨哲老师的用心，回想当时为期不短的"重行丝绸之路"，绝对是最好的我们和最好的行程。

还记得当时坐着大巴在奔向榆林石窟的空旷大路上，同学们端着长枪短炮聚焦远处地平线的海市蜃楼，而我只用眼睛努力地去看，想记下那种眩晕感；还记得当时颤巍巍登上麦积山石窟，我们浩浩荡荡的队伍摆在平台上足有两排，纵横山水公司的领队不顾形象躺卧在地为我们拍下了一张超级显高的合照，想那种兴奋和当时红薯的甘甜；还记得敦煌月牙湾旁鸣沙山，我们乘着骆驼走过一路，套着鞋套从坡上滑下，晚上九点落日的作息让我们努力调整调整再调整，才终于真的融入那种震撼中。在实习旅行中的夜晚素描、野外素描、博物馆素描，看到历史和地理特色凸显的西北景观，能够在专业学习不久的时间内有这样的体验，真的令人骄傲。

也许规划的热点一直在变，也许规划的未来一直不定。规划年会的主题从我本科毕业那年的新常态到研究生即将毕业这年的理性规划，规划专业的孩子们越来越要多能、多元、多层次发展。认识实习这样寻源的专业实践能够拓展我们的视野，能够给我们留下深刻的记忆，能够带来历史的积淀，也能够激发创新的思想。扎实的基本功+独立的思考，这就是在山水间、城市中的专业实习提升自己的诀窍。

感谢杨哲老师带我们一起走过的这一段，也希望优秀的学弟学妹们珍惜专业学习的时光，有更好的前途和梦想。

【姜文欣，厦门大学城乡规划系2010级本科生，现为华中科技大学建规硕士研究生】

河西走廊之行感想

跟着杨老师在河西走廊参加城市实践活动已经过去五年多了，旅途上的见闻与感受至今还历历在目，通过这一系列的活动，让我在书本之余，对城市有了更进一步的认识，也培养了我从一种更加接地气的视角去看待城市。通过这次难忘的活动，我有了很多深刻的认识。

首先，一个城市不能丢弃她的文化内涵。河西走廊上的城市不同于我去过的其他城市，由于规模较小，城市还保留有很多过去的印记，每个城市都有自己特殊的名片。比如天水麦积山、张掖大佛、敦煌莫高窟，我们一行人都是怀着朝圣的心情去找寻这些城市中的历史印记。在这些历史印记所蕴含的文化的加持下，河西走廊上的城市仿佛重现了古代中国与世界联系沟通的胜境。

其次，好的城市要与环境相融。河西走廊上的城市是谦卑的，不像其他城市是对自然环境的征服，河西走廊上的城市都静静地伫立在祁连山脚下，与戈壁、绿洲融为一体。每座城市都少见高层建筑，四处都可见巍峨的祁连山，虽然地处戈壁，城市内部绿化却十分到位，尤其是敦煌，城市周边就是沙漠，但是城市内部绿树成荫，宛如一处塞外园林。

最后，人是城市的灵魂。我们在河西走廊上行走了整整半月，遇到了当地各种年龄、各种职业的人，给我印象最深刻的，就是这里的人更有人情味，更爱生活。每到一座城市，一处景点，都会有素不相识的人向我热情地介绍自己的家乡。当我行走在城市中，富有活力的城市街道让我无时无刻不在感受城市带给我的人文关怀。

河西走廊之行给了我一个认识不同城市的机会，也教会了我很多课堂之外的知识。最后，就让我用芒福德的话作为结语吧：我们是处在这样一个时代，生产和城市扩张的自动进程日益加快，它代替了人类应有的目标而不是服务于人类的目标；城市的主要功能是化力为行，化能量为文化，化死的东西为活的艺术形象和音标，化生物的繁衍为社会创造力。

【刘叙霆，厦门大学城乡规划系2010级本科生，现就职于上海同济城市规划设计研究院】

第2章　河西走廊

如果要我选择一个地方重新游历一次，应该就是河西走廊。承蒙杨哲老师厚爱，邀我一同回忆2012年暑期实习，也开启了我人生中一段难得的记忆。

作为一个南方人，在踏上河西走廊之旅前，对西北土地的神秘、苍茫和悠远并没有任何印象和体验。不同于南方常见的"山色空蒙雨亦奇"，不同于"春来江水绿如蓝"，河西走廊的意蕴是"大漠孤烟直，长河落日圆""葡萄美酒夜光杯，欲饮琵琶马上催"。这就是河西走廊，这些才是属于河西走廊的诗。河西走廊的诗意，古朴而苍凉，浑厚而悠远，天高而路长。在戈壁大漠中还夹杂着死寂和惆怅，但这形成了西北大地独特的荒凉意境美。河西之旅一路上有同学老师相伴，美食、美景应接不暇，成了大学生活中一段美好的经历。

我觉得做设计做规划的人是应该多走走多看看的，有些事物没有亲眼所见，是无法凭臆想创造出来的；而走过河西走廊之后，我觉得有些事物即使亲眼所见，也是人无法再次创造出来的。因此，那一份感触和回忆，是人生经历中最宝贵的财富之一。

【张未，厦门大学城乡规划系2010级本科生，现就职于漳州市城市规划设计研究院】

行程之最

最惊艳：张掖丹霞，江山也可以比美人更美。

最震撼：西安城墙，它的存在就已经是个奇迹了。

最辛苦：鸣沙山，沙漠的威力不是盖的。

最超值：各种博物馆，逛博物馆是个好习惯，会有很多意想不到的收获。

最坑爹：在张掖马蹄寺走错路，结果什么有价值的也没看到。

最遗憾：没能继续走到新疆。

后　记

一辈子是场修行，短的是旅行，长的是人生。旅行，能让你遇到那个更好的自己。目的地，永远不会是一个地点，而是一个新的视角。

——《最好的时光在路上》

首先要感谢杨老师给我这次机会，让我在这个年纪以这样的方式走了这样一段路。

正如上面那段话所说，旅行的意义不仅仅在你去过了什么地方，看过了什么风景，抑或是吃到了什么小吃，更重要的是你所经历的一切对你的影响。

这次旅行对我来说是身体和心灵的双重考验，幸运的是，我的身体经受住了考验，一路走来总算有惊无险。

而最重要的是我在这次旅途中有了很多不一样的体验，大西北的自然风光对我这个南方人来说极具冲击力。当日鸣沙山沙漠里的那片向日葵让我心生敬畏，后来我去到杭州的中国美院，那里也有一片向日葵田，我看着它们，又想到了敦煌，却再也没法体会到那种敬畏的感觉了……

【邹佳旻，厦门大学2011级建筑学硕士研究生，现为同济大学博士研究生】

第3章 且看黔行

Chapter 3 Wonders of Southeastern Guizhou Province

贵州省山多地少，由于处在山区环境，导致其与外界的往来受到限制，因此在很大程度上保有原来的生活习俗和文化传统。春秋以前，这片土地就涵养生息着勤劳的苗侗人。他们自称是蚩尤的后代，在这远离中原的荒蛮之地开创出一片生机，创造出自己的生存方式和艺术文化。在中国历史文化名村和传统村落名单里，贵州省的村镇数量是最多、最为丰富多彩的。而黔东南的苗寨风情、侗家鼓楼，那些画面的形象和歌舞的旋律，打小就有一些鲜明独特的印象。走进去，"苗家住山头，侗家住水边"，名不虚传。我们选择以镇远古镇为起点，寻访西江、朗德、从江等黔东南的苗侗古寨，体验深山里、河川边人类聚族而居的不同文化。

"且看黔行"实习路线图　作者：杨哲

2013年7月5日上午，厦大大南校门集合、出发前合影

时间：2013年7月5—17日。

行程：镇远古镇（7月6—8日）、西江千户苗寨（7月9—11日）、郎德上寨（7月12日）、岜沙（7月13日）、肇兴侗寨（7月14—15日）、贵阳市—青岩古镇（7月16—17日）。

人员：2011级城乡规划班20名和2010级城乡规划班1名。

3.1 镇 远
Zhenyuan City

镇远始建于西汉,是一座拥有两千多年历史的苗家古城和西南大道上的军事重镇,素有"滇楚锁钥、黔东门户"之称。潕阳河蜿蜒穿城而过,北岸为府城,南岸为卫城,整个古镇的城市形态犹如太极图案。镇东端,崖谷风貌令儒道释汇聚的青龙洞古建筑群独步天下。这里既是景点,也是观景的好地方。镇中,江南庭院结合山地建筑,形成别具特色的民居群落。丰富清晰的巷道空间使得古镇聚落显得结构明确、易于辨认。明清古民居区有四条纵巷,自东向西分别为四方井巷、复兴巷、仁寿巷、冲子口巷,各有特色,街巷互通,错综但不复杂,巷子内分布着许多井,如猪槽井、四方井,行走其中饶有兴味。新中街12号"两湖会馆"由大宅改造而来,内设"茅台酒博物馆",展示了两百多种茅台酒。沿着河道再向西走,可达当年收容日军俘虏的和平村,原镇远总兵署中营衙门。再往远走,就逐渐融入现代化的镇区了。随着河流的蜿蜒行进,古镇与和平村以及新区的交融和对比好像构成了另一幅太极图。

"镇远是一座'以军兴商'的城市,是一座'移民'的城市,是一座多元文化交融的城市。特殊的地理位置使镇远自古以来就以'欲据滇楚、必占镇远''欲通云贵、先守镇远'的政治、军事要地著称于世。"【刘健枭】

"登上青龙洞看到的古城全貌更是让人赞叹不已。潕阳河自西向东,呈S形贯通镇远县城,一张天然的太极图呈现眼前,山水城和谐共生、浑然一体,形成了'九山抱一城,一水分府卫'的独特风貌。"【殷鉴】

青龙洞俯瞰镇远,"石屏山如雄狮,潕阳河似玉带"——太极图上的古镇 摄影:杨哲(2013年7月6日)

舞阳河上 摄影：杨哲
（2013年7月6日摄于贵州省镇远县青龙洞寺三清阁）

"镇远像是大山深处的一处江南：清幽的舞阳河畔，水波荡漾，楼影颤动，漂浮不定，宁静致远。俯仰之间可见高远，低首之时饶有情趣。"【叶紫薇】

"青龙洞上看镇远，古建筑林立，标志性的马头墙比比皆是，游人穿梭，喇叭里时不时传来关于镇远的介绍词，倒是别有一番'中国式'古镇的味道。远处的舞阳河泛着翡翠般的光泽，时逢雨季，我们一行未曾有幸得见雨中的镇远，倒见着了因雨水而水位升高的舞阳河，河边的木栈道淹没在河水中，若有似无，河水的清澈可见一斑。河中泛着几只小舟，或游船或渔船。"【郑颖】

"舞阳河跳动着别样的韵律，舞成魅惑的S形，翡翠般的河面上是渔人，是游客。两条高架铁路在古建筑群顶呼啸而过，仿佛还能依稀听到火车轰鸣之声。山的那边一条舞带似的公路，洋洋洒洒不知通向哪个朝代。"【郑颖】

"俯瞰镇远古镇，'若说青龙洞上是一幅飘洒的国画，那石屏山上便是细腻的油画'。"【郑颖】

"在镇远，既有繁华热闹的街道，又有庄严肃穆的寺院，相距不过百米，如此清幽秀丽的山水境界，如此生动活泼的城市气象，晨钟暮鼓与繁华市肆水乳交融。"【叶紫薇】

三清？三圣？三青！ 摄影：杨哲
（2013年7月6日摄于贵州省镇远县青龙洞寺三清阁）

2013年7月7日摄于镇远石屏山顶亭廊

第3章　且看黔行

从石屏山顶俯瞰镇远城厢 速写：高权

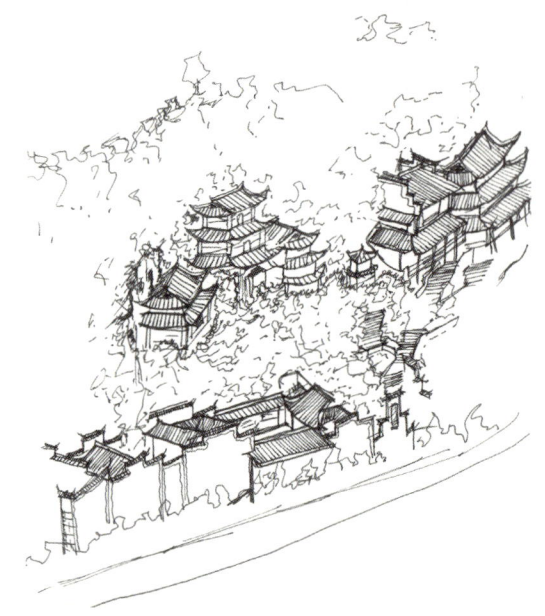
从石屏山顶俯瞰青龙洞 速写：范思慧

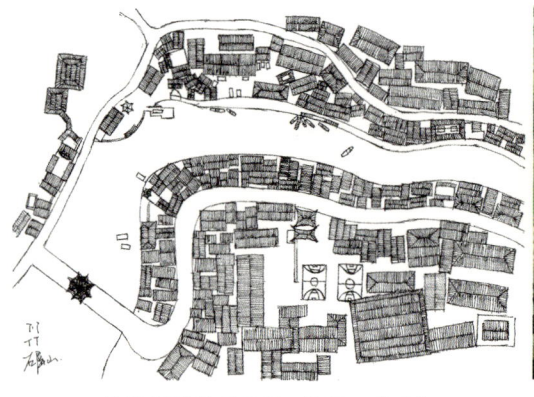
镇远俯瞰总平面图 作者：黄晓桐

镇远㵲阳河禹门码头 摄影：何忠莉（2011年8月17日）

"旧时禹门及第归，今朝渔船赏舞回。舞指的是㵲阳河，这张照片拍的是禹门码头，以前是学子高中后回乡登陆的码头。这两句诗包含码头的今昔对比。"【何忠莉】

"巷道空间给人的感受主要是尺度、节点。街巷空间尺度的处理适当与否是街巷空间感受舒适的关键。巷空间在尺度上较街道为小，交通量也少，有的巷是尽断式的胡同。街巷连接着住宅，可以看作住宅的外部空间。小巷具有公共与私密空间的复合性，许多家庭的私有活动、摆设已经渗入小巷之中。这种小巷的尺度适宜，安全可靠，便于交流。节点是组成聚落印象的要素之一，它给平淡冗长的街道以一定的变化，同时有可能成为空间序列中的一个波峰。空间的节点比街道具有较多的停留感和庇护感，是人们休息、逗留的一个小场所。"【武海娟】

"镇远地处贵州山区，交通不便，到元末明初才有外来汉民迁入。苗汉文化交融，使镇远既有苗族干栏式建筑，也有汉民族的四合院、徽派建筑粉墙黛瓦以及讲究风水的门道，更有两者融合的形态。"【谢洪磊】

"古巷里的民居也是沿山势而建的，向上便通往石屏山，民居多为木制；向下走的民居多为石质，可出巷子到达镇上的商业街。信步古巷，累了可随便走进一家院子，要一碗自家酿的甜酒或豆花，与民居的主人聊聊巷子里的老故事。"【苗菁菁】

"红灯笼和漂亮的飞檐是镇远古镇的特色。古镇夜景非常漂亮，河边会有很多大排档，卖夜宵和烤鱼。酒吧也会开业，我们唱歌欢笑。还有幸参加了啤酒节，思慧姐姐获得镇远啤酒节小组第一名的光荣称号，赢得啤酒两件。"【刘璐】

"我们伏在桥栏上，坐在河岸边，面前是蜿蜒而去的潕阳河。当眼睛慢慢失焦，天和地仿佛都不存在了，只剩下红红绿绿的一片光影，连周遭喧闹的人声和水声仿佛也变成一曲天籁，敲打着我的耳膜，洗清着我脑中所有的思绪。"【冯予沫】

镇远潕阳河夜景 摄影：杨哲

3.2　西江苗寨
Xijiang Hmong Village

西江苗寨位于贵州省黔东南苗族侗族自治州雷山县东北部的雷公山麓，距离县城36千米，距离黔东南州州府凯里35千米。十余个依山而建的自然村寨相连成片，一千两百多户人家，六千多人口，是目前中国乃至全世界最大的苗族聚居村寨，有"苗都"美誉。白水河清澈见底，穿寨而过，河上4座苗家风雨廊桥将两岸村落联系成整体。苗寨的主体位于河流东北侧的河谷坡地上，呈凤凰展翅的两片山坡上铺满了一千两百多座吊脚楼，形成壮观的"苗寨天然博物馆"。我们在白水河南侧小山坡上的村寨里住了两个晚上，体会到这种源于上古干栏式民居建筑的科学文化价值：结构严谨、造型实用而美观。长桌宴上、美人靠旁，苗家女奔放而动听的"劝酒歌"，还有舌尖上的酸辣美食，令人久久回味。在白水河畔西江古镇的广场上，我们还见识了隆重的苗家歌舞大会表演。长老们的原生态清唱别具特色，空旷悠远，浑厚而透亮，真是好听至极。

在高高的观景台上，当队员们穿上精美独特的苗家服装的那一刻，所有人都沸腾了。活泼而有创意的厦大学子们释放青春热力，尽情演绎，也成了"云—天—山—河"环绕中千户苗寨的一道靓丽风景线（附带光盘《且看黔行》视频）!

2013年7月9日，西江苗家歌舞大会 摄影：杨哲

西江苗寨羊排村全景速写　作者：吴熊秋尧

"青檐层层起，炊烟处处家。我用这两句打油诗来描述记忆中千户苗寨的情境。在去过的诸多实习地点中，千户苗寨是让我印象深刻的景点之一。它是少有的如此大面积并如此完好保存下来的传统村落。苗族的传统建筑是吊脚楼，木结构的主体配上青灰色的传统坡屋顶，没有繁复的装饰，简单朴素。这些吊脚楼单个看也许没有什么特色，但当成千上万个吊脚楼参差错落地映入眼帘时，场景十分震撼。这些建筑似乎是从地里长出来一般，密密麻麻长满了两个山头，与树木交相掩映，不知是先有了树，还是先有了房子。山顶上最大最豪华的那栋（有大牛头），便是苗王的寨子，站在上面的观景台可以一览山下的所有动向。在画此图时，远眺长满了房与树的山头，体会到在人与自然和谐相处方面，老祖宗们做得比我们更好。"【吴熊秋尧】

西江苗寨速写 作者：冯予沫

"由于我画画很慢，因此画的数量并不多，但仍然觉得自己获得了很多单用眼睛看不到的东西。在取景时会很自然地仔细观察这处景观的多种角度，在画的过程当中，一连几个小时看同一处景观，感受一天的光影变化中不同的景色，可以看到很多以往观察不到的细节，也会有来自多个方面的不同感触。这些宝贵的无法用语言形容的东西都是速写带给我的，抛开专业的角度不谈，它可以让一个人更平静地去观察这个世界。"【冯予沫】

西江千户苗寨全景 摄影：杨哲

都是苗家山大王！
2013年7月10日摄于贵州省黔东南西江千户苗寨观景台
（均为左起）前排：王星彤、武海娟、叶紫薇、谢洪磊、郑颖、吴熊秋尧、洪翠萍、黄晓慧、冯予沫、刘璐、苗菁菁、游娟、段芳（纵横山水）。后排：杨哲（带队教师）、刘健枭、范思慧、黄晓桐、殷鉴、涂建坤、林雨楠、李禹岑、韩尚宇、高权（纵横山水）

"西江苗寨被誉为'舞的海洋,歌的故乡'。这个民族把他们对遥远故土的深情回忆,变成了歌声与舞蹈。他们将苦难的记忆用美丽的方式传承下来,顽强地留存在这个民族的歌声、舞蹈、服饰以及故事里……像所有那些没有文字的民族那样,他们将记忆倾泻进另一些美丽的容器。服饰便是这样一种特别的容器,一种特别的语言,它无声,然而却更鲜活、更艳丽。"【叶紫薇】

西江苗寨写生　作者:叶紫薇

"苗寨依山而建,建筑实体的真实感和天空的虚无缥缈形成了极其强烈的视觉反差,俯瞰苗寨,阳光下的光影变化迅速而神奇,那美丽的天际线也给人留下深刻的印象。"【武海娟】

"西江苗寨布局依山傍水,很多民居是建在山上的。临街的商铺一字排开,山上的民居错落有致。最让人心动的是西江苗寨的夜景。站在观景台上,整个西江村寨就像落在大地上的星盘,和天上的星星交相辉映。白天,顺着小石板路盘山而上,还能看到运送货物的马匹。"【王星彤】

"晚上,吃过了苗饭,喝过了苗酒,听过了苗歌,斜倚在苗家的美人靠上,望着远处的苗岭、苗寨、苗家,一切都是那么平静。谁能想到,隐藏在绵延大山背后的那些千年来的古老秘密:具有五千年历史的苗族,经历了五次悲壮卓绝的大迁徙,为了求生存,跌跌绊绊地走了几千年,走过了一条黑暗而艰苦的路,终于来到了这个终点——西江。所以说,这里所有的美丽是苗族人民长期迁徙、奋斗的结果。"【叶紫薇】

在西江苗寨,特别感人的一幕是在建房的工地上。看到师傅们上下左右有条不紊地竖起排架、吊装横梁时,我不禁好奇打问:"你们盖这房子有图纸吗?"队长李玉东师傅说:"有!"我追问:"我们能看看吗?"答:"在我脑子里……有笔就能画出来!"于是我赶紧把笔和速写本递给李师傅,请他画一画。李师傅很爽快地接过来,也就是三五分钟,一幅清晰简洁、非常完整的苗家吊脚楼立体图就这样明确而生动地呈现在了我们眼前。李师傅家所在的羊排村正是西江苗寨里的主要自然村落之一。

西江苗寨建房工地　摄影:段芳

西江羊排村　作者:李玉东

西江苗寨羊排村街景 摄影:杨哲

3.3 郎德上寨
Langde Upper Hmong Village

郎德上寨坐落于苗岭主峰雷公山麓、丹江河畔，辖属雷山县报德乡，距离凯里市区 29 千米，距离雷山县政府 7 千米。四周苍山翠竹掩映，苗家飞歌不时在山间回荡。芦笙场（博物馆广场）一带很多吊脚楼都是国保单位。虽然交通不便，住宿条件艰苦，却随处是景，百画不厌。苗家服装、服饰、首饰等传统手工艺，还有手工艺人精美的手绘设计图，都让人爱不释手。在郎德上寨的夜晚，四下静谧无声，明澈的星空格外灿烂，和同学们一起重温那些宇宙深处的老朋友，甚感亲切。每次实习入驻边远乡村时，遥望星空成为师生们最喜欢的一个节目。

2013 年 7 月 12 日，郎德上寨全景 摄影：杨哲

"郎德上寨的村子建在近山麓处的山坳斜坡处，五条花街通向寨中，三座寨门、大小两个鹅卵石铺就的芦笙场、一座木质风雨桥构成村子的节点网络。"【谢洪磊】

"村寨街巷纵横交错，民居层层抬升，形态疏密有致。沿着寨前的石街顺势而入，逐步体会到郎德上寨复杂、交错与意外的深远路径。那一个个紧挨着的民居建筑——吊脚楼，一般分为上下三层。底层进深比较浅，一般用于圈养牲畜。二层一般为全家活动中心，三面都有外廊，虚实结合，很富有层次感。这些建筑无不残存着时间的痕迹与皱褶，这些皱褶是物质的，却具有无限的生命形态，像是考古中的地层和树木的年轮一样，层层回旋，节节推进。在寨中选择不同视点还能远眺对面山头的村寨，一处若隐若现的高山古寨正好作为村寨整体景观的平远背景，引起人们对远方和未知的无限向往。"【叶紫薇】

 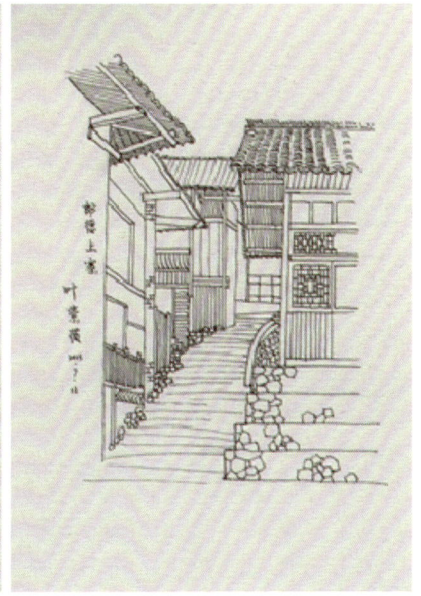

郎德上寨写生 作者：叶紫薇

郎德上寨博物馆广场合影 摄影：高权

郎德上寨吊脚楼速写 作者：王星彤

郎德上寨及民族村寨博物馆写生 作者：游娟

"寨子里的人们穿着传统的苗族服饰，恪守苗族传统和礼制，让我们这些外来的游客都不由得觉得自己格格不入了。但是村民们的热情好客又让我们觉得很温暖，不管是我们所住的那户人家，还是从事古老绣艺的大娘，甚至在空地上玩耍的小朋友们都会和我们亲切交流，以和善的笑容迎接我们。"【冯予沫】

2013年7月12日，郎德上寨景象 摄影：杨哲

"郎德上寨苗族村民自称其住地有'万马归槽''九龙戏水'之美誉。寨子坐南朝北，形同安坐在装有扶手的靠背椅上。望丰河呈S形从寨脚缓缓流过，群山竹木葱茏，小溪流水淙淙，木楼鳞次栉比，宛如世外桃源。郎德上寨的民居建筑，几乎都是木结构，穿斗式吊脚楼，虽同为吊脚楼，却又因地制宜，因材施用，建成不同的体量和形制。至于吊脚楼内的建筑装修，更是风采独具，蕴藏着丰富的文化内涵。"【游娟】

"从理论上说，街巷的宽度小于3米，容易形成面对面的亲切交往；5到6米，过往的行人也易形成交往。而郎德上寨的街巷的宽度大多在这些亲切距离内。街巷空间是居住环境的扩展和延伸，在街巷中活动的人们仍然是空间的活力所在。"【武海娟】

"历经五百多年的岁月，郎德上寨早已按自己的方式勾兑好了，它的每一处细节都保留着时间的痕迹。那些精心布局的小巷，那些行走在石板街的老人和孩子，与青山绿水一起，勾兑在一个叫郎德上寨的古镇里，散发出古朴的幽香。是的，这里依然很古朴，一切都是旧时的样子，人也是旧时的模样，像是被时间流放到一个岛上，一座历史和文化的孤岛。"【叶紫薇】

3.4 岜 沙
Biasha Village in Congjiang County

从江县丙妹镇月亮山麓的岜（biā）沙古寨，山高地远，保持着古老的特色风俗，号称"阳光下最后一个枪手部落"。岜沙原住民为黑苗，坚信自己是蚩尤后族。他们恪守祖先遗训，依然过着男猎女织、刀耕火种的生活。因而岜沙苗族分支聚落形成了自己独特的生存和生态环境，具有一种原始野性的美。岜沙男子头挽发髻并盘于头顶，四周头发剃光，平时身着深色亮布衣裤、配挂腰刀、肩扛火药长枪，看上去英气逼人、威风凛凛。女性则佩戴银饰，穿着自己制作的亮布衣裙，刺绣鲜艳。而让我们印象最深的莫过于岜沙人对于树木的崇拜。岜沙部落最盛大的祭祀仪式就是拜树神。一进村落就有供奉树神的亭子。至今，岜沙人一直保留着一生必有三棵树的传统。家族在每个岜沙人出生时都会为他种一棵"生命树"，寓意生命的开始。第二棵树是在成长过程中遇到不顺、家里发生变故时种下的"消灾树"。待到离开人世时，便以陪伴他一起长大的"生命树"为棺，埋在密林深处，无坟无碑，只在上面种一棵"常青树"，象征生命的延续。这种质朴的"人亦树，树亦人"的生态观，具有深刻的人生哲理和积极的环保功效。

2013年7月13日，贵州省黔东南岜沙枪手部落全景 摄影：杨哲

岜沙枪手部落景象 摄影：黄晓慧

2013年7月13日摄于贵州省黔东南岜沙枪手部落　摄影：杨哲

听导游讲解岜沙人的"三棵树""吃新节""秋千节"　摄影：洪翠萍

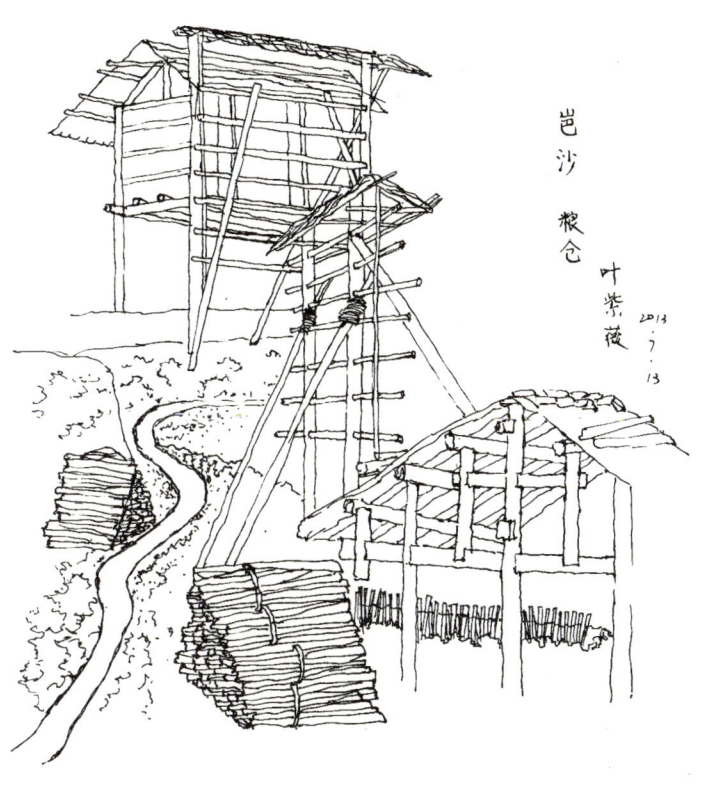

禾晾　作者：叶紫薇

岜沙苗寨山顶上演嫁娶互动节目　摄影：林雨楠

"寨子以祖先迁居至此时放置的祖母石为中心，现在已经扩大为一个小广场，供村民晾晒农作物。这里与其他村子最大的区别就在于他们存放粮食的方式。村民们会把新收割的粮食串成串搭在这里特有的架子上晾晒，每家每户的粮仓则与住宅分开建造，寨子的一侧是住宅，另一侧建造了很多粮仓，分隔十分明确。这是为了防止住宅着火危及粮食。"【冯予沫】

"也许岜沙相对有些与世隔绝，他们的传统很多也很有趣。我们了解了岜沙人对于树的敬重，也观看了岜沙人嫁娶、成人礼、节日欢庆的表演，这些都让人感叹生命本真的美丽。"【冯予沫】

"如果说最难忘的，那当然要数'当新郎官'了。在观看节目的时候，有一项节目叫岜沙婚礼，岜沙的'新娘'要选现场的观众充当暂时的'新郎'。由于同学的起哄，我被成功地选招了。上去，二话不说先把鞋脱了，然后喝三杯白酒再说。因为那三杯，我整个下午都不在状态。但不管怎么说，这还是一段很难忘的经历。只可惜，佳人的面孔已不再记得。"【刘健枭】

第3章　且看黔行　081

"当他们表演着日复一日都重复着的芦笙舞与苗族古歌的时候,我会疑惑岜沙是不是已经成了充满过多表演的场所?原生态的文化特征是否已被商业社会腐蚀?但我后来醒悟到,即使是在表演,岜沙也是在表达自己,并在这种表演中讲述岜沙人对生命、对生活、对自然的一种理解。"【叶紫薇】

岜沙苗寨粗犷奔放的枪舞表演 摄影:涂建坤

2013年7月13日摄于贵州省黔东南岜沙枪手部落

3.5 肇兴侗寨
Zhaoxing Dong Village in Liping County

　　黎平县肇兴是黔东南最大的侗族村寨,素有"侗乡第一寨"的美誉。在蜚声中外的2005年《中国国家地理·选美中国》专辑中,肇兴侗寨入选为"中国最美的六大乡村古镇"之一,2007年被《时尚旅游》和美国《国家地理》共同评选为"全球最具诱惑力的33个旅游目的地"之一。寨中全为陆姓侗族,分为五大房族,分居五个自然片区,当地称为"团",分建"仁、义、礼、智、信"五座鼓楼,还有五座花桥(风雨廊桥)、五座戏台。鼓楼是侗寨吉祥与兴旺的标志,兼具多种日常公共活动场所的功能。聚族而居的侗寨整体上秩序井然,建筑外观构造严谨,民族风情浓郁。

　　我们到达侗寨的时候,全寨仍处于大规模维修之中,到处是工地,大巴车无法进寨。大家只好顶着烈日、拖着行李,在坎坷不平、尘土飞扬的街道上行走很长一段路程。这样的情形与大家对侗寨的美好预期确实有很大的反差。诚然,聚落是有生命的有机体,恒常的改变能彰显其活力和生长。然而,这种变化应该是在有序的规划中进行,不应对日常生活造成过度的甚至持久的影响。对此,同学们在后续调研中做了较多访谈,了解到其中存在的各种问题,对于聚落的保护与发展也有了较为深刻的认知。

　　到达侗寨当天,恰逢班里武海娟同学20岁生日,全班按侗寨习俗在鼓楼中举行了别开生面的篝火晚会,炽热的炭火映红了每个人的脸,欢声笑语飘向侗寨各个角落,并随着层层鼓楼飘向深邃的夜空。

肇兴侗寨义团鼓楼前合影　摄影:高权

肇兴侗寨智团鼓楼　速写:王星彤

"侗寨有三宝：鼓楼、大歌、风雨桥。鼓楼是侗乡最显著的符号标记。对于侗族来说，鼓楼不只是一个简单的词语，而是一组民族语汇的集合，一切意识形态的中心，是这个民族最具象征性的精神文化的符号……走到鼓楼前，朝着鼓楼的顶部打望：那层层的梁、枋、柱衔接在一起，向上生长着，向外伸展着，真像是一棵大树，又像是一层层生长着的梯田。这里的每一座鼓楼，不用一根铁钉，全是木头扣合而成，结构十分牢固。层层挑檐上，雕刻形态各异的人物和鸟兽。檐下的挡板上，彩绘着人物故事、花草和侗乡的纺织、耕地等生活场景，以白色为底色，色彩鲜艳明亮，看上去格外醒目。这样的鼓楼，不仅是一个村寨的日常需求，也是一个民族共同尊崇的神器，是这个民族共同的精神信仰和心灵图腾。"【叶紫薇】

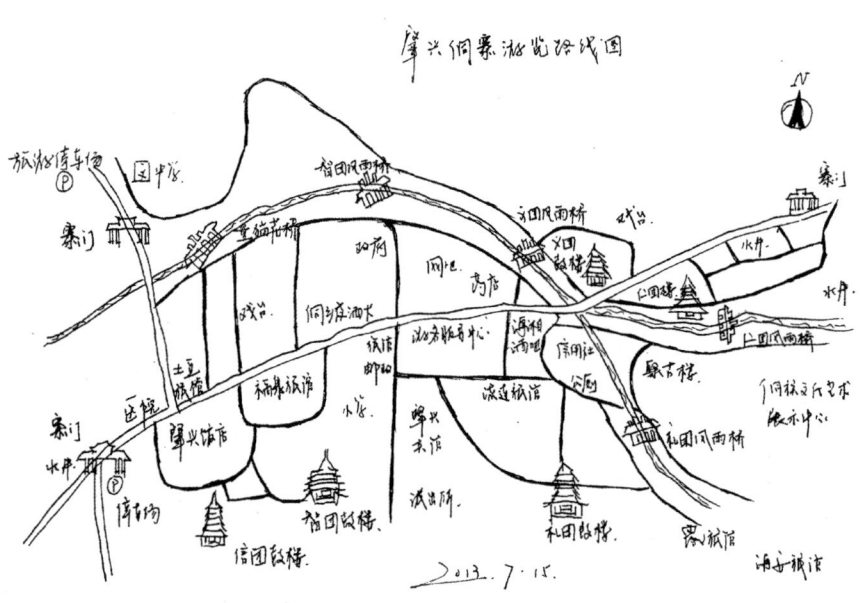

肇兴侗寨游览路线图　作者：刘健枭

"侗寨普遍大户大宅开大窗，苗寨常见的美人靠并不出现在此，装饰简朴。相比之下，鼓楼、花桥和戏台的建造就显得非常精细，重檐、攒尖顶、砖雕、彩绘。"【黄晓慧】

"鼓楼有七八层之高，远看上去花纹黑白相间，高高耸立，很有气势，这也是区分侗族和苗族村寨的最大标志。其次，侗族住宅的建筑体量较大，有些住户会把房屋连在一起修建。而且侗寨多水塘，几乎每隔几户门前就会开凿一方水塘，以作防火之用。"【冯予沫】

"侗寨的'大'智慧已经震撼到我，而闲步于河边，潺潺流水，灵秀的洗衣姑娘，杉木构筑的排排房屋在阳光的折射下都发出明亮跳动的光。一时令人恍惚，这可就是书中所谓的'陶醉'？在这人自醉的恍惚间，却也心生个念头：这桃源之地，先人是有意为之还是遇山水而安，那排排房屋也随性而建。若真为后者，那后人们致力研究的聚落空间原型是不是先人们和后世开的一记玩笑？若真为此，岂不是妙哉？！肇兴侗寨在聚落空间方面已经展现了侗族人民的智慧。依山傍水的选址，公共空间的利用和设施的布局，舒服的街巷尺度以及组团式的空间结构，无一处不体现合理科学的居住规划。若将其建筑体块、街巷道路全拿出来分析，应该有更多的研究空间。"【赵佳妮】

绿色掩映下的肇兴侗寨聚落 摄影：涂建坤

3.6 青岩古镇
Qingyan Ancient Town

　　离开侗寨，入住贵阳市，切身体验到了夏日里"爽爽的贵阳"，真是名不虚传。驱车来到花溪区的青岩古镇，这是本次"且看黔行"实习的最后一站。合影中大多数同学已难掩倦容。然而，条条青石板铺成的巷弄里回荡着600余年历史气息，驱使着每个人迈开脚步、拿起画笔，循着电影《寻枪》的镜头走向古朴与宁静。"庆功午宴"选择在古色古香的翰林院，伴随着刘健枭同学特意从家里拿来的正宗茅台酒的香气，大家认真仔细地回味着13天行程的点滴收获。既有欢声笑语，也在认真思考古镇村落开发与保护问题，用青春的活力与热情诠释着当代城乡规划人的责任和担当。

青岩古镇合影 摄影：高权

贵州省有四大古镇——贵阳青岩、黔东南镇远、赤水丙安和锦屏隆里，唯有青岩古镇距省城贵阳市才如此之近（29千米）。像这样离繁华都市如此近距离的古镇，无论在贵州还是全国都少有。

这里，你能在最短时间里，在悄静幽深的时空状态间，在比贵州建省还早35年的境域里，抚摸到距今约630年明清年间的古城楼、古寺庙及古牌坊的断壁残垣，感受着远古年代悠远凝重的无尽神韵……

古朴、宁静、深邃的青岩古镇街巷 摄影：杨哲

"古镇的盎然古意首先来自于它的苍然青石。漫步在青石板的驿道上，观赏着青岩城楼的风光，石碑磨坊，重檐青瓦，木屋交错密布，感到一种强烈的时间与空间的距离。青石板铺的路、青石板垒的墙，仿佛是一条石板制成的时空隧道。一些石墙、楼房的庭院早已青苔丛生，但仍掩饰不住它昔日的繁华。"【叶紫薇】

青岩古镇速写 作者：叶紫薇

"古镇内设计精巧、工艺精湛的明清古建筑交错密布，寺庙楼阁，雕梁画栋，飞角重檐相间。悠悠古韵，被誉为中国最具魅力小镇之一。"【叶紫薇】

"整个青岩古镇已然变为景区，商业气息太重，古镇的踪影仅仅停留在明清风格的建筑上，甚至有为招揽游客特意建造一个仿古小镇的感觉。游客来青岩最大的体会停留在明清建筑和美食上，全然是变味了的古镇。镇远有古巷、热闹的夜晚，西江有原汁原味的千户苗寨，郎德有传统的质朴聚落和苗族服饰，岜沙有持枪射击的黑苗，肇兴有绝无仅有的鼓楼，而青岩又以什么让人流连忘返、回味无穷呢？"【黄晓慧】

在青岩古镇翰林院餐厅里品茅台、谈感想、做总结 摄影：林雨楠

"这一趟下来内心还是有小小失望的。大体原因其实也不出那句为太多人所诟病的'商业化太严重'。与一直在强调的政府要在做规划管理的时候有保护历史文化遗存的意识不同的是，我觉得反而是苗民侗民——以及其他历史文化遗存的第一继承人需要意识到自家的那些旧风俗、老建筑内含着多么高的价值，对于全人类的意义是多么重大——就算不提这些对他们来说大而空的字眼，若他们只是怀着很朴素的、自然而然对美的崇拜、珍惜的情感，坚守着，他们就不会让保护历史文化遗存的最后一道屏障被摧毁，更别提做出让商业招牌挂满古建筑这种自毁长城之事了！当然，政府还是保护历史文化遗存的主导力量，我只是认为历史文化遗存的第一继承人对于他们生于斯长于斯的那片土地所蕴含的情感，会是最坚韧的堡垒。"【谢洪磊】

"完全商业化和不完全商业化，原著居民的迁出与留住，文化产业的形式与性质等问题如果能得到很好解决，那贵州的原始聚落村寨则会开启历史文化名城开发的新形式。"【赵佳妮】

"短短两周的实习旅游，让习惯了大城市生活的我们，实现了一次原生态文化之旅，用眼睛看到了、用心感受到了用美丽回答苦难的苗族和用天籁之声拥抱自然的侗族，体会到了黔东南地区丰富而极富特色的民俗文化。这不仅仅是一次实习，更是一次精神之旅，一次心灵的回归之旅！"【叶紫薇】

"即将匆匆离去，但那巍峨的古城楼，悠长的石板街，恢宏的古寺庙，精美的石牌坊，错落的古民房，却在我们的记忆中留下了深刻的印象。出了城门，看着这座古城，像是桃花源中的一个孤岛。太阳把暖暖的光线涂抹在古色古香的城楼上，只觉得眼前一派灿然。"【叶紫薇】

"黔东南地区淳朴的古镇古村正历经着开发转型，当今的规划对于古村镇的影响甚至比过去几百年的变化还要大。因此，作为规划者，必须深入理解古村镇的街巷组织和建筑肌理，同时给予历史、文化、民俗足够的重视。古村镇的保护开发并不仅仅是保存一个完好的外表，更应保存好一个古村镇的人情和风味。"【黄晓慧】

青岩古镇北门俯瞰 摄影：黄晓桐

◆ 尾　声
Epilogue

实习结束后的延续行程中，"绘画大师"王星彤同学独行西藏，发回来一批批精彩的画作。全班只有马晴同学没能参加本次实习，她前往美国短期交流，算是自我修炼，进行了一次更远距离、更大规模的实习。

西藏写生　作者：王星彤

"辞别黔东南,我登上了开往西藏的绿皮火车。7月底的拉萨阳光炙热,我在拉萨半工半游了一个月,每天都能遇到很多和我一样的背包客。

这是座偏远又古老的城市,连太阳下山都是慢悠悠的;但又那么"新",从公服到市政都在现代化,到处都是眼神闪耀的年轻人。很多历史文化名城的发展往往只剩下几个旅游景区和历史街区可供感怀;而拉萨不同,她的文化积淀太厚重,整个城市的生活方式和生活理念都是朴素的。我想,她最吸引人的地方,就是还保留着虔诚的信仰。只是看着那些朝拜的人、讲经的老者、制作唐卡的工匠,就足以让我心潮澎湃,充满敬畏。

新和旧在这里有一种微妙的平衡——外来人对原住民的信仰和生活习惯抱以足够的尊重,交织着原住民接纳现代科技与观念的包容。大家都不急迫,有种乐知天命的智慧。

临别西藏我突然觉得,人很渺小,但可以很自由。即使有一天,这个世界的面貌改变,朴素的拉萨已移风易俗,新的文明冲垮旧的意识形态……唯愿这一切都是出于人们的自由选择。"【王星彤】

美国麻省理工(MIT)小教堂(左)、圣地亚哥萨克生物研究所(中)和林肯纪念堂(右) 图片提供:马晴

"8月,踏上美国的旅程,也是真正意义上一个人的旅行。第一站华盛顿。还清晰地记得在机场到青旅的小面包车上,这座城市缓缓展现在眼前的一幕幕:街道、建筑立面,似电影般一帧帧切换,如梦如幻。

城市都是有性格的,美国城市皆个性鲜明。在此,以我考察过的几个城市为素材来分享一点点个人感触。

大体上,美国的城市都是格网规划,这是一种讲求效率的规划方式。同时,切割出来的规整的地块,通过建筑、景观的丰富,每一个街角都有了不同的生色。当然,美国也有凋敝的城市——荒凉的街道,不安全,无特色。

城市的性格是由大到城市的自然环境、小到街道标志等因素共同体现出来的,当然这其中生生不息的人是最重要的因素之一。有时候建筑师会感动于某个建筑立面上细致的浮雕,这种细致也对普通人有着潜移默化的影响,一个耐看的城市会孕育出众多艺术的生命和一个多彩的世界。"【马晴】

2011级规划这个班级,满是青年才俊。在实习结束后参加学校暑期实践成果展时,由刘健淼同学负责制作了一个活泼、清新的视频《且看黔行署期实践》。现补加一些当时没导出来的西江苗寨观景台活动现场视频,收录于本书所附的光盘中。

◆ **感想与寄语**
Reflection and Notes

行住坐卧皆修行

　　2013年盛夏，11城规班浩浩荡荡开启贵州之行。同窗的欢声笑语和杨老师的谆谆教导音犹在耳，可时间却这样突如其来得让人错愕，恍然间竟然过了五个年头。时间虽久，情谊长存。为期短短两周的黔东南之行于我而言是难得的人生回忆。

　　人常说，读万卷书，行万里路。我们往往前半句做得凑合，后半句总归不尽如人意。随着在社会中浸淫日久，时间和精力往往随着周边越来越密的关系网而渐次收紧，让人真正脱出身去走走、看看的机会变得少之又少。即使偶尔有空闲，也很难再有如大学同窗般志同道合的兄弟姐妹一同出游，走访书中的山川、地貌、民居和风土人情。

　　愿后继的厦大城规人，能珍惜实践机会，珍惜同窗情谊，积极拓展视野，提升专业能力，如伟人毛泽东诗中所言：

　　恰同学少年，风华正茂；书生意气，挥斥方遒。

　　指点江山，激扬文字……到中流击水，浪遏飞舟？

【韩尚宇，厦门大学城乡规划系2011级本科生，班长，现就职于中梁地产集团投资部】

时间一晃，距本科的实践已经过去五个年头，一些画面仍记心头。荣幸受杨哲老师邀请回忆一下当年的美好往事。

1. 城市认知实践的意义

读万卷书，行万里路。作为一个还未开始储备学科知识的低年级学生，认识和感受城市是敲开和迈入学科大门的一把钥匙。通过这个过程可以让一个可能的"门外汉"逐步开始了解学科，了解城市，了解规划，了解人群，可谓是真正开始系统性学习前的一门必修课。

2. 黔东南记忆

——镇远：太极图上的古镇。

——西江：全国最大苗寨，苗族原生态文化"天然博物馆"，载歌载舞醉苗疆

——郎德上寨：原汁原味的苗疆风情，欣赏苗族服饰的好地方。

——从江：岜沙村寨——最后的枪手部落。

——肇兴：侗寨鼓楼之乡。

——青岩：曲苍深处听足音，石堡名居留神韵。

以下节选在镇远和从江岜沙的两段随笔。

镇远是座宁静的城市，这里的生意人也很有境界，价格高低不谈，少见市侩的面孔，不拉客，不抢客，不跟客，去留随意，尽可挨家寻访过去，觅喜欢的处所。翻阅古镇的历史，每一个人，看到的镇远是不一样的，如果每个人都把印象里的镇远说出来，说得清的，说不明的交错重叠在一起，就成了一座迷情的镇远。

记忆中的岜沙是炎热的。午后炙热的太阳和烦人的蚊子让人再也不想多留片刻，我想这也是当时只画了一张速写的原因吧。尽管如此，岜沙的一些细节仍然历历在目。街上很随意地就能看见扛着枪的岜沙汉子，不知道枪里是否有子弹，但我确定那枪是真家伙。如果说最难忘的，那当然要数"当新郎官"了。在观看表演的时候，有一项节目叫岜沙婚礼，岜沙"新娘"要选现场的观众充当临时"新郎"。由于同学的起哄，我被成功地选招了。上去，二话不说先把鞋脱了，然后喝三杯白酒再说。因为那三杯，我整个下午都不在状态。但不管怎么说，这还是一段很难忘的经历。只可惜，佳人的面孔已不再记得。

3. 实践小经验

为了避免走马观花的情况，在正式踏上旅途前，我认为可以做一些必要的前期工作，这样必定有助于更加深刻地理解和体会一个城市。比如说去杭州西湖，不提前做些功课，又岂能体会"欲把西湖比西子，淡妆浓抹总相宜"的心境。总的来说，大概有三点：一锻炼身体，二查阅资料，三勤练手绘。

西江苗寨观景台，挑逗苗家小女殷鉴同学（2013年7月10日，17:50）

【刘健枭，厦门大学城乡规划系2011级本科生、2016级硕士研究生】

【上面的照片是谁拍的？！我就是殷鉴同学呀……】

　　毕业一年余，回望在城市规划系的每一天，都感觉充实而开心。虽然我不曾是学霸，但我相信在厦门大学城市规划系度过的五年让我受益无穷。规划实习就是这五年令我难忘的一段经历。

　　规划实习不简简单单是在走路。吉鸿昌说过："路是脚踏出来的，历史是人写出来的，人的每一步都是在书写自己的历史。"这个有趣的课程安排在刚刚准备迈入城市规划学科大门之时，给我提供了认识城市与乡村、认识城乡规划学科的重要参照。两次认识实习，第一次从上海、杭州到温州林坑，脚步从中国乃至世界的经济中心跨到了一片几无商业开发的山居村落，这中间包含了数千年人类聚落的神奇演变。第二次则是在贵州黔东南自治州的纯粹体验。从原始的郎德上寨到镇远再到西江千户苗寨，旅游开发从无到有，再到西江景区的人头攒动，在我看来这背后更深层次的意义在于如何使在地文化与商业旅游完美结合，达到产业的共生和聚落的繁荣。

　　杨哲老师带队的城乡认识实习内容丰满，在开阔眼界的同时也会极大地提升自己的专业素养。路有千万条，希望今后参与课程的各位同学，在杨老师以及其他院系老师的灯塔指引下，用心上路，在专业学科、生活乃至未来的事业上走出自己的精彩，用自己的脚步书写属于自己的历史！

　　最后衷心地祝愿母院母系越办越好！

【殷鉴，厦门大学城乡规划系2011级本科生，现就职于恒大地产集团福州有限公司】

"且看黔行"后记

"且看黔行"是我所参与过的实习中最难忘和最动人心弦的,是2011城市规划班为数不多的全员到齐的实习。朋友们总是笑称我们的实习好似"游山玩水",但只有实际历经其中才会知道,这种抱着学术态度、专业视角的"游山玩水"与一般旅游的差异。需要去体验黔东南文化与城市的融合、城市肌理的呈现、文化遗产保护与旅游发展的冲突等,需要将课堂所听结合自己所观、所感、所觉、所知紧密结合。每个人不尽相同,各有所获。

一路上,全班21名学生和杨老师一同欢声笑语,团结互助,进步颇多:飞速进步的速写功力、飞速增进的同学情谊、飞速成长的象牙塔青年们。时光匆匆流逝,也许在很长一段时间里,再也不会提笔去画一座城市的形态;也许在将来的某一天,提起笔又将思念起这段难以忘怀的时光。

特别喜欢这样的学习方式,因为它真正地将知行合一,真正地、纯粹地去体验一座城市。没有人告诉我们好与坏,也没有人告诉我们一个真正好的城市规划应该是什么样子的,而是凭我们自己的体验去感受,什么才是这座城最应该留下来的东西。即使每个人的想法不一致也没关系,正如同一座城会有不同需求的居民一样,会将这座城描述得更加完整和立体。

不知道应该给学弟学妹留一些什么样的话,但我希望这样的实习能一直走下去。人类生活的世界可能一开始没有城市规划,但既然它出现了,那想必它一定会将这个世界变得更加美好。而这次实习,也许给了我们一个爱上城市规划的理由。所以,用心去体验,全身心投入实习也许是我唯一能够告诉你们的吧,你会有所发现的!

【游娟,厦门大学城乡规划系2011级本科生,现为南京大学硕士研究生】

第 4 章　厦遇皖南

Chapter 4 Exploring Southern Anhui

　　安徽自南向北有四大文化区：徽州文化、吴越文化、江淮文化、中原文化。徽商、徽派建筑集中体现了徽州文化的精髓。当我们把目光移向徽州大地时，黟县歙县、西递宏村、徽州黄山这些响当当的字眼就再也无法脱离视线。于是，精心设计了一个详略得当、张弛有度的行程路线，以世界文化遗产西递村作为驻扎基地，开始了紧张而充实的实习调研，其中的第 3 天一口气跑了 5 个地点，把每个队员的大脑、手脚都充分调动起来，全方位感受徽文化的方方面面。关麓南屏村雨中的速写、卢村精美木雕的感动、木坑竹海的葱郁、塔川村内外的丰富景象……都一一定格在一幅幅速写之中，充分表现出徽文化的多姿多彩和深厚底蕴的感染力。

2004 年 6 月 25 日中国邮政发行《皖南古村落—西递宏村》特种邮票一套四枚
（从左往右：牌楼；建筑群；南湖；月沼）

　　2014 年 6 月 27 日实习动员大会上，祖籍安徽的王绍森院长从第四枚"月沼"邮票开启了徽派建筑魅力的大幕。安徽南部山川秀美、溪流奔湍，分布着上百个古村落，保存着众多雕饰精致、古色古香的明清时期民居。黟县境内约有 3600 幢，为皖南之最，其中西递、宏村两处村落形态保存完好，风光秀美。从村内的街道、水系、建筑及室内布置，到村外的自然环境，都完整地保存着古村落的原始面貌，集中体现了工艺精湛的徽派民居特色。其"布局之工，结构之巧，装饰之美，营造之精，文化内涵之深"，在中国古城镇村落和建筑群方面，独树一帜，蔚为出色。2000 年 11 月 30 日，两处古村落被正式列入世界遗产目录。

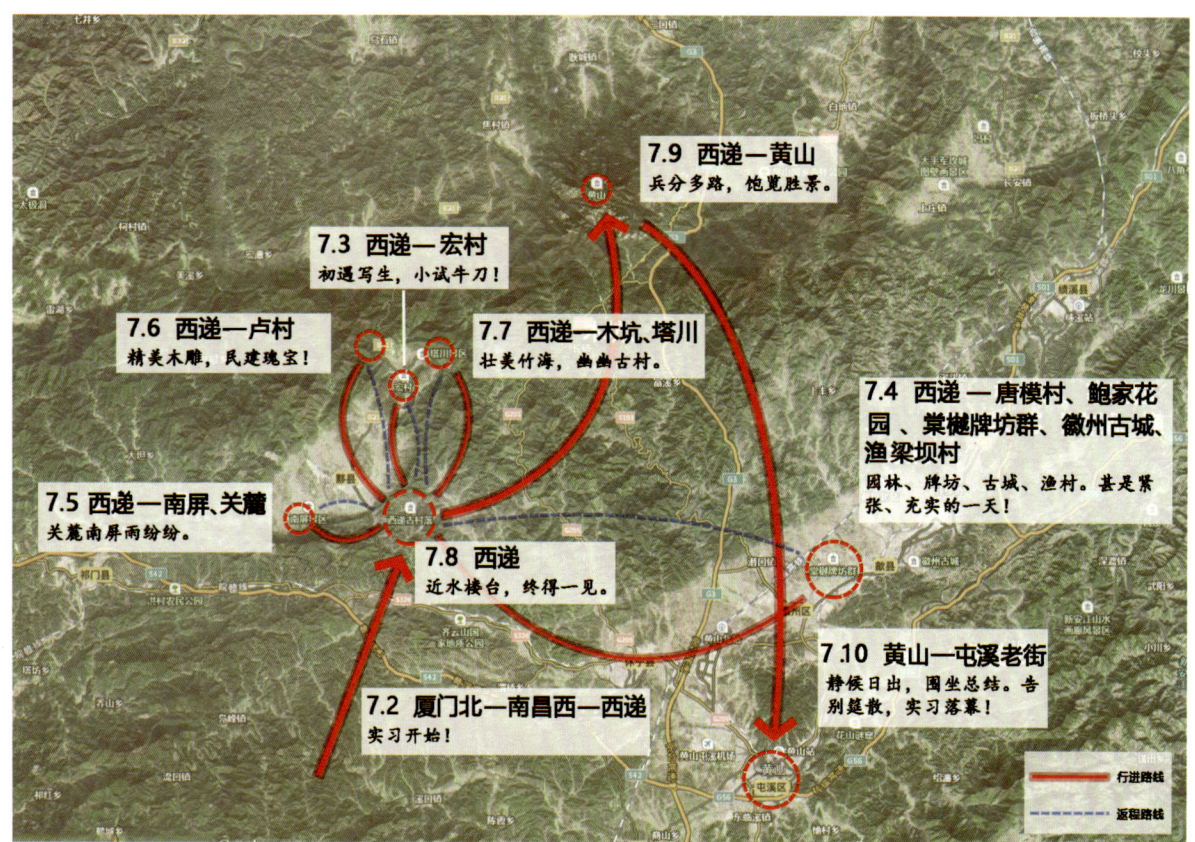

"厦遇皖南"行程路线图 作者：李响

时间：2014 年 7 月 2—10 日。

行程：厦门北—南昌西—西递村（7 月 2 日），入住西递村（7 月 2—8 日），期间：宏村（7 月 3 日）、唐模—鲍家花园—棠樾牌坊群—徽州古城—渔梁坝（7 月 4 日，高强度的一天！）、关麓—南屏村（7 月 5 日，大雨）、卢村（木雕楼，7 月 6 日）、木坑—塔川村（7 月 7 日）。黄山—黄山市屯溪区（7 月 9—10 日）

人员：2012 级城乡规划班 24 名和 2013 级研究生 1 名。

4.1 宏 村
Hongcun Village

2014 年 7 月 3 日，在去往世界文化遗产宏村的大巴上，实习正式开始

宏村村口合影 摄影：高权

（均为左起）前排：蒋梦帆、吕一平、刘婉璐、肖颖禾、潘文筠、任嘉宝、李嘉嘉、沈以融、戴智妹、杨彬如、陈美玉。后排：杨哲（带队教师）、初松峰（2013级城乡规划硕士研究生）、蒋宇阳、李响、徐相、赵婧、雷家兴、李莹、王颢龙、马梦麟、蔡一泉、陈伟杰（班长）、林怀策、张钰、张坤

宏村月沼 摄影：杨哲

（2014年7月3日）

"宏村已经屹立了600年，而流淌于其间的溪流至今依旧能为当地人提供干净的水。此时，我们才会真正感受到徽州先辈的伟大，我们才会触及徽州古村落的灵魂……一个村落的形由水而定，而水又反过来维系着村落形的稳定。"【雷家兴】

第4章 厦遇皖南

与大多数自然形成的古村落不同，宏村是 900 年前经过严谨规划而建造的牛形村落和人工水系，而且是先建好水系，后依水系建村，成为当今世界文化遗产（2000 年）的一大奇迹。然而，作为核心景观的月沼（牛胃）四周竟然禁止速写作画，令我们颇感意外和遗憾，于是转战村口南湖和村内街巷。

宏村南湖写生（水彩）作者：高权

"青山绿水本无价，谁引碧渠到百家？洗出粉墙片片清，映红南湖六月花。"（中国科学院建筑师俞家怡）

宏村南湖全景 摄影：杨哲（2014 年 7 月 3 日）

"宏村的水宛如天然宝石。入口水塘开满了挺立的荷花，紧紧挨着的绿叶与掩映在其中的水灵的花瓣的确构成了一幅曼妙的画面。整个村子依山傍水，青山为屏，绿水为镜。近处的瓦菲，飘浮的白云，以及那空气中弥漫的无形的紫色——无不让人感觉充满灵性。"【张钰】

098　第 4 章　厦遇皖南

宏村南湖为明万历三十五年（1607）仿杭州西湖"平湖秋月"的式样建造，穿流家家户户的牛肠水圳经月沼汇聚于此，成为宏村最经典、最靓丽的一张名片。无论阴晴月雪，远峰近宅，均镜映在湖面，水天一色、浮光掠影中幻似仙境。清朝诗人王元瑞《黟山竹枝词》赞曰："南湖一水浸玻璃，十里钟声柳外堤。绝妙楼台西递起，月光梅影画东溪。"

宏村小巷 摄影：杨哲　速写：戴智妹

宏村街景 速写：王颢龙　摄影：杨哲

"宏村，秀外慧中，就如它的水牛造型，静卧在山的一方。牛角、牛头、牛身等一应俱全，我最情有独钟的倒是作为牛角的红果树和白果树。触摸那刀痕般的纹路，感受得到沧海桑田的气息，似乎眼前就浮现出当年入嫁新娘子绕红果树三圈的浪漫的幸福，还有高寿者棺木绕白果树三圈的不舍的安详。阴阳间有时就只是两株古木间的咫尺之距。但不管红喜还是白丧，两棵老树都承载着长居于此的人们最朴素、最纯真的希冀，新婚人幸福美满，后世者安康功成。"【陈伟杰】

4.2 高强度的一天
An Intensity Day

根据地点距离与路线特点,入住西递村后的第三天,我们一口气依次游历了:唐模村、鲍家花园、棠樾村牌坊群、徽州古城、渔梁坝。一天下来,知识、信息与体力,确实都是高强度的。

2014年7月4日,高强度的一天——第一站唐模村 摄影:高权 速写:王颢龙

2014年7月4日，高强度的一天——第二站鲍家花园 摄影：高权

2014年7月4日，高强度的一天——第三站棠樾村牌坊群 摄影：高权

2014年7月4日，高强度的一天——第四站徽州府城 摄影：高权

2014年7月4日，高强度的一天——第五站渔梁坝 摄影：高权

"唐模小村，河水蜿蜒；鲍家花园，奇花异草；牌坊群落，高大伟岸；徽州古城，气势宏伟；渔梁坝上，水声大气，欢声笑语。累吗？确是这样。开心吗？从未有过如此满足的愉悦。"【潘文筠】

"唐模村及鲍家花园都是体现徽州园林艺术之地。唐模更多展现的是自然式的园林，将西湖缩小比例，意境自在其中。相比之下，鲍家花园侧重于人工的园艺之美。一进园子，千姿百态的大小盆景映入眼帘，数量之多，姿态之美，无可比拟。然而，走近一看，很多枝干之上缠有铁丝，让人顿时有些悚然。为追求造型姿态的迥异，采用各种手段以达到这样的园艺之盛。我不禁想到了'三寸金莲'，为追求金莲之美，忍受裹足之苦，这样的畸形之美同那些扭曲的枝干又有何差别。原来自古以来中国人的骨子里就崇尚人工之美，崇尚人为因素的影响。中国一直以来被批判的应试教育也正是这样的精神所导致的吧。但这无法判断对错。'畸形'之苦，'姿态'之美，又如何抉择呢？"【肖颖禾】

"一位留洋归来的学者（鲍家花园使人联想到挂着圆圆镜片的留洋学者，赋予他们那个年代汲取外来文化的杰出成就），一位忠孝礼全的老者（沿着棠樾牌坊群的道路静静聆听每个牌坊后的古老故事，不时为之惊叹敬佩，就像随之走过了一生，沧桑之感尽显），一位征战沙场的战士（渔梁坝更像是征战沙场的战士，挑起保卫家乡之重任，磅礴的气势激荡人心）。"【吕一平】

"渔梁古街并没有得到很好的保护，原真性存留得很好。大多数民居的二楼已残破不堪，若不加以保护，若干年后必会倒塌。街道上所见多为老人孩子，等这些老人离开之后，这里又该由谁来填补呢？几十年后再回来时我还能再见到手摇蒲扇、擦着眼角的老人么？"【肖颖禾】

徽州府

歙县古城，为古代徽州府治所在，乌聊山斜贯全城，山的东西两边由歙县县城与徽州府城壁联而成，城西练江与西门城墙平行南去。唐大历四年（769）形成徽州一府六县建置后，一直是徽州府治所在地。作为国粹京剧、徽商、徽派建筑等为代表的徽州文化发源地，徽州古城与四川阆中、云南丽江、山西平遥并称为"保存最为完好的四大古城"。府城始筑于隋末（约617），唐中和二年（882）扩建，宋元两代几经维修。现存约1500米城墙残垣、东谯楼、南谯楼、府衙、西门月城、应公井、蛤蟆井、打箍井等古迹，多保留宋以前建制。

挂着"徽州府"匾额的南谯楼，始建于隋末，为吴王府外子城的正门门楼，宋宣和年间重建，明弘治十四年（1501）大规模整修。现存城楼为1997年由国家文物局拨款重建。多次维修重建均按原样，因此保留了隋唐做法和遗风。特别是木构城门洞，呈方形门阙形态，仍保留了隋唐斜柱倚墙的古法：左右各13根柱斜倚墙壁，成10度角，非常罕见，具有很高的建筑史学价值。

参考文献：

[1] 朱永春. 安徽古建筑[M]. 北京：中国建筑工业出版社，2015.
[2] 黄滢. 中国最美的古城2[M]. 武汉：华中科技大学出版社，2016.

第一站"中国水口园林第一村"唐模村,因外形轮廓近似振翅的蝙蝠,故有"徽州福地"的美称。村内路网以檀干溪两岸为主干道,"山深人不觉,全村同在画中居",我们轻松走过。棠樾村鲍家花园、牌坊群相距咫尺,也是一路顺行。俗谚"歙是富贵乡"主要说的就是唐模、棠樾所在的歙西盆地。棠樾村名取自《诗经甘棠》,推崇儒家孝道文化,形成了非同一般的村落形态。各种明确的轴线、尊卑有序的民宅,前街暗道后街明渠的水系,都体现着忠孝精神。特别是村头大道上坐落着明清时代竖立的纯石构忠孝节义牌坊群,共有7座,一字形排开,曲中带直,气势非凡。每一座牌坊都有一段动人的情感交织,让人直视封建礼教社会的伦理道德概貌。

本次实习的主要地点选择在古代徽州府所辖的黟、歙两县境内,徽州古城即为府治。在不到3小时的行程中,快速考察了古代打更报时的南谯楼(现挂"徽州府"牌匾),再现明代"规模宏大,面势雄正"的府衙,歙县古城标志性建筑许国石坊等,还解散队伍,自由参观了城内古街、博物馆、民居。

最后一站来到了被称为"徽州的都江堰"的渔梁坝。据考,隋代时就曾在此垒石为坝,至明代万历年间重建为如今的拦河大坝。坝长138米,坝底宽27米,坝顶宽4米。坝体石材垒砌方法科学、巧妙,每垒10块青石,就用垂直的石柱(称为"稳定"石,又称元宝钉)将上下层的大块石材锁住,每层条石之间又用石块连锁,构筑成十分坚实而牢固的"江南第一都江堰"。古歙八景中的"渔梁夕照"凸显了其景象的瑰丽。因坝而名的渔梁村是徽州通往江浙一带的货运重要驿站,徽商就是从这里走向全国的。这样一个水运码头,使得渔梁坝村"像是整个徽州府的水口"。因此,渔梁老街风华依旧。老街沿江而列,两向衍生出10多条小巷。繁华的商业街与宁静的巷弄,就在一转身之间,极富特色。

4.3 关麓—南屏村：雨中曲
Guanlu and Nanping Village: Rhythm of the Rain

地处武亭山麓、西武岭脚的关麓村因"西武雄关"得名。村内汪氏后裔8个兄弟的住宅最为著名，号称关麓八家。关麓、南屏两村的调研大多在雨中进行。千年古村南屏，街巷幽深，祠堂成群，除了传统的徽派民居，还有不少洋楼别墅以及有迷宫之称的72条巷弄。

雨中关麓，田园泥香 速写：肖颖禾

"荷塘的清香，味道的纯净，是可以穿透到血液里的。农田的味道，让人闭着眼睛也能知道自己在一片绿油油的农田之中。恕我愚钝，无法描述那是怎样的一种特别。有时会路过刚刚施肥过的农田，那味道的确不是很容易让人接受。小时候的我会捏住鼻子一阵跑过，但如今的我已经不再排斥，这就是这里的味道，少了的话便是不真了。还有路边杂草混着泥土的味道，不如农田的味道好。很奇怪，为什么农村里这些味道都是一样的？还有最熟悉的烧柴的味道，小时候奶奶常常烧锅炉，就是那样的一种味道告诉我就快要开饭了。在这里我也闻到了。第一遍闻到时我只记得很熟悉，却忘记了是什么，等深吸一口气时，才唤醒我最深层的记忆。在这里，我闻到了家乡的味道，一模一样。"
【肖颖禾】

"景色虽美，路行不便，多山少田，想来这也是徽州出商人的原因吧。当故土无法继续生活之时，人们只好到他乡另求出路。而他乡羁旅并没有切断故乡情思，扎根于此的人们心中只愿落叶归根。正是这片乡愁使得徽商大力建设家乡，造就了这里的粉墙黑瓦。"【任嘉宝】

"也许像所有的盛世一样，没落是必然的趋势。也像所有的诗人学者感伤时光流逝、盛世不再，这样的衰落才会引起人们的思考，让人真正沉下心来，思考需要的到底是什么。残破、消失，这是所有事物的必然结果。无论今日的我们如何保护，它们终将会被取代、消失。我们能做的或许只能感激在没落时与其会面，珍惜历史存留下的遗产。我不愿意独自一人长生不老，因为那时，身边一切我都不熟悉了，背负的记忆太多，承载不了。古民居如果有生命，他们一定也不愿意生存在不属于自己的时代，所以让其随着时代而消失也许是对其的尊重吧。有些事物留在历史和记忆里就好。"
【肖颖禾】

"商业化发展是目前来看比较适合中国古村落发展的一条路，不过商业化机制有待完善。毕竟古村落的主人是村民，就算要发展也得以村民的生活为首要，其次才是游客，只有以村民为先进行开发，才能让村落发展成为让村民更加幸福的家园。"【李莹】

关麓村汪氏老六家"敦睦庭（令钟宅）"摄影及速写：杨哲

"兄弟八人，八座豪宅，风格统一，结构一致，造成一体，又相互独立，互相连通。连体古民居既是中国封建社会强大家族观念和雄厚财力的体现，也是古徽州人对建筑新的创造、新的传承。"【潘文筠】

"在徽州，大户人家的门都是八字外开，门顶如官帽，人从门下过，如顶官帽，有升官发财之意，充分显示了徽州人的入世。门上的石雕也非常精美，彰显主人的地位。"【赵婧】

2014年7月5日，雨中的关麓村、南屏村 速写：赵婧；高权；潘文筠

"南有屏障——南屏，青石板路，条条相通，巷巷相连，成为迷宫形式。曲水西园、葛珍小桥，山水相间，景色秀丽。古老村落，72条深巷纵横交错，犹如一座迷宫，迷途的小孩是否能找到回家的那一巷？"【潘文筠】

"除了灵秀这一特点，皖南村落的水还承担了一些特殊的功能。比如南屏的水圳，就有引导方向的作用。南屏村本身就像一个迷宫，各种各样的巷子互相穿插，一不小心就会迷失方向。对该村落不熟悉的人如果在其间迷路的话，只要顺着水圳引导的方向一直走就可以走到出口。"【张钰】

"一位朴实无华的村妇（南屏、关麓），灰白的多次复色效果，加上青山绿水的映衬，显得朴实不失清秀，沧桑不显老气。"【吕一平】

"让我困惑的是，当适应这种建筑的生活方式已经消失时，这样的建筑又能坚持多久？表皮之下的内里改造又是否还有建筑的韵味在其中？而失去了居住其中的人，没有灵魂的房子又是否有保护的意义？每一种建筑都是适应当地环境与生活方式的格局，每一个聚落则是各个生活交集下形成的空间。想一饱眼福看美景的我，会想着复原当年盛景，看看'理想与艺术的典范'是何等模样；又或许我只是想于此感受历史洪流汹涌而过……因此，保护一事大可不必有专业偏见，这不过是当下时空内各方利益权衡后的结果，没什么必要对某些事长吁短叹。试问怎样的大家才可做出正确的决定？而什么样的决定才是正确的呢？我们的眼界不过区区百年，千年、未来尚不可知矣。"【任嘉宝】

南屏雨景 速写：王颢龙　　　　　　　　　　　南屏卖玉米家小院 速写：赵婧

"在南屏一户卖玉米的人家避雨时完成了这幅速写。也许是伴随着雨声，觉院中宁静，恍惚中感到所谓'岁月静好'也许就是如此。"【赵婧】

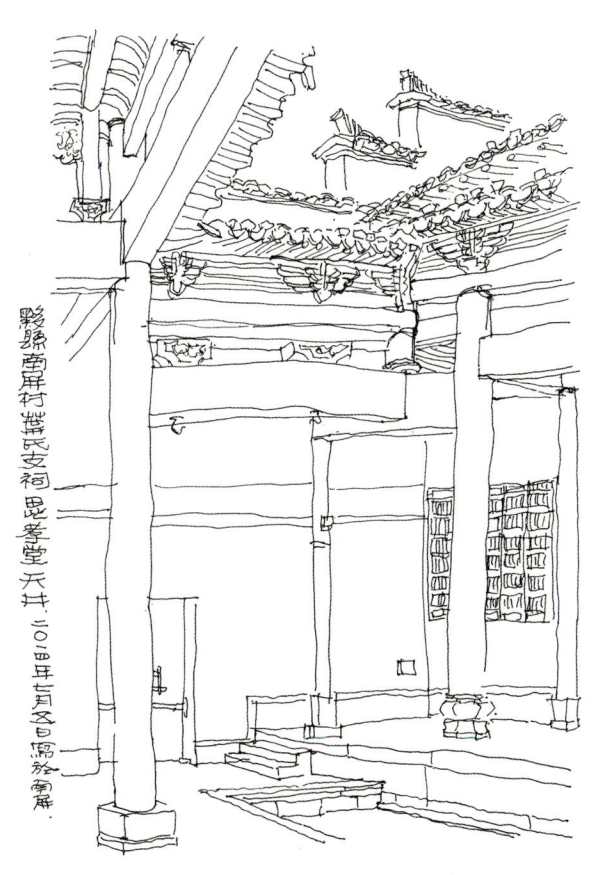

南屏村叶氏支祠思孝堂天井
速写：杨哲

第4章　厦遇皖南

"天井不仅能方便一楼的采光还能对居住在二楼的闺房小姐起遮挡作用，从二楼能看见楼下但是从一楼则窥不到闺房半分。再向住宅的二进走，通道十分狭窄，仅容一人通过，而且还会有门槛，让我有种'初极狭，才通人，仿佛若有光'之感。"【李莹】

"徽派建筑是有灵魂的建筑，它的灵魂就是它所承载的徽文化的精神核心，而这种核心精神是靠一代又一代的徽州人来维系和发扬的。一旦这些徽州的本土居民不再重视他们的文化，不再继承这份伟大遗产，那么徽派建筑也将失去灵魂，变成一具空壳，徽文化也就不复存在，所以人是维持徽文化存在和发展的基础……走进这些古村落的时候，我们会隐隐感觉到一种莫名的安静，就好像这个村子就只是一个古老的村落，给人最真切的体会就是它没有生气。这种感受在关麓、卢村、南屏的体会尤为深刻，究其原因，人口的缺失是最为主要的，大量的年轻人外出挣钱。不同于他们的祖辈之处在于他们其实向往着大城市生活，那种在《乡土中国》中所提到的人对村落归属感在他们身上其实已经不存在了。他们的离开可能就是永远的离开，而他们祖辈的离开是为了荣耀的回归。失去了青年人的村落是没有未来的村落。那种对于家的归属感或者说'根'的思想其实是农耕文明特有的印记，在当下的工业文明时代开始褪色。对于古村落的保护应该考虑到当下文化对于它的冲击，如果忽视这一点，我们保护的可能就是一座失去了灵魂的村落。"【雷家兴】

4.4 卢村：木雕楼的感动
Lucun Village: Touching Woodcarvings

卢村靠山临水，村庄东西各有一条小溪汇流到村南。"村东民宅依溪而建，临水一侧多挑出，建有敞廊，别有一番情趣。一级级青石台阶，一座座小木桥，使人感觉身处山村，却又似在水乡。"在著名的木雕楼志承堂和志诚堂，那些精美的木雕令人情不自禁地开始一张接一张地写生，直画到头晕眼花才肯离去。

2014年7月6日，午饭时分在卢村卢慈溪畔合影 摄影：高权

"河水清澈见底，冰凉清冽，拨弄之间，似乎在水里多浸一秒就要被冻住。抬眼间，灵动的河水、木栏杆的石板桥、粉墙黛瓦的徽派建筑、墨绿色的远山、飘着云彩的蓝天，勾勒出一幅绝妙的图景。"【潘文筠】

"我偏爱卢村还有一个原因就是卢慈溪。不得不说，当有了活水，整个村子都增添了许多生机。人们在溪边浣洗，鸭子在溪中戏水，狗狗在溪旁散步。午后时分，我坐在小桥中央，聆听溪水从桥下奔流而过。拿出画笔，如此怕被晒黑的我就任骄阳在我的身上'烘烤'，只因这水声已经将我的心都涤净。流水潺潺，日光倾城，我'隐居'在卢村的故事里。"【刘婉璐】

2014 年 7 月 6 日，卢村一角　速写：沈以融；高权

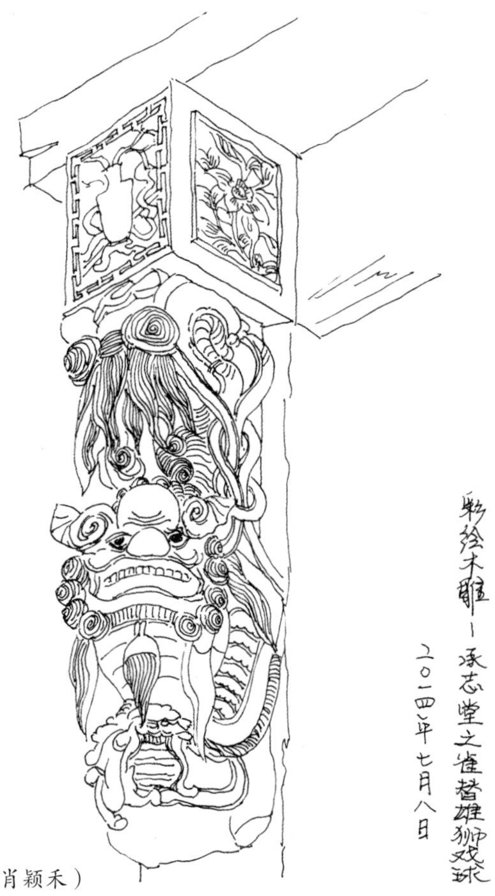

领略卢村木雕之精美奇妙

速写：肖颖禾（左）；马梦麟；肖颖禾；张坤；高权

第 4 章　厦遇皖南

卢村 速写：王颢龙

卢村风光 摄影：杨哲（2014年7月6日）

"一位深居闺中的闺秀（卢村木雕楼）。"【吕一平】

"阳光下的卢溪波光粼粼，在一个又一个高差的作用下化作白色的梦幻，远望颇有大江东去之感。卢村的建筑依旧是安静坐落于溪水两侧，临溪侧主要作为商业店面，向居民和游客开敞。"【张钰】

"所有村庄里，给我印象最深的就是卢村了。和所有徽州村落一样，坐山环水的格局，清澈的溪水从村庄缓缓而过，我们就像是误入仙境的凡人，生怕一伸手就打碎了那幅美好的画面。青山绿水，天高云淡，我真想把自己的灵魂埋葬在那个小小的村庄里，陪他们一起终老。"【蒋梦帆】

卢村街景 摄影：张钰

4.5 木坑竹海
Mukeng Village: Crouching Tiger Hidden Dragon

木坑村的竹海因《卧虎藏龙》电影外景地而出名。上下行走于竹海之中，遥望半山腰粉墙黛瓦的徽居村落，并不能轻易找到竹影飞侠的镜头感。

木坑竹海合影
摄影：高权

竹海中远眺木坑村 摄影：张钰

"一位隐居山林的墨客（木坑竹海、塔川）。"【吕一平】

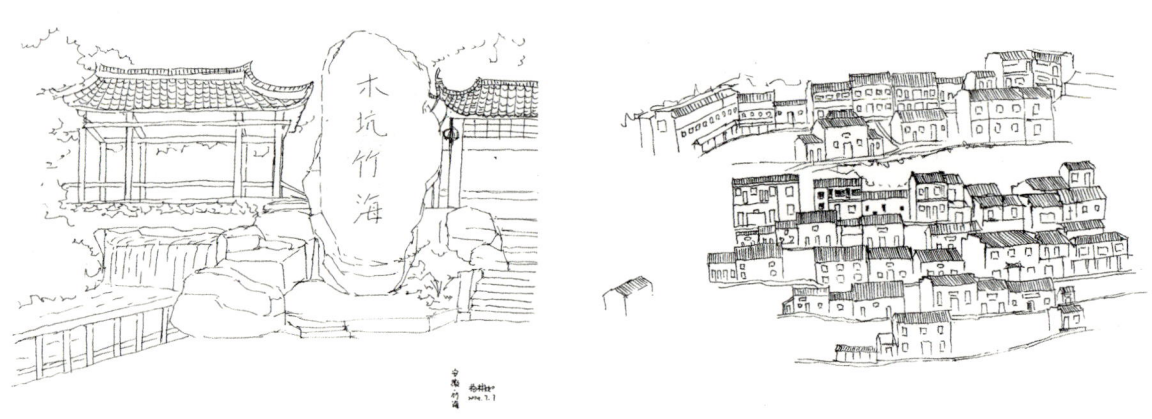

木坑竹海 速写：肖颖禾；赵婧；杨彬如；雷家兴

"坐落在半山腰的村子，四面环竹，郁郁葱葱，山势险要，形如金斗，环境优美，风水绝佳。不知其祖先是怎样发现这一块宝地的，不知他开辟第一片净土时是否有犹豫，不知他在建造第一所房子时是否有过放弃……爬上山来不断地喘息，是身体在呼吸着这片竹海的芳华，亦是对生活在这的人家的惊叹与钦佩。这是唯一不是沿河而建的村子，竹海山上留下的自然的精华滋养着这里的人民。站在山顶回望这个村子，才发现它是如此渺小。背后青山覆盖的竹林，每一棵似乎都要倾倒下来，海藻般的地毯将村子细心呵护着，或许这就是它一直成为这里村民守望的圣地的原因吧。"【潘文筠】

"世界上没有比人更高的山，也没有比脚更长的路……每到一个地方记录自己的足迹我觉得用相机是不够的，一定要有自己的感受。比如写一句话，或者拿出本子简单地勾一张速写，这样才是走心的记忆，积攒起来，若干年后一定比照片更能勾起人的回忆。"【李莹】

4.6 塔川秋色
Tachuan Village

　　距离宏村仅2千米的塔川村竟然有着与宏村完全不同的面貌和特色。依山而建的徽派古民居层层叠叠、错落有致，远望如同宝塔矗立山谷；蜿蜒穿村的溪流清澈灵动，合起来就是独具想象力的"塔川"村名。村内外古木参天，到了秋天，红叶片片，色彩斑斓，就是闻名天下的塔川秋色。

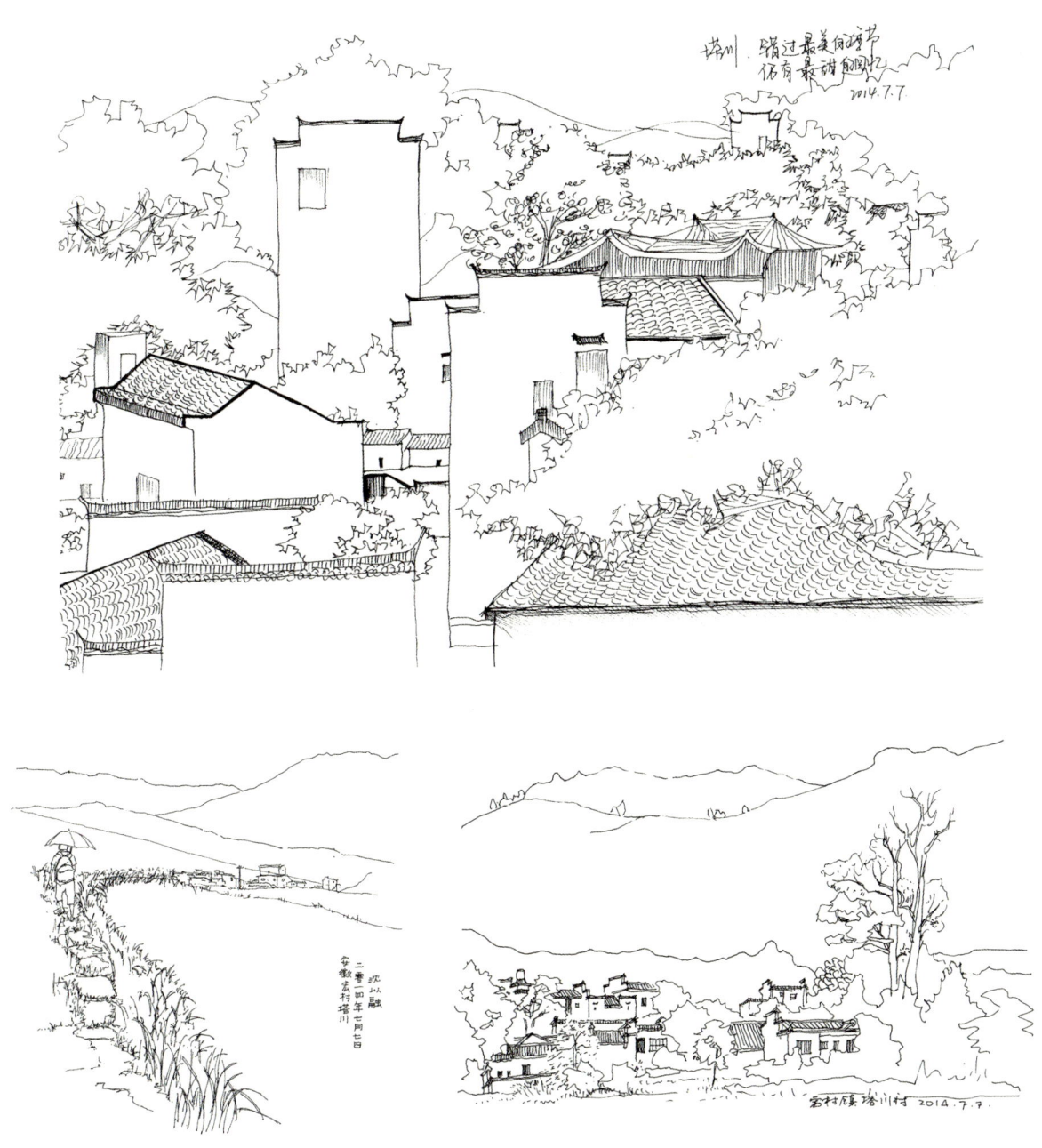

塔川村落景象　速写：马梦麟；沈以融；杨哲

"村落应该是此次实习的关键词,走过几个不同村庄,各有特色:宏村的'牛',唐模的水街,关麓的连体房,南屏的迷宫般的巷道,卢村的木雕,西递的船形布局,棠樾的牌坊,鱼梁的水坝,塔川的树。"【张坤】

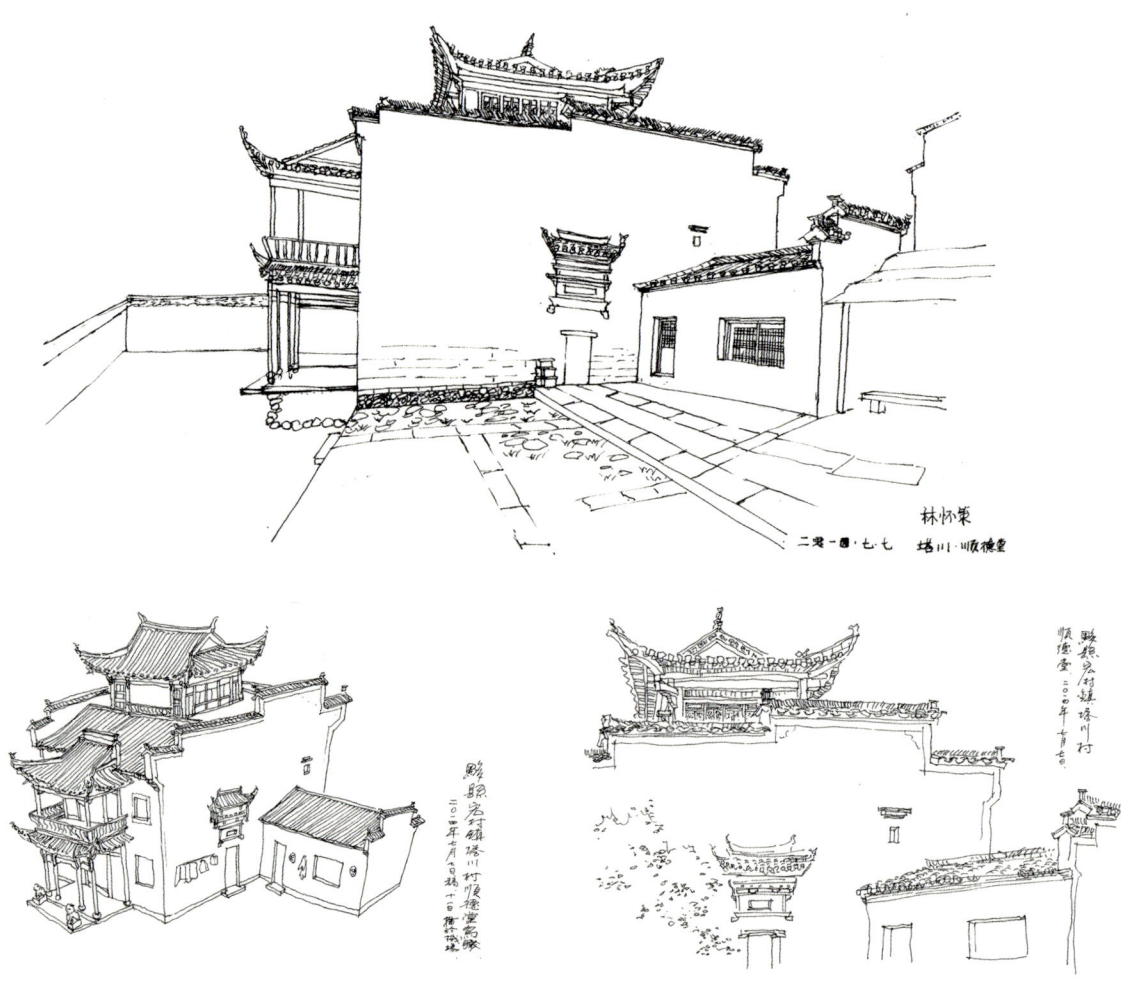

2014年7月7日,塔川村顺德堂　速写:林怀策;杨哲

"徽州有句俗话:一代造屋,三代修屋。所以徽州建筑内涵丰富,大到房子几进几出,小到一个精细的木雕,都能看出房主的经济实力、官职地位、人生追求等,所以探寻徽州文化首先要从徽派建筑入手……风卷雨击里,历史的砖石在摇晃,我们要用它拼出一个新纪元。"【李莹】

4.7 西　递
Xidi Village

西递是本次实习第一站和驻扎地。作为世界文化遗产(2000年),西递村素有"明清古民居博物馆"的赞誉。村落四面环山,前、后边二溪穿村而过,与外围金溪汇合。村内街巷贯通,青石铺路,空间错落富有韵味,粉墙黛瓦朴素淡雅。民居、祠堂前庭后院,三雕精美,到处呈现着古朴典雅、底蕴深厚的风貌特征。村口月湖之畔,巍然耸立着已有400多年历史的石筑牌坊,三间四柱五楼,仿木结构造型,各处精雕细镂、题额刻字,寓意丰富而深远。

西递村落全景 摄影：杨哲（2014年7月6日）

"同宏村的牛形村落一样，西递的村落结构也是有所讲究的。这里'东阜前蹲，罗峰遥拱'，水口处西溪源头三溪环绕，呈环抱之势，所以祖先胡士良将整个村落仿船形而建，宗祠为船的中心，牌坊为船帆，'借水西行，得神助，取真经，大吉大发'。"【刘婉璐】

"河水向西流经西递，原来称为'西川'，因古有递送邮件的驿站，故而改名'西递'。因为古时徽商做生意是坐船走水路，所以把村子规划为中间大、两头小的船形，寓意'一帆风顺、财路亨通'。村中的古民居，就像一间间船舱，组成大船的船体。村头原有的13座牌楼，好比船上的桅杆和风帆，不幸现仅存一座胡文光牌坊；村周围山峦连绵起伏，宛如大海的波涛；村前的明经湖和周围广袤的良田簇拥着村子，恰似一艘远航的巨轮停泊在宁静的港湾里。"【蔡一枭】

……看着，游着，想着，西递就像是一缕淡淡的清风，白墙青檐的深宅，高高耸起的马头墙，青石铺就的石板路，清幽、质朴，足够唤起对自己前世的猜测……

如你有幸在西递住上一晚，清晨早起，一屁股坐在桥墩上，宁静的、朦胧的早晨，河边徽女捣衣，桥旁荷叶婷婷……你会感慨今生何其有缘，能够让最美的一切被自己遇到。羞羞的阳光，俊秀的村落，纯朴的习俗……你会对这一切都舍不得，"留恋"就是这样一种感觉。

告别西递的那一刻我猛然感到，西递不可能是陶渊明笔下的世外桃源，而且从来也不可能是，因为：

从古到今，它都与官商结下了不解之缘；

从古到今，它都充满着圆滑的处世理念；

从古到今，它都传承着儒家的入世哲学；

从古到今，它都张扬着升官发财的个性，不可能与世隔绝。

（来源于网络摘录）

西递俯瞰　作者：赵婧

"在西递，我还收获了一个村子发展过程中的诸多故事——从择地选址、名字由来到家族起源、儒商并举……这是一个与北方、闽南均大有不同的社会系统。他们是商人，却同样注重教育；他们是文官，却世世代代还要回到故里壮大宗族势力；他们的家族意识非常强，宗祠一定位于村内最重要的位置；他们人才辈出，智慧非凡，修'空调'、削墙体、造天井采光、写错字以戒后人……在这里，我找到了徽州人的'魂'。"【刘婉璐】

"我很惊讶，这里的人们没有因发展和开发而改变，没有被商业化的浪潮所淹没，祖祖辈辈生活的方式被保留了下来。虽然现在家族的观念已经弱化，祠堂也只剩下供游人参观的功能，但人与人之间的联系没有变弱，只是联系他们的由血缘关系变成了邻里关系，也许这是这个村子最大的变化。而乡土社会的代表特征'家族'的消失也反映了时代的变迁给这些古老的村落带来的改变：村公所取代了祠堂的职能，'礼治社会'转变为'法治社会'……社会在发展，古老的村落不可能停滞不前。正如自来水取代了湖水成为宏村居民们的生活用水，越来越多现代的元素会融入这些古老的村落中去，许多传统要素将会被取代，那么存留下的会是什么呢？是否会是传统村落文化中的精华呢？这我们不得而知，或者说，我们要做的就是要让那些最精华的部分留存下来。"【张坤】

西递街景　速写：沈以融；徐相；陈伟杰

"深巷或许是当地人为增进邻里交流的产物,也或许是南方人含蓄内敛的表现,仿佛从画中而来,静谧幽雅。灵动的水,就如温润的玉,总是吸引人的。相比宏村的南湖和月沼,我对穿门前而过的细流或是沿山谷缓缓流下的溪涧更情有独钟。至少以我肉眼观之,它是流动的,是有灵性的。和江浙的水上人家不同,这种小面积但长尺度的水,至少让人觉得更安心,与人的互动也多,更不至于单调。"【陈伟杰】

2014年7月8日晨,队形整齐,告别西递 摄影:高权

"一位心怀天下的文官(西递)。"【吕一平】

"从村口商业街店铺老板娘的口中我们了解到西递素称桃花源里人家,这是一个以宗族血缘关系为纽带的聚族而居的村落。它的整体结构呈现一种内向布局的形式,体现了宗族聚居社会的向心性和封闭性。在以前,这是一个不受战乱影响的相对封闭的小村落,村中的许多道路都是后来为发展旅游业而开发的。"【戴智妹】

"在西递走街串巷时,我还能感受到乡村的静谧与安宁。可能是时间不对,宏村给我的印象就是外表华丽而内心已被掏空的画里乡村。"【林怀策】

"徽商衣锦还乡之后,或以奢华精致的豪宅园林体现身份,或整修祠堂光大祖宗门面,或以牌坊筑立褒奖徽州女人守夫的风骨(看似是表彰,其实是对古代女人的束缚)。徽派建筑讲究规格礼数,官商亦有别。除富丽堂皇的徽商巨贾之家外,小户人家的民居亦不乏雅致与讲究。"【马梦麟】

"徽州是世俗中的世外桃源,人们积极入世、经商、发展教育、考取功名、从政为官,衣锦还乡,修建宗祠牌坊。徽州是无数在外游子魂牵梦萦的家乡。回望九天之旅,徽州水墨如烟,如此轻如此淡,却又如此浓如此厚。"【赵婧】

"不得不说,徽派建筑的精华和灵魂正是对于'仁义礼信''三纲五常'这些封建等级制度、宗教伦理思想的追求和敬畏。一代代人精益求精,不断地摸索前进,继承发展,直到今天,我们才能

看到如此精彩的徽派建筑，才能看到如此有生命力的文化瑰宝。但是，我在想，当有一天，明清在人们看起来就像唐宋那么久远时，这些房子还会存在吗？今天，我们没有了那些信仰，不可能再继续建出那样的房子了。那么，那些存在多年的老房子要怎么才算拥有灵魂、拥有生命呢？我认为，只有当大部分人像尊敬一个老者一样尊敬他，像爱护一件宝物一样爱护他时，他才是有了灵魂，有了生命力。我们可以赋予老房子新的意义……每个人怀着尊敬与爱护的心情，去探索老房子，把他的优点运用到现代的建筑技术中。在千百年之后，当我们现在的高层电梯大厦也成为老房子，被当成文物观赏的时候，人们还能发现明清时候老房子的影子，我想，那才是对老房子最好的保护。"
【陈美玉】

4.8 黄 山
Mount Huangshan

　　黄山以"奇松、怪石、云海、温泉、冬雪"五绝著称，是中国文化中"三山五岳"的三山之一，有着"五岳归来不看山，黄山归来不看岳"的赞誉，1990年列入世界自然与文化双重遗产名录。我们把黄山作为"厦遇皖南"实习的收官之战。在险峻大美的自然怀抱中，伙伴们奋勇攀登，亲身体会徽文化的大自然底蕴，互相鼓励着，累并快乐着。

云卷云舒　摄影：肖颖禾

"一位饮酒论剑的剑客（黄山）。"【吕一平】

"虽然最终没有看到日出，但是在天光乍破的那一瞬间，脑海一片清明，仿佛没有什么过不去的坎。"【蒋梦帆】

"所谓天都，即群仙所都，鲫鱼背上，或已相错，终不可知也。天都之险，不在其峭壁，而在山顶无铁索处，唯凭心境。心宽而无谓，心宽而无畏。"【任嘉宝】

2014年7月10日，黄山光明顶日出时分 摄影：高权

虽然未见日出景象，大家仍然很开心很自豪 摄影：戴智妹

"光明顶，一千八百多米的高处纵览，山中奇峰汇聚，峭壁千仞，拔地擎天，峥嵘崔嵬。青松在悬崖上争奇，怪石在奇峰上斗艳，烟云在峰壑中弥漫，彩霞在岩壁上流光，自然的美在这里汇聚，在这里升华，赋予它超凡脱俗的品质，塑造出它威武雄壮的气概。在黄山面前，时空变得狭小，沧桑变得平淡，它是大自然的骄子，独领天下奇山的风骚。故而当之无愧地赢得'登黄山天下无山，观止矣'。"【潘文筠】

"执念，或许是对此次实习中的我最好的诠释。就算再渣，我也未曾放弃速写，默默坚守自己的一隅；哪怕很累，我都没有停止脚步，匆匆攀登自己的顶峰。这些秀丽的皖南小村庄，给了我信心，让我为此执着，这个皖南一夏，于我而言，很美。"【陈伟杰】

"在宏村的悠然漫步，在西递的登高一望，在南屏的小巷迷踪，在棠樾为连绵的牌坊所震撼，在卢村为精致的木雕痴迷，我能看到先人的生存智慧和精湛的技艺；在竹海登高探幽，为黄山的奇险雄壮所折服，自然的胜景让我目不暇接。真正的胜景无须用语言描述，它会在你心里留下无法磨灭的印记。"【张坤】

尾声：屯溪老街
Epilogue: Tunxi Ancient Street

从黄山下来近中午时分，队伍来到黄山市屯溪区，也就是久负盛名的屯溪老街所在。庆功宴上，大家尽情总结收获，畅谈感想，将实习大幕渐渐拉下。而漫步屯溪街头，那浓郁的徽文化和徽商气

第4章 厦遇皖南

息再一次扑面而来。顾名思义，屯溪为江河汇流之地，是明清时期"海阳八景"中的"屯浦归帆"。屯溪位于新安江谷地，自然条件优越，明初开始成为徽州重要的物资集散地，此后发展为"皖南巨镇首屯溪"的商业中心。老街路面多为大块赭红石条铺砌，街两边满是茶楼酒肆、古玩店铺、博物馆，旗招匾额古色盎然，购得钱包空空也不舍离去。

翌日，到达离市区不远的黄山机场时，远远望见青山绿树中映带着白墙灰瓦马头墙，仿佛依然让人停留在"无梦到徽州"的情境之中。

黄山机场，离开徽州前的回眸远望　摄影：杨哲

"这次实习，在村落认知、民风体验以及自然品味上都有很多收获，最后草拟一联对这次皖南行的所见景象作结：'青山翠木，点点苍苍层层绿。白墙黛瓦，片片排排叠叠黟。'"【蔡一杲】

"城市人享受着科技进步带来的各种便利，却也被城市特有的各种问题所困扰，向往乡村；乡村人过着或许算是悠闲的生活，却又向往都市的繁华与现代化。突然有些迷茫，究竟怎样的生活才是人们所追求的？"【张坤】

"开始放手用笔记录那曼妙的景色。每当傍晚，到了集合的时间，许多人都略有不舍。每日的时光都恍若一瞬。素雅的马头墙，洁净的泉水，闪耀着的湖面，炫目的阳光，甚至那绿意的瓦菲，都让人心动不已……因为放得开了，感觉画得还是很开心的。"【张钰】

"大一暑假的认知实践是老师带领全班去改革开放的前线感受城市的发展、变化与新规划思想，作为学生的我们得到更多的是感官上的刺激，注重客观物质的改变与发展。而本次实践则更多地着眼乡村，作为'城乡历史文化保护与发展'的延伸，让我们更多地关注到规划、建筑的历史与各地不同的风土人情，注重人文精神的探索与挖掘。而速写，便是很好地触碰建筑与其背后所蕴含的文化与习俗的方式。"【李响】

"虽然那么多天基本看着一样的景，可是我在一张又一张的速写中渐渐发现了徽派建筑的美和它独特的魅力。也就在这几天的时间里，我有点羡慕它的偏远和破旧。地理位置的偏远让它远离了尘世，让它慢于社会的发展，让它躲过了那段不顾一切的发展而对古文物文化肆意破坏的岁月使其得以保存；村子的贫穷、破旧让它逃过了那些贪婪人的魔爪使其能够安静地在山里传承下去，而现在它又重新回到了尘世，再也不是那个世外桃源了，不知道它还能这么完好地走多久。游人的脚步声已刺破了村庄的宁静，成群结队的游人也打破了村民平静的生活。生活在改善，文化却在流逝。"【徐相】

"观看不如亲历，于是人们热爱旅游；拍摄不及用笔，于是我们热爱写生……通过写生这个手段，

我们深入认识中国古村落,包括其历史文化精髓,其人文宗教信仰,其高超建筑技术,以及古人对于聚落的规划手法。"【吕一平】

"徽州古建筑比任何现代建筑都更容易与自然相融。若在保护村落的同时能够加以创新,将自然的变化与建筑的特点相结合,或能碰撞出更美丽的火花。"【蒋宇阳】

"康熙五十七年,侨居扬州的徽商后代程庭回到了歙县,面对这一片山水,他惊诧了——惊诧于徽州的乡村。他在《春帆纪程》中写道:'乡村如星列棋布,凡五里、十里,遥见粉墙矗矗,鸳瓦鳞鳞,棹楔峥嵘,鸱吻耸拔,宛如城郭,殊足观也。'而今时隔三百年,我站在同一片土地上仍然惊诧于徽州的乡村,写下这段文字,还望三百年后,后人于此眺望,仍会感动于徽州的这一方山水人家。"【任嘉宝】

"徽派建筑的保护不只是保护一幢幢建筑单体,而是保护了一个个村落,保护了村落的环境和文化。这种保护方法是一种活态的保护方法,能够有效地起到保护(聚落)建筑和传承文化的作用。"【林怀策】

"几天的徽州之旅一转眼就结束了,回想那几天,忘不了那巍峨的黄山,忘不了那绵延的稻海,忘不了那清澈的河水,然而,最忘不了的,却是沉淀在那些老房子里面的历史和岁月。"【陈美玉】

"无论时代怎么变,经济结构怎么变,居民定要存有对土地、对自然的敬畏之心,自发地、非经济驱使地保护传统建筑及聚落文化,才能更好地保留古建筑群的特色与其中所蕴含的人文精神。"【李响】

徽居聚落写意　作者:任嘉宝

感想与寄语
Reflection and Notes

徽州感悟

建筑是有生命的，建筑生命的灵魂在于人的使用。

城市与乡村也是有生命的，她们生命的意义在于让人们能够更好地生活。

在岁月的长河中，以木构为主要特征的中国传统建筑，逐步诞生、成长、衰落。一代代的中国人，在宗族血亲的联系下，生根、发芽并开枝散叶。聚落作为建筑的有机组合，直接地反映出人的迁徙、生活脉络。徽州的传统聚落，正是一代代徽州人落地生根、蓬勃发展的直观体现。回想起与杨老师以及规划系2012级同学们在徽州调研的点点滴滴，让我收获颇丰，至今依然难以忘却。

徽州的古村落，兴盛一时又逐渐衰落，后来受到重视，列入世界文化遗产名录。其实，从历史的宏观视角来看待兴衰，自有其规律。人口的迁徙、产业与交通的变迁等，种种因素都可能会让一座城市或整个区域受到极大影响，更何况乡村？在快速城市化发展的今天，乡村的衰落不可避免。面对乡村遗产的保护与发展，我们不得不问，乡村的核心价值是什么？首先，乡村是我国人民长期以来生存与发展的重要空间载体，其中的生存之道是世世代代中国人的智慧结晶。其次，乡村中保留着诸多建筑、景观、传统技艺等物质或非物质的文化遗产，是中国文化的宝库，也是弘扬文化自信的重要基础。再次，乡村是许多人维系乡愁之所在，是精神寄托之处。只有正确认识了乡村的价值，才能合理地决策哪些要保护，哪些必然会被历史所淘汰。

目前看来，中国的大部分村落，均是物质条件陈旧、缺乏公共服务的。人有趋利避害的本能，换句话说人民有追求幸福的权利。人权的最根本内容在于生存权与发展权，而农民搬离落魄的乡村，转向生活品质更好的城市，本身就是实现这些最基本的人权。乡村复兴，必须认识到人在城乡发展中处于主体性地位。不考虑人民的根本需求，不理解人的基本行为模式与选择依据，单单美化建筑与环境，很难实现乡村的可持续发展。

从经济学的视角来看，集聚才能更为有效地降低成本、提升效益。以经过扬弃的宗族传承、地方文化本身就能够产生吸引力，将人凝聚在一起，使"集中民意办大事（复兴乡村）"成为诸多可能性中的一种。因此，我们在谈论乡村问题时，不能罔顾现实，而应该基于对乡村核心价值的判定，尊重村落文化多样性，有效且长久地改善农村环境，提升公共服务，才可能将更多的青壮年目光引回故乡。乡村复兴，任重而道远。

2014年7月7日于木坑竹海

【初松峰，厦门大学2013级城规硕士，现为同济大学建筑与城规学院博士研究生】

毕业了之后，再回顾本科时修读过的课程，不由得感慨：在整个大学五年里，衷心感到自己十分幸运，幸运的是能拥有这么一门课，在杨哲老师的带领下，认识祖国的大好河山。

为什么这么说呢？因为这门课对我们规划专业学生的培养来说，是非常重要的一个环节。

首先，规划是一个立足实践的学科。规划和地理学、经济学、社会学等学科都有很强的联系，但是规划并不等同于这些学科，它是在这些学科的理论指导之下，去解决城市的实际问题。

如果把规划师比作一个心理医生，那么我们遇到的每个患者都是不一样的，只啃书本，不实际接触患者、了解患者，是决然成就不了好的心理医生的。在神州大地上，每个城市、每片区域都有它独有的环境、独特的文化，如果我们不去实地体验，就不可能真切地、客观地认识到它的长处、它的病痛，我们做的规划又怎么可能起到"为城市和乡村治病"的效果呢？

其次，规划师需要体验生活，只有这样才能通过"规划"创造好的生活。我们做规划的时候，经常会轻描淡写地说：这里放一个国际级五星级酒店，提供高端现代化服务……这里放一个古韵风情街，营造有文化气息的生活环境等。但是我们很多规划师，有去住过真正高端的酒店吗？有实地去中国各地的传统村落体验过吗？我们自己都没有体验过的东西，凭什么能拍着胸口说，我规划出来之后别人就会认可这些东西呢？

所以，我衷心感到自己十分幸运，幸运的是在这样一门课程里，体验徽韵古乡的生活，体会他们的家园记忆，用双脚来敬畏名山的壮阔，用双手去勾勒千年的积淀。日月如梭，回忆美好，更应珍惜当下的生命体验！

【蒋宇阳，厦门大学2012级城乡规划本科生，现为南京大学建筑与城市规划学院硕士研究生】

徽州行感悟

转眼间徽州行已过去三年半，而今回头望，别有一番滋味在心头。

此刻的我在南大的校园里，离徽州是近了一步，而那时一起的小伙伴已经散落天涯。未打开相册，闭上眼回忆一波，也能记起盛夏时节皖南写生的一幕幕：从西海大峡谷到光明顶的艰难历程、夜游西递的别样体验……

打开熟悉的文件夹，徽州行的一幕幕则生动地浮现在了眼前。

徽州行作为本科认知实习的一部分，是我们集体走出学校认识乡村的体验学习之旅。从徽州古城、鲍家花园、屯溪老街这些古代城市景观到西递、宏村、竹海、塔川、关麓、南屏这些传统乡村聚落，我们在徽派建筑的丛林里穿梭，用稚嫩的笔画记录着一幕幕具有地域特色的景观，也感受了古徽州灿烂多彩的文化，徽州人民的勤劳与质朴。这种别样的学习方式是传统课堂无法带给我们的，大家也很珍惜这样的游玩机会，不，是学习机会。

事实上，我很羡慕皖南乡村的宁静与淡雅。黑白灰与大自然的完美融合，是地域审美的自然表现，这样的乡村在如今乡村振兴的背景下，未来的发展之路依然可期。

如果用一个词来概括徽州行，那应该是难忘吧。回忆本科五年的时光，这样的机会屈指可数，有老师精心的线路安排与全程指导，同学结伴出游的快乐，希望学弟学妹们好好珍惜这个难得的在游中学的机会！

【林怀策，厦门大学 2012 级城乡规划本科生，现为南京大学建筑与城市规划学院硕士研究生】

应杨哲老师之约，有幸分享我个人对"厦遇皖南"实习的点滴思悟，亦作为从本科二年级至今的一些随想记录。

疯狂地在手机屏幕上划了三分钟，终于从朋友圈翻出了那个粉墙黛瓦的夏天。那是我们第一次外出写生，二十几个人拿着速写本穿着班服就坐上了驶向皖南的车。我堂堂一个籍贯安徽的福建人，逢年过节进安徽，隔三岔五去合肥，青山绿水马头墙的景点去了不少，但架着速写本提笔的时候，才发现眼前的场景远胜旅游宣传册上的模样：飘的云、流的水、山坡上往田里吹的风，都是画面的一部分，鲜活且整体。从西递到南屏、从宏村到卢村，我用歪七扭八的线条记录下了目之所及的花花草草、门楼木雕；从村子到下一个村子，寻常水渠变成了乡约中分时段使用的水，宽街窄巷演化出了依水而建、背水纵深的街巷肌理，我们对这些同构又各异的古村落愈发感到亲切。

为什么我回忆起这次写生之旅依然记忆犹新并心存感激？自然是但不仅仅是因为与无比思念的那群人一同执笔学画、夜夜笙歌的日子，更是因为这次出行在我们这些规划初学者心中种下了情怀的种子。城市规划的内容远不止于城市规划专业所限，它不同层次的各种内容构成了空间网络式的复杂知识结构，但其始终是一个操作性的学科，具体问题像针线穿过一层层纸面般纵深地将不同层面的内容联系在一起，所涉及的内容远超书本，却存在于眼前的世界。规划作为"第四次分配"，需要规划学者秉持正义，充分了解、尊重乃至热爱其受众，从市民到村民、从古建到古街、从绿水青山到一草一木。

近百年来，从梁思成先生到金经昌先生，建筑规划从业者无一不有执笔走天下的职业精神与情怀。当规划者开始观察、倾听，空间环境便是丰富且深刻的；纸笔成了媒介，线条中包罗万象。大到各地民风轶事、历代营城思想，小到各户前门后院、各家柴米油盐，都是规划所涉及的形态与文脉，是与自然及过去的对话，也是未来的元素和启发。规划我们所了解的、了解我们所规划的，本就是各个时代规划者的责任与使命。

激发学生自我教育的教育也许才是好的教育。对于本科二年级的我们，重要的并不在于我们从写生实践中学到了多少具体内容，而是从这次实践中有了由观察体悟激发出的热爱与好奇。这次写生实践使我个人对徽派建筑及江南古村落有了粗浅的认识，并触发了深入了解江南地区乡村聚落形态、类型与演变的热情及行动；于班级整体而言，在此后三年的学习中大家愈发重视环境与文脉的重要性，不断挖掘、运用乡村营造、聚落保护、乡村可持续等理念与手段，对规划的客体与受众秉持着充分尊重的同时，亦对所做的一切充满求知欲与好奇心。这其中的一部分，便始于四年前的那个夏天。

当然，或许这个触媒微不足道。事实上，除去这些，与杨哲老师、松峰学长，以及厦门大学建筑与土木工程学院城乡规划系2012级本科班全体同学的旅程，本来不就是难忘且值得的吗？

【李响，厦门大学2012级城乡规划本科生，现为同济大学建筑与城市规划学院硕士研究生】

徽州之行，一切美好得如梦境般。时间恰好，年龄恰好，恰好的我们2012级规划班，恰好的徽州之行。时间太快，一转眼已过去快四年；时间太慢，闭上眼仿若还在昨天。有时想起2014年夏天全班的这一次徽州规划实习，走在路上也能扑哧笑出声来。当时的一切又不断地浮现在眼前，触手可及的快乐以及对乡村、对徽州的深入认识和牵绊。

怎样的乡村或者怎样的城市才能拥有自己的精神，才能让每个踏上这片土地的人都能魂牵梦萦呢？事实上，根据我不多的经验，现在的大多数城市和乡村都是千篇一律的，如在路旁的快餐，吃的时候觉得很爽，吃过了却想不起自己吃的是什么，味道如何，香气怎样。而徽州却是一个你无论过多少年也印象深刻的地方，如黑白的水墨画，淡雅，在小巷里仿佛能够遇到如丁香般惆怅的姑娘。每一个巷子、每一块石头仿佛都能道出一个婉约动人的故事。抬头望望高高的马头墙，仿佛能够穿越时光和很多很多年前这个院里的主人对话。

一个城市或者一个乡村，都和生活在这里的人息息相关。我一直想不通为什么徽州会给人留下这么深刻的印象，什么样的城市或者什么样的乡村会给人留下深刻的印象。直到我到了京都，我就立马明白了。如果说建筑和道路是骨架，那生活在这里的人就是城市或乡村的血液。京都是个历史悠久的城市，却没有大城市的傲慢，只是静静地坐落在那。如同徽州，每一块石头、每一个小巷都能讲述一个婉约动听的故事。生活在这里的人，从容地、优雅地生活着，和城市融为一体。我有一个朋友不止一次地对我说，在这世界上，再也没有像京都这样的城市了吧。是的，再没有了。京都也好，徽州也好，都是独一无二的，因为有着历史的沉淀；因为在建造之初依山顺水，尊重自然；因为生活在其中的人们，无论是千百年前的，还是最近刚来的，都能与城市或乡村本身互相影响。乡村，城市，只要生活在其中的人对其还有深深的热爱，就很难衰落。

最后，用一句我三年半前记在日记中的一句诗结尾：

一生痴绝处，无梦到徽州。

【赵婧，厦门大学2012级城乡规划本科生，现为京都大学区域规划硕士研究生】

忆徽州

五载春秋似昨日，一朝梦醒忆规途。
芒鞋遍踏村中路，慧眼细观市井户。
键音渐促夜已入，笔头渐烂日已出。
也曾携手共谈笑，笑谈来年共携不。
犹记当年皖南行，轻身欢语泪眼浮。
初抵徽州烟雨布，水墨山村尽染雾。
蛇形绕山饮野水，虎啸荡谷震幽竹。
怜爱盆景折骨美，叹息江畔残街肃。
曲巷缓行仿诗赋，向转惊现伊人顾。
徽墙徽瓦徽水木，一步一驻一景图。
字句画幅可再赏，此人此地难重赴。
感恩天公汇英才，祝君他日梦可筑。

【肖颖禾，厦门大学2012级城乡规划本科生，现为同济大学硕士研究生】

今日回想起来，距离皖南实习已经过去了好几年，记得我们是2013年7月初出发的，先从厦门北站到南昌西站，然后换大巴坐了七八个小时到了黟县西递，整整在路上耗了一天。现在合福高铁开通了，厦门到黄山只要4个多小时，真是科技改变生活。

皖南这次实习让我对古村落保护有了新的认识，真正体会到了古村落的价值所在。在皖南的大部分时间，我们都在黄山下的几个古村子"转悠"，每日一到两村，包括西递、宏村、关麓、卢村、塔川、木坑等。每一个名字都饱含诗意，让人印象深刻。而这些村子也名副其实，大多拥有几百年的历史积淀，不仅单个建筑别具特色，整个建筑群体也同样具有特殊的组合方式，可以说真正将中国传统文化的精髓融入其中。这种将古老的建筑技艺与文化精髓合二为一的古村给人的震撼是难以描述的，仿佛就是在一瞬间更新了我对传统村落保护的认识，这也激发了我对中国传统民居的兴趣。因此后来我还特地去参观过潮汕民居、闽南古厝、川西林盘、阿坝羌寨、昌都藏族民居，看得越多，反而越有兴趣，从中更能体会那种中国各地建筑的文化共通性与各地地域性的融合，打破了固有思维局限和片面。回想起来这可能是皖南的这次实习给我在专业上最大的收获了。

厦遇皖南是我们那次实习的标题，那是记忆中凉爽的夏天，至今仍觉特别美好。每日，不必担心任何事情，携三五同学，前往山野环绕的古村，带一画本，寻一美景，或席地，或站立，皆潜心于描绘眼前之景。每每思忆至此，总觉那就是陶渊明笔下的桃花源，如同美梦一般。记得爬黄山第一日，与同学徒步西海大峡谷，一路又惊又险，惊的是变幻的云海、峭立的山岩，险的是陡峭的梯步、漫长而罕至的山路。第二日，登光明顶观日出，不幸云雾遮挡未能得偿所愿；后登莲花峰，顿觉昨日之险与莲花峰相比简直不值一提，近似垂直看不到头的山路是给游人下马威，非勇者不能至也。不过登至峰顶的那一刻，又觉得真是不虚此行，那种会当凌绝顶，一览众山小的气势真是大气磅礴啊！

黄山实习留下了我们班集体出行最美好的记忆，也是我最有收获的一次实习旅行，谢谢带队的杨哲老师，谢谢参与组织的同学们。

【雷家兴，厦门大学2012级城乡规划本科生，现为西南交通大学城市规划硕士研究生】

第 5 章　齐鲁大地

Chapter 5　*Glimpses of Shandong*

很多年来，在笔者的概念里错误地以为山东省是属于华北地区的，当确信它属于华东地区时，带队前往实习的愿望就变得越来越强烈。作为齐鲁之邦的山东省，拥有着 20 多个历史文化名城名镇名村，于是，"贪婪地"将国家级的曲阜、济南、青岛，省级的泰安（当然包括世界自然与文化双遗产泰山）、蓬莱、烟台这些名城，以及朱家峪村、山西街村、雄崖所村 3 个历史文化名村，均纳入 9 天行程计划中。时间紧、战线长，内容几乎涵盖了自华夏文明重要源头直到近代殖民文化与现代化的重要节点。

> "2015 年 7 月，2013 级城市规划班在杨哲老师和研究生田诗琪学姐带领下对山东地区进行了为期 9 天的城乡规划认识实习。时间不长，但体会甚多。作为城市规划专业的学习者，研究人们的生活方式及居住形式对我们有着十分重要的意义，而走访古村落则是探寻人类聚落原型的一个重要途径。短短几天时间中，我们走过了大半个山东地区，看过了齐鲁大地上大大小小的城市与村落。读万卷书，行万里路，通过实地走访，我关注到了一些之前未加留心的现象，也对古城古村格局、建筑街巷肌理及乡村现状等有了更进一步的了解与体会……探求那现代化中渐渐失落的'原生态'本真。"【兰菁，2013 级城乡规划班长】

时间：2015 年 7 月 19—27 日。

行程：济南（7 月 19—20 日）、朱家峪村（7 月 20 日下午）、泰山（7 月 20—21 日）、泰安市山西街村（7 月 22 日）、曲阜（7 月 23 日）、青岛（7 月 24—25 日）—雄崖所村（7 月 24 日）、烟台（7 月 26—27 日）—蓬莱水城（7 月 27 日）。

人员：2013 级城乡规划班 25 名和 2014 级规划硕士研究生 1 名。

"齐鲁大地"行程路线图　作者：田诗琪（2014级城市规划硕士研究生）

"周公封于鲁，姜尚封于齐，故有齐鲁。山东这个齐鲁大省，有朴实豪爽的人们，有令人激动的白菜价生活开支，有好味道的鲁菜黄焖鸡。但唯愿再来时，那些老街、老村，能有自己独树一帜的魅力。"【田丝雨】

"山东，中华文明的发祥地之一，历史悠久，人才辈出，而大汶口文化、北辛文化等历史文化积淀愈使齐鲁之邦熠熠生辉。"【兰菁】

"山东给我的整体感觉就是这是一个历史传统文化浓郁之都，无论是孔孟故乡曲阜随处可见的论语经典、弟子规条文、百家家训，还是五岳之首泰山顶上古代帝王燔柴祭天、望祀山川诸神的历史，或是人间仙境蓬莱阁上八仙过海的传说，又或是趵突泉园中李清照故居墙上的一首首词，都让我整个沉浸在中国传统文化的辉煌灿烂中不能自拔。"【李琳】

5.1 济　南
Jinan City

　　动车从厦门北站出发，疾驰9小时抵达济南西站。一出车站，同学们就感受到偌大的站前广场和周边庞大尺度的建筑群，与南方迥然不同。济南城市用"经"和"纬"来命名街道，使人很容易在繁杂的城市路网中定位。当晚，很多同学借着晚饭的机会寻访著名的芙蓉街，虽然各地小吃琳琅满目，但令专门找寻济南或山东特色小吃的同学们失望至极，没能一品"舌尖上的济南"。由于齐鲁大地实习行程较长，这个中国历史文化名城只安排了一个上午的趵突泉，午饭后即赶往本次实习3个历史文化名村之一的朱家峪。

2015年7月19日下午,到达济南西站 摄影:魏海斌(纵横山水)

左起:江和洲、王思玮、田诗琪(2014级城乡规划硕士研究生)、张航星、吴晓敏、刘达扬、罗艳、杨哲(带队教师)、王璇、田丝雨、韦艺昕、韩少卿、陈慧琳、肖宇航、郭晏豪、黄梦然、蔡佳琪、隋成梁、邵麟慧、鲁玉婷、张清菡、李琳、赵雅婧、兰菁、张超、林晓云、曾思瑶

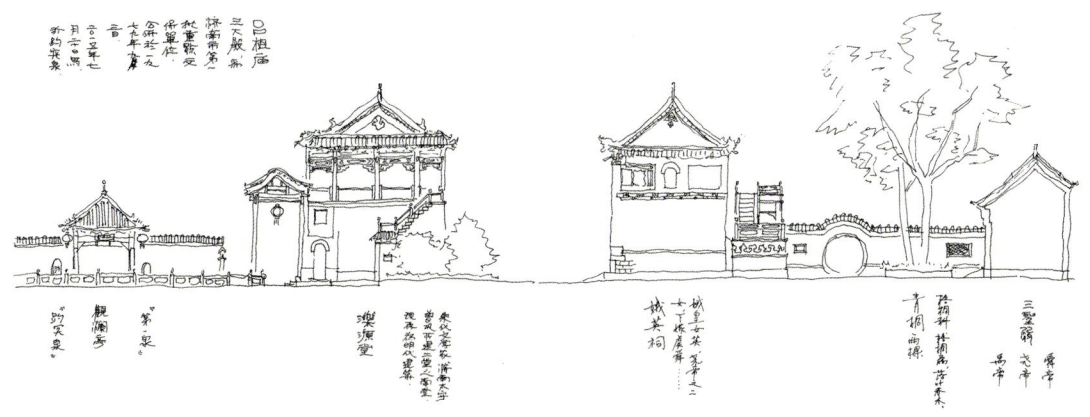

2014年7月20日,济南趵突泉吕祖庙三大殿侧立面 速写:杨哲

5.2 朱家峪村
Zhujiayu Village: the first village in Shandong Province

元末明初,朱姓祖先住进了村边的一个山洞。六百多年后的今天,这里已发展成为享有"齐鲁第一古村,江北聚落标本"美誉的历史文化名村。作为北方山地古村落典型,村内古建和文化景点星罗棋布,是《闯关东》等著名影视大片的取景地。"四面青峰隐隐,溪中碧水悠悠,长白、胡山诸峰映带如画……古桥、古道、古祠、古庙、古校、古泉、古哨,让这个小村子充满了古意。"尤为突出的是东西两座立交古桥,历经三百多年风雨和车马行驶,仍完好无损。还有1932年开办的女子学堂,在当时的中国农村非常先进。之后不久发展成山阴小学,南面校门仿黄埔军校而建。我们全班分成4个组,对村落总平面、山阴小学、朱氏北楼、进士故居等做了精简的测绘,零距离接触这些古风古貌的精彩所在。

第5章 齐鲁大地

朱家峪村朱氏家祠 摄影：杨哲

朱家峪村入口停车场 摄影：魏海斌

朱家峪村康熙双桥 速写：陈慧琳

朱家峪村的街巷 摄影：韩少卿

聚落寻原

沿着起伏的村落街巷漫步而上，会有奇特的空间体验。堡坎、台阶和坡道是山村里最常见的。巷子两侧，一幢幢民居依势修建于坡地之上，蔚为壮观。抬头望去，简淡、玄远的意味，令人感动。这是居民们勤劳和智慧的结晶，也是传统民居构成的一种经典聚落空间。

【小组个人调研心得】

"这次实习一共参访了三个古村：朱家峪村、山西街村和雄崖所故城。我们组在朱家峪村完成了山阴小学的平面图，根据四个院落来分工，每个院落的铺地和连接的入口都各有不同，集合了不同时代的风格，十分有趣。在山西街村和雄崖所故城，与其他组合作完成总平。我们四个组员一起行动，每个人都走过整片区域，体力消耗大，耗时也会多一些，但收集的信息互相校准，可以更完整地观察到村庄的道路分布以及建筑风格，收获也最大。"【张超】

"山阴小学是整个朱家峪村不可缺少的记忆发生点，承载着几代人对于教育的记忆。它非常整齐漂亮，有着许多故事。在山西街村以及雄崖所故城，有很多死胡同，我们观察记录每一所房子、每一条小路，炎炎烈日下进进出出，因为一点点尺寸误差就有可能两头对不上。也感受到作为一个规划人，了解一个村落的局部就要花费这么大的精力，更何况一座城市、一个省份甚至一个国家呢？"【张清菡】

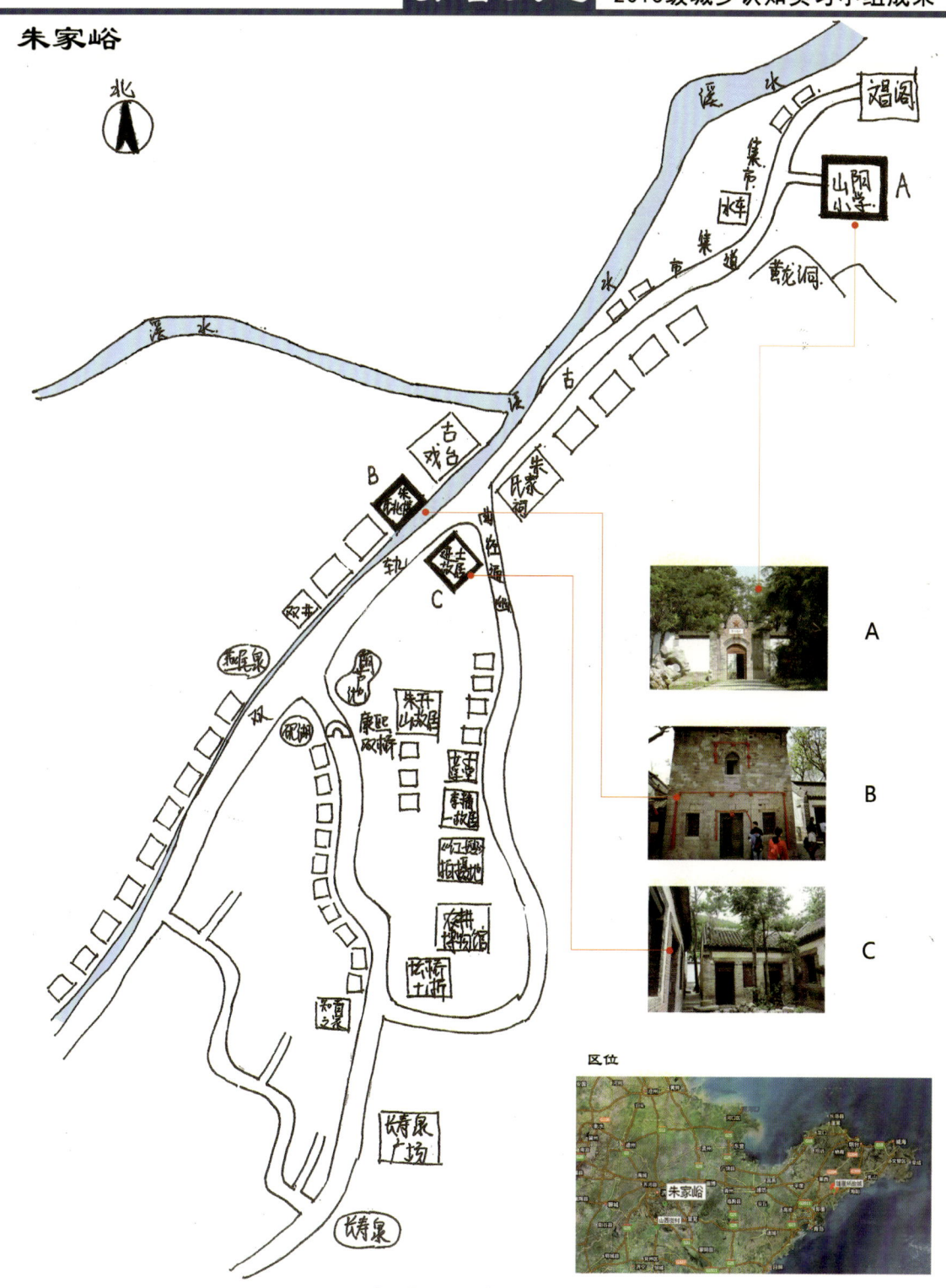

朱家峪村调研成果一：村落总平面

齐鲁大地 2013级城乡认知实习小组成果

山阴小学北立面图（绘制：隋成梁）

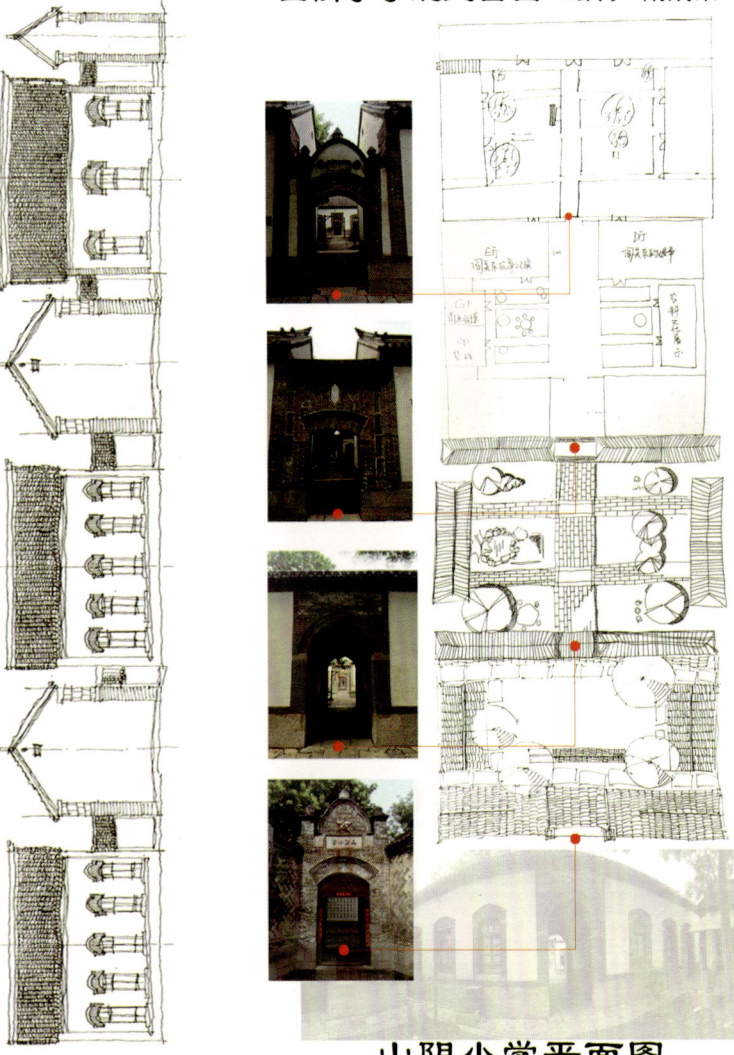

山阴小学西立面图
（绘制：江和洲）

山阴小学平面图
（绘制：赵雅婧、张超、张清菡、曾思瑶）

山阴小学东立面图
（绘制：韩少卿）

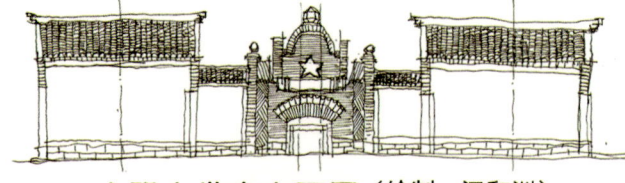

山阴小学南立面图（绘制：江和洲）

朱家峪村调研成果二：山阴小学

134　第5章　齐鲁大地

齐鲁大地 2013级城乡认知实习小组成果

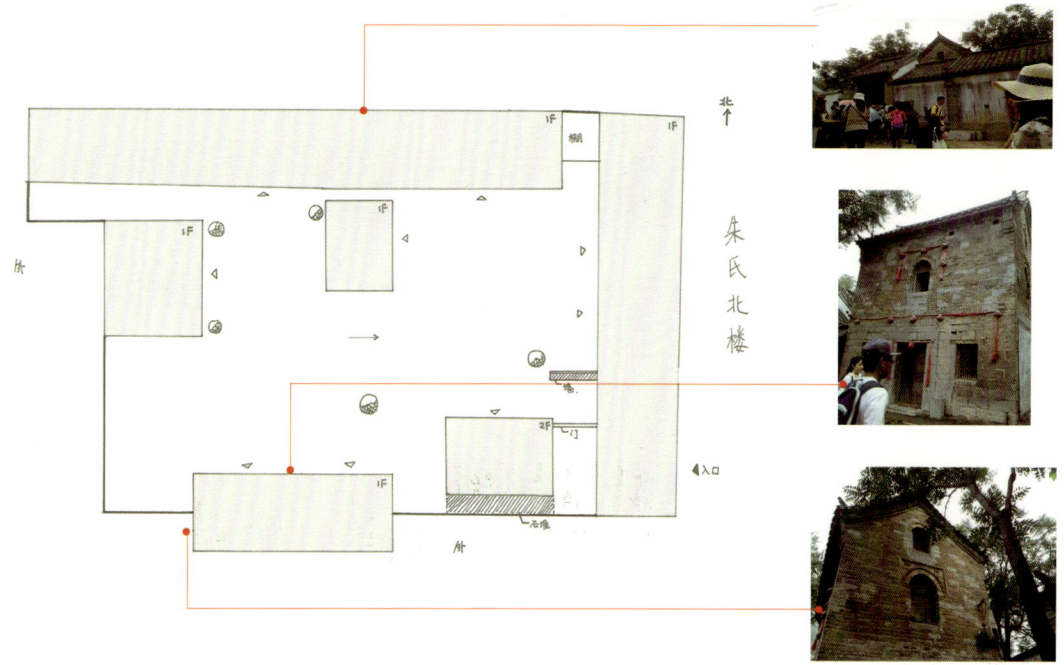

朱氏北楼平面图
（绘制：吴晓敏 郭晏豪 王思玮 张航星）

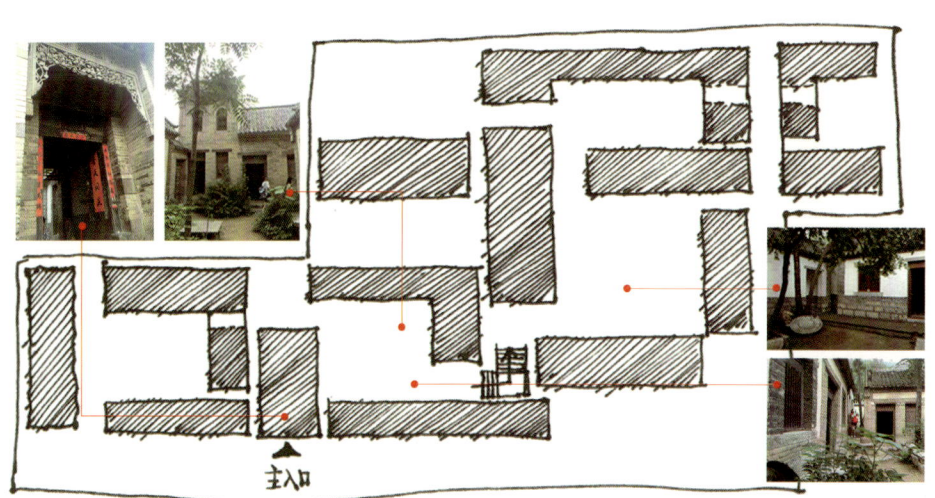

进士故居平面图
（绘制：林晓云 王璇 韦艺昕 肖宇航）

朱家峪村调研成果三：朱氏北楼、进士故居平面

"朱家峪是济南章丘的一个古村,被称为'江北聚落标本'。以旅游业作为主要的产业,村民也能够以导游增加收入。村落与自然环境相辅相成,因其历史长远、风景秀丽且保护妥当,多次成为电视剧拍摄现场,带动了村里的经济发展。"【赵雅婧】

"朱家峪村是所到三个村庄中开发较为成熟的村庄。古村中,对重点保护单位进行开发、开放,其余普通民居也保留了较为完好的风貌。山阴小学旧时是村中人就读小学、初中、高中的场所,现在已经改造成闯关东文化、古村历史的展览场所。其外观上完整地保留、加固了原有构筑,并结合当地文化特色加修了园林造景。山阴小学的总平面由四个重复的四合院式单元组成,围合感强烈,中轴对称,空间感受丰富。这种整体资源的充分利用,促进了古村落的对外开放和发展。"【曾思瑶】

【小组调研总结】

朱家峪是曾拍摄过《老农民》《闯关东》等知名电视剧的历史文化名村。此番走访,意在考察村落形态构成与排布肌理,解读旧时建筑空间结构形式。

朱家峪古建保护情况较为完好,建筑形态极富当地特色,山阴小学、朱氏家祠、小姐绣楼等重点保护建筑在农舍中格外显眼。乌瓦青砖,错落有致。在绘制村落平面图的过程中,我们感受到朱家峪整体布局十分富有活力。全村以一条形态蜿蜒自然的纵向石板路以及分叉后的弧形路为主路,侧旁展开细窄的小道。村落形态依自然资源分布形成,几个重要的分岔口设置在砚湖、长寿泉、双井等水体附近,古树下形成村庄的集合场所,长寿泉边设了长寿泉广场。与山西街村、雄崖所故城僵硬的棋盘式布局相比,朱家峪村落平面自然灵气而富有生活气息,展现了20世纪农村的生活形态。

【黄梦然(组长)、李琳、蔡佳琪、陈慧琳】

朱家裕村朱氏北楼(小姐楼)建于嘉庆初年,至今有两百年以上的历史。该楼在入口处利用一个小的门厅进行过渡,将重要的需要表现且面积大的空间,引用,曲线的引导性,将人群引导到院内。整个朱氏北楼除木檐腐朽外,院内楼房依然十分坚固。其楼青石根基,纹理显露,一看便给人历史的沧桑感。环视整个院子,会发现院中的每栋建筑都拥有着较为简洁的外形,内部空间组织也较为简易,但整个空间组织为避免"空洞化",交通组织从人的视觉思维出发采取以抛砖引玉的手法,使整个院妙趣横生。据了解,楼房原主人乃两百年前的朱访,因牧羊发家,建楼是一个十分有趣的故事,而卖楼则是朱家最痛苦的历史。北楼西院是清代的一处私塾。

【张航星(组长)、郭晏豪、吴晓敏、王思玮】

"那些年"朱家峪版 摄影:魏海斌

5.3 泰 山
Mount Taishan

五岳独尊的泰山，古代王侯封禅之地，在中华民族文化传统中占据着独特的地位，1987年作为"世界自然与文化双重遗产"入选中国第一批世界遗产名录。世界遗产委员会的评语："庄严神圣的泰山，两千年来一直是帝王朝拜的对象，其山中的人文杰作与自然景观完美和谐地融合在一起。泰山一直是中国艺术家和学者的精神源泉，是古代中国文明和信仰的象征。"

然而，也许一路都是台阶和游客的缘故，泰山不像其他山那样与自然密切，我们实际的登山之路显得单调而冗长。从红门宫起，一路经过柏洞、壶天琼阁、中天门、十八盘，终于到达"天界"南天门时大家反而兴奋不起来了。继续前行，顺序到达天街、玉皇顶，似乎才慢慢找回感觉，也有了不少感悟。

约定时间会师天街、登临玉皇顶　摄影：魏海斌

"人生如同登山，无论是上坡还是下坡，无论是顺境还是逆境，放眼望去都是美景。在逆境中，失去的同时，命运自会馈赠给你一份礼物，只不过或许会包装得比较丑陋罢了……人生处处皆风景，用欣赏的眼光去看逆境，或许你也会发现不一样的美……下山时看到镌刻在石壁上的话：从善如登。其实还有下半句：从恶如崩。一路上反复品味方才领悟到：行善难，并非难在存善念，而是难在有善举；行善难，并非难在偶尔行善，而是难在持之以恒。"【邵麟惠】

泰山玉皇顶、青帝宫　速写：陈慧琳

第 5 章　齐鲁大地

泰山玉皇顶遥望气象宾馆 速写：杨哲

5.4 山西街村
Shanxijie Village

  泰安市岱岳区大汶口镇的山西街村是中国历史文化名村，但是，找寻它颇费周折。到了著名的山西会馆，已近正午下班，管理人员破例给了我们十几分钟的参观时间。同学们像冲锋的战士一样，迅速找感觉，完成了测绘和速写。之后在村中的行走，远远不如我们所期待的那样，嗟叹中令人深思。而村南的城墙和门楼、城外的汶河石桥，似乎又挽回了山西街村的盛名。

  "山西会馆门口摆放着山西街村的规划图，然而这个规划图和我们实际走访的村子相差甚远。山西街村有一条主路直通城门，城门外则是一座石桥，通向另一个村庄。村内的房屋和石桥以及城墙保存较好，没有出现太多破损和荒废，几乎每个房子都带有院子和三轮车，大致反映了当地居民的生活状况……尽管山西街村的规划不如朱家峪那么系统完善，但村里的村民都面带笑容，热爱他们生活的土地与山水，至少当我站在山西街村的石桥上时，那些村民给我的感受是如此的。因此我觉得山西街村的规划也没有失败，但希望他能越来越好。"【赵雅婧】

  "在山西街村，我们看到了规划效果图上颇具现代化特色的滨水景观。然而，我们在实地走访山西会馆旁边片区的时候，发现实际的路况十分复杂。村庄的路网结构并不齐整，村落居民生活较为原始，村里的商业活动很少。现代化的规划对于居民来说可能跨度太大，但整体上村庄的历史风貌保留较为完整。山西街村具有良好的旅游开发潜质，城门外的桥与滨水景观自然风光没有被破坏。如果要对山西街村进行开发，不能如效果图上画的，一味地照搬大城市滨水区的建设，应配合古城的实际情况来设计。"【曾思瑶】

齐鲁大地 2013级城乡认知实习小组成果

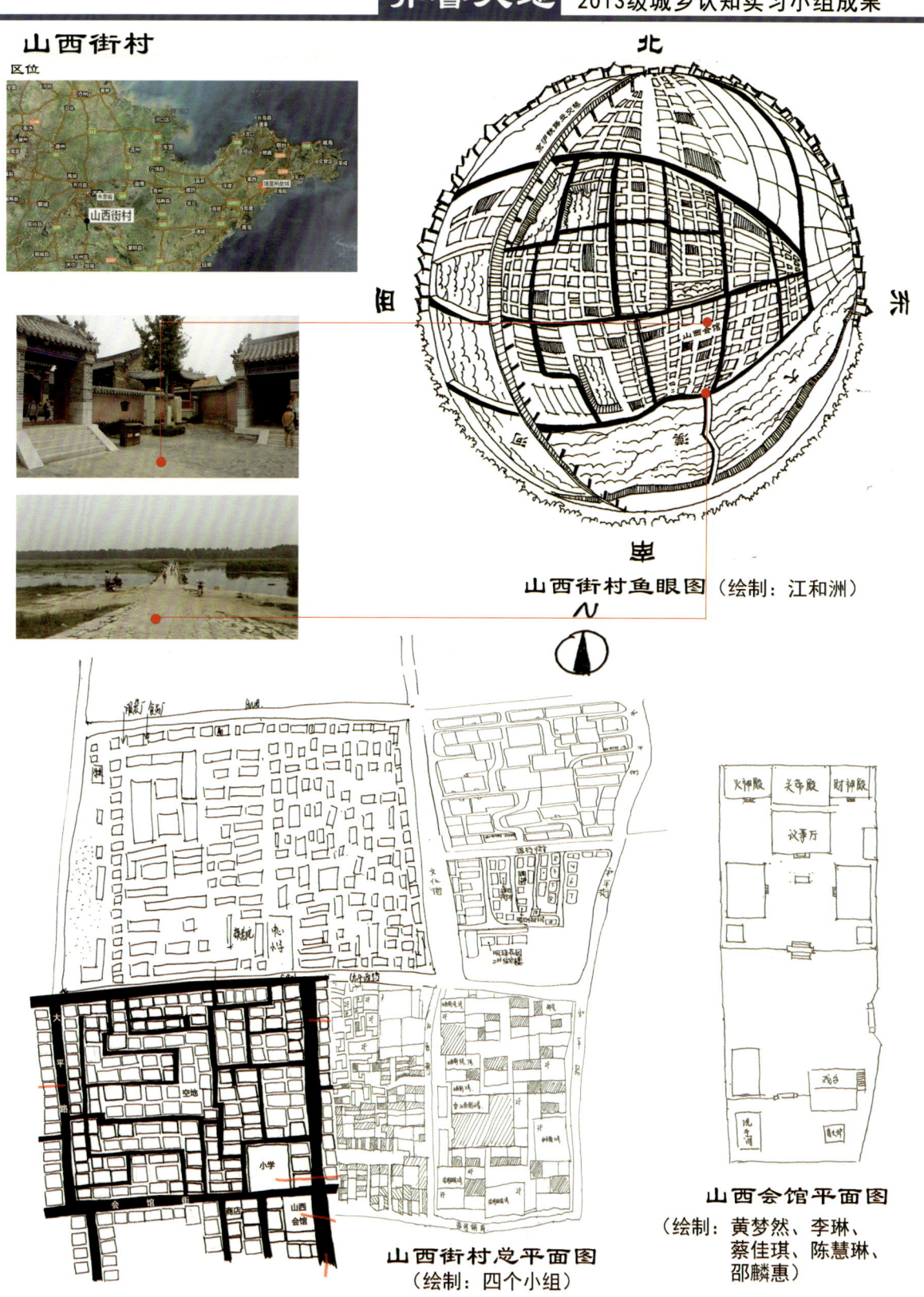

山西街村调研成果：村落总平面和鱼眼图、山西会馆平面

第5章 齐鲁大地

"在古村落的发展历程中,交通发挥着十分重要的作用,这次的三个古村落均体现了这一点。朱家峪的大多历史景观分布在双轨古道两侧,这条南北走向的主轴线也控制着村落的整体布局与走向。山西街村被称为'沿街而起的村落',明石桥至今仍发挥着村庄交通要道的作用。雄崖所故城内的十字大街原先通往各门,虽然如今仅有南门与西门得以保留,雄崖所也已是重新规划后的模样,却延续着这两条主要道路的纹理,将村子划分为南北两个部分。"【兰菁】

【小组调研总结】

山西街村,位于泰安市岱岳区大汶口镇东南,南临大汶河。山西街保留了大汶口古镇的原有风貌,街道由石板块铺成,旁边保留了古老式店铺建筑,比如山西会馆,街道两侧店铺林立。山西街近似曲字形,街区内,曲途自通,大小门楼紧紧相连。山西街村是山东省"乡村记忆"工程试点村落之一,所以我们去的时候还看到有领导视察,也有挖掘机在修路,在山西会馆前面还竖立着一块规划图板。我觉得山西街这种绕来绕去的小路是一种特色,给人一种空间的丰富感,很有趣味,应该保留,现代化直来直去的宽道路让人觉得很单调。山西街最大的资源应该就是那条大汶河了,那里的景色真的美得让人窒息。这一块不应该开发,以保留住这一天然的景色。这条河就像一块玉点缀着这个古老的村落,不要让旅游业毁了这美丽的景色。

【张航星(组长)、郭晏豪、吴晓敏、王思玮】

有了之前的经验,大家的分工配合更默契了。山西会馆尽管只停留了十几分钟,我们两个小组通力合作也圆满完成了任务。

山西会馆的平面进门是一个大院落,左右两边不对称分布着两个小院子,我们组负责右边部分。右部院落沿门对称布置着六栋建筑物,有一种庄重感,院落层层相嵌,空间层次丰富有序。只是这些新修的殿堂已经失去了其主要功能——祭拜。从走访中,我们得知当地村民很少拜关帝,山西会馆中的关帝庙更多的是作为山西街村将来的旅游景点,这样刻意的修造和模仿是不是已经让历史文化这个词变质了?我们去观察一个名村名镇不只是看建筑,更多的是感受历史的痕迹,了解那里的人文。另外,古老的生活方式和现代的基础设施确实很难融合,不修路那里的人们生活很不方便,柏油马路又和周围的古建筑格格不入,处理好历史文化遗存和经济社会发展的矛盾是文化保护亟待解决的难题。

【黄梦然(组长)、李琳、蔡佳琪、陈慧琳】

【兰菁(组长)、邵麟惠、田丝雨、鲁玉婷】

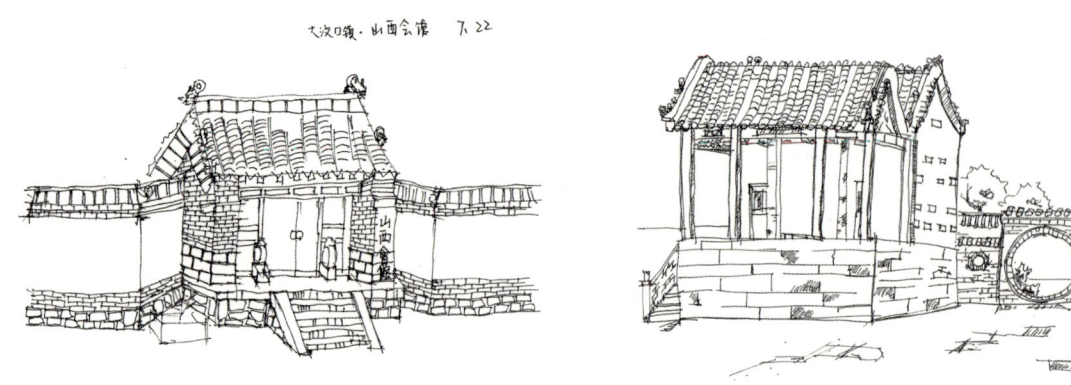

山西街村的山西会馆 速写:蔡佳琪;刘达扬

"在山东看山西建筑……果然吸引人。一下车大家就纷纷拿起本子记录点滴。山西会馆看守人只给我们十多分钟的参观时间，大家依旧画到最后一秒钟。虽然今天晒黑了好几圈，但古村落给我们留下最淳朴的记忆，以至于忘记了拍合照！"【林晓云】

"当看到自己的速写时，里面满满都是回忆。那个时间在那个地点，那些景象，那些人，自己内心的感悟一一呈现。当然，速写的力量还远不止这些。"【罗艳】

山西街村南门和汶河石桥　摄影：杨哲

"山西街村作为国家级的历史保护村落，那里有着独特的历史形成，有美丽的雕刻着龙头的著名石桥，远处能够看见高铁不时穿梭而过；那里也有众多的历史建筑，有当初山西人来山东留下的独特印记，这些都是历史赋予的财富，应当珍视他们。"【田丝雨】

山西街村汶河石桥　速写：杨哲；林晓云

"汶口古渡和商贸重镇的繁华，都已湮没在历史的长河中，留下的仅有这见证过文化盛世的山西街村。"【兰菁】

山西街村南门外就是汶河渡口（大汶口），河上建有长长的明代石桥，呈优美的之字形。桥中段的石雕龙头仍然栩栩如生，凝望着大河兴替、世间沧桑。水草繁茂的河床远处可以看到高铁线路、高压走廊、公路铁路大桥，各种列车往来不息。回望村庄，掩映在绿树、城墙中的屋舍井然有序，古意盎然。

5.5 曲 阜
Qufu City: Hometown of Confucius

齐鲁大地"一山一水一圣人",若论文化之厚重,当然首推儒家创始人孔子及其家乡曲阜。因此,到了曲阜,必然以朝圣的心态去参访孔庙—孔府—孔林(1994年入选世界文化遗产名录)。而那一天的三孔之旅,非同寻常的境遇让我终生感怀。

2015年7月22日,曲阜古城万仞宫墙前合影 摄影:魏海斌

2015年7月22日,曲阜孔府后花园 摄影:魏海斌

2015年7月22日,曲阜孔庙大成殿前合影 摄影:魏海斌

2015年7月22日,曲阜孔庙大成殿速写 作者:杨哲

曲阜是儒学先师孔子的家乡,作为世界三大圣城之一(西方人尊称曲阜为"东方耶路撒冷""东方圣城"),于1994年列入世界文化遗产名录。2015年7月22日上午,在游人如织的孔庙,以十分崇敬、宁静和安详的心境速写了大成殿一角。而下午参访孔林时突然收到了来自师兄的短信,惊悉中国著名建筑教育家、世界建筑史学家、我最敬爱的硕士导师张似赞大先生过世的噩耗……震惊、悲痛中再次来到孔子墓前,以祭拜先师孔圣人的礼仪,向恩师敬献花篮,跪拜哭祭:"严父一样的导师啊!慈父一样的恩师啊!祝愿您永在天堂、大成永在!"在这样的时空交叠中,感念师恩浩荡,如月印空。我想,上午一定是先生的在天之灵让我有着那样神圣而祥和的心境。巍然长风,天地有灵。也一定是"弟子三千、贤人七十二"的先圣精神激励着我和学生们在齐鲁大地上兢兢业业地不断前行。含泪编写这段文字时首先想到的是将本书敬献给天堂里的恩师。

谨以此书献给敬爱的导师张似赞大先生

先生毕生热爱教学，倾其热忱教育青年学生，为国家培养出大批建筑领域的优秀人才，深受学生爱戴。先生奉献于建筑教育事业，始终如一地耕耘在教学一线，以建筑教育为使命，视学生为儿女。先生高尚的道德情操、严谨的工作态度、坚韧的科学精神为世人所景仰。

先生于我恩重如山，能跟随张似赞大先生完成硕士学业于我一生而言有着非同寻常的意义，导师严谨创新的治学精神和积极包容的人生态度让我钦佩赞叹。正是在先生不断的鼓励与督促下，我才敢于要求自己持续不断地努力提升学术，更要求兼有谦逊包容的人生态度，这使我受益终生。

师恩浩荡，如月印空。万分感恩导师带来的所有的美好！愿您永在天堂、大成永在！

张似赞先生像
素描：卢迪（西安建筑科技大学校友）

5.6 青 岛
Qingdao City

"青岛五四广场，……浮山湾的天际线让我眼前一亮，灯塔、帆船、军舰、'五月的风'、喷泉、别墅、摩天大楼构成绝美的海滨景观要素，叠加出完美的图层。"【刘达扬】

"青岛最吸引人的在于它的高辨识度。可以说它是很多城市的杂糅，但杂糅过后保持着自身的特色。灵秀典雅……特殊的地理和历史赋予了青岛独特的气质。"【肖宇航】

青岛城市新地标——五四广场"五月的风" 摄影：刘达扬　　　　青岛啤酒博物馆　摄影：魏海斌

"青岛的历史和啤酒息息相关,啤酒文化早已融入这座城市发展的脉络,引用青岛人的话:很难准确地定义什么是青岛的啤酒文化,但我想,啤酒文化是青岛的一种开放文化。啤酒节开城手语原创人文胜说:'啤酒文化是一种激情迸发、聚友狂欢的开心文化。路口街头、楼间小屋,整个文化弥漫在一声声"老板,再来一扎"中。红红的脸,红红的脊梁,即使数九寒天,那大口喝酒的豪爽,往往延伸了情感,如海一般在杯中荡漾。'曾连续九届参加啤酒节演出的张典英说:'啤酒文化就是感染力,它点燃了青岛人心中的那团火。'首届青岛国际啤酒节副总指挥王德枋说:'啤酒文化就是让生活美得冒泡。'"【郭晏豪】

"我喜欢青岛的传统老式公交站牌,就在一条十米见宽的小街道内,行道树中,它就这么静静地站在那里,一言不发,仿佛时光倒流。"【江和洲】

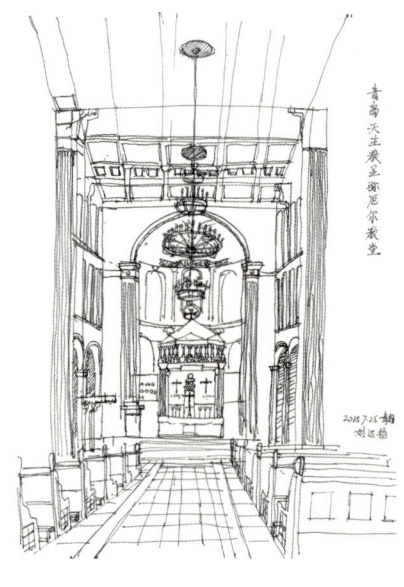

青岛天主教堂速写 速写:江和洲;刘达扬;陈慧琳

天主教堂前写生 摄影：杨哲

"长虹远引"青岛地标栈桥 速写：杨哲

"这座栈桥表现了青岛很美的风貌，吸引了游客，促进了青岛的经济，但同时也是这样的地方，反映了青岛的另一面。在这里，有很多乞讨的人，以各种方式、各种形态乞讨，有无助的小孩，有抱着孩子的母亲，也有像是退役的老军人。对于这些，人们大多会选择忽视。可是我们看到了，就会映入我们的脑子，忘不掉。他们也是城市的一部分，病态的一部分，只有少数人会去关注的一部分。归根结底说起来，人才是城市的主体，建筑、经济、交通都是以人为中心的。"【陈慧琳】

5.7 雄崖所村
Xiongyasuo Village

为抵御倭寇侵犯，明代洪武年间大量修建了千户所规模和体系的海防城堡。雄崖守御千户所因东北方白马岛上的雄伟断崖而得名。所城布局井然有序，南门城楼威武壮观。城区有古城墙、民居、寺庙、古木等，城外有炮台、教军场、烽火台等遗址。城内还有百年历史的天主教堂、石条拼砌雕刻的老井等有价值的人文遗迹，却鲜为人知，破败不堪。人困马乏时分，村内没有饭馆，同学们仍然忍着饥饿和日晒坚持调研。另外，还有热情的村民和我们做了有深度的访谈，使此行有了一些书本外的收获。临别前远望西南山头上巍峨的玉皇庙轮廓（据说是坐东朝西，为了镇妖），与身边南门城楼遥相呼应，印象深刻。

"城内以东西大街为界分为北雄崖村和南雄崖村，约有居民330户，城外东侧、南侧和北侧约有320户居民。故城依山傍海，居民悠然自得。故城是以十字街为骨架的方格网空间形态，包括街巷肌理、居民、古井桥梁所反映的人文环境，在人为环境基础上所形成的地方文化的集合。"【郭晏豪】

雄崖所故城南门前合影 摄影：魏海斌

第5章 齐鲁大地

"爬上南门城楼,放眼望去,却又有一种错觉,仿佛故城早已灰飞烟灭,只留下一个新农村的剪影。整齐的房子千屋一面,发电的风车呆板地转着。城门外,笔直宽大的柏油马路一直延伸到远方,现代气息扑面而来。到底哪一个样子才是如今的雄崖所故城?"【肖宇航】

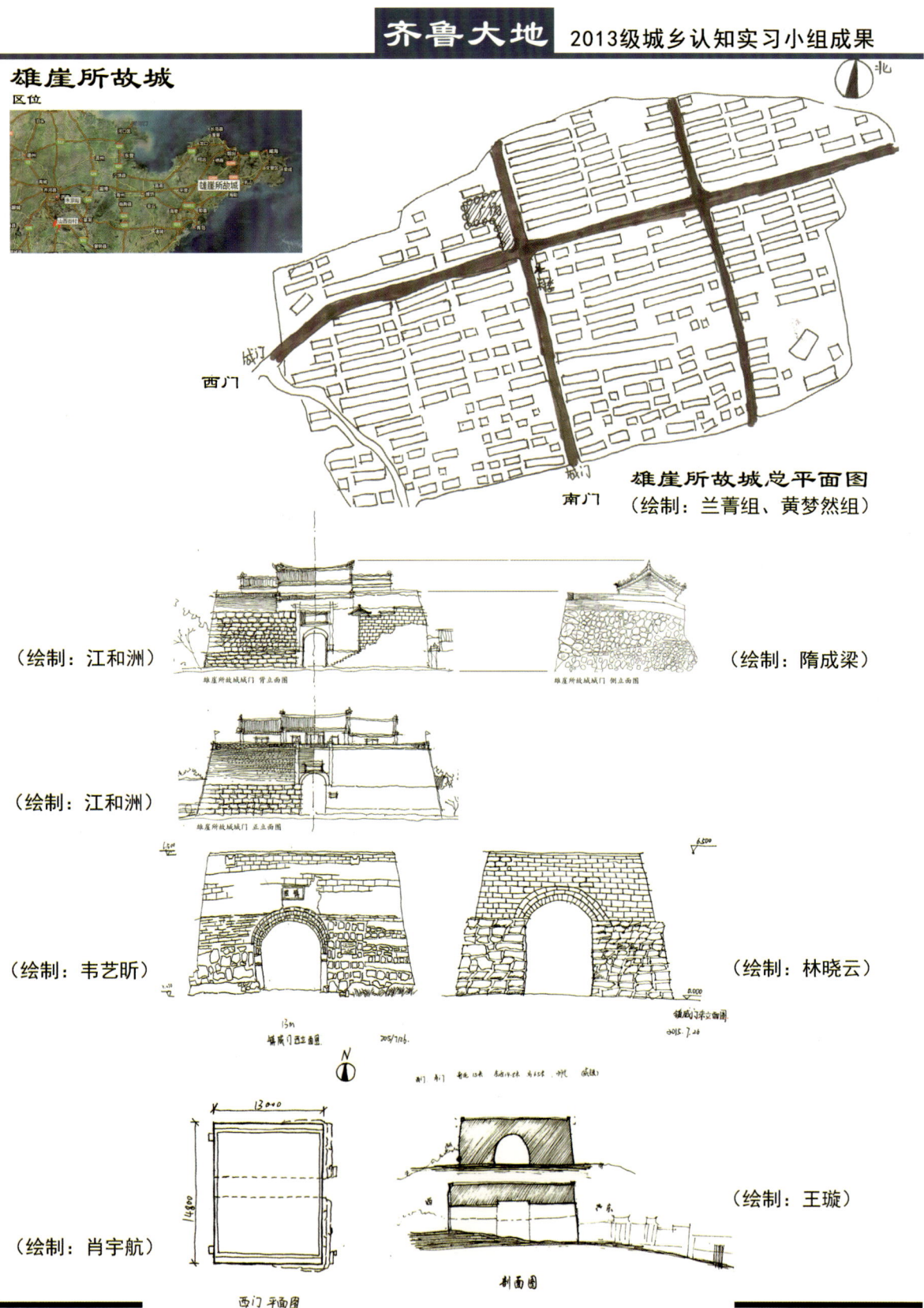

雄崖所故城调研成果:村落总平面、南门楼建筑测绘图

【小组调研总结】

　　雄崖所故城位于青岛即墨市区，东临黄海、北临"丁字湾"。该城因东北部白马岛上的雄伟断崖而得名。近600多年的历史，遗留下丰富的建筑遗产，城区有古城墙、民居、古木、寺庙等，城外有炮台、教军场、烽火台等遗址，其中西城门、南城门保存完好，城内街巷和院落保留原有的尺度和空间，建筑材料和色彩也延续明代故城特点。城内以东西大街为界分为北雄崖村和南雄崖村。故城依山傍海，居民悠然自得。故城是以十字街为骨架的方格网空间形态，包括街巷肌理、居民、古井桥梁所反映的人文环境，在人为环境基础上所形成的地方文化的集合，也包括居民社会生活方式、日常习俗、文化艺术等方面所反映的人文环境特征。故城具有丰富的历史要素，这些要素既能反映地方特色的历史构件，又有我国传统古所城制具有的代表要素。雄崖所故城城制能反映我国故城城市规划思想和千户所的特征。雄崖所故城具有历史文化故城的性格特征，其空间特色、历史人文内涵，体现了雄崖所故城的特色。参考雄崖所的规划我们了解了重新定义的主要界面概念：指缺乏特色，功能不适，而且其空间位置重要而影响古所风貌的界面。这类界面需要整治改造。对需要重新定义的界面，应对原有不适宜的界面功能进行调整，对周边建筑根据其对景观风貌影响的程度采取改建外观、减层或拆除的措施。新建筑的形式、布局、体量和色彩必须与周围环境和整个古所的景观风貌相协调。对需要重新定义的界面进行改造，应达到完善故所空间体系，延续城市纹理的延续性、逻辑性，并体现故所特色的目标。总之，明显可以感受到以十字街为骨架的方形主题界面突出。

【张航星（组长）、郭晏豪、吴晓敏、王思玮】

　　据调查资料显示，雄崖所东临大海，西扼群峰，是明清两代的海防军事城堡。雄崖所建于明建文四年，为鳌山卫统辖的守御千户所，村中古建筑众多，拥有历史悠久的古祠堂、古屋、古寺庙，有还以继续使用的古井、古道，还有精美的石雕、石刻、木刻等，对明清传统建筑研究有重要价值。

　　我们小组在老师的安排下着手对雄崖所故城东北区域的各种类型的古建筑进行观察和记录，记录其受损情况，对村子的大致建筑布局进行调研、绘制。从南城门进入村子，我们一路调研发现雄崖所故城城墙已全部颓塌，仅于城东南尚存一段城墙残基。现在村中的东西、南北两条大街即为当年雄崖所故城的主要街道，门洞和城楼尚为完好。根据我们的实地考察，村里现存的古建筑年代并不是很久，大部分原有的古老建筑已经被拆掉重建，村里更多的是新规划的统一形式的新住宅。村落虽然已列入古村落名单，但由于地理位置偏远，交通不便，当地经济发展较缓慢，部分村民保护意识不强。

　　村落是城市历史文化的活化石，应该加强村民和政府的保护意识，让历史古建筑更好地存留。

【黄梦然（组长）、李琳、蔡佳琪、陈慧琳】

【个人调研心得】

　　"雄崖所故城看起来人烟稀少，中午，街上没有几个当地的居民。村里没有地标性的建筑，亦没有规划示意图，只有两条垂直交叉的主路。在我们画平面图的过程中，看到了不少倒塌的房屋和荒废的院子，还有许多小路没有合理修缮，铺满了碎石难以行走。雄崖所故城虽然有久远的历史（建于明朝），却被荒废闲置在那，不少村民离去，留下破败的房子和没有修缮的道路，实在令人惋惜。"

【赵雅婧】

　　"雄崖所故城具有丰富的历史底蕴，带给我们的震撼最大。村里具有早期经过旅游建设的痕迹，然而现在已基本荒废。故城远离县城，游人稀少，村里除了几家破旧的小卖部，没有其他商业设施。

古城的布局在早期经过了规划，布局较为齐整，排水措施良好，但许多路面破碎，交通略有不便。村中的人有好几户备有轿车，应该是在外务工，晚上回村中休息。故城中曾被开发的痕迹，让故城看起来像是一个被抛弃的孩子。有关部门对古村落的开发与保护，不应该半途而废，使古村陷入进退两难的困境。"【曾思瑶】

5.8 蓬莱水城及蓬莱阁
Penglai Pavilion and Penglai City on Water

蓬莱仙境恐怕是道家文化的极致景观了。原来，这里还有个历史悠久、景观独特的水城。两厢互望，"山—水—城"格局下的历史文化定格为壮观的风景。

从蓬莱阁遥望蓬莱水城　摄影：杨哲

2015年7月27日，从蓬莱水城遥望蓬莱阁　速写：赵雅婧

"我认为一个城市，其文化最好的保护和传承，不应只限制于某个建筑、某个景点，它的文化和历史应该体现在当地居民的身上。"【赵雅婧】

5.9 烟 台
Yantai City

烟台为实习最后一站。我们首先参访了烟台大学宋华山老师集20年心血打造的"我家树屋",现场体会结合环境、注重生态、将传统文化与现代技术相结合的设计建造理念。翌日下午在美丽的烟台大学校园走访了建筑系馆、千米文化艺术长廊、三元湖等地。最后,在于维纮学术交流中心进行实习总结,紧张而充实的9天齐鲁大地之旅宣告结束。

烟台"我家树屋"庭院里合影 摄影:魏海斌　　参观烟台大学校园模型 摄影:杨哲

"在泥泞的小路中找到隐藏在工地里的世外桃源,这里可以泛舟荷花池,品茗在树屋,畅谈在厅堂,试验板式屋。我们听了宋华山老师17年前的远见之举,如何一步步把一块空地打造成自己的乐园、创业投资、教书育人、祸福相依的人生道理娓娓道来。"【刘达扬】

◆尾声一
Epilogue I

和以往一样,实习结束后,很多同学借着每天行走、记录的习惯,利用假期去往心仪已久的地方,继续着实习和速写的节奏。韦艺昕同学去的是北国都城哈尔滨,在她笔下,圣索菲亚教堂是那么华美靓丽,令人感动。

哈尔滨圣索菲亚教堂西立面 速写:韦艺昕

哈尔滨圣索菲亚教堂北立面　速写：韦艺昕

　　"慕名'东方莫斯科'的美誉而来到哈尔滨这座向往已久的城市，特意选在她没有被冰雪覆盖的时节。此时，眼前的圣索菲亚大教堂呈现出全貌，一座来自不同时代、带着异域特色的巨大艺术品，就这样立于一个现代城市的中央，虽然显得与周围格格不入，却像上帝赐给这座城的特大号水晶球，带来寒冬时北国特有的温暖和幸福感。当时心中满是澎湃和喜悦，顿时觉得不虚此行，满足了行前的所有期待，久久陶醉其中。我从午后画到了夕阳西下，接连完成了西、北两张立面图，同时亲历了教堂广场上，从白天到黑夜的人群活动——有慕名而来的游客，有茶余饭后来到音乐喷泉散步的市民。有人主动走过来和我聊天，洋溢着北方人的热情和直爽。一位清瘦的中年妇女吃着俄式面包，坐在我身旁，一边望着教堂一边倾诉她少小离家老大回的故事，时过境迁，在这座家一般的城市寻找视觉与味觉记忆的乡愁，故事讲完面包吃完便淡然离去。人文的情怀更让这里多了分醉人的魔力。"
【韦艺昕】

牟氏庄园一角　摄影：杨哲

烟台街景　摄影：杨哲

◆尾声二：大连专题
Epilogue II On Dalian City

7月28日，离别了9天朝夕相处的同学们，宋华山老师驾车带我参观辖属烟台的栖霞市城北古镇都村的牟氏庄园，沿途领略历史与现代并存的烟台城市风貌。之后我搭乘横跨渤海的轮渡，前往另一个心仪已久的海滨城市——大连。这里就本次所到的青岛、烟台、大连3个既具有很多相似又各具特色的沿海城市做些比较，特别将城市发展的相关方面汇总为表5.1。另外，两位家在大连的同学对自己生活过的沿海城市进行了专业思考，也收录在此。

表5.1 青岛、烟台、大连城市发展对比

	青 岛	烟 台	大 连
地理	环胶州湾，临黄海	渤海湾窄口南岸，南邻黄海，低山丘陵区	渤海湾窄口北岸，与山东半岛隔海相望
气候	北温带海洋性季风气候，均温12.7 ℃，四季分明	温带季风气候，冬季空气更加温润，均温12.7 ℃	海洋性特点的暖温带大陆性季风气候，是东北地区最温暖的地方，四季分明，均温10.5 ℃
面积	11 282平方千米	13 745.95平方千米	13 237平方千米
人口	909.70万（2015）	700.23万（2015）	593.60万（2015）
GDP	10 100亿元（2016）山东第一	7 003亿元（2016）山东第二	8 150亿元（2016）辽宁第一，总量约占辽宁省1/3
城市性质	中国东部沿海重要的中心城市，国家历史文化名城（1994），国际港口城市、滨海旅游度假城市	山东半岛中心城市之一，环渤海地区重要的港口城市，国家历史文化名城（2013），联合国人居奖（2005）	东北亚重要的国际航运中心，中国东北地区核心城市，文化、旅游城市和滨海国际名城
全国重点文保单位举例	青岛德国总督楼旧址、青岛德国总督府旧址、青岛德国建筑群、八大关近代建筑、万字会旧址	白石村遗址、烟台福建会馆、烟台山近代建筑群、长岛北庄遗址、龙口丁氏故宅、龙口归城城址	万忠墓、达里尼市政厅、日俄监狱旧址、东清轮船会社旧址、大连民政署旧址、大和旅馆旧址、朝鲜银行大连支行旧址、关东厅博物馆旧址、中苏友谊纪念堂
城市沿革	1891年建置。1898—1922年先后沦为德国、日本殖民地。1938—1945年，日本再次侵占青岛。1949年青岛解放，改为山东省省辖市	1925年属东海道。1928年废道。1938年1月19日，成立胶东军政委员会。1938年2月3日，日军侵占烟台。1945年8月24日，八路军解放烟台，烟台成为八路军解放得最早、最大的沿海港口城市	19世纪80年代，清朝于今大连湾北岸建海港栈桥、筑炮台、设水雷营，成为小镇。沙俄侵占后，曾名青泥洼。1899年始称大连（俄语意为"远方"）。作为甲午战争和日俄战争的主要战场，大连在近代史上曾遭受两次大的战争劫难，沦为俄、日殖民地，其中日本殖民统治达40年。1945年8月，大连解放。同年10月，成立中共大连市委员会和市政府

	青岛	烟台	大连
近代城市发展史	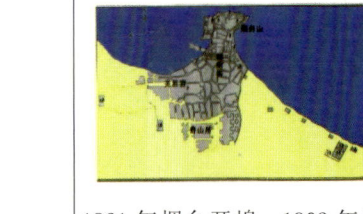 1897—1914年城市形成期。  1914—1937年发展延续期。 1937—1949年发展延续期	 1861年烟台开埠—1903年胶济铁路开通，是烟台城市格局初步形成期。 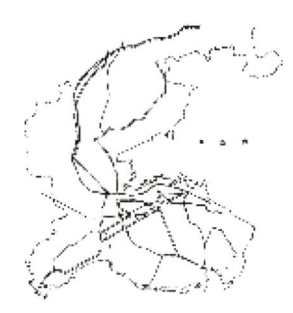 1903—1949年，随着青岛、大连开埠，烟台发展达到最高峰后开始逐渐衰落，城市发展缓慢	 1899—1904俄占时期，选择青泥洼为港口，采用放射式路网，在交通枢纽和重要的中心地点布置圆形或半圆形广场。 1904—1935年，城市两次扩张。 1935—1944年，城市进一步扩张，将城市划分为3个圈层，提出"一市十一会"的空间结构
市域空间结构	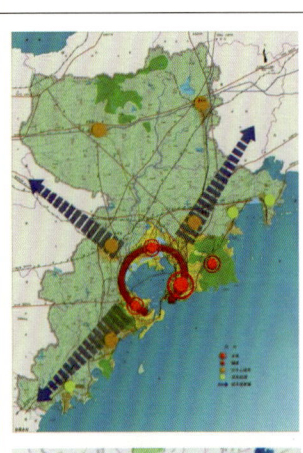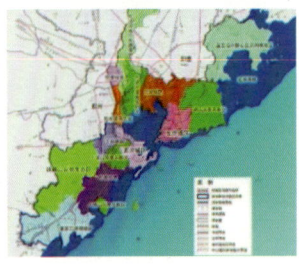 一轴三城三带多中心： 一轴，大沽河生态中轴； 三城，环胶州湾东岸城区、西岸城区和北岸城区； 三带，滨海海岸带	 一带（北部滨海带）一轴（烟台至青岛），扩展东西两翼，贯通南北山海，形成"山耸城中，城随山转，海围城绕，城岛相映，融山、城、海、岛于一体"的城市格局。烟台市行政管辖区，包含烟台市芝罘区、莱山区、牟平区、福山区、开发区5区，以及龙口、莱阳、莱州、蓬莱、招远、栖霞、海阳7个县级市和长岛县，以山体和永久性绿带分隔	 一轴两翼，一核七节点： 一轴，沿"哈（尔滨）—大（连）交通走廊的东北地区区域发展中轴； 两翼，沿渤海城镇发展翼和沿黄海城镇发展翼； 一核，大连市中心城区； 七节点，普兰店城区、瓦房店城区、庄河城区、长兴岛经济技术开发、花园口经济区、皮杨城区、长海城区

续表

	青 岛	烟 台	大 连
城区空间结构	2011—2020年规划按照"三主，五副，多层级"网络型城市公共服务中心体系，将青岛分成城市主中心、城市副中心、东岸城区、北岸城区、西岸城区。 三主：浮山湾中心区、唐岛湾中心区和红岛湾中心区。 五副：李沧、崂山、城阳、青岛湾老城区和辛安	发展方向：积极拓展东西两翼，适度向南发展。 空间结构：以芝罘滨海地带为中心，拓展东西两翼，贯通南北山海，形成"山耸城中，城随山转，海围绕城，城岛相映，融山、城、海、岛于一体"的城市格局。以天然河流、山体和永久性绿带分隔，形成芝罘、莱山、开发区、福山、牟平、八角等六大组团，构成多组团、多核心的滨海带状组团城市结构	"三城两岸多中心"的组团型： "三城"即中西沙甘城区、旅顺城区、金州新区—保税区城区，其中中西沙甘城区重点承担东北亚国际城市的现代服务业功能，旅顺城区、金州新区—保税区城区与之功能互补、协同发展。 "两岸"即黄、渤海的滨海岸线地区。充分体现滨海岸线地区的最高价值，在重点地区鼓励"退二进三"，承担高端服务功能，带动城市整体环境品质提高。 "多中心"即1个城市综合中心和5个城市副中心
城区街道	方格状+放射状路网，整体不规则。沿海有环海道路，街区长度多为500米左右	城市沿海水平方向发展，总体呈带形，市中心为较为规整的行列式布局，街区长度大都在500米左右	城市总体依山就水沿海发展，路网密度疏密差异极大，在甘井子区和金州区路网交错繁复，城市路网整体呈局部网格状通过放射道路相连的不规则排列。街区长度在市中心仅有200～300米，尺度像欧洲的小街区
城市人文	依黄海，就崂山，自然资源丰富，同时人文底蕴也丰厚，有许多德占时期留下的历史遗存	沿渤海发展，同样海景优美，烟台山公园拥有各式欧式建筑	除拥有沙滩、海景、山景资源外，大连还拥有许多特色岛屿。 大连同样保留有许多日俄殖民时期的欧式建筑和文化特征

来源：根据网络、访谈等资料综合绘制　作者：杨哲、李翔、李健、杨月恒、苗力（大连理工大学）

总体印象上，青岛、烟台、大连3座城市既有很多相似又各具特色。"红瓦绿树，碧海蓝天"，都是依山傍海、"山—海—城"完美结合的北方海港城市。以2015年全国地级城市国内生产总值（GDP）经济总量排名来说，也基本处于一个水平线：青岛（12）、大连（17）、烟台（20）。

青岛市中心有40千米海岸线（从团岛到石老人），是名副其实的海滨城市。在众多历史文化名城的发展中，青岛是最早跳出老城建设新城的，沿海滨分布多个城市中心。然而，毕竟由于山海格

大连国际会议中心　摄影：杨哲

局的限制，高强度开发必然带来多中心沿海交通的堵塞，需要控制好城区密度并大力发展公共交通，打通山体，多建几条隧道，形成多环路与放射有机结合的交通网络。

同处胶东半岛、濒临黄海芝罘湾的烟台，海岸线长，且平缓延伸至海，亲海环境好。沿海岸线展开多个城市中心，规划布局合理。"安静的繁华"让烟台享有多项城市美誉，如中国人居环境范例奖、联合国人居奖（2005年）。烟台地处北纬37度而成为中国北方水果之乡。地方语言属于"胶辽官话"，大连、丹东一带的方言受其影响很大。而烟台名称的由来昭示着抵御外来侵略的历史。良好的滨海条件使得烟台跻身全国乃至世界大港行列。

大连位居渤海湾窄口之北、东北最南端，依山形就海势呈长链状，缺乏腹地纵深。大连临海的城区只有较小的一部分，城市结构也呈多中心。因此，路网疏密度差异极大。大连经济总量虽为辽宁省第一，却在青岛、烟台之间。城市自身的发展似乎应加强与东北根据地的足够联系，发挥良港及地缘优势。在城市形象方面，以滨海路串联了一系列滨海公共空间，将星海广场、付家庄、老虎滩、棒棰岛等重要景区连接起来，体现了山林多、岸线长的滨海地理特征。

大连老虎滩渔人码头
摄影：杨哲

我的大连印象

大连很美，这里有湛蓝的大海，有起伏的山丘，有大大小小串联成线的广场，有各具风情的欧式和日式建筑，有漂亮的姑娘和帅气的小伙。暑假回家，跨上自行车，从星海广场沿着滨海路一路向北骑行，阳光、沙滩、清凉的海风和同学们爽朗的笑声，这是我对大连最文艺的印象。

大连很厚重，这里有兵家必争军事要塞的重要身份，有接连被日俄殖民占领长达半个世纪的屈辱历史，有旅顺大屠杀惨死的无数冤魂，有奋起反抗英勇就义的抗日烈士。站在旅顺白玉山，望着举世闻名的黄金山、老虎山和旅顺大坞，广阔的大海和威武的战舰，这是大连给我最激昂的印象。

大连很矛盾，地处东北最南端，却因为大量的山东移民而沾染上浓厚的齐鲁大地气息；恨着日俄殖民者的残酷侵略，却也珍惜着俄国人留下的城市脉络，享用着日本人留下的城市根基。

大连辉煌过，"北方明珠"是他的名字，星海广场是他辉煌的见证；大连迷茫着，污染严重的大海，越来越脏的街道和越来越差的空气诉说着他的伤痛。大连人骄傲任性，不许外地人说大连一句不好，又暗自为大连的衰落失望愤怒；大连人热血倔强，操着豪迈的大连话，鼓着劲儿复兴大大连。

锋利的礁石，汹涌的海浪，冷冽的海风，深邃幽蓝的海水，大连这座都市就像他的海一样大气爽利。在我心中，大连无须像厦门一样文艺清新，也不用如上海一样拥挤繁华，大连有自己的特点，只是在前行的过程中迷失了自己的方向。我希望毕业后回到大连时，能重新看到碧海蓝天，看到一大群有理想有追求的年轻人奔波在繁忙而宽阔的人民路上。

2016 年 7 月 19 日摄于婺源篁岭村
【杨月恒，厦门大学城乡规划系 2014 级本科生】

成长的北方明珠
——大连滨海沿线城市规划提升

我生活的城市总是与海有缘，成长在北方滨海之都大连，求学在南方的美丽岛屿厦门，其间在温哥华交流学习。这3个我熟悉的城市均伴水而生，有着美丽的海滨沿线风光，但又因为地理气候、历史文化、城市规划等的不同，产生了不同的滨海沿线景致，其衍生的城市吸引力也有所区别。

厦门是东南的美丽海岛，其环状的海岸线串起了诸多的景点。从厦门西侧的海岸沿线开始，骑行或者漫步环岛路，依次有商业发达百货林立的中山路，高楼耸立观海餐厅聚集的鹭江道，去往鼓浪屿的轮渡码头，夜景绝美的演武大桥亲海栈道，依山傍海的厦门大学，小吃聚集的曾厝垵，细沙绵软的黄厝海滨等。这些被环岛路串联起来的景点，让来到厦门的人，无论是搭乘交通工具还是徒步，都可感受海风拂面与海边停留嬉戏的交错美感。在这一路的海景之旅中，海始终存在于你的视线之内，高楼大厦退居在海边的二线位置。每一个来到环岛路的人，抬眼之处，尽是蓝天大海。

温哥华是一座非常具有吸引力的城市，其城区也是一片被海水环绕的半岛，从市中心南部的格兰维尔岛欣赏工厂创意园与小岛市集开始，你可以选择坐船或者行车穿桥，来到市中心。若是选择西部的海边沿线，从南至北依次有美丽的日落沙滩，可以欣赏夏季烟火秀的英格兰湾，再到最北部的斯坦利公园，这段4千米左右的路程，可以徒步或者骑行，一路上的风景在海边、草坪高地、住宅区和公园间切换。若是东部的海岸沿线，从南至北依次有气氛极佳、充满艺术气息的中产社区耶鲁镇，百货大楼林立的繁华市中心，小店聚集的煤气镇，标志性白帆耸立的加拿大广场、斯坦利公园，沿线间还有美术馆、体育馆等公众艺术中心穿插其间。这段3千米左右的路程，无论是公车、骑行还是徒步游览，都可以感受到繁华、生活与自然之间的美景变换。

大连有着众多的森林资源、绵长的海岸线和绝佳的城市气候，一直被称为北方明珠。其山体众多，城市的一半面积被森林覆盖，而在市区绵长的海岸线上，其西侧的西郊森林公园和东侧的森林动物园、老虎滩景区之间，诞生了城市繁华的沿海生活区域——星海湾沿线。从西边高校遍布的高新园区开始，由西向东，大连自然博物馆、星海公园、世界最大的城市广场星海广场、会展中心等景观沿海呈点状依次分布，如同粒粒珍珠，串起星海湾沿线的美

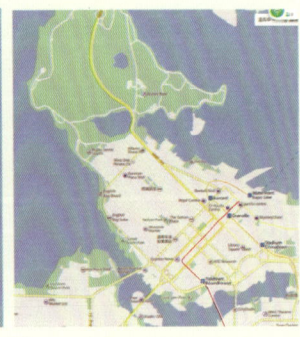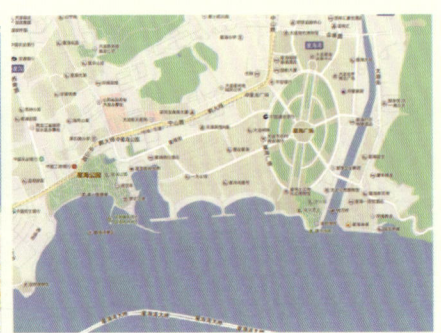

厦门、温哥华、大连城市地图

丽。站在夜晚的星海广场上，身后的百年城雕携着千人脚印铺开大连的世纪画卷，耳边响起海鸥的鸣叫，眼前便是跨海大桥灯光闪烁的耀眼景致。

　　星海湾沿线就像厦门和温哥华的海岸区域一样，在沿海的繁华地带将教育、文化、商贸、自然资源等聚集串联，产生杂糅的美感。然而，厦门酷热的夏季没有抵消游客前来的热情，温哥华湿冷的冬季也没有阻止世界各地人们前去游览的执着，夏季星海湾的游人如织与秋冬季节游客依稀的强烈对比，不禁感到大连的城市热度相比之下确实有些差距。以浅薄之见，抛开城市定位、地理位置等影响因素，从规划的视角就沿海区域的城市建设而言，大连城市游览吸引力现状的背后，这些因素起到了不容小觑的影响作用。

　　首先是道路的通畅程度。这里的通畅程度不是指行车的通畅性，而是说人行的可达性。星海湾沿线的景点少有可供骑行或者徒步的连贯路径，都是被车行路分成细碎而较为狭窄的路边行走区域。相比之下，人行道路与景观的低量结合，没有给游览者漫步欣赏富有魅力的沿海区域的机会，而只能通过乘坐公交车，以点到点的方式，进行细碎的游览。其次就是观海公共区域的缺失。相比于其余两座城市，星海沿线最靠近海边的区域，大部分不是公众使用的绿地与慢行路，而是或住宅或办公或酒店的高层建筑，抑或是海景被公园包围起来，导致人们的亲水程度受到一定程度的遏制。游览者没法在沿线行驶或者行走的同时，抬眼便能感受到大海的存在，而需要通过进入公园内部、广场深处、隐藏在高楼背后的建筑物内，才能得到亲海体验。 如果在星海湾沿线现有的众多景点基础上，建设一定数量的公共绿地、小广场和一些公众文化场所，并通过梳理慢行道路将这些建设据点进行串联，让人们能够在自然、文化和商业之间连贯游览与景色切换，或许能很好地提升星海湾沿线的游览吸引力，将大连魅力以更加丰富多样的形式展现给前来之人。

【田丝雨，厦门大学城乡规划系2013级本科生，现为新加坡国立大学硕士研究生】

◆ 感想与寄语
Reflection and Notes

　　伴随着老师与学姐学长们的步伐，我对晋陕、河西走廊、黔东南、古徽州这些神奇的土地有了初步的认识，惊叹着大自然的神奇，敬重着那里的人文历史，也让我陷入了2015年齐鲁大地之行的憧憬和回忆，那也是我第一次用速写记录途中点滴的旅行……

　　7月的齐鲁大地烈日炎炎，老天仿佛在考验我们，但也好似眷顾着我们，9天的天气一如始终，没有让我们经历多少风吹雨打，9天流下的汗水换来了一次值得一生回忆的经历。现在看着以前的速写，满满都是回忆，那些时间在那些地点，那些景象，那些人，自己内心或多或少的感悟一一呈现。

【罗艳，2013级贵州师范大学与厦门大学联合培养城乡规划本科生，现就职于贵州镇远县舞阳镇人民政府】

　　忆起我的厦大时光，"齐鲁大地"的城乡规划认知实习，于我是浓墨重彩的一笔。

　　在厦大交流学习的两年里，于我而言，最大的收获莫过于专业知识终于得以应用，不再是书本上抽象的理论知识。实践应用性的课程，不仅提升了自己的视觉审美，而且加深了自己对城市与城乡空间结构的认知，对人文、规划、建筑历史文化等知识的认知。

　　是规划认知实习这门课，是杨老师、田诗琪学姐、刘达扬学长和同学们，是和他们在一起的那段宝贵时光里，给我带来了那一份心境。我们用纯净的心去感受城市、乡村的结构，用脚步去丈量它们的尺度，用心去感受它们给居民与周边环境带来的影响，用手去描绘与记录那些具有特色的建筑与雕饰。这些把我们眼中的美与感受融合，与我们所学的知识结合，产生了效应——那一份心境。

　　现在的我们，去过的地方很多，但是怎么也找不到那种效应。或许，那才是最宝贵的。

【吴晓敏，2013级贵州师范大学与厦门大学联合培养城乡规划本科生，现就职于某环评单位】

时光飞逝，转眼间毕业已近两年。虽然忙于各自的生活，但脑海中参加杨哲老师带队的山东规划认识实习的情景仍历历在目。短短9天的旅程，着实为本已精彩的大学生活增添了一抹亮色。由于个人原因，错过了之前两次实习，这次是与2013级的学弟学妹一起参加的，能以一个学长的身份加入新的群体，认识新的朋友，非常激动和高兴。物产丰饶、人杰地灵的齐鲁大地，自然环境上，有山有海，有平原有丘陵，仿佛是九州大地的缩影；人文环境里，有传统的古代都城和村落，也有现代的滨海城市，也是当代中国城市的形象代表。传统韵味浓厚的济南，巍峨屹立的东岳泰山，古朴厚重素雅的曲阜，北方海滨的青岛、烟台，还有依山傍海的卫所村落，都留下了老师和同学们认真参观调研时的印迹。难忘的实习，难忘的大学生活，当我们走上社会，会更加念想青春单纯或许幼稚无邪的自己和小伙伴们，还有这段或许青涩但绝对精彩充实的时光。大学生活是人生中一笔宝贵的财富，参加工作后，时常还会小小后悔大学期间没能多看书、多锻炼身体、多认识朋友、多和老师交流、多经历事情，所以在这里想对学弟学妹们说，一定要珍惜大学生活，珍惜缘分，珍惜时间，珍惜身边的人、事、物。当有所成就后，不忘回馈自己的母校，感谢恩师们。最后，祝福大家身体健康、学业进步、工作顺利、心想事成！

【刘达扬，2011级城乡规划本科生，现就职于北京爱奇艺科技有限公司重庆分公司】

Episode II
Touching the Mountain and Water of Wuyuan
Review of the 2016 Fieldtrips

- Chapter 6 Pre-departure Matters
- Chapter 7 Itinerary
- Chapter 8 Focusing on Themes
- Chapter 9 Reports and Exhibitions
- Chapter 10 Settlement Portrayal of Wuyuan

第 2 篇 山水婺源
2016年城乡认识实习

- 第6章 蓄势：行前准备
- 第7章 征程：行程纪实
- 第8章 聚焦：专题研究
- 第9章 升华：总结展示
- 第10章 婺源聚落画像

第6章 蓄势：行前准备

Chapter 6 Pre-departure Matters

6.1 实习目的、任务与行程计划
Objectives, Tasks and Schedules

◆ **大势所趋，心之所向**

"山绕清溪水绕城，白云碧嶂画难成。"诗中描绘出的依山傍水的徽州古村落，重重叠叠马头墙下的徽派建筑，正是建筑与土木工程学院学子们心中的一处桃源。身处钢筋混凝土森林，感受着城市时时刻刻都在发生的迅猛变化，我们常常寻不着历史发展的脉络与痕迹，寻不着人类聚落原型的踪影。"十三五规划"提出了城镇乡村建设发展的新要求[1]，"要建设和谐宜居城市，转变城市发展方式……努力打造和谐宜居、富有活力、各具特色的城市"。这意味着文化古城镇和古村落的发展必须转型。而要获得成功转型，我们认为，首先必须对人类聚落的原型有比较准确的把握。基于这样的认识，再一次唤起了我们对心中桃源——徽州的向往。我们向往青砖黛瓦的诗意画卷，我们好奇新要求下的乡村建设，我们期望以认识实习的形式走进古城镇古村落，身临其境去体验人类聚居空间的典型，从中寻得聚落空间原型的特点特征和历史文化传统的表现形式。

◆ **确定路线，另辟蹊径**

于是乎，紧紧围绕国家"十三五规划"发展战略布局，积极响应厦门大学"十三五规划"实践调研团的号召，我们秉着挖掘中国城乡建筑文化传承之重要基因的使命，决意对古徽州进行一次深入的调研。我们计划对婺源、绩溪一带进行实地考察和调研，走进古村落，领略山水格局，分析人

---

[1] 据新华社北京2016年3月5日报道，《国民经济和社会发展第十三个五年规划纲要（草案）》提出，坚持以人的城镇化为核心、以城市群为主体形态、以城市综合承载能力为支撑、以体制机制创新为保障，加快新型城镇化步伐，提高社会主义新农村建设水平，努力缩小城乡发展差距，推进城乡发展一体化。规划纲要草案还提出，要推动城乡协调发展，推动新型城镇化和新农村建设协调发展，提升县域经济支撑辐射能力，促进公共资源在城乡间均衡配置，拓展农村广阔发展空间，形成城乡共同发展新格局。发展特色县域经济，加快建设美丽宜居乡村，促进城乡公共资源均衡配置。

类聚落典型，挖掘空间聚落的特点特征，提炼历史文化传统等要素的表现形式，从而为文化古城镇的成功转型建言献策，提供切合实际的专业认知和有力的原型根据。

在此次实习路线中，我们委托"纵横山水文化艺术交流有限公司"为此次调研的住行做了妥善安排。经过多次讨论，我们决定选择不同于西递宏村的婺源、绩溪一带，用别样的路线，来追随领跑美丽中国的江西，走进山明水秀的安徽。我们计划重点挑选保留相对完好的古村落进行考察，其中包括婺源地区的李坑村、篁岭村、思溪延村、汪口村、官桥村、晓起村以及坐落在绩溪的龙川村、太极湖村8个村落典型，并串联景德镇、三清山等世界文化与自然遗产地，多角度考察文化古城镇古村落转型的现状特点。

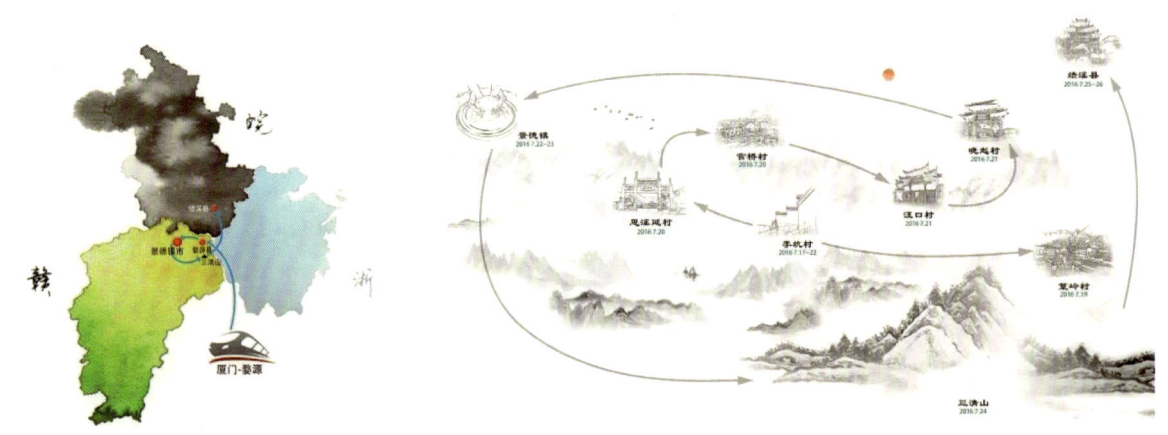

"山水婺源"实习路线图　作者：黄沣爵

◆ **细致分工，深层考察**

为更高效地达到实习目的，同时尽可能拓展实习调研成果深度，经过大量的资料查阅，结合指导老师的建议以及队员观点，我们紧紧围绕实习目的，将聚落空间原型特征这一总的课题拆分为"山水格局""一落一户""在徽言商""徽写韶华"4个子课题进行调研，其中，"山水格局"小组着眼于大尺度下的古村落格局，将以三清山、黄山为自然背景的古村镇为考察对象，调研皖南村落特有布局，建筑选址、方位，以及水系与村镇、山脉三者之间的格局关系。缩小尺度，"一落一户"小组则着眼于村落建筑间的微妙关系，聚焦皖南村落特有的内部布局结构，在了解调查出村子建筑的分类和布局后，试图找出街巷肌理、宅院分布关系等聚落空间的规律，构建出古村落建筑及建筑与建筑之间的小格局。而为了更深层次理解古村落原型的格局关系，对当地历史、人文、乡俗等虚体和情感要素的提炼必不可少，"在徽言商""徽写韶华"两组正是分别从古徽州徽商文化和社会发展关联，皖南赣北一带非物质文化遗产发展历程、特点与当地自然和社会环境空间的联系进行调研考察的。

6.2 行前动员与准备
Motivation and Preparation

◆ 塔形构架，组织完整

我们以 2014 级城乡规划班全体 30 名同学为组队基础，结合学院优势，邀请学院黄宇霞党委副书记、王绍森院长、杨哲副教授作为实践队指导老师，并加入了 2013 级建筑班擅长手绘的 4 位学姐，组成了 34 位同学的大集体，为强度大、内容多、流程复杂的古村落古建筑的测绘和考察工作提供了坚实的人力保障，这样的优势，也极大地拓宽了后续村落测绘的范围。

为使实践顺利进行，在课题调研小组之外，我们还组建了安全保障队、财务管理队、宣传队 3 个队伍。金字塔形组织架构，确保了实践的各项工作有条不紊地开展。在前期准备中，安全保障队明确行程住宿，并统一购置出发动车票，在车站集合时及时清点人数，维持组织秩序；财务管理队仔细核对，整理出费用明细，并将其公布；宣传队在各项工作中做好摄影摄像记录，为后期宣传做足了准备。

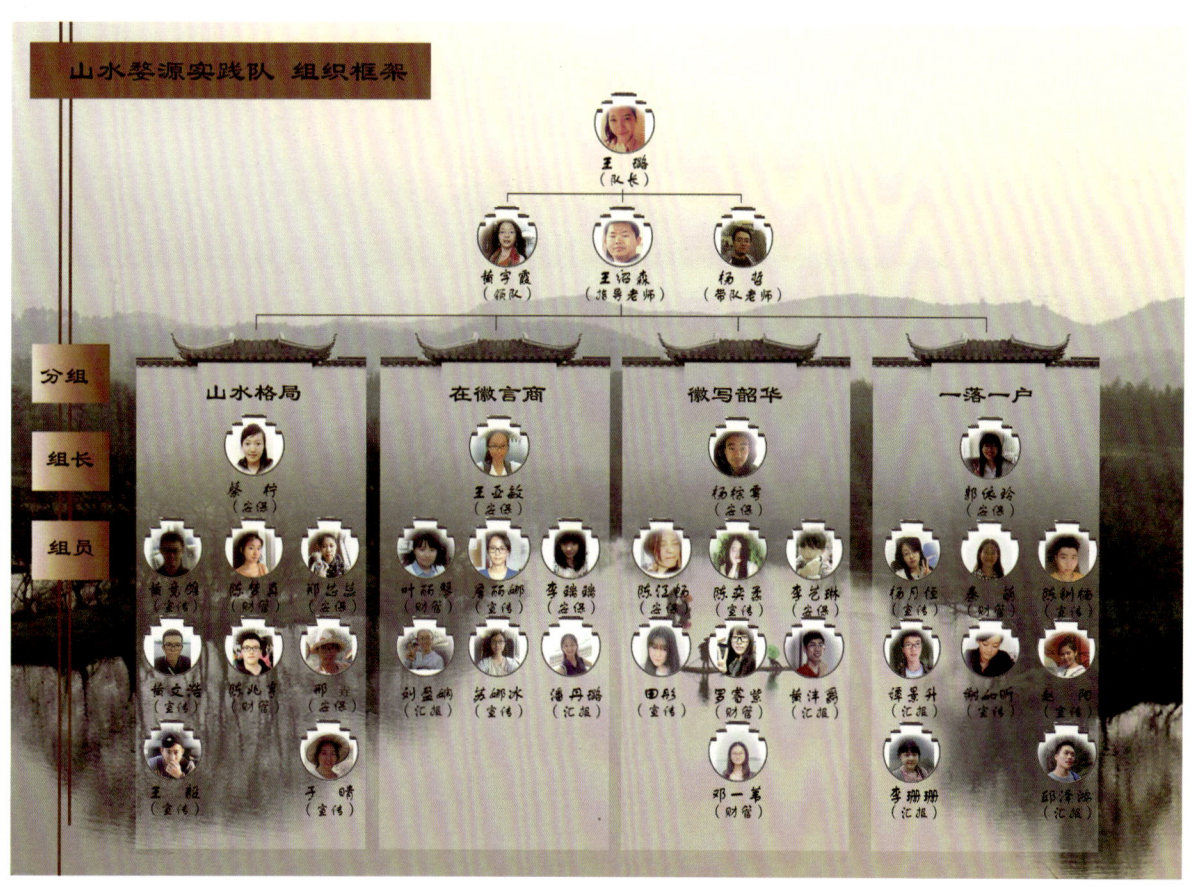

金字塔式的组织架构图　作者：王毅

◆ 行前动员，决胜千里

2016 年 5 月 17 日，在曾呈奎楼 118 阶梯教室，院长王绍森教授和杨哲副教授为实践队员们开展了"婺源历史文化城镇及村寨认知"的专题讲座暨实习动员。讲座中，王院长向队员们分享了他作为安徽人对徽派建筑的独特了解和个人的设计感受，并鼓励队员们用"留心处处皆学问"的态度去观察，结合个人所学去思考，极大地激发了同学们对古徽州地区城镇村落的关注和探讨热情。杨老师则为同学们介绍了实践的整体概况，用往届实践队的成功案例，为队员们树立了学习榜样，也特别指出要注意历届实习容易出现的问题并吸取教训。最后，针对此次实践内容，杨老师对全体队员提出了"行前三件事"的准备要求：

（1）自觉并坚持身体锻炼，为实习储备足够的体能。

（2）带方向、有重点地去阅读，为实习所到地点的历史、人文等方面做好功课。

（3）持之以恒地进行速写练习，为实习时的实战打好手头功夫的基础。

此时，距离出发正好2个月时间，同学们摩拳擦掌、积极备战。黄竞雄同学出谋划策，队长王璐奋勇当先，会同班长蔡柠以及其他班委一起，率领全班同学，先后经过院、校两级的激烈角逐，"山水婺源"成功申报校级实践重点团队。2016年7月17日一早，全体队员精神饱满地踏上了开往婺源的动车，伴着一路美景和欢声笑语，5个小时后抵达了实习第一站：婺源。

2016年5月17日上午，院长王绍森教授和带队教师做专题讲座暨实习动员　摄影：杨哲

2016年7月17日中午，婺源车站前合影，还有3位小伙伴在途中　摄影：李双全（李坑村双全实习基地）

第 7 章　征程：行程纪实

Chapter 7 Itinerary

7.1　婺源（上）
Wuyuan: The Most Beautiful Village of China (Part I)

本次实习的第一站，我们来到了婺源县李坑村。

初到婺源，就可以看见徽派建筑标志性的粉墙黛瓦。黑白交映，高低错落，有详有略，沿着水岸自成一片层次，加上地处山区的天时地利，使得小镇更添了一份恬静的诗情画意。徽州古派民居的形式，不仅与其山水的地理位置和湿热的气候条件有关，更是深受徽州独特的历史因素与人文观念影响的结果，同时也与曾经繁盛一时的徽商活动息息相关。2016 年 7 月 17—21 日，5 天的时间里，我们驻扎在李坑村，沿着时空的脚步，随着这青山绿水，灰白人家，共同思考与体悟徽派村落格局与建筑风貌。

李坑村水口牌坊　摄影：杨哲（2016 年 7 月 20 日）

7.1.1 李坑村印象

当我们抵达李坑村的实习基地时,已经是下午两点多了。简单休整过后,我们便开始了调研之旅。在实习基地店家老板李双全先生的带领下,实践队绕村一周,对村庄的整体布局、典型建筑以及局部特色有了初体验:青白的石墙上开着小小的窗,屋檐上的瓦片层层叠叠到数不清,贴合着河流的石板路,倒影都那么齐整,将徽派的黑白极简主义风格展现得淋漓尽致。村中的武状元李知诚故居和李瑞材故居,体现出徽派建筑的特点,即人鬼神共居,天井为神,中堂为鬼,两厢为人,人似乎处于最不起眼的位置。但是武状元故居又貌似略有不同,因为地处村子的边缘处,空间较大,有一个后花园,人的居住空间也相对宽敞一些。印象最深的应当是天井的设计了,它是徽派建筑平面布局的核心。徽州地处山区,气候潮湿,天井可以很好地解决建筑通风采光的问题。同时其文化意义也尤其丰富。天井是一种内向型建筑,四周的屋顶可以聚集雨水(四水归堂),而水在传统风水学中多寓意为财,因而天井就有了聚财不外漏的意味。天井是徽州人敬畏上天、顺应自然、祈求与自然和谐并存的人生态度的体现,也是中国传统哲学中"天人合一"思想的具体表现。

粗略的总览结束后,队员们自由选择地点,开始了第一次现场速写练习。尽管笔头还有些生疏,但大家能在舟车劳顿之后,不畏炎热,依然认真描摹,构成了李坑村又一道别样的风景线。

在李坑村的自由巷写生　摄影:杨哲

李坑村自由巷10号　速写:杨哲

7.1.2 测绘过程

7月18日早8点,实践队就已经开始了工作。基于前一天的整体考察,实践队分成4组。3组成员分区测量整个村落,绘制村庄的总平面图;1组成员选取村中两栋代表建筑——李瑞才故居、李知诚故居进行详细测绘。这应当是我们这群规划系的学生,第一次接触到这种较大规模的任务。经验不足,测量工具有限,村落修建不规则,都给我们的测绘过程带来了困难。同时天公也不作美,在测量过程中,突然下起雨来,并且越下越大,

漏更校对、拼合测绘成果　摄影:杨哲

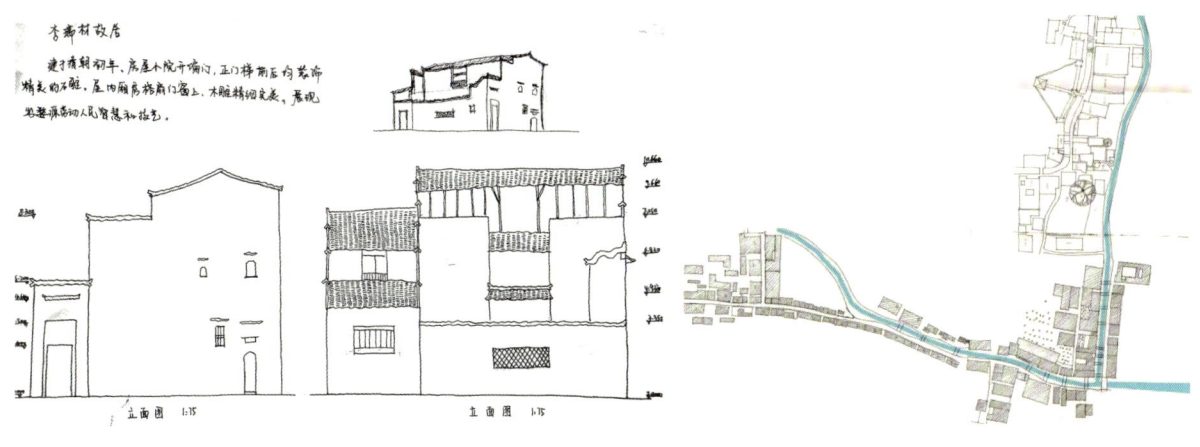

李坑村部分测绘成果

然而在这样的情况下大家始终坚持打伞继续工作,终于迎来了雨过天晴,最后甚至提前完成了任务。

回到基地吃过晚饭,3个小组立即开始了乡村总平面图的拼接、绘制,第4小组也在积极地核算数据,绘制立面图。夜晚的乡村很静,但屋内的氛围是紧张而热烈的。

7.1.3 交流与思考

在李坑村测绘结束后,队友间曾展开过一个讨论,这样的乡村,究竟应不应该像现在这样的商业化发展?一方面,旅游商业为村民们带来了收入,是改善生活条件的重要来源。但另一方面,这样的商业化会不会破坏乡村原有的特色,失去了生活的气息从而沦为一个也是人来人往、夜夜笙歌的乡村"城市"?名列世界文化遗产的江南名镇乌镇就是这样的一个代表,听过不少人说它已失去了古镇的那份恬静。这是矛盾的,我们争论了很久。期间有位当地的老爷爷在听到我们的谈话后说,希望能把那么多客栈、那么多商店的招牌都拿掉,那样才漂亮,那样才是真正的村子。

我们无法根据个别村民的话给出最终的结论,毕竟他们考虑的角度是单一且带有主观性的。但从他们的话中可以明白的是,至少有一部分,或者说一部分老一辈的人,对于乡村商业化的接受度其实并不高,甚至可以说是排斥的。这种认知让我们有了一种作为外来侵入者的感觉,仿佛我们的熙熙攘攘打扰到了他们原来的生活。可是若没有了我们这些"入侵者",村民的商铺又该何处安放呢?

在21世纪的今天,我从来不觉得丝毫不打扰是对乡村最好的保护。我们的涌入,是因为这个地方独一无二的特色。同时我们的涌入也为当地带来效益,如果在理想状态下,那就是一个互利共赢的过程。可一旦超过了极限,乡村就会成为商业产物而非生活场所,它的魅力自然也不再继续。如何去把握这个度?或者说,面向旅游的商业开发与村落的维护,两者之间如何做到很好的平衡?值得我们继续思考。

7.2 婺源(下)
Wuyuan: The Most Beautiful Village of China (Part II)

村庄的传统,不仅仅是建筑形式抑或是整个村庄形态的保留,更是人们对于亲近自然的生活方式的坚守。村庄的和谐,烙印在村子的每一块砖、每一片瓦之中,而非一个口号,一句宣传语。我们在村庄调研过程中，可以看到村妇在河边洗衣洗菜，孩子们在河边戏水玩耍，老人们就在这样的温馨中或是与老伴静静相伴，或是拉着蹒跚学步的孙子享受天伦，这应当就是村庄最美的时光。

7.2.1 篁岭村（7月19日）

篁岭村，是典型的山居村落，距离我们居住的李坑村只有不到1个小时的车程。到达天街后，就可以远远地看到篁岭村经典的"晒秋人家"。村子整体依据山势层层上升，房屋单体自然排布，又因为相同的建筑风格保证了视觉的统一，最终形成了非常有震撼力并非常具有生活气息的景象，大有一种悠悠然坐落山一角，不食世俗粉尘的安静。如果说李坑村是一位身着素衣的水灵灵的姑娘，那么篁岭村则是肩挑火红果实晒得黝黑的汉子。篁岭以他独特的山地景观营造出了高低错落的村落景象，使得徽派风格净收眼底，加上晒秋景观点缀其间，将徽派建筑的灵秀和收获时节的热闹相结合，令人目不暇接、印象深刻。

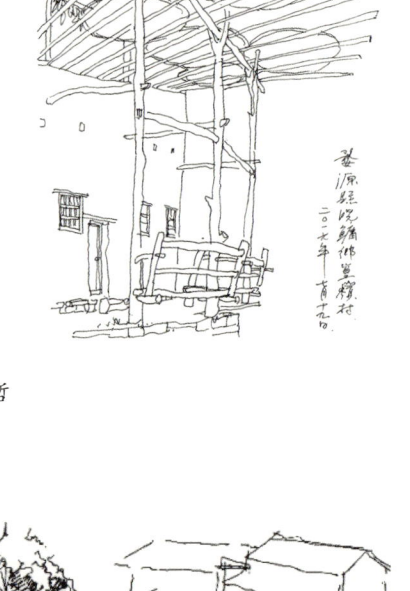

篁岭村"晒秋人家"摄影及速写：杨哲

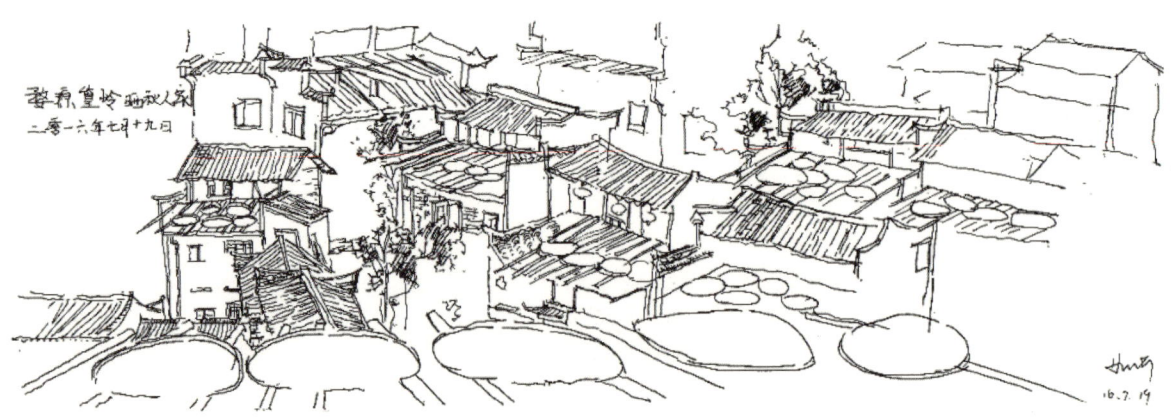

篁岭村　速写：谢如昕

2016年7月19日，实践队篁岭村合影

7.2.2 延村（7月20日上午）

延村，位于婺源县思口镇内，距县城19千米。它处于山水怀抱之间，背倚火把山，思溪河流经村前，整个延村犹如一竹排，依偎在思溪河畔。因为延村与思溪村邻近，所以总是被习惯地称为思溪延村，宛若一体。由于时间原因，实践队只在延村进行了调研，并未领略有通济桥的思溪村风貌（见第10章）。延村以商贾闻名，儒商文化十分盛行。商人重财运，因此延村的古建筑中处处都体现着商人的这种祈祷，尤其是古建筑的"三雕"，雕刻得异常精美。村内有几家酒坊，让不少同学大呼过瘾，酣畅之余，速写、调研也显得轻松了。

实践队延村景区门口合影

第7章 征程：行程纪实 | 171

走进延村 摄影：杨哲

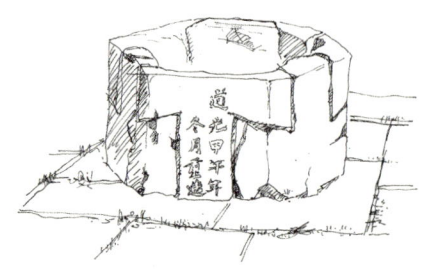
延村"李氏酒坊"前的水井 速写：杨哲

聚落寻原

延村 速写：谢如昕；邢垚

7.2.3 官桥（7月20日下午）

官桥村位于婺源县秋口镇，距今已经有一千多年的历史。因为村中的古桥建成之日，恰好有一县官经过此桥而得名"官桥"。直到今日，官桥人遇婚丧嫁娶都要到石桥上停歇，以取子孙昌盛发达的寓意。在明清时期，官桥位于古驿道上，商贾云集，景象繁华。如今，曾经的繁华已经过去，留下的是秀美和古朴。"平静无华的村落，却蕴藏着千余年的历史。双溪交汇，徽商驿道。伏天仲夏时分，古树下的纳凉戏水，给村庄带来一份惬意的生活景象，令人艳羡。"

官桥村口景象 摄影：杨哲

官桥村 速写：陈梦真

无人机航拍官桥村，2017 年 7 月 11 日

7.2.4 汪口、晓起（7 月 21 日）

汪口村，隶属婺源县江湾镇，位于婺源东部，因其地处双河汇合口、村前碧水汪汪而得名。汪口村是一个以俞姓为主族的徽州古村落，村内的俞氏宗祠建筑雕刻精美，体现了整个家族的兴衰历史，是村民们引以为傲又深深敬仰的存在。

晓起村，有"中国茶文化第一村"的美誉。它位于婺源县城东北 45 千米的段莘水和晓起水交合处，有上、下晓起之分。村内建筑多为清代建筑。"古树高低屋，斜阳远近山，林梢烟似带，村外水如环。"这首诗形象地描绘出了晓起的别样风光。

延村，官桥，汪口，晓起，4个小小的村落，与之前的李坑与篁岭相比，确实非常原始，又或者没有什么过多的区别于其他村子的特色，但就是这些传统的，甚至在我们眼里有些落后的村子，用对属于自己的生活方式的坚守，向我们展示了真实的、恬静安宁的乡村生活。

2016年7月21日中午，汪口村俞氏宗祠前合影

队员们在下晓起村江氏宗祠前写生的场景 摄影：杨哲

7.2.5 婺源木雕

在李坑村实习基地李双全老板的帮助下，我们有幸参观了一家以木雕为特色的人家。我们所见的木雕多为建筑家具之装饰，内容繁多，题材丰富，山水花鸟，人物及动物皆有。印象最深刻的当属人物木雕，一个个小人刻画得精简凝练却又形神兼备。可惜的是，由于历史悠久加之保护不当，完整保留的很少，有的甚至只残留部分。然而即使没有面部表情，很多木雕的神态依然可以通过动作传达，不得不让我们感叹工匠们精巧的技艺。

李坑村自由巷10号危旧老宅，大伙儿在木雕前速写 摄影：杨哲

李坑村自由巷10号民居木雕 速写：谢如昕

7.2.6 宗祠文化与村庄凝聚力

基本上每一个村子，宗祠都会成为一个必须参观的地方，汪口村的俞氏宗祠，晓起村的江氏宗祠。从建筑意义上来讲，宗祠内有着非常精美的木雕，斗拱、雀替、柱础等传统要素都得到了体现。从人文意义上来讲，它在一定程度上类似于我们常常说的城市地标，就比如故宫之于北京，钟楼之于西安。可这又不完全，因为宗祠不仅仅是当地这个家族的标志，在更大的程度上它甚至是当地村民信仰的载体。当一个本地导游在自家宗祠前为我们解说家族曾经的辉煌时，那种溢于言表的自豪令人动容。这种强烈的归属感怕是在城市中很难体会到或者是没有这么深厚的。

7.2.7 婺源小结

青山绿树，灰白人家。这是老师在婺源参观某处村庄时有感而发的8个字，也是对我们所看到的村子的一个诗意概括：悠然自得，与世无争，依山傍水，守着初心与传统，静静地经营生活。乡村为村民的恬静生活提供了得天独厚的条件，谁能说这样的生活就不如城市呢？至此，我们在婺源为期5天的调研已经全部结束，但我们的旅程还将继续。我们最终在故事开始的地方为这5天的生活画上了句点。5天很短，但这5天中我们的某些感受、某些领悟或许会伴随我们很长。下一站，世界瓷都景德镇，我们在路上。

临别李坑村合影

（均为左起）第一排：杨哲（带队教师）、郑芯蕊、赵阳（2013级建筑学）、于晴（2013级建筑学）、李姗姗（2013级建筑学）、邓一苇、王亚敏、叶丽琴。第二排：潘丹璐、李瑞瑞、王璐（队长）、郭依玲、秦萌、谢如昕（2013级建筑学）。第三排：蔡柠（班长）、陈梦真、李艺琳、田彤、陈江畅、杨月恒。第四排：王毅、苏娜冰、詹丽娜、刘盈娴、陈奕柔、罗睿紫。第五排：邱泽鸿、黄文浩、陈钏楠、杨棕雩、黄竞雄、黄沣爵、李双全（李坑实习基地老板）、段芳（纵横山水）。第六排：陈兆亨、谭景升、邢垚。

7.3 天青色等烟雨 而我在等你——遇见景德镇
Jingdezhen: The Porcelain Capital of China

> 景德镇，一个点土成金的地方，一个靠双手化腐朽为神奇的地方。在这里，有潜心至苦的技艺传承，也有天马行空的创意妙想；有一生只做好一种工艺的匠人，也有渊源不断注入活力的新生代。这是一座传统与现代、传承与发扬和谐共生的城市，是一座处处产生惊艳的神奇瓷都。【李艺琳】

陶瓷之都景德镇位于江西省东北部，黄山、怀玉山余脉与鄱阳湖平原过渡地带，历史上与广东佛山、湖北汉口、河南朱仙镇并称为明清时期的中国四大名镇。

镇楼合照

7.3.1 行程概述

婺源行程结束后我们奔赴瓷都——景德镇，在陶艺培训基地体验陶瓷DIY制作，在古窑零距离感受瓷文化的魅力，在创意集市惊艳于天马行空的陶瓷艺术，在陶溪川思考创意陶瓷的未来。

景德镇调研路线：陶艺培训基地—古窑—创意集市—陶溪川　绘图：李艺琳

◆ 陶艺培训基地（2016年7月22日上午）

在陶艺培训基地亲自体验陶瓷的制作可谓彻底释放了天性。在专业师傅们的耐心演示与指导下，我们依次体验了拉坯、手捏与彩绘，每道工序下都诞生了许多惊艳的艺术品，不得不佩服大家的艺术细胞。

学生拉坯场景　摄影：赵阳（2013级建筑学）

学生拉坯作品　摄影：李艺琳

学生彩绘作品一　摄影：李艺琳

学生捏泥作品　摄影：黄竞雄

学生彩绘作品二　摄影：黄竞雄

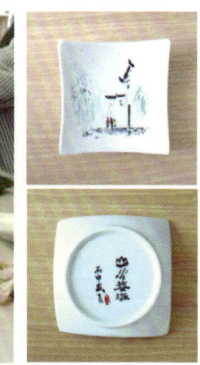

老师彩绘作品
摄影：杨哲
（2016年9月10日）

◆ 古窑民俗博览区（2016年7月22日下午）

古窑是景德镇古老陶瓷文化的象征。在景德镇古窑民俗博览区的古窑瓷厂展区，我们参观了制瓷作坊并观摩制瓷生产线。同样的一份高岭土，在师傅们的手中和在我们的手中就是活生生的"卖家秀"和"买家秀"。每位师傅一生大多只掌控一道工序，各司其职。最让我印象深刻的是一位扒花粉彩的聋哑人师傅，我们参观时她正戴着老花镜十分认真地勾勒图案。或许，师傅的专注与坚持正是景德镇瓷器得以闻名遐迩的根由，每件瓷器的背后是师傅们的独具匠心。

专注勾画的师傅　摄影：杨棕雩

清代督陶官唐英说,"瓷器之成,窑火是赖"。最后一把火烧好了,前面下的功夫才能最完美呈现。参观到烧制程序时,讲解员说人工烧窑在当地成功率最高的是元末明初的葫芦窑,可达到60%。想到很多师傅花数月甚至数年的作品却在最后步骤夭折不禁唏嘘,这也许更能体现一件优秀作品的来之不易。

之后,我们还有幸在"瓷音水榭"观赏到了动人的瓷乐表演,一首首经典曲目通过"瓷瓯"的演绎使我们大有"如听仙乐耳暂明"之感。不仅因小姐姐们俊秀的外表与娴熟的技艺所着迷,更对这种瓷器与音乐的完美结合方式赞赏不已。

烧好的瓷器 摄影:李艺琳

古窑民俗博览区的清代镇窑 摄影:黄文浩

极具美感的瓷乐表演 摄影:王毅

用于瓷乐表演的陶瓷 摄影:王毅

明代葫芦窑内景 摄影:杨哲

第7章 征程:行程纪实

在古窑展区，我们见证了青花瓷碗的制作过程

拉坯。这是成型里面的第一道工序。拉碗的时候要借助一块小瓷片帮忙，从一坨泥到一个碗大概半分钟。

印坯。将粗坯套在模具上以手按拍整形，使坯体周正匀结，这样每个瓷器坯体大小相同。按压的时候手上的力度很关键，力量小，起不到整形的作用；力大，碗就破了。

印坯 摄影：黄竞雄

利坯。拉成的坯半干时，置辘轳上，用刀修整，使器表光洁，厚薄均匀。

挖足。圆器拉坯时器底留下一个3寸长的泥靶，然后挖成器的底足。

画坯。这一步是青花瓷器工序中最美的一道工序。看似随意的笔触实际上是师傅们扎实的基本功的体现。

画坯 摄影：黄竞雄

上釉。每个坯件的外面都要上一层玻璃质釉，这样瓷器烧成后表面会亮泽、光滑。这道工序关键是手要稳，手放到质釉的液体中，碗的外面全涂上，但碗内一滴都不能沾上。

上釉 摄影：黄竞雄

◆ 创意集市（2016年7月23日上午）

在景德镇的第二天正好是周六，我们很幸运地得以一览当地的大学生创意周末集市。集市不大，摊位也有限，但是窄窄的小道塞满了人。商品以陶瓷手工艺品为主，其中有传统的作品，也有创新性很强的作品，每件独创作品均来自大学生的创意灵感。学生不仅仅是卖方更是创作方，因为是创意，所以很多作品都价格不菲。在与其中一位卖家交流时，他无奈地向我们说道，他们已经没有暑假了，不仅有本地竞争的压力，还有来自外地学生的竞争。

禅味十足的手工艺品　摄影：王毅

图案鲜明的瓷盘　摄影：王毅

赋予现代元素的陶瓷作品　摄影：李艺琳

灵动的陶瓷作品　摄影：王毅

◆ 陶溪川（2016年7月23日下午）

陶溪川原来是国营瓷厂，后改造为以陶瓷文化为主题的创意园区。如今，这里还保留着20世纪五六十年代中国传统的工业厂房、六七十年代苏式风格锯齿状"包豪斯"厂房、八九十年代的现代工业厂房等各具时代特色的典型建筑外观。高大的烟囱、青灰色的窑砖墙还完整保留，就连厂房墙体上原有的文字和时间的痕迹还依稀可见。内部则融入了现代设计元素，曾经的厂房摇身一变成为各有特色的咖啡厅、博物馆、商店……如果说古窑民俗博览区是传统文化的展示，那么陶溪川则是一个创新的代表。陶溪川这种形式的文化创意园区，不仅将陶瓷工业遗产完好地保存下来，同时也孕育了瓷业的创新和发展。

陶溪川　速写：李姗姗；黄文浩

旧厂房建筑保护与更新 摄影：王毅

陶溪川夜色 摄影：王毅

陶溪川项目命名含义

陶溪川的命名包含了景德镇瓷业的前世、今生、未来三重寓意："陶"即"新平冶陶，始于汉世"，直指景瓷生发源头，说明传承悠久历史；"溪"指紧邻为民瓷厂的凤凰山（风火仙师童宾墓葬处）小溪流，将引入陶瓷文化创意园的宇宙为民厂区活水环流，意味着项目的当下依托；厂区溪流再入汇聚了南市、白虎湾、湖田等著名陶瓷遗址的南河，流进昌江鄱湖，象征景瓷业蓬勃兴盛，由小溪流发展为大河川，奔腾于江湖海洋，重振瓷都雄风！

7.3.2 浅析非物遗保护与传承——以瓷器为例

◆ 瓷文化传承现状

一、工业现代化

在手工业时代，景德镇瓷器一直是国内外陶瓷市场的佼佼者。随着科学技术的发展，机器大批生产代替手工制瓷这确是无争的事实。如果说属于物质文化遗产的窑址、窑业遗存、矿洞、窑业建筑等有形的东西还能通过各种形式保存下来的话，那么属于非物质文化遗产层面的传统工艺、传统习俗、神话传说、祭祀仪式、民间信仰、瓷业术语的保护显然就困难得多。

二、艺术大众化

原来的陶瓷制品保留着深深的封建文化痕迹，手法严格谨慎。而现在的手工艺品越来越贴近人们的生活并且创作手法大胆新颖。生活水平的提高，大众传媒的宣传教育水平和民众文化水平的提高，艺术已经日益走向大众化，走近人们的生活。陶瓷不再是匠人独享的艺术，平民也可以接触艺术、玩艺术。

三、继承人老龄化

参观古窑时一方面叹服师傅们的手艺精湛，另一方面又发现在古窑进行展示的传承人基本都上了岁数。微薄的工资，单调的工序，被限定的构思想法，这些也许是年轻人不愿意继承的原因吧。

◆ 瓷文化继承与发扬

针对上述发现的问题，李艺琳同学有幸采访到在古窑工作的刘师傅。

关于陶瓷文化继承与发扬的访谈

提问：李艺琳　回答：刘师傅
地点：景德镇古窑民俗博览区
时间：2016年7月22日

1. 您好，刚才听讲解员说人工烧制葫芦窑成功率最高但也仅60%，那么我们该如何提高成功率呢？

答：现在基本都是机械烧制，温度更好调控，成功率更高，并且不仅烧制，基本所有生产线都可以机械完成。

2. 机器代替手工，这对非物质遗产文化继承来说不是件好事吧？

答：随着时代的进步，机器代替手工是自然的。生活瓷器作为人们日常必需品，市场的需求量是日益增长的。我们不仅供应国内，还要销往国外。机器生产效率高、成功率高，自然要代替手工。当然，如果作为艺术品收藏来说，自然要求手工，追求的是质也不是量了。

3. 我发现这里师傅岁数都很大，并且一天到晚坐在这只做一道工序，工资也不高，他们会愿意来吗？

答：他们之所以来说明他们是热爱自己做的事情的，不仅仅是物质追求，更重要的是精神追求。做陶瓷都一辈子了，这种感情割舍不掉。

4. 对于现在比较严峻的传承问题，您如何看待？

答：现在早不像过去那么保守了，也没有原来那么多规矩。我不苛求我家孩子必须传承，他想做什么就做什么。现在景德镇有很多陶瓷学校，很多外地年轻人都来学习，并且只要他们想学，我都可以毫无保留传授经验。

刘师傅与李艺琳

通过跟刘师傅交谈,我们发现刘师傅心态很乐观,思想也很开放,从而扫去了我们对非物遗传承的担忧也一扫而去。

经过后期查阅文献,下面小结一下关于陶瓷传承与发扬方向的思考和看法。

一、政府应大力扶持并做好瓷文化宣传工作

景德镇是中国文化名城,凭借瓷都的鲜明特点独树一帜。瓷文化的发扬离不开政府的投入:陶瓷学校的开设、国际陶瓷博览会的成功举办均保证了瓷文化做大做强并源源不断进行文化输出。不可否认,虽然景德镇地域品牌响亮,但是国内市场依然缺乏知名的陶瓷企业品牌。景德镇作为有丰厚文化沉淀的瓷都仍需要整合好各种产品资源,创造更大品牌价值。

二、重点传扬传统名瓷

青花瓷、玲珑瓷、粉彩瓷、颜色釉瓷是景德镇四大名瓷。

青花瓷:色泽虽单一但并不单调,在绘瓷人手下青花犹如一幅淡雅俊逸的画。素来瓷以清为贵,最爱它的别有雅致的素净之美。

玲珑瓷:在瓷器坯体上通过镂空工艺,雕镂出许多有规则的"玲珑眼",烧成后这些洞眼成半透明的亮孔,透过光看,非常漂亮。

粉彩瓷:粉彩是一种在瓷胎上彩绘,再经低温烧成的彩绘方法。它的颜色柔和,笔触细腻有质感,色调淡雅粉润。

颜色釉瓷:依靠釉水色彩的变化来装饰瓷器,通常在釉料之中调整各种微量元素的含量,达到改变釉色的目的。其釉面鲜艳夺目,被誉为"人造宝石"。

这些传统名瓷无不以其独有的美闻名遐迩,使瓷都更熠熠生辉。传承传统名瓷的技艺,做大传统名瓷的品牌,让传统名瓷在新时代下创造出更大的艺术价值和经济价值。

古窑偶遇城市形象宣传拍摄 摄影:李艺琳

古窑青花瓷 摄影:黄竞雄

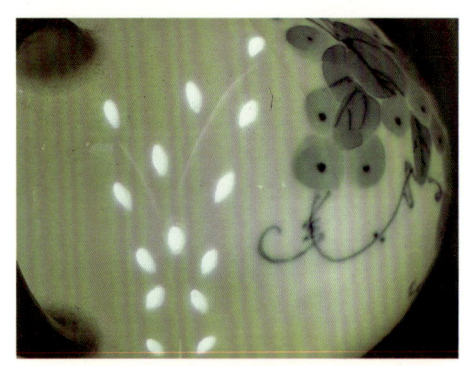

古窑玲珑瓷 摄影:杨哲

古窑粉彩瓷 摄影:杨哲

古窑颜色釉瓷 摄影:黄竞雄

三、科学规划老城区

每一片有记忆的老城都应该得到良好的保护。

以御窑遗址为核心的一批陶瓷历史遗存、至今尚能辨析出来的近现代陶瓷工业文脉（比如曾驰誉中外的"十大瓷厂"）等都需要我们的保护与继承。除此，还要妥善处理好老城与新城的关系，科学统筹规划城市空间布局。将眼光放长远，而不是仅仅盯着眼前的商业利益而随意改造老城。要想把景德镇打造成活的陶瓷文化和陶瓷产业博物馆，使传统陶瓷文化重新绽放光彩，合理规划老城将是重要一环。

四、完善创意产业园区

无论是创意集市还是陶溪川，虽然基本都是年轻人在做属于自己的个性陶瓷工艺品，但里面确实蕴含着无限的潜能。创意无价，只要有欣赏的人就存在商机。随着物质水平的提高，当代人更加注重生活品质，这也意味着充满个性的工艺品会有更大市场。创意集市的规模还不是很大，环境一般，存在摊位杂多、人流拥挤现象；陶溪川旧工厂改造还未全部完成，入驻的商家也并不很多。当前应加快创意园区的规划建设，吸引更多年轻人来此创业，为景德镇注入新鲜血液。

大学生陶瓷作品　摄影：李艺琳

陶溪川熙攘的摊位　摄影：王毅

五、紧追现代传播技术，焕发新活力

随着现代传播技术的不断进步，传播工具的日渐多样化，使得这些珍贵的"非物遗"资料传播更加清晰、有条理、有序。通过教育传播（开办陶瓷大学、陶艺体验中心等），陶瓷这项"非物遗"有了越来越多的后继者；通过互联网，文化艺术品和互联网金融相结合，线上交易使陶瓷产业做大做强。同时网络平台还将瓷都品牌推广到国外，尤其现在利用微信、微博等媒体将品牌进行有效宣传推广，以打造中国特色瓷都。

7.3.3　尾　声

"一个有悠久历史文化传统根基的城市，必定是有灵魂的城市；一个有特色文化传承和发展创新的城市，才是充满生机活力的城市！"（流星，凤凰涅槃"陶溪川"，《景德镇陶瓷》2015.3）

景德镇制陶业"始于汉世"，曾经以生产宫廷御用瓷而闻名天下。到现代，也经历了从国有十大瓷厂变为民营企业的阶段。随着企业越来越多、越做越强，陶瓷工艺的继承与发扬在技术上得到了有力保证。瓷都要延续辉煌并再现繁盛，不仅需要政府的支持与保护，更需要我们年轻人增强非物质文化保护意识、传承意识与创新意识。

望下次青色烟雨时节，能遇见更好的你。再见，瓷都。

> 每当想起在景德镇的经历，依然能被深印在脑海中那些玲珑剔透、设计精巧的陶瓷所打动。陶瓷艺术让整个景德镇添上了一种气息，让人每看一处，都不由得慢慢看，细细品。正如在看那青布上的作品时，担心一不留神，就错过了艺术家的设计意图，没有领略到作品的真正风采。【王毅】

7.4 三清山
Mount Sanqingshan: A Well—Known Place for Taoism

自古以来，天下众山多矣：五岳之悬崖峭壁，奇松怪石；庐山之钟灵毓秀，云蔚霞起；峨眉之含烟凝翠，云海翻涌；太行之千峰万仞，绵延不绝。世间奇山风情万种，三清山却胜于清新脱俗。

三清山位于中国江西省上饶市玉山县与德兴市交界处，因玉京、玉虚、玉华三峰宛如道教玉清、上清、太清三位尊神列坐山巅而得名，其中海拔1 819.9米的玉京峰为最高。三清山是道教名山，是世界地质公园、国家自然遗产、国家地质公园，与附近的黄山、庐山、龙虎齐名，均为世界自然遗产地。

光摇一碧回环水，翠把三清远近山。皖南村落以三清山、黄山为自然背景，孕育出"碧水青山、灰白人家"的雅韵特质。习近平同志曾赞"庐山天下悠、三清天下秀、龙虎天下绝"。经过一整天的攀登，"山水婺源"实践队充分领略了三清山的奇秀自然风光和秀美道家人文。在亲近自然、亲历世界遗产之际培养互助友爱的集体意识，同时更是对体能与意志的锻炼。偷得浮生半日闲，于行走中得到些许感悟。

三清山山间全景图　摄影：杨哲

"碧桃花落仙人去，静听松风心自凉。"
天朗气清　惠风和畅　心的藤蔓在云海中呼吸生长
雾霭山岚相伴　飘飘乎如遗世独立　羽化而登仙

三清山山间景色　摄影：杨哲

7月24日 9：00

顶一头艳阳彩云，听几湾泉水鸣溅。举首远眺，群山苍茫，起伏连着起伏，连绵压着连绵。"山水婺源"实践队在感叹中，暗自许下了目标，像已经铆足了劲，准备征服三清山。

亭亭山上松　宛如道人　飘然出世
松柏树木于怪石嶙峋的群山中横空出世　汲日月之精华　纳风云之激荡
自然之鬼斧神工　道士之悬壶济世
时光荏苒　时过境迁　这一段美好的故事　依然为世人称道

老道拜月　摄影：杨哲

10：00

我们的腿像是上了发条的摆钟，脚步也如此这般的不急不躁，真有一鼓作气爬到山顶的冲动。一个小时过去，看表的频率却越发频繁，嫌弃时间过得太慢，也越发感受胸腔中那颗心突突地欢跳声。

峰回路转　云气风生
山间的石头总是无比具象地幻化成各种姿态　将她的故事娓娓道来
无论沧海桑田　她依旧在此笑看云淡风轻
守护一个三清山中　亘古不变的誓言

东方女神　摄影：陈梦真

12：00

小憩时，同学们急不可耐地打开背包，拿出水，山间的清风如约而至，顿时神清气爽、意舒神畅。海拔升高，空气也变得清爽起来，水不醉人人自醉，醉山醉海醉熏风。在清风中有些迷离的醉眼，朦胧在这片山海云海石海之间。收拾心情，继续走吧。很庆幸我们一行人都在路上，不论步伐还是心灵。

时光如白驹过隙　世事如白云苍狗
三清宫在时光的静谧中沉淀
唱一首老歌　点燃一个故梦
唤醒一道沉睡的记忆

树丛掩映中的三清宫 摄影：杨哲

三清宫 速写：李珊珊

三清宫前合影

偶尔邂逅生命的美好　蜻蜓款款飞来

落在三清山的云里雾里

印下不舍

早有蜻蜓立上头　摄影：陈梦真

13：00

登山的中途最为辛苦，此时距山顶还有一段距离，双脚却如灌了铅，每步都格外沉重。此时，能看到的山顶越来越多，天空也变得愈加阔远，山下的村庄已成繁星点点，将身体寄托于这山水之间，寄托于这最自由的空气间，将一路的劳顿与疲惫抛之脑后。我们依然向前。

海拔交替上升　风景相互追逐

云烟缭绕　紫气东来　行于山间不觉坠入中国山水墨画的意境中

偶尔一抹苍翠的绿　明亮的黄　斑斓的红　又将我们带入凡·高风景画跳跃的氛围中

三清山总是如此　美到天马行空　美到变幻莫测　美到让人无法一语道破

大王叫我来巡山　摄影：杨哲

15：00

听闻快到山顶，洪荒之力终于破体而出，关节僵硬的感觉渐渐松弛下来。继续走，生锈的关节越来越灵活，大家背着背包交替向前，老师与我们在山间云间畅谈，互相鼓励着一路向前。

  耳边呼啸的山风 是吊桥的交响曲
  响彻山间的歌声 是歌颂大自然纯粹的感动

吊桥惊魂一刻 摄影：王亚敏

三清山合影选编

16：00

不知不觉天边泛起了余晖，时间从脚尖轻轻划过，我们成功登顶了！伸展双臂，与风与云与山峦相拥，暖意围绕着我们。向群山呼喊告诉三清山我们来了。最后怀揣着轻松愉快的心情下山，每个人都是那么了不起。

登山之余体会到三清山之别于其他山。除了地质构造硬件，庐山更多苍茫，近代史人物印迹较多；黄山则以险峻高耸入胜，拥有许多人文联想景象，如妙笔生花、迎客松之景。相比之下，三清山道风盎然，清秀碧绿，赏心悦目，的确堪称一个"秀"字。

人群熙熙攘攘，这一站的我们，行走于天地之间，流连于山水之处；这一站的我们，远离三千愁丝，远离名利纷扰。这一站，我们不只是匆匆过客；这一站，我们终于脱下常日的假面，奔向另一梦幻的疆界；这一站，我们只管远离城市之喧嚣，静听心灵之吟唱。返璞归真，此行足矣！

第7章 征程：行程纪实

7.5 大美无垠　梦回绩溪
Jixi: A Cradle of Huizhou Culture

2016 年 7 月 25 日，我们将美梦抛却于山间，将羁旅和劳顿搁下，山水婺源实践队随即奔向徽州另一散发凛凛锋芒的文化宝地——绩溪。常言道"无徽无成镇，无绩不成街"，源远流长的徽州文化和山环水绕的自然风光共同铸就了绩溪这个人杰地灵的风水宝地。

7.5.1　绩溪地理环境

绩溪城镇位于皖南山区，为徽州六县之一、徽文化起源地之一，地处黄山山脉和西天目山山脉结合带、长江水系与钱塘江水系分水岭。在风水理论的指导下，绩溪古村落的选址与布局处处体现着徽州人对自然山水的尊重，古城的建设与保护力求山、水、城的和谐相融。

从地理上看，绩溪县城中的古村落多因地制宜就山势或水势发展，其村落类型大体可分为山地村落与河岸村落两种；从形态平面上看，主要可分为块状聚落、线状聚落与复合式聚落。在传统与现代的交融中，绩溪的古村落更替发展，形成了一种"山深人不觉，全村同在画中居"的意境。

古徽州山水地图　作者：陈梦真

7.5.2　龙川（7 月 25 日）

一路舟车劳顿，我们顶着 7 月的烈日，踏入徽杭古道的必经之路。都说徽州之精髓在于徽派建筑与徽商，我们抵达绩溪的第一站——龙川，便是这样集徽州精髓于一身之地。

◆ 龙川地理环境

绩溪龙川位于安徽省南部，北距绩溪县城 12 千米，西距屯溪（黄山市）60 余千米，东南方向与苏、浙、沪等著名旅游区相邻，是一个有着 1600 多年历史的古村落。龙川村因为由原坑口、许里、横川 3 个村合并而成，所以也称坑口村。其风水意象独特，东耸龙须山，紧依登源河，龙川河由北向南穿村而过，整个村庄的形态宛如一艘靠岸的船舶。

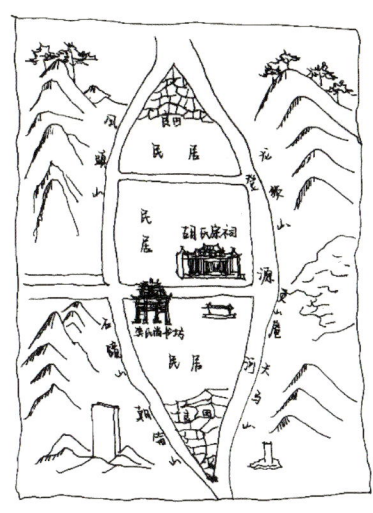
龙川游览平面图 作者：陈梦真

2017年7月23日，无人机航拍龙川村

◆ 粉墙黛瓦——探访古村落的建筑语汇

14∶00

"山水婺源"实践队抵达龙川，下车便是村庄的入口、水系的源头之处。放眼望去，一条青石板铺成的街巷将我们的视线拉向远处的山山水水，沿岸两路是古朴无华的徽派建筑。踏入村庄，穿越木、石、砖、瓦，又见那粉墨以陌生又熟悉的形式隆重登场。古村落的整体风貌保存完好，村中百余幢古民居临水而筑，映于倒影。其建筑排列紧凑，大小街巷互通。千年古树、古桥、古牌坊、古祠堂留存至今。

◆ 探秘宣纸——寻找古村落中的非物遗

15∶00

我们沿着河岸从村口继续前行，在胡氏宗祠旁边的一个老房子里，惊喜地邂逅制作宣纸的工序：只见两位师傅端起一个长方形平面网，将其浸泡在纸浆中，一会儿水平端起，水通过长方形平面网漏走了，留下的纸浆成分在网上形成薄薄的一层白膜。制作宣纸的老师傅说，这层膜沥干之后，拿起来便是一张完整的宣纸了。

◆ 雕刻时光——追溯胡氏宗祠的历史记忆

16∶00

顺着河道一直往下走，便走到了胡氏宗祠门口。早前就听闻，每一个徽州人的心中都有一抹浓厚的乡情。许多徽州人十三四岁便外出，从商发迹或是求得官禄之后，回到家乡建起豪宅巨院，从而派生出各式各样的祠堂来光宗耀祖。胡氏宗祠就是典型一例，其素以规模巨大、保存完整、工艺精湛而屹立在中国古建筑之林，有"江南第一祠""木雕博物馆"之称。宗祠坐北朝南，前后三进，祠堂内部为砖木结构，楼额仿木雕刻着一幅幅将士征战沙场的画面，每一道横梁上的木雕均可以感受到建造者的悉心雕刻；祠堂的屏风、厢房的门，每一处的雕刻都别具匠心，站在祠堂内宛如置身于木雕艺术的殿堂。此刻看花了眼的我们，纷纷掏出速写本，用笔尖记录下历史留下的足迹。

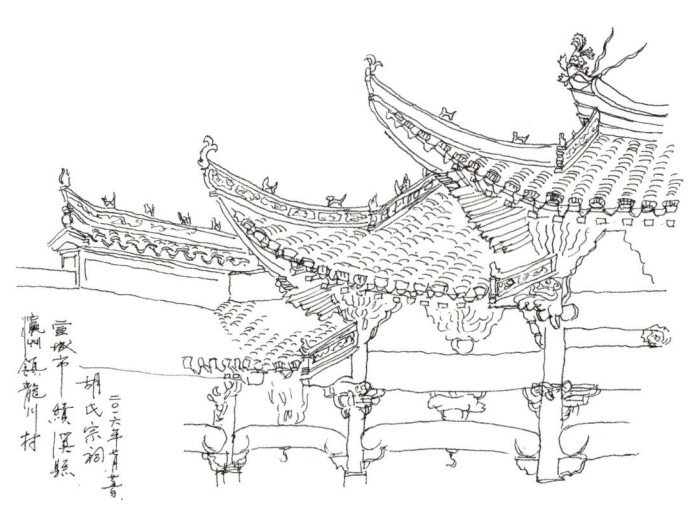

龙川村胡氏宗祠内院局部　速写：杨哲

17：00

一路上，水中荷花，路旁兰香，古树参天，花香馥郁，画面和睦一团。这个徽州的村落就这样安静地在徽文化的土壤里生根发芽，润物细无声。我们行走于其间，被她每一处细节的美感动着。落日余晖中，"山水婺源"实践队在龙川古牌坊前留下了最灿烂的笑容，一天的行程也落下了帷幕。

龙川村"奕世尚书"牌坊前合影

7.5.3 太极湖村（7月26日）

◆ **湖村地理环境**

距龙川5千米的地方，另一个古徽州村落掩映在远山近水的背景中。这一"狮象把关、日月当关、龟蛇拦水"的皖南村落，是我们在绩溪的第二个目的地——太极湖村。之所以称为太极湖村，在于其得天独厚的自然地理环境，源自石金山的缘溪河，古称石门河，呈"S"形穿村而过，与河北村落、河南田畔形成天然"太极"地貌奇观（摘自《太极湖村，与你相约在这灿烂的季节》）。

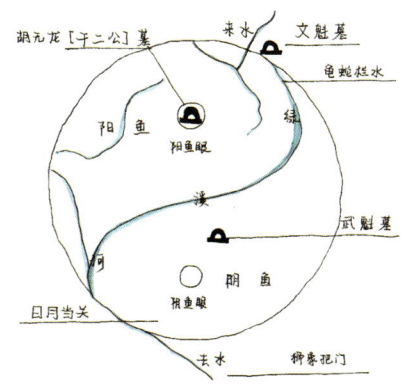

湖村平面布局示意 作者：陈梦真

2017年7月23日，无人机航拍湖村

2017年7月23日，无人机航拍湖村

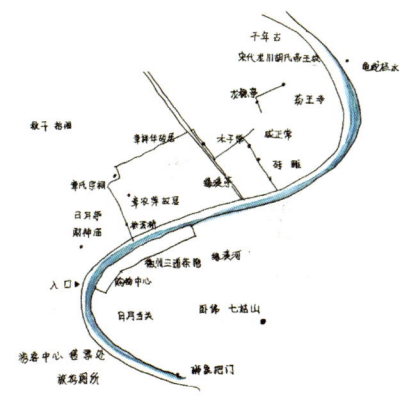

湖村游览线路图 作者：蔡柠

◆ **随处即景——漫步湖村街巷**

与龙川相比，湖村多了一份委婉含蓄，多了一份宁静祥和。进村之处迎接我们的是一汪串联整个村落的水系，漫长得望不到边，留下了无限遐想的空间。民居建筑大多掩映在浓荫古树之中，举目之处便是"绿树村边合，青山郭外斜"之景。我们穿行街巷中，见到贪兽，反讽寓意着高风亮节，见到古时民间地域绝活秋千抬阁，也会惊叹门楼上的砖雕在与岁月的较量中依然没有败下阵来。

太极湖村口景象 速写：杨哲

湖村山水风光 摄影：赵阳

◆ 雕梁绣户——邂逅湖村古祠一绝

村落中的古建筑鳞次栉比。湖村多祠堂，每到祠堂之处，都能见到壁上的门神与壁画。当地的随行向我们解释道：图画多鱼，鱼多子，意味儿孙满堂；鱼鳞按大小顺序排列，代表子孙长幼有序；鱼跃龙门，希望子孙登科第，事业有成。我们坐在街边的石凳上画速写，感受到古村落寻常百姓的生活，也是那样的斜阳与庭院，风静日闲。

太极湖村贪兽壁画前合影

◆ **小巷人家——古村落生活的宁静祥和**

漫步在历经岁月磨蚀的石板路上，耳边还能听见潺潺的流水声，宜人的街巷空间更给湖村增添了一份人情韵味。我们在穿越几条弯曲的窄巷到达田野之处时，豁然开朗之感油然而生。民居前院，晒出的稻谷和辣椒与漫山遍野的绿色遥相呼应，满是生活的味道。微风习习，整个村庄一片宁静祥和。

太极湖村民居后院速写　作者：陈梦真

第7章　征程：行程纪实

◆ **旅游发展视角下的村落对比**

游览完湖村之后，发现其与龙川的最大不同之处在于游览线路。龙川村旅游路线简洁明了，是成系统的。迈入古村落的大门便有导游带领，河道两岸的宅院多开发为旅游景点。民居建筑则位于村落更深层次的位置，旅游线路很少光顾，也不与其深街窄巷重合。而湖村没有先前规划好的旅游路线，整个村落更像一个沉睡的婴儿掩映在徽州的山水环抱之中，村落中纵横交错的古街小巷如迷宫一般，我们每到达一个目的地前都要穿行湖村的各大门巷，时常有一种"山重水复疑无路，柳暗花明又一村"之感。

7.5.4 皖南村落的乡愁情愫

不论龙川还是湖村，皖南的村落总会给予人内心以平和，并赠予岁月的足音。我们在龙川和湖村，都用自己的方式阅读了传统徽州文化的经典篇章，用自己的笔尖记录下古徽州文化遗产的点滴片段。我想，这一抹乡愁，若有一天无法逾越时间的洪流而变成了脑海中的记忆碎片，也定会以另一种文化沉淀的形式，撞击我们的心灵。7月炎夏，行走于古徽州，此中有真意，欲辩已忘言。

7.5.5 徽派建筑的总结与当代传承

随着婺源、绩溪各种村落与徽居的一路走来，我们对传统环境和技艺特点似乎了然于心，却也想象或期盼着某种传承和创新。

绩溪第二日，我们来到徽州博物馆，于行走中探索以当代建筑语汇表达传统意象的可能。徜徉于李兴钢老师大作的里里外外，上上下下，也终于有了答案——绩溪博物馆正是一次对徽派建筑的回顾总结和当代传承。

早在行前，便听闻基于古城保护理念改建而成的绩溪博物馆，是"北有乳溪，与徽溪相去一里，并流离而复合，有如溪焉"的"绩溪之形"的充分演绎与再现。初到绩溪博物馆，一眼望去，整个建筑覆盖在一个连续的屋面之下，建筑并无跳跃的色彩和巨大的体量——起伏的屋檐将抽象的远山拉近，传统的粉墙黛瓦随着山墙的展开好似一幅连绵起伏的画卷，整个建筑的外轮廓仿佛是绩溪周边的山形水系的再现。

建筑融合在徽州的灰瓦白墙之中，为了保留用地原有的古树，建筑群落中穿插着大大小小的庭院与天井。山墙围合出的街巷空间与庭院天井遥相呼应，灵活组织景观水系。行走其间，感受到的是当代与传统空间细腻而巧妙的转换，更能体会到建筑师对徽州大地与徽派建筑的热忱。

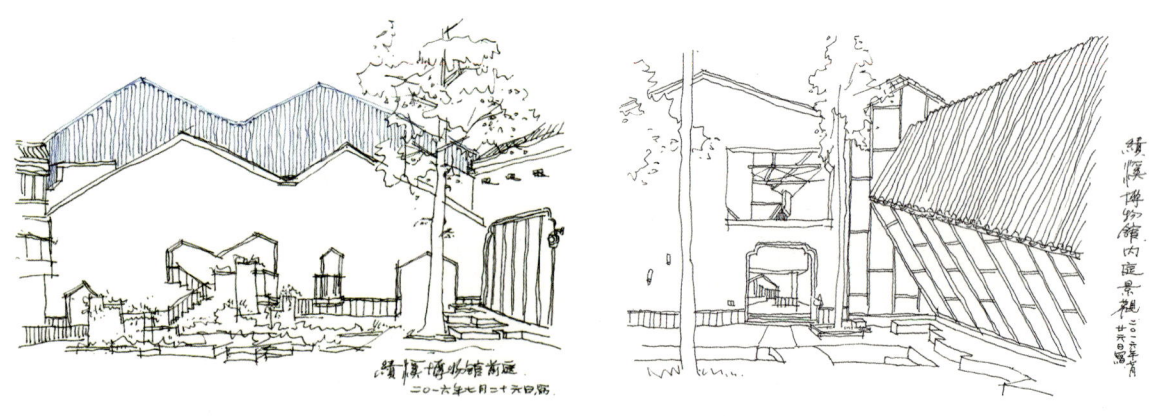

绩溪博物馆入口庭院与内庭 速写：杨哲

再看建筑内部空间，惊叹其每一处都经过反复的推敲与精心的设计。建筑由入口可进入南侧的茶室，茶室正对面是一座立于水院之上的"假山"。假山伫立于水中，背后是两大片带有粼粼水纹的山墙。这一片水院由池岸、台地、绿池等基于同一几何模数和材料相互延伸构成，山池一体。山墙内侧是向上游园的阶梯与休憩平台，通过步移景异的观景流线，游客穿越迂回曲折的空间，可到达建筑南侧屋顶最高处，从而俯瞰整个建筑群、庭院、连绵的屋顶和秀美的远山。

绩溪博物馆内部木雕　速写：陈梦真

此行除收获当代建筑对传统的传承与创新的感受外，我们也注意到建筑形式与功能上存在的矛盾。博物馆的工作人员告诉我们：折板式的屋面造成了极大部分的空间浪费，部分通高的天井空间更是难以利用。从经济方面看，馆内大多是开放的大空间，冷气浪费，实际展览面积未达到最大化利用。此外，馆内流线曲折，参观者时常找不到出入口位置、镂空瓦墙与大面积玻璃幕墙造成室内光照太强不利于一部分展品的存放等都是有待解决的问题。

在这个以当代手法设计的博物馆中，我们还能穿行于街巷空间，仍可以感受庭院、天井、游廊、假山、水岸、粉墙黛瓦，体验与传统生活的紧密联系。这个建筑本身便是绩溪博物馆最值得欣赏与品味的一件展品。毋庸置疑，在这个全球化和城市化快速发展的时代，绩溪博物馆运用当代的生活和技术条件对古徽州地区源远深厚的历史文化做出了最好的传承与转化。正如李兴钢老师所言："那些久已存在的山水、树木，成为一种见证和媒介，把过去、现在和将来联系起来。"

2016年7月26日，绩溪博物馆入口庭院合影

第7章　征程：行程纪实

第8章 聚焦：专题研究
Chapter 8　Focusing on Themes

8.1　古镇情愫，山水有魂：山水格局（上）
Landscape Pattern and Natural Heritage of Huizhou (Part I)

> 婺源位于地球北纬30度，地处中亚热带北缘，气候温和湿润，春夏秋冬四季分明；在地理上属于丘陵地带，地势由东北向西南倾斜，东北群山屏立，西南丘陵绵亘，北区峰似太师椅背，向东西延伸，环抱村落或田园，其中古村落大多位于四面环山、高台城垒式的自然环境中，天然屏障繁多，造成陆路交通不便，相对闭塞，而四射的江河水系又把婺源古村落和外面的世界紧紧联系起来。"八山半水半分田，一分道路和庄园"，婺源古村落自古以来便生长在这样的自然山水之中。

"古树高低屋，斜阳远近山，林梢烟似带，村外水如环。"

婺源的情，一辈子都解不开山水的结，而所谓"情结"，字典解释为心中的感情纠葛，深藏心底的感情。婺源对这山水爱的深沉，她把这爱藏在潺潺溪水中、藏在落日余晖中、藏在古树斑驳中、藏在青瓦碧墙中……

婺源一带的山水格局　作者：蔡柠

婺源村庄 摄影：杨哲

7月17日，初见李坑，平面的印象变得立体起来，幻化成南方小镇的一缕青烟，抑或是飘雨巷口越走越深的朦胧。正值仲夏，没有春天的油菜花的黄色，没有秋天的山林里的红叶，也没有云雾缥缈的国画视觉，有的是屋宇错落的纯粹。

百年历史的砖瓦楼阁风雅依然，散发着被时光浸润过的温暖与暗香，萦绕在窄窄的青石街巷中。马头墙上，盏盏灯笼照亮异乡人的心；白墙斑驳，是时间刻下的浓墨重彩；深巷幽静，却更吸引人们前行探寻；而这一汪碧水，是村子的生命线。

缘溪行，忘路之远近，村子的格局也慢慢地在心中刻下轮廓：山峦是溪水骨架，溪水是村落血脉，建筑物成了依附于血脉——溪水及其支流的"细胞"。而这，正是生活在"理学文章山水幽"独特人文环境中的徽州人文化修养深厚的真实写照。

第二天的测绘是重头戏，山水格局的小组成员早就摩拳擦掌，准备为自己的课题获得最准确的平面资料。我们兵分三路，测绘河流宽度、道路宽度、房屋宽度及进深、桥宽及位置、房屋高度等数据。为尽量减小偏差，使建筑、桥以及各拐角处能够与实际相对应，必须在测绘中进行一次次的返工修正。忙碌了大半天的测绘后，我们终于可以心无旁骛地在桥边、檐下、街角、亭中或依墙而站或席地而坐，开始了速写。

第8章 聚焦：专题研究

 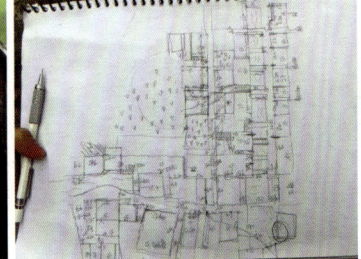 

| 正在测绘的队员们 | 测绘草图 | 连夜整理测绘图 |

晚饭过后，小组成员围绕在厅前的圆桌旁，整理着白天的测绘数据，跟自己组内拼合完毕后，再和其他组进行二次、三次的拼合。每一次拼合的成功，都伴随着一阵雀跃的欢呼，就这样一张主体脉络完整的李坑村测绘图呈现在我们眼前。

通过测绘、寻访以及资料的查阅，我们对李坑村有了较为深刻的认识。李坑村的主体位于一个东西狭长的山谷里，山谷东端是个封闭的盆地，都是水田。两条小溪在盆地里发源，一条向正西，叫上边溪；一条由南侧西流转而偏西北，叫下边溪，两溪在李坑村中心汇合成一条溪继续向西流出村口。而上边溪源于村口的一汪池水，当地人叫"水口"。村民修建了水口桥，认为可以锁住山水的灵气。村庄依水而建，从村口走进去，沿着河边逆流而上，便是村子的中心，也是两溪交汇处。水流是由东向西的，便是当地风水中说的"水向西流必富"。

李坑村为线性布局，以沿河线路作为主干线，通过沿河巷道形成建筑群，并通过各建筑群呈轴线延伸。沿两溪布局的住宅使取水、洗涤变得十分方便，溪水也因此融入每一个村民的生活中、融入村子的生命里。

清清水畔，余晖下洗衣的年迈身影和衣物散落的水渍为村庄增加了生活的诗意；河道比青石板路宽得多，偶尔停泊几只小船、竹筏，时不时地会露出嬉闹中孩子的小脑袋；阳光透过层叠的树枝，留下斑驳的光影……

李坑村景 摄影：王璐

皖南村落的水系在村庄中的重要地位常常体现在与村落的公共设计相结合上。在村子的中心有一个亭子叫申明亭，先前村子里有什么纠纷，村民可以在这里评议；有什么恶行，村民可以写下来张贴在这里，以作惩戒。

而在上边溪和下边溪的交汇处，村子的"地标"通济桥坐落在此，起到了"锁"的作用：两条溪流在这里汇合，风水以为是两水相激，有这桥锁住又有申明亭镇住，便化解了。

李坑村·申明亭 摄影：潘丹璐（2016年7月17日）　　　　　公共空间节点平面图 绘图：黄竞雄

　　村落与山水有机结合，才有了"窗外青山槛外水，山山水水皆入宅"的美好景象。依山傍水，翠微缭绕的李坑；层峦叠障，溪流纵横的婺源，是自然与村落最缠绵的细语。

　　望这山水是这样的灵动青翠，山水魂在这百年建筑中生动游走，如同时间深处飘出一首似曾相识的诗歌，完整得让你忘记了过去与现在。我们在这古镇和山水间飘飘欲仙，成了她最虔诚的信徒。

上晓起村　摄影：杨哲

第8章　聚焦：专题研究 | 203

8.2 古镇情愫，山水有魂：山水格局（下）
Landscape Pattern and Natural Heritage of Huizhou (Part II)

> 人们都说，"如果你要了解一个人就必须到他成长的地方看看那里的山水"。
>
> 徽州之于我，是一个梦。因为只有在梦里，才能见到这样美的山水。闭上眼，我想象着自己是一滴水珠由云里滴落到这片古徽州大地。
>
> 【王璐】

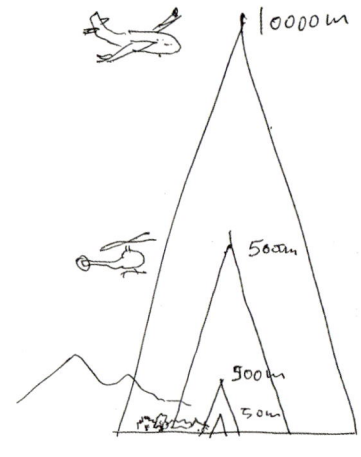

俯瞰意象图　绘制：杨哲

8.2.1 离地一万米

若从客机高度离地一万米往下看，黄山以南，古徽州就坐落在四面环山的平坦丘陵上。可以说，徽州所有的一切都是这片旖旎山水所赋予的。

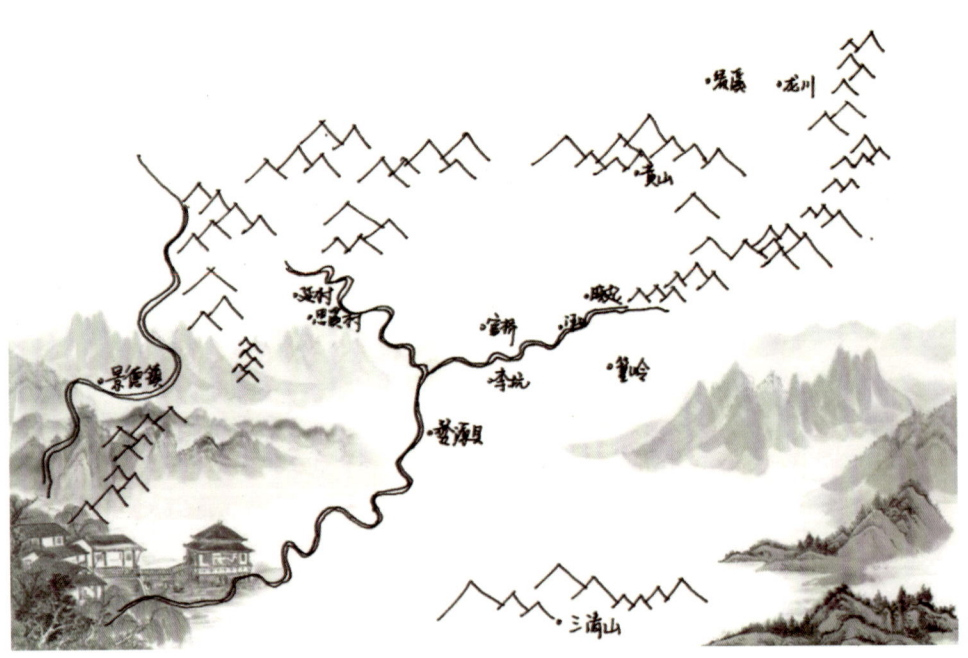

万米俯瞰徽州意象图　作者：王璐

徽州地处亚热带湿润季风气候区,黄山、天目山和白际山脉环绕徽州四周,山脉之间形成休(宁)歙(县)、黟县、祁门等盆地,源于四周山脉的新安江及其众多支流回环全境,形成闭塞而景色秀美的自然环境。

早在南宋淳熙年代,《新安志》上就对徽州有"山限壤隔,民不染他俗"的说法。古徽州四面环山,正是在这种相对封闭的状态中,徽州形成了富有个性的文化与建筑。都说,山里的孩子从小就想走出大山,徽州人也是如此。然而就现在来看,历史上的徽州并不闭塞,这便要感谢徽州的水了。

秦汉时,徽州属于蛮荒的山越之地。自唐设郡以来,由于徽州多山,四周险阻,地势易守难攻,故往往成为避乱入世的理想场所。汉人南迁,江南开发使山越文化和汉文化不断交融。徽州是个高度移民的社会,由土著与历代移民共同筑造而成。徽州土著,"其人自昔特多以材力保捍乡土为称",其山越文化最大的特色便是鲜知礼仪,尚武彪悍。在两晋"永嘉之乱"时,唐末安史之乱时,两宋靖康之乱时,大量中原世族涌入此处,以躲避乱世。正如《新安志·风俗》中所说,"黄巢之乱,中原衣冠,避地保于此,后或去或留,俗益向文雅,宋兴则名臣辈出"。中原文化在徽州得以沉淀保存,并与本土的山越文化交流相容,渐渐形成了独特的"贾而好儒"文化。

8.2.2 离地五千米

下降到了直升机的高度,婺源县被渐渐放大,村落与山水的关系更加明朗。

婺源县今地处江西东北部,总面积为2947.51平方千米(江西省测绘局1984年测定),是赣、浙、皖三省交界,曾属古徽州一府六县之一。东邻浙江开化,连衢(州)、金(华),通江浙;北界安徽休宁,达杭州,入安徽,下浙江,至福州;西南毗邻乐平,通徽、闽;南接德兴,西连景德镇,至饶(州)、鄱(湖),入湘、鄂。

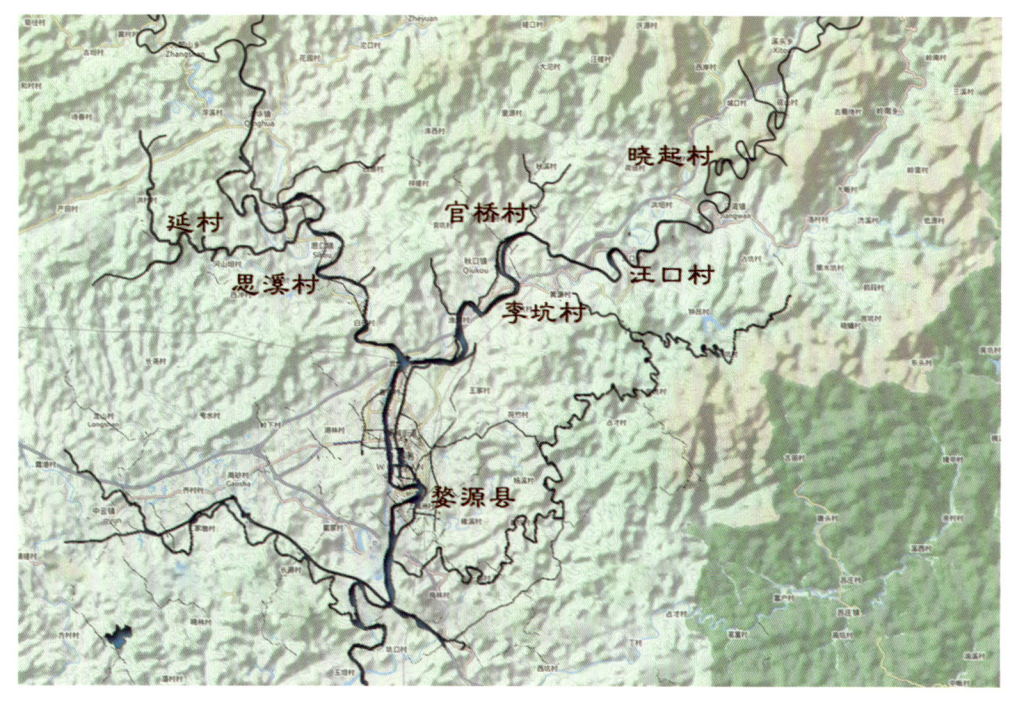

五千米俯瞰意象图 作者:王璐

婺源属丘陵地貌，大范围内没有特别高的山脉，沿河流依山势在谷地平坦处分布着村落。在这里，水源便是一个村子的命脉，故沿着河流，才能有村落。每个村子之间还会相距一定距离，让上游村子的水经过沉淀过滤到下游村子还能依然清澈。

古人汪循诗曰："盘踞徽饶三百里，平分吴楚两源头。"婺源尽管身在重峦叠嶂之中，"舟车之利亦无所用，交通最不便"，却因山多田少，农耕作物不足以满足日常所需，直接促使婺人凭借三省交界的区位优势，往来行商，对连通三省及周边地区的物品往来起着重要作用。在《天下水陆路程》中的《饶州府至婺源县水、陆路》和《饶州府由景德镇至休宁水、陆路》分别记载了两条由饶州和景德镇经婺源县入赣的路线，可以为之佐证。

婺源县河流属于饶河水系，为乐安河上游，河流总长度 516 千米，流域面积 2621.9 平方千米，干流是星江，支流有段莘水、古坦水、武溪水、江湾水、浙源水、潋溪水、高砂水、横槎水、赋春水、长溪水、镇头水 11 条。除大鳙山水东流汇入钱塘江、江湾水自休宁溪西灌入外，其余各水多发源于境内东北或西北山地，其中东部、北部地区天然水系发育旺盛，有段莘水、江湾水两条主要支流，并在秋口汇合，河流湍急，河道运输网络四通八达。

设想，要是徽州没有蛛网密布的水系，将会如何？徽州的历史会改变吗？

回答应该是肯定的。

正是因为有了河运，徽州人才很便捷地走出了大山。他们远贾异乡，奋战商场，在很长时间里创造了经济上的繁荣，也造就了徽州历史上奇特的徽商现象。

也正是因为徽商经济的发展，徽州才变成财富的聚集地。因为水的流动，徽州并不是一个被大山阻隔、封闭的、没有生机的世界，而是一个拥有"东南邹鲁"美誉的文化、艺术宝地。

依旧是因为水的滋养，徽州人温柔、细腻、智慧孕育了胡适这样的大诗人。我想，也是因为这水、这山，令在外漂泊了半个世纪的胡适，心心念念想着故乡，饱含着对故乡浓浓眷恋地说出"我是安徽徽州人"吧。

8.2.3 离地五百米

下降到每个村子充满视野的高度（300～500 米）。村子中沿河道建有主道路，建筑于河旁紧密排列，院落密布，街巷水路纵横，甚至可以看到高高的马头墙。山势较陡如篁岭，村子依河而建如汪口村、官桥村、思溪延村。

五百米俯瞰意象图（汪口村） 作者：王璐

8.2.4 离地五十米

现在的高度，可以平视这一幢幢以黑白为底色的古建筑了。青山绿水下，这里好像是一座露天的古代建筑博物馆，饱经沧桑又平静自得。

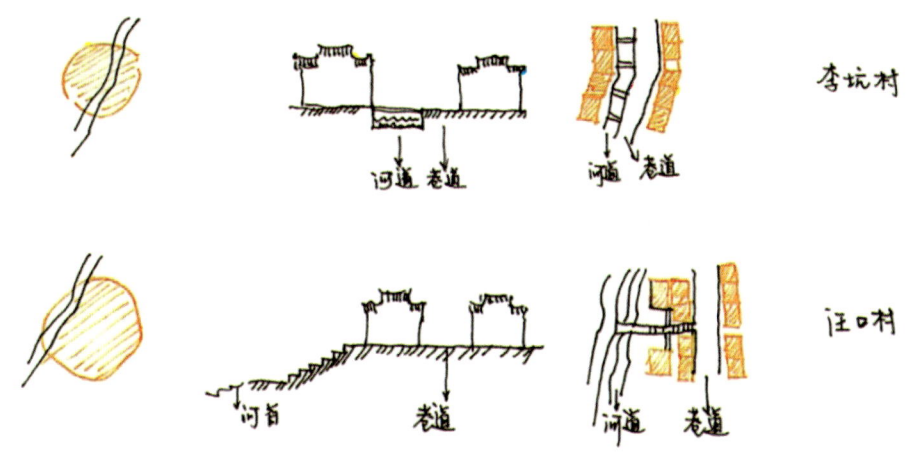

五十米俯瞰意象图　作者：王璐

篁岭民居意象图　作者：王璐

老房子是有生命的，它们仿佛老人却又在生长，怀揣着各自的故事，安静地等你来倾听。徽州古居一般以砖砌外墙，抹上白石灰，以木板间隔室内，房屋为框架结构，牢固可靠。受山间影响，建筑封闭而素雅，用小青瓦而非琉璃瓦，门楼和屋内的石、砖、木绝少用五色勾画，梁栋不用漆油。

> 走了一路才明白，每个村落对他们而言都是独一无二的家乡。他们都是同样的古徽州村落，看得到乡愁，嗅得到生机，却又彼此区别，那么独特。
> 是的，只有了解徽州的山水，我们才会明白徽州的历史，明白徽州的文化。
> 这里，没有复制粘贴。

8.3 在徽言商
Commercial Heritage of Huizhou

徽商文化，是伴随着徽商一千多年的发展史而不断孕育、成长、升华的商业文化，是灿烂徽州文化的重要组成部分，是中国古代经济宝库中的一份珍贵遗产。在21世纪的今天，徽商的兴衰已经成为历史，但徽商文化永远都值得我们不断探索与传承，并将之发扬光大。

作为"山水婺源"实践队"在徽言商"子课题成果总结，本节主要通过回顾徽商的历史，结合实践访谈、思考和阅读所得，浅论旅游业在当今徽州如何"言商"的问题。

8.3.1 浅谈徽商兴衰史

徽商，是以宗族关系为纽带所结成的徽州籍商人的商业联盟（张海鹏、王廷元，《徽商研究》，安徽人民出版社，2010）。其商业活动曾在繁盛时期遍布全国，颇具垄断之势。不可否认的是，徽商的形成与发展跟当时社会经济发展状况的联系十分紧密，为了更加全面深入地探究徽商文化与社会发展之间的关联，我们认为，了解徽商的演变过程是很有必要的。

◆ 徽商的形成

徽人从商的历史可以追溯至东晋时期（梁小民，《走马看商帮》，上海书店出版社，2011），但零散的徽籍商人的出现并不代表一个商帮的形成。

素闻徽州人以贾代耕的原因之一是地理因素。徽州境内山多田少，有"七山一水一分田，一分道路加田园"的说法。走进篁岭村，上百栋徽派古民居在百米落差的陡峭山坡上错落有序，人们称之为挂在山崖上的古村。以耕种为主的村民生活艰难，所以不得不"以贾为生意"（万历《歙志·货殖》）、"以货殖为恒产"（万历《休宁县志·舆地志》）。据《太函集》所载：明朝中叶，官吏频繁登门索税，而歙人吴荣让的家中只有薄田三四亩，其全家老幼食不果腹，处境十分艰难。因此，吴荣让被迫外出经商以谋生，奋斗数年，最终成为家产巨万的富翁（张海鹏、王廷元，《徽商研究》，安徽人民出版社，1995）。

总的来说，徽人从商原因有三，其一正如上文所提到的，为地理因素。徽州境内山多田少，生存条件艰苦，人地矛盾迫使人们将经商作为谋生的主要手段，所以"人到十六就要出门做生意"（艾衲居士，《豆棚闲话》第3回）。其二为环境因素。茶叶、竹木等物产的丰富，便捷的水路交通无不刺激着徽人经商。其三，为思想因素。徽人敢于打破重农抑商的传统，穷则思变，凭借自己的智慧与勤劳开拓新的天地。

2016年7月19日，篁岭村的徽派民居 摄影：王亚敏

2016年7月19日，前往篁岭村的途中所见的徽州村落 摄影：潘丹璐

"前世不修，生在徽州。十三四岁，往外一丢。"民风民俗，陈陈相因，久而久之，徽人从商的风气盛行，为数众多的徽州人以宗族为基础呼亲唤友四处经商，为在各地市场上形成帮伙提供了条件（张海鹏、王廷元，《徽商研究》，安徽人民出版社，1995）。

明洪武三年（1370），迫于北部边防的需要，政府开始实施商人把粮运至边防地区换取盐引（换盐并允许贩卖的凭证）的"开中制"，而直接从中获益的山西商人则最早形成了晋商。明弘洪武二十二年（1389），明太祖朱元璋成功统一中国，这为国内商业发展创造了一个和平的环境。明弘治五年（1492），纳粮换盐引的"开中制"改为纳银换盐引的"折色制"，徽籍商人利用这一时机，把持盐利，迅速发展起来，进而开始形成商帮（梁小民，《走马看商帮》，上海书店出版社，2011）。据歙县《竦塘黄氏宗谱》记载：明朝成化、嘉靖年间，歙人黄豹难以凭借小本经营脱贫，毅然奔赴扬州经营盐业，果然"一年给，二年足，三年大穰，为大贾"（张海鹏、王廷元，《徽商研究》，安徽人民出版社，1995）。

◆ 徽商的发展

所处经商环境是否安定决定了徽商的发展，而徽商作为一个商帮，其兴衰不仅是由其本身经营所决定的，也是与当时政府的政策息息相关的（详见表8.1）。

表 8.1 徽商发展历程

阶段	时间	主要表现	影响因素
兴起	成化、弘治之际到万历中叶（1573—1620）	（1）徽人从商的风气兴盛； （2）徽商经营行业多； （3）徽商活动范围广； （4）徽商财力雄厚	（1）全国统一，经商环境安定； （2）"折色制"的实施
受挫	万历后期到康熙初年（1662—1722）	许多徽商倾家荡产，停止商业活动	（1）封建政权的横征暴敛； （2）明末农民起义军对徽商的打击； （3）明清战争的破坏
兴盛	康熙中叶到嘉庆（1796—1820）、道光（1821—1850）之际	（1）徽人从商风习较之于明代更为普遍； （2）徽商盐商势力的发展； （3）徽商在长江一线商业活动的扩大； （4）徽州会馆的普遍建立； （5）徽商与封建政治势力的关系更为密切	（1）明清之际的大动乱结束，社会逐渐安定下来，生产恢复，人口增加； （2）清廷采取了一些"恤商裕课"的措施
衰亡	道光中叶至清末	（1）徽商的中坚力量盐商失势； （2）沿江贸易无法正常进行； （3）许多徽州富商聚居的村落、城镇遭受战火的洗礼； （4）徽商布商、木商、典商生意大受影响，失去原有地位； （5）商人公所演化为同业公会，并进一步形成商会，久而久之，同行关系淡化了同乡关系，徽商逐渐解体	（1）清廷废除纲法，改行票法，并严追徽商历年积欠的盐课； （2）太平天国革命，长江中下游成为主要的战场； （3）太平军与清军对徽州地区的掠夺； （4）西方列强的侵略； （5）捐厘课税的不断增加

资料来源：笔者据张海鹏、王延元《徽商研究》第一章内容整理。

◆ 小 结

自然条件的压迫、丰富物产的资本、宗族制度的支持、世代经商的传承、政府政策的机遇，使得徽商群体在近代两三百年时间内迅速发展壮大，成为与国家政治集团利益相关的商帮。然而，作为封建政治势力的附庸，徽商的发展轨迹与明清两朝的政治经济形势演变的关系十分密切。当封建势力宣告灭亡、社会性质发生根本变化时，徽商便不可避免地随着封建制度的衰落而解体（张海鹏、王廷元，《徽商研究》，安徽人民出版社，1995）。

回首过去，徽商曾在兴盛时期带动一方发展，甚至因此留下了"无徽不成镇，无绩不成街"的美谈，对社会产生了积极深远的影响。

8.3.2 徽商对当时社会的积极影响

明清时期，徽商活跃于全国各地，盛极一时。在积累丰厚资本的同时，徽商的活动促进了地区商品经济的发展与城市的繁荣，对社会产生了广大深远的影响。因为我们所调研的对象主要是非营利性的投资活动，所以只在此分三个方面来论述徽商对当时社会的积极影响。

徽商行程水路图　速写：谢如昕（2016 年 7 月 21 日）

水流不仅是人口流动、货物传送的便捷纽带，本身也能产出丰富物产和起到很多作用。在人口增长和山多地少的客观环境压力下，受到山林丰富物产和便捷水路交通的启发，徽人弃耕从商，着手水路，东抵淮南，西达滇、黔、关、陇等地，几乎遍及全国，盛时甚至远至国外。到清朝年间，徽商已经在长江流域称雄，沿江贸易很大一部分都操于徽商之手。相比于明代仅有的九江一关，徽商的繁荣促使长江一线新增芜湖关、赣关、武昌关、荆关、夔关五处常关，关税猛增，东西贸易迅速发展壮大。毋庸置疑，徽人的思变，促进了国内贸易由集中在南北运河一线到遍及东西沿江一线的历史进程（张海鹏、王廷元，《徽商研究》，安徽人民出版社，1995）。

◆徽商推动社会进步

徽商的非营利性投资活动主要改善了徽州的教育环境和交通状况。

在实习期间，我们通过采访了解到："十户之村，不废诵读。"徽州人十分重视教育，徽商对教育的投资可谓是不遗余力。无论是在徽州还是徽商经商当地，其对私塾、义学、官学和书院都进行过全方位的资助，此举在多种层面上对当地社会的发展产生了良好的效果（张实龙，《甬商、徽商、晋商文化比较研究》，浙江大学出版社，2009）。而徽商如此重视教育的原因，一方面是希望通过学习改变命运，以跻身仕途，另一方面则是为了在外出经商时以"儒"为外衣，提升他们的社会地位。

至于徽州，其本是一个交通闭塞的地方，徽商致富后，捐资建桥、捐款修路，极大地改善了当地的交通状况，推动了徽州社会的进步和发展。

◆徽商改善社会民生

在儒家"舍利取义"思想的引导下，部分徽商将热心公益当成真正重要的事业来做，以义为利，积极参加各种社会救济与慈善事业，尽其所能帮助弱势群体。

故而，徽商经商一方，往往是造福一方，改善社会民生，赢得"仁义"之名，产生了良好的社会影响（张实龙，《甬商、徽商、晋商文化比较研究》，浙江大学出版社，2009）。

◆徽商影响社会文化

徽商好儒，在积累财富并满足自身物质需求后，其对于文化的偏好促使他们把大部分赚的钱用于各种非营利性投资，以满足自身的精神需求（梁小民，《走马看商帮》，上海书店出版社，2011）。

这样的非生产性投资主要有三方面：一是弄文附雅，建会馆、办文会、兴诗社、蓄戏班、印图书、藏书史、筑园林；二是发展教育，加强对子弟的培养，置学田和义田、办族学、建书院；三是捐资故里，修桥补路、兴建土木、撰文修谱等。

毫无疑问，徽商有力地推动和促进了文化的兴盛，对当时的文化创造、艺术革新、社会风俗都产生了重大影响，提升了徽州的文化层次，促使了独特徽州文化的形成（张实龙，《甬商、徽商、晋商文化比较研究》，浙江大学出版社，2009）。

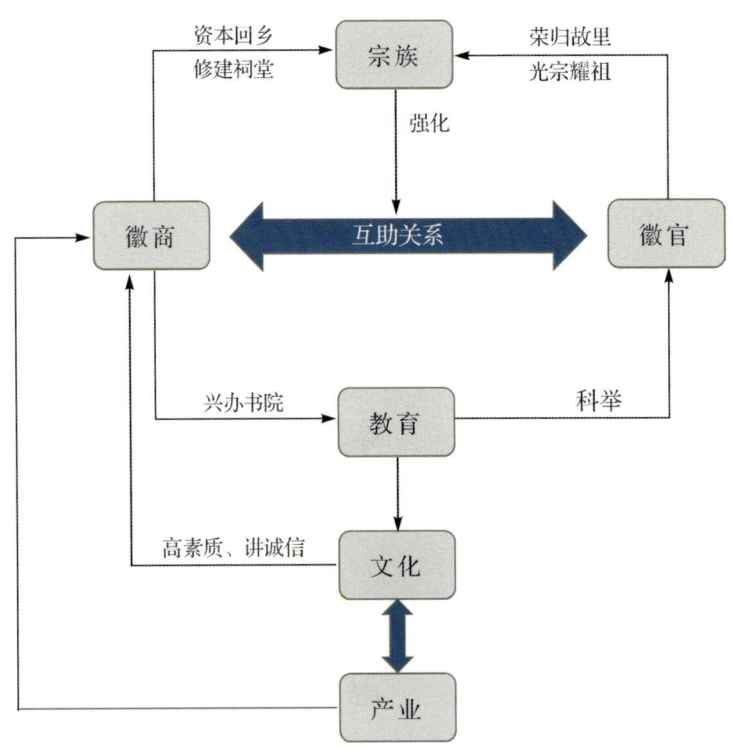

徽文化中宗族、教育、文化产业的关系示意图

来源：邵勇等.区域视角下历史文化资源整体保护与利用研究——以皖南地区为例.《城市规划学刊》，2016年03期.

◆ 小　结

徽商不是以经商盈利为唯一目的的商业群体，他们把贾与儒在真正意义上结合起来，不但在经营性事业中充分发挥儒家诚信的思想，在非营利性投资中也充分发挥了儒家的仁义思想，是当之无愧的一代"儒商"（邵勇、胡力俊、赵洁，《区域视角下历史文化资源整体保护与利用研究——以皖南地区为例》，《城市规划学刊》，2016年3月）。

正因为徽商活跃的非营利性投资活动，才使得今天的徽州不仅拥有大量的物质文化遗产，还拥有不少的非物质文化遗产，这对于徽州乃至全国无疑是一笔巨大的财富。

8.3.3　浅论旅游业在当代徽州如何"言商"

结合实践见闻及资料查询，我们认为，古徽州因徽商而发展，徽商文化在过去对社会发展的影响自然也是很大的。然而，文化的价值不仅在于其历史的意义，更在于其现实的作用。那么，徽商文化对于今天的社会发展是否一样具有影响力呢？

答案是肯定的。

旅游业在当代徽州应如何"言商"？基于这个问题，我们进行了一些思考与探讨。

李坑村的小桥流水人家 摄影：王亚敏（2016年7月17日）

◆基于徽州古村落不同旅游开发模式的探讨

徽商消失了，但其留下的文化是徽州人的宝贵财富，是我国文化中独特的珍宝。如今，开发古徽州旅游资源以带动当地社会发展不失为一种利用徽商文化带动经济发展的好方式。毕竟在以徽商文化为浑厚根基的地区，其与众不同的旅游资源本身就是一笔巨大的财富。

诚然，许多人抨击开发旅游业使当地原本质朴宁静的村镇愈加商业化，认为对村镇而言，这是一种破坏行为。在一定程度上，我们并不否认这样的观点，但我们认为，若不对徽州古村镇加以适当的旅游开发，则很难使村镇快速发展起来。一个发展缓慢甚至停滞的地区势必留不住渴望改善生活质量的居民，一旦当地居民流失严重，又谈何乡魂？

实习途中，我们主要发现了两种不同的旅游开发模式：一是保留村民生活起居，使之与旅游开发共存的开发模式；二是在促成村民整体异地搬迁后，再进行旅游开发的开发模式。

李坑村商业一角 摄影：王亚敏（2016年7月17日）

第8章 聚焦：专题研究 | 213

（1）村民生活起居与旅游开发共存的开发模式（以李坑村为代表）。

李坑村是婺源发展最早的一批旅游景点之一，经过十余年的飞速发展，仍然在村内居住的村民们充分享受到了旅游开发所带来的红利，逐渐富裕起来，并于村内新建了数十栋新房。尽管政府接连下文制止，但每天夜里，村民仍偷偷施工——"夜建一层"，以至于后来景区被关停数月，村民也没有了旅游收入（裴路霞，《篁岭开发是古村生命的延续》，《中国旅游报》，2015年7月8日）。

由此可见，对于与李坑采用同样开发模式的徽州村落来说，若村民对古建的保护意识薄弱，则很难保证村民不会对珍贵的徽派古建做出破坏性的举动，进而导致粉墙黛瓦的徽州人家、古意盎然的徽派古建、小桥流水的生态环境不复再现。

李坑·村民日常Ⅰ 摄影：王亚敏（2016年7月17日）

李坑·村民日常Ⅱ 摄影：王亚敏（2016年7月17日）

（2）村民整体异地搬迁开发模式（以篁岭村为代表）。

为了开发篁岭村的旅游资源，旅游公司让该村村民全体搬迁到山脚的新村居住。有人指出，这样的做法并不妥当，毕竟没有原住居民的村庄便是一个毫无灵魂的空壳，这与"留住乡愁"相悖。

对于这一旅游开发模式，我们一开始也十分不解，直到后来结合资料，才在调研中逐渐了解到：早在2009年，作为一个濒临消亡的古村落，篁岭村内近70%的村民已经自行搬迁下山，半数以上的房屋无人居住，部分房屋已经倒塌。山上饮水困难、地质灾害频繁、农田荒芜、杂草丛生，就连基本的照明用电线路与设备的维护都支撑不起，若不加以管理，篁岭村的消亡将只是一个时间的问题（裴路霞，《篁岭开发是古村生命的延续》，《中国旅游报》，2015年7月8日）。

如今，篁岭的村民全部搬迁到山下的新村中，一方面改善了村民们的生活条件，另一方面也采取措施有效地保护了古民居。所以，篁岭的开发在本质上是对村落的一种保护。

当然，任何事物都不存在绝对的好与坏，篁岭村的开发模式自然有利也有弊。毕竟，存在生活文化的地方，才有乡愁和灵气。即便旅游公司计划通过与村民合作的方式来解决这一问题，但基于目前其计划实施后的效果来看，我们认为与李坑村的旅游开发模式相比，篁岭村的整体搬迁模式在一定程度上迫使了村民的生活与生产的脱离。

如今，原本仅在秋天出现的"晒秋"一景，不再是篁岭村村民生活劳作的一部分，仅作为一种带有布景性质的场景化设计。无论秋天与否，都完美地呈现在人们眼前。如此这般或是打造了"晒秋人家"的招牌，但不可否认的是，村内少了几丝乡愁滋味。

篁岭·晒秋 摄影：王亚敏（2016年7月19日）

篁岭·天街 摄影：叶丽琴（2016年7月19日）

篁岭村现状 摄影：潘丹璐（2016年7月19日）

落寞篁岭 摄影：叶丽琴（2016年7月19日）

（3）基于以上两种旅游开发模式的探讨。

作为旅游开发的直接受益方——旅游开发公司与当地村民，究竟要以怎样的方式才能在保护村庄的基础上使双方的利益达到一个动态平衡，并促使双方为使村落发展得愈加美好而共同努力？

在旅游开发过程中，只有旅游公司一方的努力是不够的，并且，其若仅站在开发者的角度思考问题，难免忽略与村民的互动合作，导致在考虑村民生活与景区的结合时，将自以为好的生活模式强加于村民。因此，我们认为在对村落进行旅游开发的同时，政府与开发方也应当同时进行能够引导村民形成古建保护意识及强化该意识的宣传活动，并在此基础上加强村民对家乡的归属感与认可感，使其自觉意识到保护与发展家乡的重要性。

当村民眼中习以为常的老家不再是老旧与不发达的代名词，当原住居民灵魂深处的乡愁被唤醒，他们会自然地承担起保护与发展家乡的重任。或许到那时，村民与旅游公司才能在某种程度上真正站在同一立场上，共同为了古村镇的未来努力，而不是各自为营，为争夺己方利益博弈。

◆ 针对徽州村落的部分现状所提出的改进建议

由于全队在李坑停留的时间最长，因此我们决定将李坑作为具体调研对象。在调研过程中，我们发现李坑村的部分古建破旧，无人组织修缮；公共空间，如戏台、申明亭等未能被很好地利用起来。于是，基于李坑村的现状，再结合其他村落的情形，我们建议在开发中将旅游发展带来的部分收益返回村落，用于村落的维护与优化，以真正做到开发与保护相结合，并在此基础上结合当地特色，合理设计和利用村内的公共空间，为当地的旅游产业锦上添花。

目前，徽州地区以民居型景点的走马观花式文化旅游模式为主，其形式单一，无法使游人感受到徽州文化更深层次的内涵。对此，我们建议徽州的文化旅游结合当地特色项目，如徽剧、新安茶道、秋千台阁、徽州方言等，使游客深入体会到当地特有的民俗与风情，以更好地满足当今游客的需求。

调研期间，我们发现部分村落拥有大量商贩。在下晓起村游客必经之路的两侧，小摊密布，叫卖着重复率奇高的批发类商品。对此，我们十分不解，作为拥有深厚文化底蕴的徽州的一部分，难道就开发不出可以代表当地文化的独特产品吗？

李坑村·戏台 摄影：杨哲

诚然，当地特产的销售也不是没有，但大量重复出现的批发纪念品难免使人产生疲惫感。另外，过于浓厚的商业氛围易使人不适，商贩的叫卖又直叫人想加快脚步，迅速逃离，更谈不上品味徽州村落的美了。因此，我们建议开发一些适合小摊贩经营的具有当地特色的纪念品，并适当整治村落内的商业经营情况，以避免商业氛围过于浓厚。

太极湖村·秋千台阁展示模型 摄影：潘丹璐

绩溪博物馆·秋千台阁现场照片 翻拍：潘丹璐

◆ 小 结

总的来说，我们认为徽州旅游在开发过程中的大多不足是其整体粗放型的开发模式造成的。

旅游公司盲目地将古村落打造为景区，忽略其本身的特色发展，导致每个景点大同小异，使人顿觉索然无味，十分不利于徽州文化旅游的可持续发展。

如果能够结合各村落特色，将旅游开发的角度由宏观切换为微观，加强旅游管理，坚持做到"保护第一、合理利用"，"规划先行"和"经济、社会、生态环境效益并重"，并大力提倡村民参与（綦少华、李晓琼．旅游业背景下的徽州古村落保护与可持续性发展研究．《建筑科技与管理》2012.4），徽州的旅游产业必定会有很大的进步。

【附录1】"在徽言商"组员心得摘选

本次实习,"山水婺源"实践队共分为四个小组以分别调研四个不同方向的子课题。"在徽言商"小组由七人组成,主要致力于研究徽商文化的兴衰与当地社会发展的关联。实习期间,全组紧跟老师的脚步探寻着徽商的足迹,通过与当地居民交往、查阅资料等方式,一点一滴地了解到村落在徽商文化影响下逐步成长的过程。以下摘选小组成员的个人心得。

在李坑时,我们采访了村里一位德高望重的老人,他的祖上便是经商的。据老人所说,在明清时期,百姓因为战乱,纷纷从各地逃亡到了当时并不富庶的徽州。但是由于朱元璋的老家是在徽州,于是他在此处提拔了好些贤士,为当地的发展提供了有利的条件。当然,除有皇帝这位贵人相助外,徽州人本身不服输,爱打拼,会经营的特性更让徽商在南方的各种商业文化中脱颖而出。想当初,李坑并没有几户人家,正是因为李氏兄弟前来安居落户,打拼奋斗,不断扩大家族,才形成现在的李坑。

我想,那些逃亡至此的百姓凭借自己经商的头脑利用水力、人力、物力不断积累财富,不仅满足了自己的生活所需,还为子孙后代提供了良好的生活条件,将原本人烟稀少的地方变成繁华的村落,这正应了一句老话——"无徽不成镇"。

潘丹璐

李坑是婺源最早开发的一处景区,其民居宅院沿溪而建,依山而立。溪流九曲十弯,街巷也迂回曲折,十几座石桥、木桥连接溪流两岸,构筑了一幅幅小桥流水人家的美丽景色。我认为,李坑的景区内基本维护了村民原本的生活状态,使得整个村庄富有生机与灵性。相比起我以往所去过的景区,我认为这里使人感觉更自然,更有人情味。

詹丽娜

这一路走来,收获了友情,增长了见识,开阔了视野,这都是我们在书本上难以获得的。这里民风纯朴,文风鼎盛,处处都有名胜古迹。但是,李坑村的开发单调,精品民宿很少,当地旅游产业单一,这是李坑村的一大弱势。我认为,古文物确实是需要被保护的,但若只停留在被保护阶段,无异于看着它慢慢被时间侵蚀掉,倒不如在保护的基础上加以发展,才能跟得上时代,不至于让资源浪费掉。

通过与杨老师的交流,我认识到:李坑村的居民老宅普遍破旧,应该进行修缮维护,尤其是对于那些有历史文化底蕴的古宅,更应采取保护措施。而村内原本的公共空间,如申明亭、戏台等,则应该想办法好好利用起来,若能再将牌坊文昌阁一带的环境进行优化,以及利用好高铁大桥下的民居群落,李坑村的旅游产业定会有所发展提升。

李瑞瑞

如今，李坑村、篁岭村、晓起村等村子皆因地制宜地开发了旅游业，每天都会接待大量的游客。开发旅游业原本是传播徽州文化的一种很好的方式，我却发现在这些开发了旅游业的村里，用相同的推销方式卖着相同商品的众多商铺所呈现出的商业气氛过于浓厚。以晓起村为例，从游客中心进村之后有一段必经的亭廊，在我们经过时，两侧的摊贩便开始推销，卖的东西却千篇一律，不外乎梳子、扇子和一些饰品。进村之后更是如此，大街小巷的店面卖着重复率很高的东西……整个村落已经展现不出原来的面貌。

能够生活在古建遍布的村里本应是当地人的福气，而不应该变为他们就地发财的一种资本。所以，我认为，在规范游客游览行为的同时也应该整治一下村落的商业情况，让它不再那么喧宾夺主，不再那么吵嚷。

叶丽琴

渊远历史长河中，徽商是一道独特的风景，其所铸造的儒商精神，把实践儒学道德规范作为商业理性的自觉追求，注重自身形象的树立，对今天行商具有启迪意义。然而在实习期间，我们所到的村庄里，几乎都是卖菊卖梳之类的商贩。令人瞠目结舌的是价格不一、真假不定、良莠不齐，商贩们却都很有"诚意"地自吹自擂。所以我认为，对"儒商"文化的呼唤与继承确实非常重要！只希望在水流孕育下温润如玉的人们能够在发展旅游业的大背景下，按下自己浮躁贪婪的内心，重拾徽商精神，在创新的同时保留当地珍贵特色，采用合理健康的方式发展当地经济。

苏娜冰

在旅途中，我也多了一些思考：婺源的未来会怎样？

在远离人迹的青山间，一座座新式建筑蓦然出现，却千篇一律地盲目模仿着白墙黛瓦的古徽派建筑，铝合金防盗窗、罗马柱阳台、玻璃阳光房混杂着黑白辉映的徽派风格，使得建筑整体给人的感觉不伦不类。是否要为了建筑风格的统一，便盲目地将徽派风格生硬套用在新式建筑上？这也许是城市的规划者、建筑者需要深思的。而在目睹了乡村中以落后的农耕和小作坊手工业为主、旅游业营收较低、旅游景点前摆满千篇一律的义乌小商品、旅游从业人员的素质良莠不齐和旅游项目缺乏创意的情景后，我又陷入了困惑。怎样才能挖掘出徽州大地的文化内涵，并将其融入旅游资源中？怎样才能不辜负这绝美的自然风光和悠久的徽州文化，让旅游产业成为支柱，带动徽州地区的发展？

我想，如何让这片因徽商兴盛而通达又随徽商没落而黯淡的土地再度沸腾起来，是留给城市规划者的一个难题。

刘盈娴

正如陆游昔日所吟："纸上得来终觉浅，绝知此事要躬行。"实践经历为我所带来的不只是徽州秀丽的风光与其独特的小吃，也不只是与村民交往过程中的快乐与收获，更多的是我被途中种种相遇的美好所触动的对乡愁的追寻与思考。

何为乡愁？作为城乡规划者，又该如何看待"乡愁"二字？我曾一度认为，留住乡愁便是保持住原住居民在某一时期的生活状态。直到后来，我才在不断的行走中认识到：在宏观上，万物都是动态的，是处于不停的变化状态中的，古村镇居民的生活状态亦如此。毕竟人人都有权利追求更为舒适的生活方式，一层不变的生活状态是不可能存在的。除非那只是一种被搬上了名为"景区"的舞台的表演，就如篁岭村的"晒秋"一般，成为缺乏真正生活文化的被凝固了的布景。私以为，人们在被固化了的场景剧中是找不到真正的乡愁的。

既然乡愁来源于生活，而生活又是处于不断变化的状态中的，那么我认为，乡愁是存在于变化的生活中的一种动态情怀。至于如何引导居民的生活方式，使当地的传统文化在不知不觉间以合适的方式融入变化之中，我想，这是城乡规划者应该不断进行探索的研究之一。

王亚敏（组长）

李坑村·戏台　摄影：叶丽琴

【附录2】采访实录

被访者：退休教师李爷爷、写生基地的李老板。
采访者：潘丹璐、王亚敏。
采访地点：李坑村的李爷爷家中。
采访时间：2016年07月20日21：00

采访者：请问李坑是怎么发展起来的呢？

李爷爷：李坑也是靠徽商发展起来的。如我家祖上就是徽商，而且可以追溯到明朝。那时我们做的是化工颜料，就是给纺织丝线染色用的染料。我们让铁在不同的霉菌中生锈，然后分别收集得到红色的霉菌和绿色的霉菌，再制作成红绿两种染料进行贩卖。李姓是李坑的大姓，那是因为从前只李家一家迁到了这个地方，后来通过世代经营，李氏家族越来越兴盛，人口逐渐增多，最终形成了李坑村。如今村内姓李的人都是当时李家的子孙，非李姓的人则是李家的家仆与佃农。汪口村的发展亦如此，在那里，汪姓则为大姓。

采访者：原来一个家族的力量那么强大！那这儿的徽商一般是怎么把货物运输到其他地方的呢？

李爷爷：这几天你们也去了挺多个村子了吧，有没有发现我们的村子一般都是临水临山而建的？我们徽商利用这些水路、山路把商品运输出去。拿汪口举例，他们村前的那条河就曾经是一条重要的运输水路，那时汪口相当繁华。

李老板：在我们这里，有一句古语：前世不修，生在徽州。十三四岁，往外一丢。我们徽州的孩子很小就会外出打拼，等到一定年纪后就结婚，生了孩子后，还要接着出去打拼。所以我们徽州的女子非常贤惠，吃苦耐劳，总是一个人担起一个家，照看老人和孩子。

采访者：想来徽州的女子确实是挺辛苦的。这几天参观村落，我对徽州的建筑细部十分感兴趣，特别是文墙与武墙独特的样式使我十分好奇，你们能为我们讲解一下吗？

李爷爷：我们这边家家户户都紧挨着，如果发生火灾的话，火势极易连成一片。于是，我们在每栋房子中间建起了马头墙，为了美观，又在马头墙上做了各种装饰，一头是文墙，一头是武墙，一文一武，寓意文武双全。

采访者：原来如此。那为什么徽派建筑的窗户做得很小呢？

李老板：那也是我们徽州的特色之一。徽州男人一出去就是几年，女人在家里可能会遭贼，可是女人的力气一般都敌不过小偷，把窗户做小，就能防止小偷进到家里偷东西。还有一个蛮有意思的习俗：如果家里有外人来拜访，这个外人又是男人，女主人就会摆出一半的桌子，代表家里的男主人不在，这样客人就会离开。如果家里的男主人在，那么整张圆桌都会摆出来，客人就能进来家里拜访了！

采访者：原来这儿桌子的摆放也有讲究，真的很有趣。

李爷爷：徽州人是很重视教育的。有一句话叫"十户之村，不废诵读"，也就是说，即便是在只有十户人家的小村庄，也能听见郎朗的读书声，这正是对我们当时徽州教育的真实写照。

采访者：没想到在徽州连十户之村也不废诵读，徽州人对教育的重视程度可想而知。那么，徽商是怎么没落的呢？

李爷爷：徽商毕竟是封建商人，是依附于封建政治势力的商帮。清朝灭亡后，徽商自然也就没落甚至消失了。在那以后的一段时间内，我们徽州人的日子都过得十分艰辛。我还记得在我小时候，食不果腹是常态，没有鞋子，我们就用稻草自己做，但即便是用稻草做的鞋，在那时也是十分珍贵的。

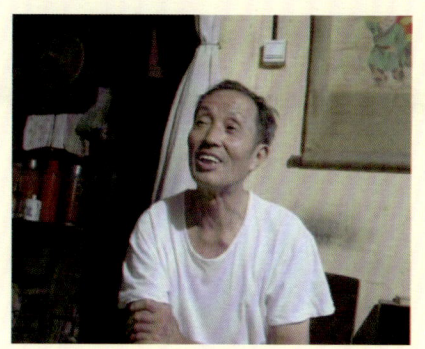

正在接受采访的李爷爷
摄影：王亚敏（2016年7月20日）

采访者：原来如此，那时候的日子真的很艰难。不过值得开心的是，现在徽州的社会经济在不停地发展，人们的日子也越来越好了。请问您是如何看待徽州的旅游业呢？

李爷爷：旅游业使徽州富裕了起来，这对我们来说是好事。

采访者：您认为旅游业的开发有没有破坏李坑的环境？

李爷爷：在一定程度上确实如此，毕竟一件事情的发生总是有它的好处，也有它的坏处。但是时代是变化的，李坑也得做出相应的改变才行。只要开发力度控制在一定范围内，我相信这算不上是对李坑的破坏，反而是在促使李坑发展。

采访者：是的，我们也认为，如果对村庄的开发得当，对村庄反而是一种保护。感谢你们接受我们的采访。

篁岭村五桂堂的小窗 摄影：
王亚敏（2016年7月19日）

汪口村：文墙·武墙 摄影：王亚敏（2016年7月21日）

8.4 徽写韶华
Cultural Heritage of Huizhou

清晨，瓷匠抬起小臂用搭在脖子上的汗巾拭去汗水，木匠借着透过花窗的阳光在方寸中用刻刀遣词造句，百姓在白墙黛瓦中架起炉灶，繁衍生息。里巷歌谣，父老转相传过，樵牧赓和。

南山顶上一株茶

阳鸟未啼先发芽

今年姊妹双双采

明年姊妹适谁家

当歌声在时代蜿蜒的巷弄里渐息，匠人们猛地一抬头，才发现语境已经悄然发生了变化。

汪口村木雕师傅 摄影：杨哲

景德镇的瓷匠 摄影：黄沣爵

8.4.1 认识非物遗

认识事物有许多维度，时间与空间是其一。非物遗便是这泱泱中华史沉淀后的坐标，描述着历史变迁、时代更迭。非物遗又是浩浩神州版面上散落的具有民族性的点，有的甚至代表了这个空间里普适的生活规则。这便是非物遗，属于我们的民族文化基因。

◆ 徽州三雕

徽州自古多巧匠，徽州三雕是中国古代劳动人民智慧的结晶。这次认识实习我们有幸走进李坑村一睹木雕之精美。遗憾的是，我们未能有机会亲近石雕与砖雕，故而下面仅从木雕来一窥徽州匠人之匠心匠意。

在李坑探访时，我们远离市井，闯入弄巷，发现了一座静穆端坐的老屋，精美的木雕从立柱向上延伸到窗户、横梁。巧匠们用行云般的刀工，微妙的镂雕，细腻的圆雕为我们讲述了中国古时的名人典故、神仙故事，以及具有象征意义的花鸟鱼虫。细细观之，人物动作、表情栩栩如生，虽线条粗犷古朴，但形式充满创意，具有生气。

篁岭木雕 摄影：黄沣爵

在老师的带领下，我们拜访了汪口村中仍在坚持木雕手艺的一位老人家。尽管是白天，但老人家搭的简易工作室里仍需接着电灯才能满足工作的需要，大家走进小木屋便显得拥挤不堪，伸不得腿脚。我们在一旁看着老人手持刻刀，把时间凿在木头之上，而时间也反过来，雕刻着匠人的手，经络分明，散布木屑。

通过资料查阅，我们得知徽州木雕始于宋代，盛于明清，与以程朱理学为依归的徽商有着直接的关系。当富甲一方的徽商们荣归故里，大兴土木，便成了徽州木雕艺术得以发展的温床。

儒家思想在徽州宗族社会中备受推崇，故而成为徽州木雕艺术的审美标准和审美基调。宋以后，新安理学的兴起渗透入徽州社会的各个方面。因此，我们常见徽州木雕在题材上都带有三纲五常和三从四德的伦理色彩。另外，徽州木雕同时具备物质上的实用与精神上的审美双重功能，融入了庶民百姓的价值观念。潘鲁生、唐家路认为"民间审美意识以实现生活中主体的人生要求和生命需要作为自己的审美理想，以主体自身的功利意愿为审美选择和审美标准，并将自己征服现实、向往美好生活的理想和意愿诉之于审美形式"，所以在雕刻艺术中我们常见祈福延寿的"蝙蝠""寿星""松鹤""天官赐福"；体现读书科甲的"状元及第""五子登科"；反映田园隐士生活境界的"四爱图"（"茂叔爱莲""渊明爱菊""浩然爱梅""羲之爱鹅"）等（刘明来，《论徽州木雕艺术的文化内涵与美学特征》，《南京艺术学院学报》，2009，6：123-125）。

于是，通过这些符号化和程式化的视觉语言，施以落落大方、一气呵成的刀刻，一件件朴素淡雅、温柔敦厚的木雕便呈现在眼前。这，就是徽州木雕，生活源头的汨汨活水。

◆ 景 瓷

时空上景德镇以山为城，以水为池，临河筑窑、沿窑成市、集市成镇，街市走向与昌江流向一致，由北向南，纵列式发展，浓缩了古代工业城市的特征。景德镇"列市受廛，延袤十三里许，烟火逾十万家。陶户与市肆当十之七八，土著居民十之二三。凡食货之所需求无不便"，成为中国陶瓷非物质文化遗产的根本标志和时代特征。

景德镇陶瓷行业以血缘、地缘、业缘为基础，发轫于南宋，活跃于明中叶，鼎盛于清乾隆年间。作坊里"陶工、匣工、土工之有其局；利坯、车坯、釉坯之有其法；印花、画花、雕花之有其技，秩然规制，各不相紊"。除了纵向的有序分工，在作坊之外还形成了森林—矿物—坯坊—窑房的垂

景德镇古窑民俗博览区一景　摄影：黄沣爵

直分布格局（詹嘉，何炳钦，《非物质文化遗产保护和发展——景德镇陶瓷的特征与功能》，《文艺争鸣》，2010，22：129-130）。

时间移至近代，由于中国瓷器在国际声名鹊起，为满足仿古瓷需求，景德镇重新开窑。而后，来自全国各地的学生带着自己的创意与传统工艺相结合，另辟蹊径，将陶瓷由庙堂带入寻常生活。陶瓷手工业能传承下来，靠的不仅是民间手工艺的传承，还有不同地方不同年龄阶层对这项技艺的认可和赋予的新内涵。

◆ **宣　纸**

当我们一路走到绩溪龙川，澄心堂的工作人员便热情地把我们迎了进去。前脚刚跨进门槛，扑鼻而来便是浓浓的纸墨香，在这里，我们观赏了用龙须草制作宣纸的工艺流程。龙须草状如龙须，细长柔韧，极富弹性，拉扯不断，是制造澄心堂纸的主要原料，故眼前此景又称"龙草澄心"。匠人们手艺娴熟，烂熟于心，彼此操作好似相互咬合的齿轮，有条不紊。眨眼间，方才絮状的、无组织的一池龙须草中便凝出一张薄薄的宣纸。

墨韵万变，纸寿千年。宣纸生产历史悠久，最早关于其的记载见于唐代学者张彦远的《历代名画记》："好事者宜置宣纸百幅，用法蜡之，以备摹写。"而关于澄心堂，北宋扬州太守刘敞上任时有幸得到百张澄心堂纸，写诗道："当时百金售一幅，澄心堂中千万轴。"

自然，我们眼前的造纸操作只是删繁就简后流程的其中一部分。传统宣纸制作工艺复杂，有"片纸不易得，操作七十二"之说法。值得说道的是，宣纸制作工艺作为中华民族非物质文化遗产组成

部分的同时，还肩负着向后人、后世传播、传承文化之重任。纸寿千年，说的不只是宣纸与时间的抗衡，更是一部悠远的华夏文化传播史。

8.4.2　非物遗的产生与发展同一定的自然社会环境关系密切

我们可以把非物遗看作某个特定的历史条件下、特定的历史时刻中凝成的琥珀，因此，非物遗的产生与发展必然同一定的自然环境及社会环境有着密不可分的联系。

在田野调查中，我们了解到景瓷的独一无二离不开高岭土，木雕的精美多赖樟木、银杏而得以保存，龙川宣纸则因当地的龙须草而尤为柔韧，宗祠样式与雕花图案因族人在朝之官位高低而不尽相同。一个地区特有的自然环境与社会环境孕育了特有的文明，而存在往往留下印迹，于是便有了属于古徽州的非物质文化遗产。

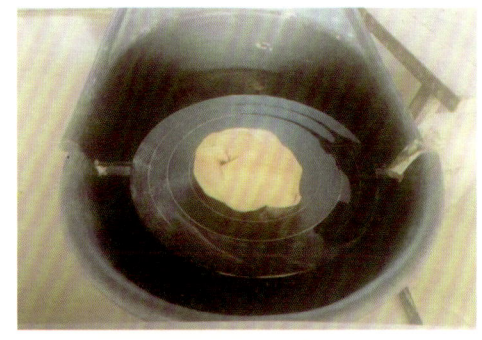

景瓷所用的高岭土　摄影：黄沣爵

斗转星移，非物质文化遗产就好似一次生态演替中的有机质或者葆有生命的孢子和种子，全球化与"互联网+"时代的来临就好像我们文化的一次演替，同生态演替类似的，新的土壤虽然充满着不确定性，但往往能在薄冰中孕育出更高级的生命（方李莉，《论"文化生态演替"与非物质文化遗产传承的关系》，《美术观察》，2016，7:8-10）。

然而，只把文化演替定位在社会时代变迁则太过于笼统。还应该注意到的是，大众审美与审丑观的变异性，传承人对自身角色的定位以及政府在其中扮演的角色等。在这个人人都可以是自媒体的时代，反倒让有些吆喝了百年的金嗓子失语了。

我们的非物遗，从不缺故事与技艺，只有探索世界频率，方能与百姓的生活共振，找到适合当下语境的发声方式，让故事有人续，技艺有人承，歌谣有人唱。

汪口村俞氏宗祠中的樟木梁柱、银杏木大梁
摄影：黄沣爵

8.4.3　非物遗的传承之路——以景德镇为例

非物遗的产生顺应了当时社会的某种需求，具有一定的社会生产属性。要想更好地传承非物遗，并且不断延续和提高它们的生命力，就要从生产源头进行探求，确立传承、保护的手段。"在不同的时代、不同的社会，非物遗的创作生产、表演生产、传播生产都应该有所不同，这样才能留有生存和延续的空间。"（白玮、宋详，《非物质文化遗产保护与传承再识》，《社会科学辑刊》，2016年第6期）

在我们看来，景德镇在非物遗传承方面，无疑是成功的。究其原因有三：

（1）名片与品牌的建立。景德镇从东汉末年开始烧瓷以来有近2000年历史，几经波折，直到中国瓷器在国际声名鹊起，为满足仿古瓷需求，重新开窑，陶瓷由此从庙堂走入寻常百姓家。说起来也令人扼腕，中国美食老字号遍地开花，而号称瓷国，却暂未有一个超过百年的陶瓷品牌。但至少，我们看到了景德镇正努力地向四方宾客递上青花名片。

第 8 章　聚焦：专题研究

（2）工业旅游的发展，政府极大拉近了非遗与百姓的距离。当体验拉坯工艺的我们扒拉掉手上的泥巴感慨道"原来这么难"的时候，这种交互式的体验便获得了胜利。想让非遗多些活力，不妨试试多沾沾人气。

（3）让人们看到实证的传统时也给人展现了可期的未来。古窑的根要守住，窑神童宾仍应供奉。与此同时，全国各地各个年龄阶层的人带着自己的创意与手工艺相结合，另辟蹊径。古窑与陶溪川，一个原汁原味，一个多姿多彩。陶溪川的改建，让一座废弃陶瓷厂的前世今生都留在不同年龄人的回忆中，用另一种方式延续它的使命。以瓷为媒，文化为桥，便是陶溪川式的非遗传承。

2016 年 7 月 23 日，景德镇陶溪川写生场景　摄影：杨哲

与之相比，表面上，没有文艺书店、小资咖啡伴生的木雕、徽墨等传统工艺就显得有些提不上气。我们的足迹到访过汪口村里在自家庭院搭起工作室的木雕老师傅，也临摹、近距离观赏过那些在木头上演绎的栩栩故事。然而一件木雕作品的诞生需要极高的专注力与学徒时期大量的时间投入，这使得木雕手艺的传承显得举步维艰。老师傅能安于一室之内专于手艺固然令人仰视，然而，好似有一层茧，对待传统，我们也该有所破，方能有所立。

景德镇的成功并非不可复制。作为学生的我们更希望在不远的将来，手工匠人们能走出工作室，走上讲台，像纪录片《我在故宫修文物》里头的那样，匠人们拿起工具、文物，谈起手艺、生活，便能在我们眼前拉出一串与我们似远似近的故事。

陶溪川陶瓷集市、历史建筑保护　摄影：杨哲

8.4.4 非物遗传承与旅游开发体悟

在这个任何事物都能变现的年代，人们自然不会忽视非物遗的旅游开发价值，通过资本的良性循环来帮助非物遗更有效地传承。然而，同样需留意的是，非物遗是一种敏感脆弱的资源，开发不当可能会造成无可挽回的后果。

通过我们的调研发现，赣北皖南一带非物遗主要围绕"古徽州"主题进行旅游开发，以乡镇为载体，形成多条徽州特色的主题旅游路线。其保护方式多以划定风景区域，保留原住民生活，以此来缓冲开发所带来的影响，协调保护与开发之间的矛盾。

非物遗包含经济价值、文化价值、艺术价值、精神价值等，其中，文化价值与艺术价值是非物遗的核心。而艺术与文化价值需要以一种吸引人的表达方式来推广，在古窑作坊里的一曲曲瓷乐演奏，DIY工坊里的各异造型，以一种直观的方式让非物遗给受众做着动听的自我介绍。旅游开发中，就应多些主动的腔调，少些生硬的讲解，由此增强不同社会群体对非物遗的认同感。

印象最深的，便是篁岭顶上的晒秋胜景。觉得这座小村庄有着两面，朝阳的一面阶梯上升，家家户户从阳台窗户架起木杆，摆上粮食，迎接丰收。另一面，朝着街巷，粉饰窗户，咖啡小吃，招待来宾。

旅游开发和城市发展的需求可能会导致千村一面。白墙，青瓦，马头墙，然而非物遗，这道穿越历史的乡愁，才是串联起这些立面元素的灵魂。只有匠人们还在打磨着作品，马头墙才是马头墙，徽州，才是徽州。

木雕作品 摄影：赵阳

篁岭木雕 摄影：杨哲

8.4.5 尾 声

有人说，所谓传承，是有所继承，有所调适。继承的是技艺与精神，而突破的是理念和工具。

理想中的非物遗传承，需要这么一座理想中的城和一群充满理想的人。在这座城里，故事有人续，有人听；技艺有人承，有人传；歌谣有人唱，有人和。

8.5 一落一户
Layouts of Huizhou Settlements

"一落一户"小组聚焦皖南古村落特有的内部布局结构，在了解调查出村子建筑的分类和布局特征后，找出聚落空间的规律。基于寻常百姓住家背景下的村庄肌理，对过去大户人家（乡绅）宅院的分布、间距等特性进行调研，以达到对传统聚落特征的突破性认识，为我们今后的规划设计过程提供新的启发与思路。

8.5.1 村落院落布局与外部空间

外部空间，即建筑外面的空间，"外部空间是由人创造的有意义的外部环境，是比自然更有意义的空间"（芦原义信，《外部空间设计》），是人类公共活动、交往和生活的一个载体。徽州古村落的外部空间包括聚落内部以广场、街巷、庭院为代表的"生活空间"，聚落周边以田野、水塘等乡土景观为代表的生产空间，以及聚落所处区域以山川湖泊等为代表的"自然空间"（陈晶，《徽州地区传统聚落外部空间的研究与借鉴》）。本节主要研究古村落中的建筑单体以及单体间联系，所以我们选择第一类"生活空间"进行重点论述。

徽州古村落多位于山水之间，建筑依水而建，沿河分部，并列成群，建筑群与自然山水形成的水边、村口以及家门口的空间是村民们较常利用的公共外部空间。而由于古徽州人家庭观念较强，建筑样式也多为高墙深宅，因此，徽州古村落中的建筑庭院以及串联建筑单体的街巷空间才是徽州古村落中最具特点的外部空间。

徽派建筑中庭院之于建筑的意义相当于城市中广场之于城市的意义，是家庭内部公共活动的中心。徽派建筑中的庭院以天井为主，少数建筑（如婺源李坑村武状元故居）由于地理位置或主人身份等特殊原因形成特殊形式的庭院，因此多数徽宅中庭规模较小，多缀以简单盆栽花木，宁静安逸。徽州传统庭院中的内外界定不明确，链接内外空间的灰空间占据了首层平面的绝大部分区域，廊檐空间是这一部分灰空间的代表，妇女做家务、儿童嬉戏等多发生在这种空间。另外，由于"烟囱效应"，徽宅庭院还是有效的"气温调节剂"，明显减小了建筑气温变化的幅度。

徽州古村落中的街巷空间也非常有地域特色。徽派建筑的墙很高，因此徽州古村落的街巷由一堵堵没有表情的高墙围起，奇怪的是，街巷空间却并不乏味。这主要有几方面原因：首先，街巷的宽窄始终在变化，窄的地方仅够两人并排而行，而宽的地方则如广场，加上地面砖石随意铺装，给人以灵活多变、生机勃勃的空间感受。其次，徽州古村落的街道立面变化也很多，每栋建筑的立面设计与主人的喜好有关，加上错落有致的马头墙，街巷的立面以及天际线也灵活多变，极富生机。最后，街巷上小装饰中透露的历史文化和人文情怀也让这个空间更具有趣味性。

8.5.2 单体建筑空间格局

徽派古代民居大部分为楼式建筑，具有庭院式的格局。最基本的建筑是"三间式"，即中间厅堂，两侧厢房，楼梯在厅堂前后或左右两侧，厅堂入口前会形成一个内天井，前厅入口处的大厅多为明厅，两根大气的圆柱指引两廊，面对天井。这是最基本的传统徽州建筑的单体。在此基础之上，还会由房屋组合发展出其他形式，比如"四合式"。"四合式"分为大四合和小四合，分为前厅和后厅，前厅是"三间式"，后厅也是"三间式"，前后两厅以厢房相连。根据后厅的进深大小、天井的大小区分大小四合式，小四合后厅进深较小，天井较窄，中间明堂不能作为客厅。"四合式"多是家族人口较多、家族比较昌盛的宅子（王兆祥，《徽州民居建筑之美》）。

楼式建筑的二层阁楼多为女性闺房，上阁楼的楼梯小巧，十分陡峭，踏步的宽度仅仅可以容下一双小小的脚。现代人上下楼梯颇为困难。阁楼上布局隔间也很小，在前厅天井的上方会有阁楼的美人靠和窗户。似乎可以想象待嫁少女在闺阁闲倚偷瞄阁楼外的场景。

李坑村李瑞材故居 摄影：杨哲（2016年7月18日）

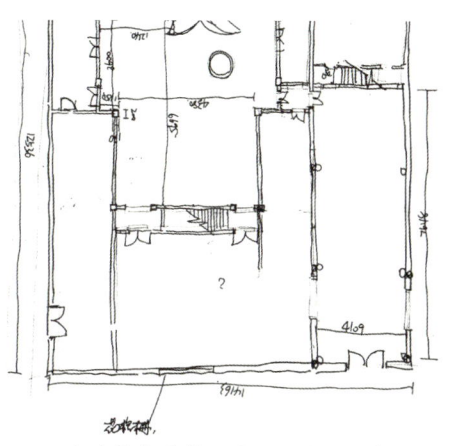

李坑村李瑞材故居测绘平面图手稿
绘制：一落一户小组（2016年7月18日）

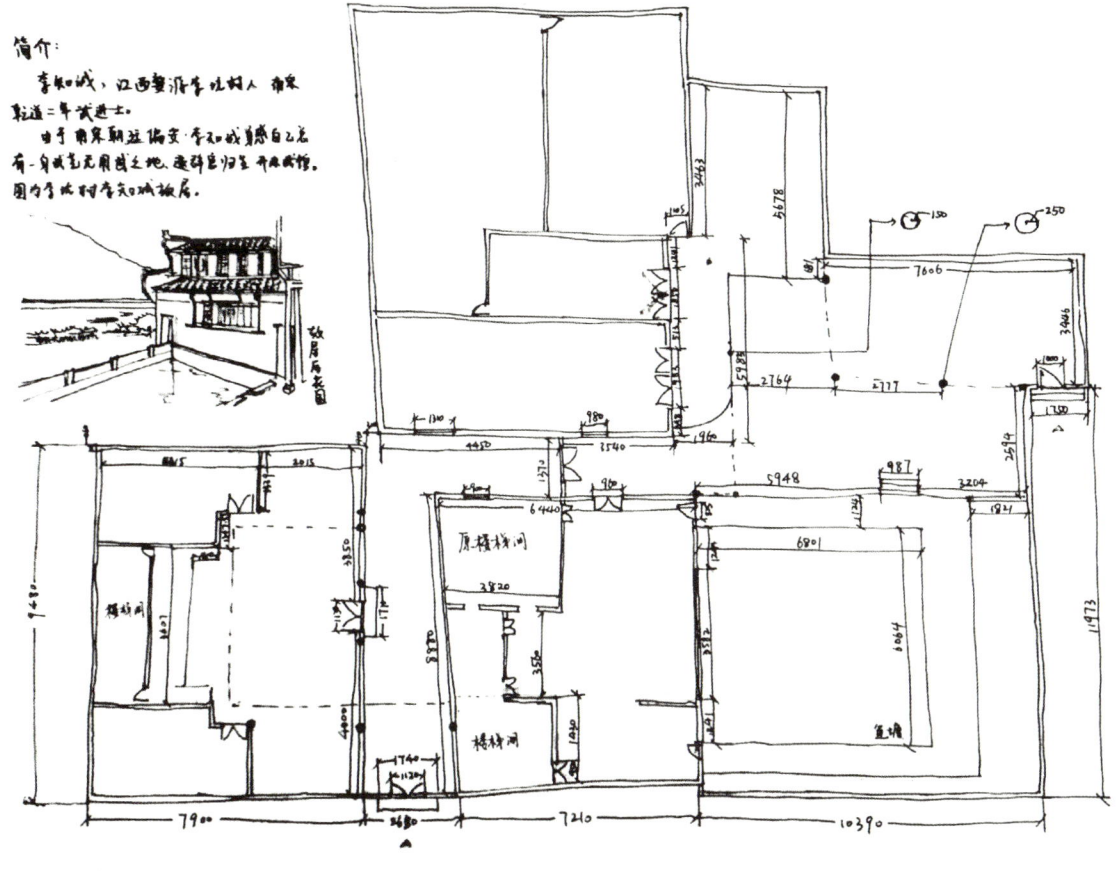

李坑村李知诚故居（状元府）测绘平面图手稿 绘制：一落一户小组（2016年7月18日）

8.5.3 祠堂建筑的格局分析

提起徽州古村落就不能不提村落中地位最高的建筑——宗祠。古徽州人聚族而居，有强烈的家族血统观念，因此，宗祠在徽州村落中有极高地位，表达了村中居民对祖先的崇拜，记载着徽州大家族的兴衰史。

宗祠集中地体现了古徽州的人文思想，是徽派建筑之典范，宗祠往往恢宏大气、庄严肃穆，高度比一般民居更高，空间也更加开阔。我们去的几间宗祠有着相似的布局特点，主体与民居类似为三合院，前厅有天井，一进为门楼，二进为享堂，即宗祠主体，用来祭祀祖先和处理本族大事，三进为寝殿，供奉先人牌位，一、二、三进地面顺次抬高。宗祠内部的柱梁门窗均有大量"三雕"装饰，雕刻精细华丽，主题鲜明，如胡氏宗祠一组木门上的雕刻以荷为题材，表达和顺、和谐、和美等意义。除雕刻外，祠堂内的一砖一瓦一草一木也大都有着自己的寓意，如胡氏宗祠内为了表示丁氏对胡氏一族的贡献，特地于胡氏宗祠旁建了一个相连的丁氏宗祠，又采取地面抬升的方式以抬高丁氏的地位，同时屋顶降低以彰显胡氏地位更高。这一升一降生动反映了古代儒学核心文化的寓意深刻和世俗有趣。

汪口村俞氏宗祠的五凤门楼 摄影：杨月恒（2016年7月21日）

8.5.4　徽州建筑细节特点

◆ 天　井

天井是徽州建筑的一个标志性特征，徽州天井集储水、采光、通风、消防等功能于一身，是徽州特殊地形特点、气候特点及传统观念下的产物。

徽州天井形式上主要是四周的屋顶向院内披水，呈井口状，院内地面铺石板、设凹槽形成井状空间，水顺排水口流进地下，有四水归堂、财源广进的吉祥寓意。徽州人家族观念极强，家中子孙娶妻生子往往不另立门户，而是向纵深发展，加设新宅，以天井相连，因此常常形成巨大的建筑群，据说甚至有"三十六天井，七十二明堂"的巨大宅院。

徽州天井往往尺度不大，面积很小，加之周围墙高数仞，上檐出挑，更显狭窄，这样的空间静谧深沉，颇有井的韵味。高墙小天井，这样的搭配对于擅经商不缺钱的徽州人来说，一定有特殊的意义。高墙是由于徽州处山地，家中男丁常外出经商，为保护家中妇孺，故设高墙。另外，徽州地处山区，耕地资源较少，为了不侵占良田，宅院多依山而建，小天井可以在确保采光通风的基础上有效节省空间，还可以帮助徽州人阻挡夏季正午烈日，加速空气对流，使室内空间更加凉爽。

李坑村旧宅天井　摄影：郭依玲（2016 年 7 月 17 日）

◆ 马头墙

马头墙特指高于两山墙屋面的墙垣，也就是山墙的墙顶部分，因形状酷似马头，故称"马头墙"，亦称"防火墙"。顾名思义，马头墙最开始出现的原因是为了防火。古代房屋连成一排，墙紧挨着墙，材料大多为木质，容易失火且祸及周围。为了避免灾害，聪明智慧的徽州劳动人民在房屋建造中创造了徽派马头墙，能在相邻居民发生火灾的时候起到隔断火源的作用。古建筑中屋面以中间横向正脊为界分前后两面坡，左右两面山墙或与屋面平齐，或高出屋面，使用马头墙时，两侧山墙高出屋面，并顺着屋顶坡度迭落呈水平阶梯形。

马头墙不仅有防火挡风的作用，还有颇具艺术风格的外形。其层层高叠，在白墙中托起一栏一栏的黛瓦，在青山蓝天间勾勒出层层优美的韵律。马头墙形状还被古人赋予了很多美好的寓意。较大的民居建筑的马头墙叠数可达到五叠，俗称"五岳朝天"。马头墙的墙体形式通常是"金印式"或"朝笏式"，显示出主人对读书、做官的理想和追求。从高处俯视，村庄层层跃起的马头墙有种万马奔腾的效果，正是寓意了繁荣昌盛、欣欣向荣（方根宝《徽派建筑元素——马头墙的作用与演变》）。

篁岭村"金印式"马头墙
摄影：郭依玲（2017年7月20日）

李坑村"朝笏式"马头墙
摄影：郭依玲（2017年7月18日）

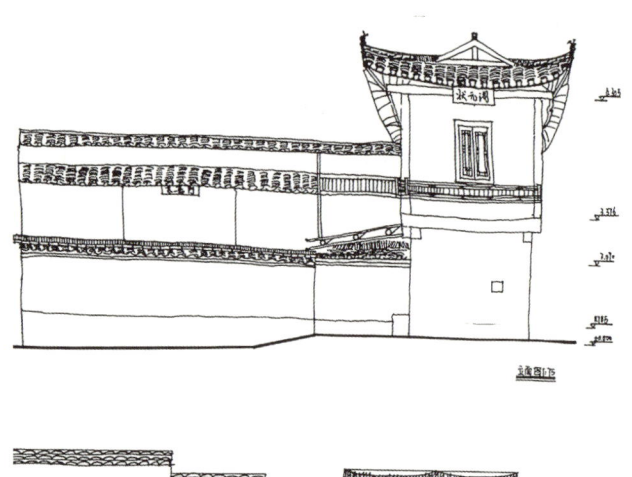

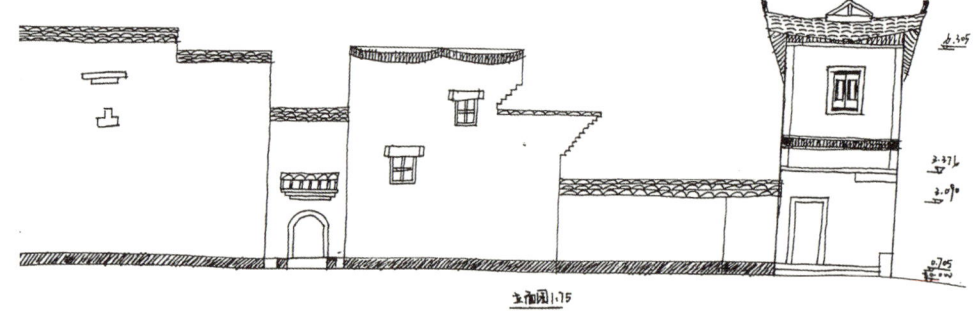

李坑村李知诚故居测绘立面图手稿　绘制：一落一户小组（2016年7月18日）

◆ 细节装饰

徽州建筑的细节装饰也很值得我们欣赏和探究。徽州多商，徽商巨贾为光宗耀祖在家乡修祠堂、树牌坊、建宅第、造水口，他们一方面有财力、有雅趣，想要大兴土木以显财力雄厚，另一方面却又被礼制法规限制，只能将财力用于精雕细刻，变相越线，尽显豪华富贵，再加上徽州自古多能工巧匠，以"徽州三雕"为代表的徽州建筑细节装饰自然成了明清以来兴起的徽派建筑艺术的重要组成部分。

此次实践，我们总结了"徽州三雕"作为建筑细节装饰的三大特点。

（1）详略得当，朴素实用。政府徽州建筑装饰物虽然做工精细、做法考究，用于建筑装饰上却不显繁复。徽州传统民居整体朴素典雅，墙面大面积留白，于细节处的精雕细刻成为整座建筑的点睛之笔，详略得当，张弛有度。另外，徽州建筑饰物虽多，却不会影响建筑整体结构，梁柱上的雕刻物也不会影响梁柱支撑建筑的功能，显得整体建筑精美华丽又不失朴素务实。

（2）隐喻丰富。政府徽州人民善用象征，这不仅体现在他们的文学艺术作品中，也体现在徽州建筑中，而作为装饰物的"徽州三雕"更是充分显示了徽州人使用象征比拟手法之娴熟。我们在徽宅中，常常见到寓意福气的蝙蝠，寓意长寿的龟，寓意和谐的荷，代表富贵的牡丹等。房梁等处雕刻的小故事也各有自己想表达的寓意。

（3）简洁概括。"徽州三雕"往往简单概括，抽象凝神。雕刻师傅往往可以通过简单的雕刻塑造出生动传神的形象，如我们在李坑村一位木雕师傅家看到的微微探出身子的财神爷就让人印象深刻。不过很可惜的是，大量的徽州雕刻作品在"文革"时期遭到了破坏。

8.5.5 启　示

徽州建筑的特点与徽州地理条件和风俗习惯密不可分，可以说，徽州的山势地形，徽州人的家族观念和朴素内敛共同造就了朴素典雅的徽州建筑。首次走进徽州古建筑，对其进行一定的了解后，获得了些许启示。

首先，徽州古建筑的各种雕刻装饰给了我们现在的建筑设计和一些古风家具的制作很大的启示，马头墙的装饰效果应用在了一些新农村建设中，虽不能说运用得很成功，但白墙黛瓦和起伏的墙垛显得整齐干净。其次，徽州古建筑多为木材，在对其研究和保护的时候，可以得到很多有价值的信息，如构架和防腐防潮等方法。最后是关于徽州古建筑的保护，我们此行也是了解到一些情况。据居民反映，建筑的维修和保护做得不到位，比如某些宅子二楼已经荒废腐烂，不能使用。古建筑的韵味令人回味十足，希望这些建筑能得到更好的保护，以更加完整的样貌呈现给更多的人。

徽州印象水彩画　作者：李嘉航

第 9 章　升华：总结展示

Chapter 9　Reports and Exhibitions

9.1　实习报告精选
Featured Students' Reports

"山水婺源"实习结束后一周内，全体队员提交了电子版实习报告，然后根据指导老师的意见进行修改。众人从不同的视角、不同的方面来描绘实践过程中那些难忘的人和事，还有大家内心最真挚的感悟和体会。这些精彩纷呈的实习报告，只能精选部分段落，"断章取义"中管窥全豹。大致概括、提炼为四个主题板块：有感而发、深度思考、远景展望和轻松一刻。

9.1.1　有感而发

"半亩方塘一鉴开，天光云影共徘徊。问渠哪得清如许，为有源头活水来。"这是南宋著名理学家朱熹赞美家乡婺源的诗句。确实，这里民风淳朴，文风鼎盛，处处都有名胜古迹。四周青山如黛，桥下绿水长流，桥的两旁有廊亭，廊亭的两旁有石桌石凳，加上田园牧歌式的氛围和景色，就像一幅未干的水粉画，又像是莫奈的印象派，到处散落着可以谋杀胶卷的美。

李瑞瑞

也被汪口村的那位木匠爷爷感动过。和一字画的作者一样，虽然从事的行业不同，却都有着坚定做下去的心，付出了一辈子，坚定了一辈子，才能得到别人感受不到的乐趣和成就。在那看了爷爷雕刻的过程，吮一口烟，放着自己喜爱的老歌，在简陋的木屋里开始了自己的创作，认真的样子很可爱。他们每一个人都值得我们去敬佩，值得我们去思考、去学习，坚定地去做每一件事，不被外界打扰，怎能不会有所成？

相濡以沫　岁月静好　摄影：秦萌

李艺琳

每个村庄都有它的渊源，有它的故事。在宗祠聆听"文革"期间村民保护木雕的事迹，在院落里被贪兽壁画深深吸引，在井口边细细品尝甘冽的酒，在古树下走圈祈福……一切就好像发生在昨日，每个村庄像在画纸上一样生动形象。

但一路相伴的总是那一幢幢青瓦白墙的徽派古建，干净、脱俗，没有一点拖泥带水，仿佛雨后被冲刷般娉婷而落落大方。每一个瓦片似乎都画不够，每一片墙都留下岁月的痕迹。

走在村间的小巷，幽淡的茶香浸在空气中。野雪菊茶第一口清润舌鼻，三杯过后便开始回甘，一点点刺激敏感的味蕾。还有那满街飘香的贡菊，更是将记忆中的婺源赋予了味觉念想。

在古屋居住的老人，在溪塘戏水的孩童，在转角处趴窝的阿黄……等下次陌上花开，是否还可结伴同游。

篁岭村、思溪延村、汪口村写生　速写：李艺琳

我们在村庄调研过程中，可以看到村妇在河边洗衣洗菜，孩子们在河里戏水玩耍，老人们就在这样的温馨中或是与老伴静静相伴，或是拉着蹒跚学步的孙子享受天伦，这应当就是村庄最美的时光。

秦萌

陈江畅

在绩溪最后的晚上，是这个旅途中最难忘的一晚。三个人的生日聚会，杨哲老师的搞笑大冒险，一大群人每个人都道出了自己的祝福和展望，真的满满都是感动，满满都是幸福。这十天，这一路这么多人的陪伴，一路上遇到的善良的人，这才是这份旅途中最最美丽的，风景都为之逊色。我猜中了这场旅途欢声笑语的开头，却没猜着这感慨的结尾。真的最不后悔的就是选择了这个专业，这个规划班，和这一群人做同学，虽然旅途结束了，但我们的故事还会继续。

郑芯蕊

篁岭的"根"在红黄点点的晒秋人家里，谁也不会知道，一个村子里最普通的晾晒作物的场景会成为篁岭作为景区的一个卖点。那红色黄色的鲜艳配上白墙黑瓦的朴素，景色确实可人。与此同时，我看到的也是我的"根"，他们就像是我的爷爷奶奶，我的家乡，日出而作，日落而息，在春去秋来的节令中，轮换着作物，在安逸的小山里顺应着自然又征服着自然而生存。

篁岭写生　速写：郑芯蕊

木雕一绝　摄影：潘丹璐

试想，如果没有徽商在此发展起来，那么这里的商业也不会如此繁华，人口也不会如此众多，或许房屋也不会如此紧凑以至于需要马头墙来防止火灾，更不会出现有铜钱样式的疏水孔了。徽商的兴盛为徽州带来了不少财富，不只是物质上的，更有精神上的，它更为当地的发展做出了巨大的贡献。

潘丹璐

最让人欢喜的莫过于看到了素有"江南第一祠"美称的俞氏宗祠里精美的木雕和与雕刻出这些木雕的老师傅相见。那些木雕不仅代表着俞氏对自己家的期望，也显现出整个汪口百姓日出而作、日落而息的老黄牛品质。可惜的是，"文革"时期毁掉了许多。我们如今只能对着被毁掉的狮子舞绣球、龙凤呈祥、小桥流水人家……描画出雕刻人当时内心的想法。令人欣慰的是，已达古稀之年的老师傅仍有二十多个弟子，总算能让这门手艺还得以传承下去，希望子子孙孙，世世代代，都能有人前来学艺，让这精美的木雕技艺不至于失传。

看过太多的红砖绿瓦才能体会到徽派建筑的素雅大气，走过大城市的喧嚣才更能体会到乡愁文化的可贵。此行体会最深的便是乡愁文化与现代文明的冲撞与对比。交通方面，村落内部，道路多蜿蜒曲折，街道宽窄不一，小巷幽深且狭长，路旁堆叠的砌房子用的砖瓦也是随意的，修路的年代与背后匠人们付出的艰辛无从知晓。对比当今城市各种指标规定下四通八达的柏油马路，村落的道路显得更加随意与自然，更是多了一份人情味。

陈梦真

汪口村 速写：陈梦真

陈钊楠

测绘的中途下起了大雨，然而这并不能阻挡我们测绘的脚步。我们配合有序，分工明确，尽最大的努力对故居进行了全方位的测量。正如杨哲老师所言："当你觉得一个建筑很美的时候，你会发现，只有你用心测绘过画过这个建筑，你才能体会到这个建筑真正的美丽。"测绘的过程是艰辛的，画图的过程也是艰辛的，但是当我们把平面立面成果图展现出来的时候，内心充盈着满满的自豪感。

最大的进步应该是在思溪延村，在老师的督促下十分钟完成了一张速写。虽然很简洁，我却很喜欢。因为在这十分钟内我没有过多的犹豫，果断地下笔，而且有限的时间使我舍去了一些我所认为不重要的地方。我觉得这才是速写，不需要犹豫，而是要有舍弃。速写不是创作精美的作品，是个人对景象的提炼，画得丑又怎么样呢？当时的一个记录，记录下自己想要表达的东西，必然熟能生巧。这样想过之后，我不仅不再抗拒速写，反而经常想要画一画。

十分钟速写 作者：詹丽娜

詹丽娜

邓一苇

汤显祖曾言"欲识金银气,多从黄白游。一生痴绝处,无梦到徽州"。世人多谓此诗言尽徽州之美,殊不知这却是半生潦倒的诗人坚守傲骨的明志之诗。要说魂牵梦萦,改《西洲曲》最贴切不过——南风知我意,吹梦到徽州。曾对粉墙黛瓦的徽州抱有极大热忱的我,更是睡梦中都忘不了的。我爱那黑白颜色与明朗错落,我爱那飞檐亭角与高冠博带,我爱那素雅沉静与俊秀风骨。我想,若江南是婉约灵秀的多情女子,那么徽州就是青衣折柳的翩翩少年。水墨丹青里,用浓淡笔锋勾勒山水长卷,使我心神悠悠。

宛如一场倾盖如故的邂逅,梦里的徽州,终是完整地呈现在我的眼前,或是马头墙侧畔的垂垂杨柳,或是斑驳了岁月的白墙,或是断壁颓垣前,一柄罗伞停驻的韶光,或是天井里不经意的抬头,那檐上的一撇新绿。屋上荇荇草,此间幽幽好。

粉墙黛瓦 摄影:邓一苇

水墨丹青 摄影:邓一苇

黄竞雄

最后一站绩溪博物馆,也是我最期待的地方,因为李兴钢老师的这一作品在建筑学方面得到了极高的评价。博物馆的屋面采用连绵的折屋面设计,材质沿用了徽派的小青瓦。同样地,立面也采用小青瓦进行纹理编织。而内部的大量灰空间能让用户更好地体验到空间设计的独特。博物馆内陈列的物件,有科举试卷,也有绩溪当地的一些古瓷壶,也有思想家胡适的一些手迹,展示了绩溪的历史文化与人文特色,从另一角度体现了绩溪的特色与不可复制的美。

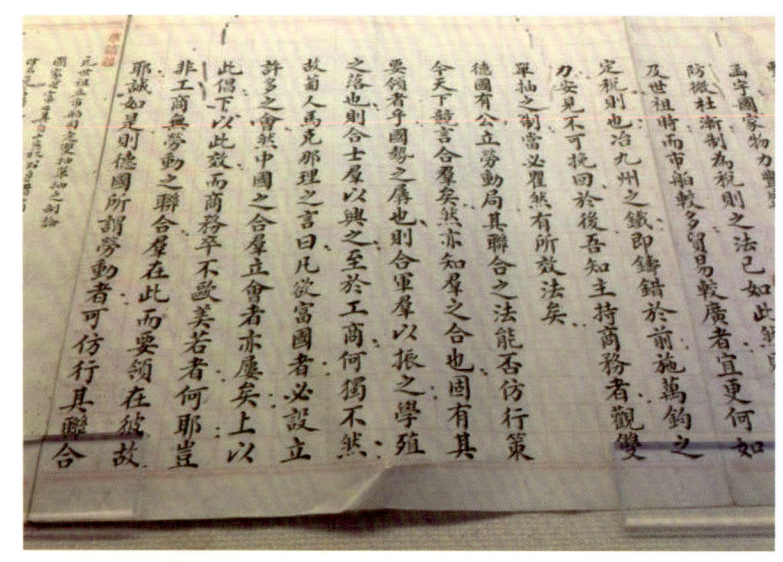

绩溪博物馆馆藏科举试卷
摄影:黄竞雄

9.1.2 深度思考

这样的乡村，究竟应不应该像现在这样商业化？一方面，旅游商业为村民带来收入，是他们改善自己生活条件的重要来源。但另一方面，这样的商业化会不会破坏乡村原有的特色，失去生活的气息从而沦为一个人来人往、夜夜笙歌的乡村"城市"？这是矛盾的，如何把握这个度，现在这些村子到底有没有超过这个度，现在的我真的不知道。

秦萌

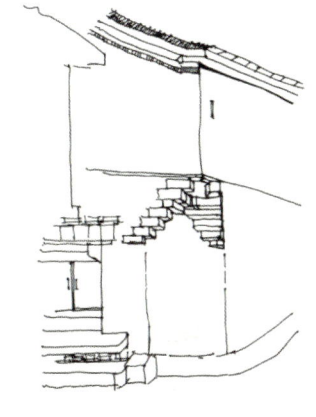
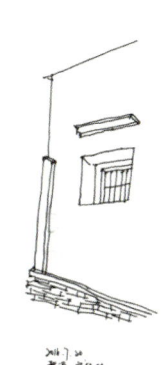

村角一景、转角的礼让　速写：秦萌

黄文浩

李坑村内沿街商业化气息还是比较重的，这难免让人有些失望。我觉得游客来李坑景区希望看到的是原汁原味的古村落，而不是一个夹杂着浓郁商业气息的乡村闹市。我认为应该让商业服务区和游览区适当地进行分离，可能会给游客对这个村落有更好的体验。

沿街有很多商贩，有很多店铺都是销售皇菊、香樟木之类的产品，难免会有审美疲劳。在这里，我觉得李坑这一古村落应更多依靠当地的历史文化优势，多开展一些丰富有趣的文化活动,这样更能吸引游客。

景德镇作为一个很有文化底蕴的城市，面临的主要问题是如何把其所有的特色文化传承和发展下去。我觉得陶溪川文化创意园区便是一个很好的例子，一次很好的尝试，把它建设成一个以陶瓷为主题的文创园就得到了一个让文化资源重塑城市的机会。现在的陶溪川拥有文化旅游、艺术交流、展示交易、会展博览、餐饮娱乐等功能，是景德镇向外部展示新文化的一个平台。文创园这种形式显然要比博物馆还有纯粹的游览区更活泼，我认为这种做法在其他文化底蕴深厚的城市都很值得借鉴。

汪口村中的老人 摄影：陈兆亨

陈兆亨

每当我们走进一个村落，向屋内张望，看到的往往是留守在那里的老人照顾着小孩的景象。随着乡村里青壮年的离开，乡村失去了一批最重要的社会组织力量，在这种情况下乡村是难以有所发展的，同时也造成了留守儿童、留守老人等社会问题。这是在城镇化的大势下可以预见的场景。然而，"在中国未来一二十年的发展过程中，随着城镇化水平的提高，当然还会有许多乡村人口流失、乡村衰亡，但是最终毕竟还会有30%左右的人口常居在乡村，这依然是一非常庞大的数字。所以，我们不能坐等乡村的自然衰败，而必须主动地引导、促进乡村转型提升"。

过去的乡愁是远在他乡的旅人对故乡的魂牵梦绕，是人们对过去美好的追忆，今日的乡愁是对乡村问题的惆怅。十天当中，我们走过的村子都是以发展旅游业来带动当地经济发展进而保证村庄的延续性。不同的村庄开发程度不同，旅游业的发展程度随之不同。程度低，保证了村庄原貌却无法保证村庄足够的活力；程度过高，促进了经济的发展却使得村庄过度商业化，掩盖了正宗的风土人情。所以发展旅游业不能忽视原本的乡土风貌，不能肆意开发，应该相辅相成，彰显乡村美好的一面。然而，如何把握住这个度，却没有人知道。

苏娜冰

汪口村竹筏轻浮 摄影：苏娜冰

叶丽琴

我觉得李兴刚大师设计的安徽绩溪博物馆也是一种乡愁的延续，它属于绩溪的一部分，而不是到哪里都可以复制的千篇一律的建筑。它有它特定的建筑环境，很好地融合在那一座小城里。不仅馆内收藏的物品是一件件艺术品，建筑本身也是一件艺术品，有很多不一样的有趣的空间。

绩溪博物馆　摄影：叶丽琴

木雕作为徽州民居"三雕"之一，用精美绝伦、巧夺天工形容亦不为过。它于低调素雅中透露着富丽繁华。面对古老的木雕，我仿佛跨越了千年春秋，看到那时木雕师傅刻刀翻转之间的游刃有余。然而，我们发现，木雕的现状并不乐观。李坑村的自由巷 10 号，本该因其精美的木雕而扬名，却成了一座人迹鲜至的危房。年代久远的宗祠木雕，本该完美如初却因"文革"而备受摧残，至今未能修补。汪口村的木雕老师傅在拥挤狭小的两间破屋里，艰难维系着木雕的命脉。今天，作为非物质文化遗产的木雕，仅仅活在横梁立柱与门扇屏风之中，令人不由叹息。

邓一苇

精美木雕　摄影：邓一苇

第 9 章　升华：总结展示 ｜ 241

作为一名城乡规划专业的学生，我更加深刻地感受到了"留住乡愁"的重要性与必要性。如果说以前只是想当然地顺应"留住乡愁"的大流的话，如今却已是坚决站在这一阵营里了。究竟何为乡愁，或许我还需要更多地悉心体会一番，但至少有一点是可以肯定的，那就是乡愁让人感动，更使我泪流。

就如我在李坑村，被那一簸箕晾晒着的豆角掀开记忆的面纱时，仿佛看见了儿时在乡下外婆家嬉戏时的美好时光一般。转眼经年，时空变幻，我早已不是那个扎着羊角辫的小姑娘，外公也已经化为了天上的星星，物非人也非，但总有那么一些美好的记忆是寄托在那些似曾相识的场景上的，就如亲人之间真挚的情感一般得以永存。

王亚敏

徽商文化，是伴随着古徽商一千多年的发展史而不断孕育、成长、升华的商业文化，是灿烂徽文化的重要组成部分，是中国古代经济宝库中的一份珍贵遗产。在21世纪的今天，徽商的兴衰已经成为历史，但徽商文化永远都值得我们传承并发扬光大。

李坑村·申明亭　速写：王亚敏

无论在婺源、景德镇还是绩溪，徽文化均产生了大量丰富珍贵的非物质文化遗产。但在今天的社会状况下，瓷器、雕刻等文化产物都面临着失传的危险，亟待抢救、扶持。或许在当今信息如此发达的社会，老一代的历史文化技艺可以尝试与信息技术适当的结合，让技艺传授信息化一点、让更多人对古老文化的现状了解一点、让社会各界对文化遗产的传承更用心一点，一味地追忆过往不如抓住时代的机遇。

杨棕雩

绩溪博物馆馆藏　摄影及速写：杨棕雩

9.1.3 远景展望

中国经济的发展并不均衡，在新常态下如何加快农村的现代化建设成为国家与政府的当务之急。虽然像李坑村一样拥有自己历史文化底蕴的村落蕴含着巨大的潜力和市场，但还是需要我们去开掘。李坑村的经历让我有了如下几个发展的观点：

（1）村落需要保证基本的劳动力和人才不严重外流。人才外流几乎是所有农村存在的问题，本质问题是农村缺乏吸引力。而农村如何留住劳动力和人才，除了农村自身基础设施的完善，其他方面如社会福利条件的提高，最重要的还是国家的政策。

（2）国家政策的支持。要向农村聚集市场化的劳动力和资源，需要强大的政策支持和法制保障。在目前情况下，必须先有政策的扶持才能使农村有足够的吸引力。在政策的引导下，农村的发展将不会千篇一律，每个村都会有自己的发展特色。

邱泽鸿

（3）发展有特色的村落。婺源曾属于皖南地区，徽式建筑本来就是极具特色的建筑形式，有很强的识别性。但即便如此，每个村落也应该发挥自身的优势，形成自己的特色。

（4）农工商结合。婺源虽然有着很好的景观资源和深厚的文化底蕴，但显而易见的是农、工、商的脱节，并没有实现多重资源的集合，也没有叠加创造更大价值。而如何实现资源统筹，将农村耕地、老宅基地资源及自然山水资源融合起来，这不仅仅是李坑村，而是所有乡村都应该思考解决的问题。

陈兆亨

在思考乡村发展时，规划者们的第一反应是如何给乡村带去经济利益、如何利用其优势发展旅游业、在何处给村名规划新房等。诚然，乡村的发展需要城市的支持，但不是"打激素"式的发展。现在有了"千城一面"，我们应当警惕类似丽江古城、大理古城、乌镇等如雨后春笋般"千村一面"的情况出现。正如哈尔滨工业大学的赵志庆教授所说，"中国的乡镇不仅有环境差异、经济差异，还有社会文化差异，标准化的规划无法满足其多样性的发展要求"。作为规划者，应当扬弃"城本位"的思维方式，尊重城乡形态差异，从乡村的角度考虑规划的思维模式。故规划者在乡村规划中应当起到统筹文化、经济、旅游与地理资源等各方面因素并将其反映在空间和时间上的职能。

清华大学罗德胤教授曾说，"新农村建设与古村落保护并不矛盾，现代元素进入古村落，对满足村民的基本生活条件来说，是有必要的。服务设施、基础设施可以通过成熟的技术'藏着掖着'进入古村落，比如掩在地、埋在墙里……"古村落并不能自然而然地变成文化的消费品，需要做的还有更多，那就是活化古村落。绩溪博物馆是此行中感受较深的一个成功案例，建筑师巧妙地将传统的黛瓦粉墙以当代的技艺再现，用随处可见的皖南村落建筑语汇对徽派建筑空间布局做出了最好的重释，这是其他村落保护中值得借鉴的案例。

陈梦真

王璐

在《城市规划学刊》"以人为本、绿色、留住乡愁"系列笔谈中出现过这样一句话："乡愁对于规划师，本是超越本行和能力的。"乡村规划，规划师能做的是很少一部分，也是最重要的一部分。规划师要做的是对话，与乡愁对话，与各界的人对话，形成组织，将同样关心这片村落的人联系在一起。

规划师的重点在于定调。我们需要铺下一幅画布，定下一些条框，剩下的是邀请各界来把图填满。例如，在延村，有请设计师改造的民宿，令古宅保留了古朴，又多了一份现代的小清新；在李坑，有村民自己装修的茶室，小小一个门面只需一面照壁就能出彩；在篁岭，翻新的大宅子隐蔽于山间，正在拍摄古装电视剧；等等。这，就是普罗大众的智慧。

我注意到我们这次实习所去到的所有村子都不是孤立存在的。李坑村、思溪延村、晓起村等几个村庄彼此关联，龙川村和太极湖村也关系匪浅。它们彼此之间的历史文化、发展脉络等关系密切，人员也一直有往来。因此我们不能将它们理解为单一的个体，要整体保护、整体发展才不会让它们成为"文化孤岛"。

另外古镇保护的重点应该是它历史信息的真实性，街区风貌的完整性和生活功能的延续性。因此，除了注意保护它原有的地上风貌，还应该尽量地留住古镇原本的居住者，使它依旧具有生命力，也使它的风俗文化得以延续。这就需要我们解决古镇古旧建筑与人们生活需要之间的矛盾，基础设施的安置和部分的旅游收益可以在一定程度上解决这个问题。

杨月恒

9.1.4 轻松一刻

其实，这算是一份挺随心所欲的报告，没有冷冰冰的事先布局和周全考虑，就是想到哪里写到哪里。因为确实有太多感触需要去抒发，即便是已经过去几天，那份颤抖还是在心里，没有离开。最后表一下白，我爱我大规划！

陈江畅

陈钏楠

我们的第一站是李坑。这个村落的名字十分有趣，让人不禁觉得这是否是上古时期陨石坠落炸出的一个村落。然而事实上，李坑是一个以李姓人为主的古村落。这里的人文气息立刻吸引了我们这些居于城中的"喧嚣之人"——水是清澈安静的，人是朴实勤劳的，周边的店铺卖着独具特色的小扇，有心的人在古色古香的街巷写生。这些，都构成了婺源独具特色的风景。

老师指导学生写生
摄影：赵阳（2016年7月23日）

叶丽琴

实习结束后与同学结伴去了黄山……那天我和亚敏、丽娜3人同行，并和路上一个大哥搭伙登山。当我们沿着几乎快成90度的天都峰快攀爬到山顶的时候，突然下起瓢泼大雨并伴随雷电，我们只好迅速下山，虽然没能爬到山顶，不过还是感觉很兴奋也很惊险。

刚开始听说建筑班去上海、苏州实习而我们重点是乡村实习时内心是拒绝的，尤其是实习前两天看到建筑班各种高大上的秀，再看看我们6人住宿、烈日写生，心中多少有些无奈。可没有多久，我觉得我是幸福的。每天我们一桌女生开饭最早、吃的最多，凉拌西红柿永远是最抢手的菜；即便烈日炎炎，依旧在田野小路上放歌；闲暇之余，还一群人在祠堂里绞尽脑汁背诵《琵琶行》；实习一天，晚上还不知疲倦地约玩狼人杀……

李艺琳

郭依玲

10天来，除了赏玩，最独特的体验便是亲身实践的一些事情了。连续好几个小时攀爬三清山，一步一步的脚印，一滴一滴的汗水，使得最终登上山顶的江山如画变得更美，心情豁然开朗，大家闹着笑着唱着牵着扶着……有些事情一个人做会显得很艰难很无趣，一群人陪着，似乎每个人都变强大了。下山时颤抖、第二天酸软的双腿，似乎在大家的欢笑中变得记忆深刻，得出我们真的都很棒的独特感悟。

"民以食为天"，这10天和大家在一起吃得真的很开心！徽菜和赣菜都是比较符合我这种口味偏北方的人，每一顿都是风一般几个女子坐在同一桌，酸辣的饭菜，新鲜的河鱼，现在想想还是回味无穷啊。

9.2 微信公众号系列推送
WeChat Subscription Series

实习结束后,实践队开设了微信公众号"山水婺源"。从 2016 年 8 月 17 日开始第一篇《序章》到 2016 年 11 月 6 日《总结展示》,我们一共原创并推送了 24 篇图文并茂的文章。从婺源到景德镇,从三清山再到绩溪,这 24 篇图文记录了我们一路上的方方面面、点点滴滴。截至 2016 年 12 月 31 日,公众号的系列推送获得了 5287 人一共 11183 次的阅读量。

公众号的系列推送主要包含行程、专题、花絮和回顾 4 个部分,从每日行程到专题研究,再到思考探索,全方位报道、总结了此次实践中老师和同学们的所见所闻、所感所想。

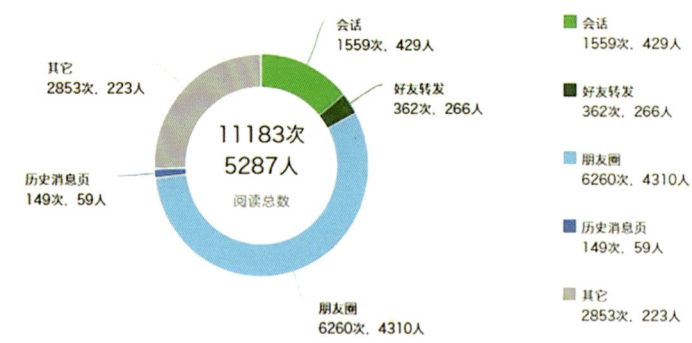

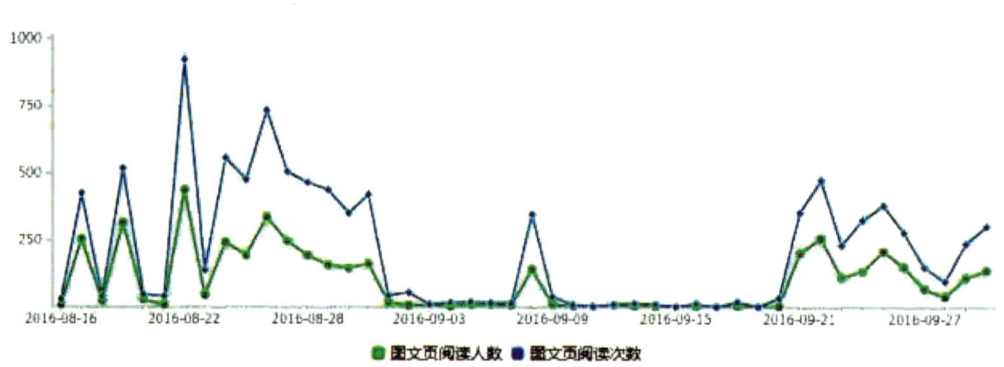

公众号推文阅读总数统计 来源:"山水婺源"公众号,截至 2016 年 12 月 31 日

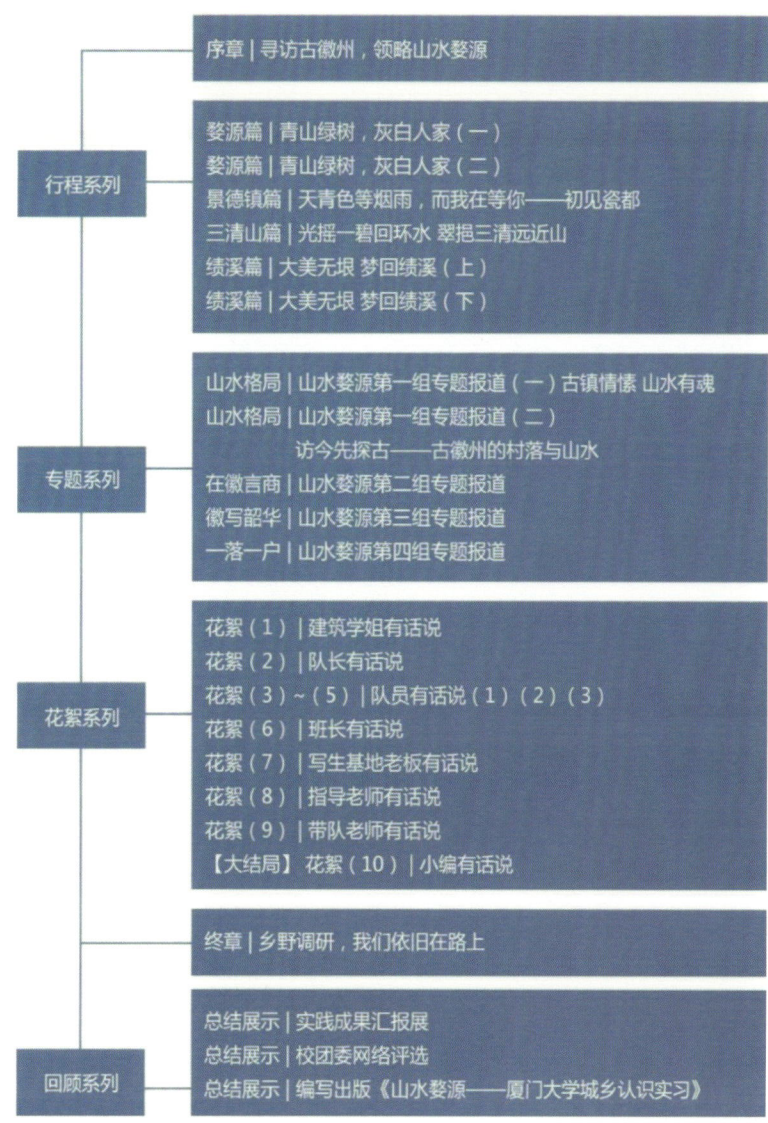

"山水婺源"公众号推送系列篇章目录 作者：黄竞雄

9.2.1 行程系列——用双脚丈量徽州

纪实性报道主要展示了"山水婺源"实践队此次实习调研涉足区域之广，包含了古徽州的几个重要部分，并以婺源作为主要的认识实习调研地点。根据行程路线，分成序章、婺源篇（一、二）、景德镇篇、三清山篇和绩溪篇（上、下）4个小部分，记述我们一路上的见闻。从山水风景到特产小吃，从人文传承到建筑遗风，徽州的"大美"在这之中体现得淋漓尽致。

常言道"无徽无成镇，无樟不成街"。绩溪县位于安徽省南部，徽州六县之一，徽州文化的发源地之一，被誉为"徽厨之乡"。其位于皖南山区，地处黄山山脉和西天目山山脉结合带，长江水系与钱塘江水系分水岭，东与临安市交界，北与宁国市、旌德县毗连，西与旌德县、黄山市黄山区及歙县接壤，南与歙县相邻。早在六千多年前，先民们就已在这片土地上繁衍，他们渔猎、耕耘和生殖，自然地延续着生命。

一路上车车劳顿，我们顶着八月的烈日，踏入这徽杭古道的必经之路。都说徽州的精髓，在于徽派建筑与徽商。而抵达绩溪的第一站——龙川便是这样一个集徽州精髓于一身的地方。这一风水宝地，其地势之独特，村前有龙须山高大巍峨，村中有小溪穿村而过，整个村庄布局呈船型。不仅孕育了一代巨贾胡雪岩，文人墨客胡适先生，也是前国家主席胡锦涛的故居，考察过后果真名不虚传。

龙川速写及摄：胡氏宗祠
（作者：杨光哲）

"青山绿树，灰白人家"。这是老师在婺源参观某处村庄时有感而发的八个字，也是对我们所到村子的一个诗意的概括：悠然自得、与世无争，依山傍水，守着初心与传统，静静地经营生活。乡村为村民的恬静生活提供了得天独厚的条件，谁又能说这样的生活一定不如城市？当我们开始第一站婺源李坑村及周边为期五天的调研生活时，这一份感悟、一份思考、一份努力也拉开帷幕。

李坑村全景

9.2.2 专题系列——用大脑思考徽州

专题篇主要包含"山水格局""一落一户""徽写韶华""在徽言商"4个部分，依托我们所学对徽州独特的地理条件、徽商文化、建筑布局与样式、文化传承等进行较为专业的寻访和剖析，从中获得启发，期望能在今后的学习和生活中有所裨益。

　　徽派建筑，外观简洁大方，内部布局却颇为讲究。通过重点建筑测绘，我们大致了解了当地民居的布局特点，概括来说，便是人鬼神共居，天井为神，中堂为鬼（供奉祖先），两厢为人，其中人在最不显要的位置。而由于风水观念，家中老人长居住于一层阴暗潮湿的正房，二层较为干燥的房间反而由最没有地位的女眷居住。徽州宗祠在村中具有重要地位，宗祠往往恢宏大气，高度更高，空间更开阔，主体与民居类似为三合院，前厅有天井，一进为门楼，二进为享堂，即宗祠主体，三进为寝殿，供奉先人牌位，一、二、三进地面顺次抬高。
【摘自公众号"山水婺源"《一落一户｜山水婺源第四组专题报道》】

绩溪博物馆　摄影：杨哲

9.2.3 花絮系列——用真心感受徽州

花絮篇是从不同角度感受我们此次的认识实习,从每个队员到各位老师,都能用心感受我们的实践,我们的古徽州。同时也要感谢李坑村双全艺术写生基地老板李双全先生,在李坑村驻留期间,李老板为我们提供的周全服务是完成本次婺源认识实习的坚实保障。

徽居中的白色风景(2016 年 7 月 21 日于上晓起村)摄影:杨哲

◆ 同学们的话

> 距离实践结束也有一段时间了,我们巨无霸团队中的每个组成单元仍有话要说!公众号小编把这些编成"花絮"系列。首先登场的是 4 位建筑学专业的学姐,堪称团队中的一股清流。还有其他未曾"露面"的同学,奉行老师一再提倡的"一个都不能少",辑录他们的只言片语在此。【黄竞雄】

【谢如昕】(2013 级建筑学)

从婺源的李坑,到山上的篁岭村,再到思溪延村、汪口村、官桥村、太极湖村、晓起村等,这些由水路驿道为线,以农业耕作、手工业作坊为主,以徽派文化为灵魂的村落,俨然成为徽派历史文化保护体系的核心,对这些村落的保护也从旅游、交通、居民安置、旧宅翻新等措施着手。

关于着眼面,在我们研究单个城镇村落时,一目了然,骨骼血管分得很清楚。然而在走访了如此多的村落后,看到一个个相似又各具风味的村庄,我们不禁思考,这一个又一个的村镇、构筑物是否也成了这个区域的骨骼?这来往的徽商、资金、运输、迁徙也成了这个区域的血管?很多时候,我们(尤其是学建筑的)很容易就陷入一个单体建筑中爱到无法自拔,这样很容易以偏概全,比如看到了徽州府衙重建居然没有经典的封火墙而大怒,谁知人家根本就不是一个时代的东西。大局着眼大局着手,不仅是在调研时需要的,在保护层面上也要关注。

第 9 章 升华:总结展示 | 249

很幸运这些文化遗产都被列入保护名单,然而我不禁又开始担忧,那些还没人发现,没人去保护,没人去关注的有价值的村落,是否还在经受贫困与传统文化矛盾的洗礼?那里的人们和村子,会不会很难过呢?

篁岭村　速写：谢如昕

【于晴】（2013 级建筑学）

古云："画者画也。盖以穷天地之不至,显日月之不照。挥纤毫之笔,则万类由心；展方寸之能,则千里在掌,岂不为笔补造化者哉？"今见婺源,如入画境,天地之不至也至,万类由天地之心而生,方寸可窥千里,千里尽收画卷。

一·居

人居屋,屋居村,村居山水,于是人居于山水。山作为屏障,褶皱翻涌,连绵不绝,变化万千。

二·石

或层叠而秀润,或崔嵬而颠险,石状不一,怪立群铺。此非真正的石,是民居坐落于山水间便石状化,被自然环境消融/风化,各异形态,共生共呼吸。

三·物

黑与白,粗与细,温与寒,精雕与熔炼。木雕与瓷器,物集巧匠心魂,出神入化之境。

汪口村水口　速写：于晴

【赵阳】（2013级建筑学）

出行前，我在想，来这里的意义是什么？以一个并不典型的学姐身份？和这一大群并不熟稔的同龄人？

结束后，我在想，从大一到大三，从云水谣到凤凰再到婺源，走过不同的风景，看过不同的风情，身边陪伴着不同却又相同的一群人。私下暗叹，不会有比这些更好的经历了，在学习的遮掩下的学生时代的集体"救赎"。

而这一次，大概也是"救赎"最彻底的一次了吧，用10天的时间接触不同人甚至陌生人的人生，嬉笑怒骂中更深入地感受人与人之间的美好而简单的情感交互，甚至于改变固有的思想，仿若豁然开朗地去看待自己和新的世界。

很怀念这一次的旅行。

【李姗姗】（2013级建筑学）

生命的意义在于行走。十多天和城规班同学们跋山涉水，看了很多，也悟了很多，认识了一群超有爱的班集体！一共和大家过了两次班级（几个同学的）生日，记忆尤深的是，柠姐喝得有点嗨，拉着她姐姐和我在马路上唱歌，我们就这么边唱边走慢慢回酒店。之前状态一直很颓废，感谢老师和班长的鼓励，希望继续保持积极应对的状态！感恩！

篁岭村　速写：李姗姗

第9章　升华：总结展示 | 251

【陈奕柔】

从木雕、砖雕、石雕，到陶瓷，再到宣纸、徽墨，这些闪烁着人类智慧与艺术创造力光芒的东西以自己独有的生命力穿过历史的长河，带着时间温柔留下的痕迹安静地存留于世。

生机盎然　摄影：陈奕柔

【田彤】

这些"活着的记忆"在源远流长的历史长河中熠熠生辉，至今仍具有其独特的生命力。我们要做的不仅仅是抚摸它的肌理，倾听它的心跳，更要以新青年的姿态维持这些风物与文明的呼吸。

◆ **班长的话**

实践队中的班长总是特别默契地配合着队长和老师,让各种大小事情解决于无形……

感谢班长蔡柠同学!

人生最好的旅行,就是在一个陌生的地方,发现一种久违的感动。在陌生的乡野,陌生的街巷,陌生的风景里,你相机的取景框里依然有着熟悉的人,这一霎,是幸福。采撷一路的感动,遇见最好的你们,这是我珍藏心底里最暖心的回忆。

【感动之一——夜半笙歌】

李坑之行的最后一晚,旅店老板送给大家一份离别之礼。那天的村口没有往日的漆黑,充斥在鼓点的"动次打次"的节奏中,仿佛酝酿着一场盛大的晚会。待一个个湿淋淋、香喷喷刚出浴的同学们陆续进场,村口"演唱会"也拉开帷幕。

乡村卡拉OK演唱会 摄影:蔡柠

整场"演唱会"没有暖场与休息,有的是此起彼伏的高潮;没有观众与评委,有的是每一位同学卖力动情的高唱。记忆中那晚每个人脸上的笑容都挂了好久好久,那晚我们牵起旁边同学的手唱着《知足》(也是我们的班歌),那晚我们幸福地听歌、激动地鼓掌,那晚行程中的点点滴滴都凝固在每个人的歌声里,那晚我们是这乡野中最明亮的"星空"。

【感动之二——生日惊喜】

今年的生日我收到了一份最奢侈的礼物，不仅是我还有其他两名同学也是。在这个我早已不在意自己生日的年纪，想不到大家居然都还记得，这让我很是感动。正值暑期调研的最后一个夜晚，大家都难免有一些疲惫了，但是这一个让人惊喜的晚会又把大家的热情调动了起来，为我们的调研画上了一个完美的句号。

【感动之三——最帅的老师没有之一】

你一定没发现，只一两天的时间，老师已经记住了全班人的名字；你一定没注意，老师从不在同一餐桌用餐，只是为了尽快和各个同学熟悉起来；你一定不知道，早在出行前夕，老师便让我们着手统计出行期间过生日的同学，只为了让他们在异乡也感受家的温暖；你可能发现了，即使夜深老师还是会发大家的合照在群里，早上打开手机的我每每看到新的合照，都是幸福满满的。

班长队长紧紧相拥、喜极而泣（2016年7月26日）

实践与书本不同的是，实践留下的记忆总是鲜活的、深刻的、念念不忘的，当我置身于百年建筑之间，置身于山水之间，皖南古村落的魅力不由分说地吸引着我。一路上我们用指尖留下的黑白，用双脚丈量的路途，感受非物遗留下的震撼，聆听朴实的乡音，一路上苦了累了我们相互扶持，为完成调研我们相互鼓励，征服三清山我们相互追赶，实践结束离别时我们相互拥抱，一路上我们的心贴得越来越近。

转眼间婺源之行已过两月，也许实践于你我已成过去，但是仍有队长面面俱到地收集整理着我们出行的成果和资料，赵阳学姐和王亚敏同学也在为视频忙碌，不放过大家每一个精彩难忘的瞬间，最辛苦的莫过于小编黄竞雄同学，每晚的深夜奋战只为了把最新鲜的推送呈现在大家面前，还有我们的老师，两个月来为我们的报告操心劳累。在这里只想跟你们，跟每一个为团队默默贡献力量的人，说声谢谢！谢谢在这个集体遇见你们，谢谢我们拥有一段并将共同经历更多值得热泪盈眶的回忆！

◆ **队长的话**

【初担大任——头顶有千斤】

嗯，我就是传说中的队长大大。

当队长，这是一项与实习本身无关，却贯彻着我实习全程的事，是我出发前最担忧，也是回来后最感慨的事，这是挑战，更是我的荣幸。

出发前的一个月，我开始为了申请校重点实践团队做各种文书，准备答辩，加上期末，真是诸事缠身。渐渐地，开始感觉到队长的重担。幸运的是，参与实践准备的人越来越多，我能感受到老师、同学们，还有院里的各方支持，真的十分感恩。

王璐（队长）

【实践队给我的四份礼物】

出发的路上,我终于认齐了我的队员们,规划班的全体同学加上四个建筑学小学姐。

四位小学姐可是实践队给我的第一份礼物哦!

李坑五日,有了学姐们的激将法,我们的手绘功夫日益飞涨;有了学姐们的指导,我们第一次测绘圆满完成;在学姐的镜头里,我们的笑容永远都那么甜;有了学姐的歌声,我们的合唱更加悠扬。

第二份礼物,是平时比汉子还汉子实践时比山水还水灵的女孩们。是阿,原来她唱歌那么好听,原来她手绘那么棒,原来她摄影那么专业,原来她们那么能吃苦,原来她们爬了六小时的山还笑得那么美,原来她们是这样的女孩子。

 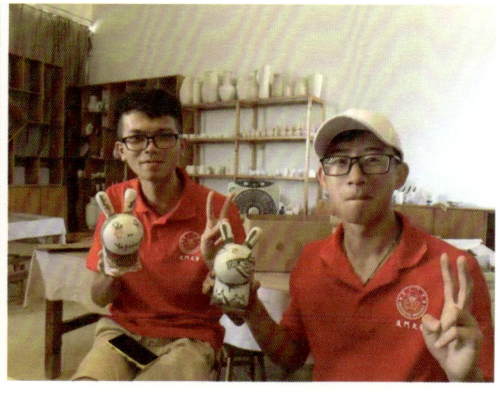

门神蒙太奇　作者:黄竞雄　　景德镇陶瓷工艺体验　摄影:王璐

第三份礼物就是我们的小暖男们。

班里的男生们并没有什么(小编已石化),此行其实也没有什么惊世之举,只是,只是下车会把所有行李都搬下来;只是下雨还在测绘的时候会让队友站到屋檐下而自己冒雨在倒腾激光仪;只是爬山的时候会不计较快慢自己退到最后压队;只是山路陡的时候会背起女生的水还不断问她要不要喝。对,只是这样一丝丝一直有的贴心而已。

(嗯,瞬间出戏的小编……)

老师的背影　摄影:王璐

如果说,男生们是小暖男,那么最后一份礼物就是我们实践队的大暖男——杨哲老师。

十天"上山下乡",老师永远都与我们共进退;十天的饭菜,老师一直都把自己的加餐放在我们的餐桌上,永远和大家一起吃;十天的回忆,他都悄悄地摁下快门记录着,老师从来都不心疼自己,却一直心疼我们。

既是师长,又是朋友,原来杨哲老师是这样的人。

其实,这份礼物早就到了,只是我们一直没发现,在出发前反复提醒我们"临行三件事",每天在群里发推送担心我们专业储备不够;回程后,在工作间隙还一直看着我们的实习报告,反复修改,心里却很开心。

想向老师说一句迟来的,老师,您辛苦了。

山水婺源一行,成长许多,感恩一路有你们。

谢谢,我们有着一个西瓜的情谊。

◆ 指导老师们的话

如果说山水婺源实践队已经圆满完成预定目标，那是与学院领导的关心和支持密不可分的。现在需要隆重介绍一下我们巨无霸团队背后的两位重量级人物——王绍森院长和黄宇霞副书记！作为此次实践的指导老师，王院长和黄副书记在出征前为我们举行了动员大会，专业的指导、充分的叮嘱、一路的关怀和鼓励，让我们始终信心满满。接下来请看两位老师饱含深情的文字。

【王绍森院长】

城乡为人类社会发展的文化载体，作为城乡规划、建筑系的学生进行城乡实习调研十分必要。破万卷书，行万里路！学校课堂教育与现场实习调研相得益彰。

厦大建筑与土木工程学院每年为学生安排此类调研，以期许对未来学业和职业有所帮助，重点在于：

（1）理解城乡发展的因素，包括社会、经济、文化、自然、交通等多方面。

（2）理解城市、建筑与环境的关系，特别是中国村落的自然观、风水观，以及她对城市、乡村选址、布局、避灾的智慧。

（3）城市、建筑本体上研究和关注：城市系统层次分析、空间原型、地域特性、材料技艺、意器对应等研究。

（4）特殊事件感悟记忆分析：眼见为实，感悟为尚。学生深入在地调研、分析、感悟会对中国传统文化智慧有所学习和理解，对国家城乡建设会充满专业的文化自信。

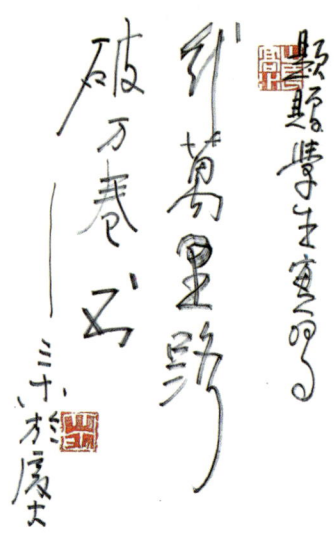

学习传统智慧，营建美好未来，此为实习之目的。

【黄宇霞副书记】

钱锺书老先生在《围城》中曾说：认识一个人最好的方式就是和他（她）去旅行。于我而言，旅行的意义远不止认识一个人，一座城，一段历史……于我们每一个"建筑人"和"规划人"而言，旅行更是一种学习方式、工作方式，甚至生活方式。我们以这样一种独特的方式，聆听历史、感知城市、体验乡村。在这个过程中，用一幅幅速写、一张张测绘、一段段文字、一个个观点甚至一篇篇小论文表达我们对这门学科的尊重和热爱，表达我们对学习和生活的炽热情感。

一段文字并不足以表达这段旅程没有亲身陪伴的遗憾，但愿下段旅途我们共诉美好情怀。小伙伴们，让我们生活在路上，学习在路上，快乐在路上！

◆ 实习基地老板的话

从婺源接站开始,十天旅程中,我们有五天的吃住是在李坑写生基地。除了温暖周到的食宿服务,李老板还带着我们熟悉李坑村,探访乡贤了解历史文化。他特意陪同我们去汪口村拜访他的木匠师傅。老师傅家招待我们的汽糕美食以及老师傅那份坚守和热爱木作的匠心……至今都让我们记忆深刻。看到我们的系列推送,李老板特意写来了一段热情洋溢的文字。

李坑村写生基地老板李双全先生

在汪口村老木匠李师傅家 来源:"山水婺源"公众号

【李双全】

7月17号,我婺源双全写生基地迎来了厦门大学杨哲老师等师生一行35人。到达写生基地用过午餐稍作休整后,同学们在我基地工作人员的带领下对李坑的村史和村容村貌进行了大概的了解,为之后几天的古村落测绘、调研做了铺垫。

同学们在我基地入住的几天还对周边官桥、篁岭、汪口、晓起等古村落进行了实地测量和考察。婺源的7月份是一年当中最闷热潮湿的,炎炎烈日之下,同学们早出晚归。大家那种不怕吃苦的敬业精神和谦虚好问,给我们留下了深刻印象。

婺源李坑双全实习基地
摄影:杨哲(2016年7月22日)

婺源李坑双全实习基地
无人机拍摄(2017年7月12日)

第9章 升华:总结展示 | 257

◆公众号小编的话

【杨哲老师前言】

　　早在实习开始之前,黄竞雄同学运用孙子兵法般的全局观将全班统合为巨无霸实践队,获得了之后的一系列成功,让我早早认识了他。实习一结束,我们就筹划着公众号系列的推送。从物色撰稿人、挑选最适合图片,到版面编排以及字句推敲,几乎每次都精疲力竭、"止于至善"。彼此认可、敲出"推"字时,倍感洪荒之力的伟大。近两个月来,我们习惯了每天隔空图文交流,昨天一见面反而没话讲了(大爱无言啊)!

　　本篇是整个推送系列的大结局——花絮第10期,可谓十全十美,更是小编大人的压轴大戏!我相信,无论他说什么都是发自肺腑的……

(2016年10月1日)

篁岭倒立　摄影:邢垚

景德镇陶瓷工艺体验　摄影:杨哲

　　嗯,这就是每天夜里两点准时扫码发推的小编。我绝对想不到,我一个"吃瓜群众",怎么就调任实践队小编了。我也不是谦虚,老师说:"队里都决定了,你就先做着。"后来我就吟了两句诗:"山绕清溪水绕城,白云碧嶂画难成。"

推送图文文件集合

【与图文相伴的数十个日夜】

从 8 月 17 日第一篇推文发表至今,一共 23 篇推送,我们收获了接近一万人次的阅读量,真是激动!惊讶于同学们的文采斐然,这 23 篇图文毫无疑问都是高质量的,也是我们收获阅读量的坚实基础。一路走来,从厦门到婺源,遍历李坑、篁岭、延村、汪口、官桥、晓起,又从瓷都景德镇到壮美三清山,人杰地灵的绩溪龙川、太极湖村,再到最后的绩溪博物馆收官。每个夜晚都是对十天旅程的一次再回顾,重新感受我们所看到的,我们所听到的,以及我们用画笔所记录下的一切。

"山水格局"小组评图,2016 年 7 月 25 日绩溪宾馆 摄影:谢如昕　　　绩溪龙川胡氏宗祠门神　速写:黄竞雄

【与老师相伴的数十个日夜】

作为我们铁粉的大家都知道,每天深夜定时发圈的人有两位,一个是我,另一个,就是我们的杨哲老师。正如宇霞老师所说,杨老师对待事情的要求是很高的。图文内容通常都是杨老师先审一遍再交给我,我做完再给老师审,不满意就改,改完再审,不满意再改,重复无数次直到:

每每看到这句话,都激动得泪流满面。

再到后来,就变成:

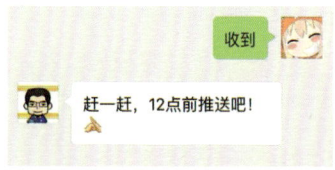

当然,最后是:

第 9 章　升华:总结展示

然而，也正是有这样执着的老师，从公众号发出的图文才得以锦上添花。说句实话，老师对于图文质量的严格把关以及对推送的反复审核是小编一直以来坚持不懈修改的动力，也是因为这点，越到后来小编发出的预览质量也越来越高，这样一来就可以早点推完。

山水婺源十天路程，是真正意义上的"上山下乡"，也是一次"灵魂涤荡"。后期宣传是一次自我审视和提高，让我们仔细回想着十天来的所见、所感、所想。"山水一程，三生有幸"，愿我们的实践队始终在路上。

担任小编这段时间我也没干什么别的，大概三件事：一是建立一个公众平台，二是排版队里图文，三是把它推出去。如果说还有一点成绩，就是为我们的团队转转推、拉拉票。很惭愧，就做了一点微小的工作，谢谢大家。

9.2.4 回顾系列——总结回顾与展示

微信公众号推送完成了实践调研"行程纪实"、"专题聚焦"以及"花絮感言"的报道之后，最后是对山水婺源实践队全程进行的"总结回顾"系列，包括以下内容：

（1）视频《山水婺源》制作（附件光盘）。
（2）实习成果汇报展（详见9.3节）。
（3）校级、省级评选（详见9.3节）。
（4）编辑出版（本书第二篇）。

2016年7月27日下午，实践队师生大部队回到厦门

9.3 带队教师总结
Reports by the Director of the Fieldtrips

十字形考察徽州文化

2014 年带队"厦遇皖南"实习是第一次涉足徽州文化。在古徽州黟、歙两县辗转流连，连同黄山在内，算是画了一条东西向的调研路线。而 2016 年带领"山水婺源"再次前来时，则从古徽州府辖最南端的婺源县直到最北面的绩溪县，画了一条与横线几乎垂直的纵线。这一横一纵组成的十字，大体能够勾勒出徽州聚落建筑文化的概貌。横线上的村落大多在低矮丘陵的平原上，一个家族形成一个自然村；而纵线特别是在婺源，则以依山傍水的山村为主，这里将两次徽州实习联系起来，对于徽派聚落建筑文化做个小结。

9.3.1 山水婺源实习概况

时间：2016 年 7 月 17—26 日。

行程：婺源（7 月 17—22 日，驻扎李坑村，期间：篁岭村、思溪村、官桥村、汪口村、上下晓起村）、景德镇（7 月 22—23 日）、三清山（7 月 24 日）、绩溪（7 月 25—26 日，龙川村、太极湖村、绩溪博物馆）。

人员：2014 级城乡规划班 30 名和 2013 级建筑学 4 名。

"山水婺源"行程路线图 作者：蔡柠

9.3.2 徽派聚落建筑要素

古徽州文化悠久深沉且富有活力。然而，现代化的冲击似乎让千年徽州文化凝固了，凝固在如画的青山绿水之中，凝固在依然鲜活的乡间民俗之中，凝固在特色鲜明的村落街巷与高墙大院之中，凝固在栩栩如生的精雕细刻之中。不同于皇皇正史所记录或流传的官方文化，徽州文化是最广泛的群体所创造、积淀出来的民间文化，它呈现出雅俗兼备、商儒交织的复杂而多元的面貌。徽州古村落与其他村落形态多有不同，在相当程度上脱离了对农业的依赖。它"在居民意识、生活方式和情趣方面，已大大超越了农民思想意识和一般市民阶层，保留和追求与文人、官宦阶层相一致，具有浓郁的文化气息"。它在城市化日益趋同的大潮中愈显其聚落空间与文化的原生性与原型特征，不断撩拨着现代人的乡愁。

从村落整体布局到单体局部装饰，徽派建筑在基本定式基础上，采用不同的装饰手法，因地制宜、因势利导，形成了千变万化又统一相近的强烈特征与规律。这里，我们把解读徽派建筑文化的钥匙串接起来。

◆徽州古村落选址

总体上，徽州古村落处在长江以南山区地域范围以及新安江流域内。"不仅与地形、地貌、山水巧妙结合，而且加上明清时期徽商的雄厚经济实力对家乡的支持，以雅、文、清高、超俗的心态构思和营建村落建筑……皖南古村落选址、建设遵循的是有着两千多年历史的周易风水理论，强调天人合一的理想境界和对自然环境的充分尊重，有科学的基础和很高的审美观念。"

◆村落布局

"依山建屋，傍水结村。"徽州村落布局受自然山水条件的限制及风水吉祥理念的影响，呈现几种典型的布局，如夹山沿河的带状（塔川、李坑）、平原地区以家族聚居的组团状（南屏、关麓）、风水格局下的象形（牛形的宏村、船形的西递和龙川、阴阳八卦形的湖村和呈坎）。这种紧凑的集中型布局，加之清高雅丽的单体建筑风貌，"遥望粉墙矗矗，鸳瓦鳞鳞，椽楔峥嵘，鸱吻耸拔，宛若城郭"（清·程庭，《春帆纪程》）。

◆水　口

地处万山之间的徽州村落，四面皆山，空间完整而封闭，水口成为村落门户。水口这一称谓既体现了风水意愿的影响，象征聚福驱凶，也是合理利用水资源、关乎村民命运前程的严密关锁。"理想的水口有双峦夹持对峙。在水口处，常广植林木，筑堤修桥、建亭榭、堆石，景观建筑如廊桥、文峰塔、文昌阁、魁星楼、牌坊，以及儒释道与民间信仰建筑，如书院、观音阁、雷祖殿等，使水口区成为可游憩的园林"（朱永春，《安徽古建筑》）。

◆祠　堂

"百代祠堂古，千村世族和。"祠堂祖庙是宗族社会的精神核心，依次由牌位、寝室、享堂、仪门（楼）组成。作为徽派建筑"三绝"之一的祠堂，"高大厚实的外墙包裹起一个重门叠院，阻隔嘈杂喧闹的外部世界，营造出以家族为中心的人文意象……每逢春露秋霜开祠致祭，家族成员就沿着脚下的踏步鱼贯而上。在馨香俎豆的氤氲香火里，在先祖与后昆跨时空的心灵交流中，看着天井中馥郁芬芳的银桂，一定会从这树上分枝、枝上分杈的婆娑树影间悟出些什么来"（王振忠，《乡土中国·徽州》）。

◆ 民　居

徽派建筑"三绝"之首，基本上由南方"古越人"建筑加上北方四合院格局混合而成。鳞次栉比、粉墙黛瓦的老房子，给人以淡雅明快的美感。据调查，徽居外墙都是砖砌的，表面涂抹白灰。室内间壁均以芦苇秆编成，亦涂饰白灰。本来防止雨水侵蚀的朴素粉墙，附带了徽商服贾四方、荣归故里、广侈华丽以明得志的心理诉求，令人"入歙、休之境而遥望高墙白屋"，成就徽州村落的独特景观。

◆ 牌　坊

两次古徽州实习所到访的著名牌坊有西递村口胡文光刺史坊、立体的许国石坊、棠樾石牌坊群和绩溪龙川的奕世尚书坊（文徵明书法）。

◆ 天　井

徽州老房子多以天井为中心进行内向封闭式组合。高墙层屋围护的天井，承担着房屋的采光、通风、与外界沟通，同时还寓意着人丁兴旺、聚财生财的世俗价值观，民间谓之"四水归堂"。

◆ 马头墙

徽州地狭人稠、聚族而居，为防止火灾，普遍采用高低错落、富于变化的封火山墙。据传为明朝弘治年间徽州知府何歆所发明，后来演变为一种装饰。俗称"五岳朝天"的五叠式马头墙，以其抑扬顿挫的起伏变化，加之相映成趣的文武双全，体现了皖南民居的独特韵律感。

◆ 门头窗楣

华丽的牌坊式门头、大片粉墙上的小窗小楣或者大窗长楣，在黑白群落中仿若点睛之笔，是徽派民居独有的建筑装饰手法。

◆ 三　雕

徽州的人们"胸中小五岳，足底大九州"，经营家乡故里的高墙大院时，不得不顾忌千年传承的严格的营建制度，不敢"僭越"，转而以精致美观甚至极致的木雕、砖雕、石雕来装点房屋各部，附丽着徽派建筑实体。

篁岭村竹虚厅木雕　速写：谢如昕

当然，除了大量民居、祠堂，徽州建筑中还有书院、寺庙、戏楼（戏台）、观景楼、亦商亦宅亦坊的商业建筑。这些丰富齐全的建筑类型，以及巷弄、小桥、亭子、牌坊、塔幢、匾额、楹联乃至坟茔墓冢等，也都极有特色，讲究至极，共同构成了徽州建筑文化多元、复杂、而又别致、统一的整体面貌。"洁白的粉墙，黝黑的屋瓦，飞挑的檐角，鳞次栉比的兽脊斗拱以及高低错落、层层昂起的马头墙，绵亘着一幅宗族生息繁衍的历史长卷"（王振忠《乡土中国·徽州》）。

9.3.3 尾声

谁都没有料到，"山水婺源"实习的尾声会长达一年多！

首先，与以往一样，要求实习结束一周左右提交实习报告以及4个专题小组的调研报告。这是对10天实习的第一次系统提升，为后续系列报道打下了最初的基础。2016年8月17日，微信公众号"山水婺源实践队系列报道"的第一篇《序章》正式面世，直到10月1日"山水婺源后续报道"第十篇《大结局》结束，完成了"行程""专题""花絮""回顾"四大系列、共24篇图文并茂的精彩推送。这是对实习成果的第二次整体提升，直接为本书的出笼奠定了基础，打下了基本的框架。2016年9月12日开学后，结合"城乡历史文化与保护"课程的学习，在公众号系列推送、实习成果展的基础上，组织全班半数同学成立"山水婺源创作组"，深入研究，系统编撰，完成了可以说是飞跃性的第三次提升。

与此同时，厦门大学校级重点团队的汇报评选也开始了。全队摩拳擦掌，队长信心满满。一个接一个地传来最佳战绩的消息，2017年年初，获得福建省优秀社会实践团队荣誉民；2017年6月，获得多项厦门大学高等教育教学成果奖，至此，山水婺源实习终告结束。

9.4 实习成果汇总
Exhibition and Honors of Fieldtrip Outcomes

在"山水婺源"实习成果展出之际，我们再次做一个简短的回顾和总结。

2016年5月开始了为期2个月的调研准备（团队组建、讲座动员、体能训练、速写练习、功课预热）；之后半个月的实地调研，跨越了赣皖两个省的名城古村落，征途遍及古徽州8个历史文化名村，还有景德镇、三清山；然后是多轮次成果整理与宣传活动，在预计的"山水格局""一落一户""在徽言商""徽写韶华"4个子课题方面，取得了丰富的调查研究成果。无论酷暑疲惫，无论漏更奋笔，我们一直醉心于祖国东南的壮丽河山与深厚文化，心和身体始终在路上。

◆ 《山水婺源》视频制作

在组建的几个专项小组中，宣传组的成果往往更能影响到整个团队的调研水准及展示，工作量和压力比其他组的同学大。他们在完成拍照、摄像、写稿、编辑推文各项任务的同时，还要参加各自专题小组的调研。"山水婺源"公众号推送系列的成功与他们的辛勤工作密不可分。2013级建筑学班长赵阳同学更是担当起脚本写作、视频剪辑的重任，出色地完成了11分钟《山水婺源》视频制作（请看附书光盘）。在实习成果汇报展现场，视频绘声绘色，展板精致翔实，两者相得益彰，取得了非常给力的展示效果。

◆ 实习成果汇报展

在队长王璐同学积极策划和精心组织下，将个人实习报告、小组专题报告、公众号推文、官网新闻报道等多项调研成果进行再一次整合，由班长蔡柠同学设计成展板形式，在厦门大学三家村学生广场、建筑与土木工程学院曾呈奎楼中庭分别举办了实践成果展。

2016年10月27日，"山水婺源实习成果汇报展"在建筑与土木工程学院曾呈奎楼中庭开幕

开幕式上，学院党委副书记黄宇霞老师（实践队领队）欣然签名

第9章 升华：总结展示 | 265

【引言】

在院长和院党委的领导下，在富有带队经验的杨老师指导下，我们集结了34名队员组成"巨无霸"团队（2014级城乡规划专业全体30名同学和2013级建筑学专业4名学姐），成功申请了校级实践重点团队。依照探访古村镇空间聚落原型特征的初衷，分自然、社会、文化、建筑4个专项课题，选定江西婺源和安徽绩溪一带作为目的地，蓄势待发。

强大的阵容，系统的课题，周密的计划，保证了我们的调研有广度、有深度、有温度！

【山水格局】

古徽州就坐落在黄山以南、四面环山的丘陵上。

错落的丘陵与密布的水系中，古徽州民居、祠堂、庙宇、楼阁、宝塔、牌坊、桥梁等，与道路、河流、田地、山川有机结合在一起，构成了徽州整体上的优美风貌。

在这山水中，最吸引我们眼球的，便是徽派民居。调研成果中，既有对李坑村的重点村落测绘，也有对村落普遍特点的抽象概括。

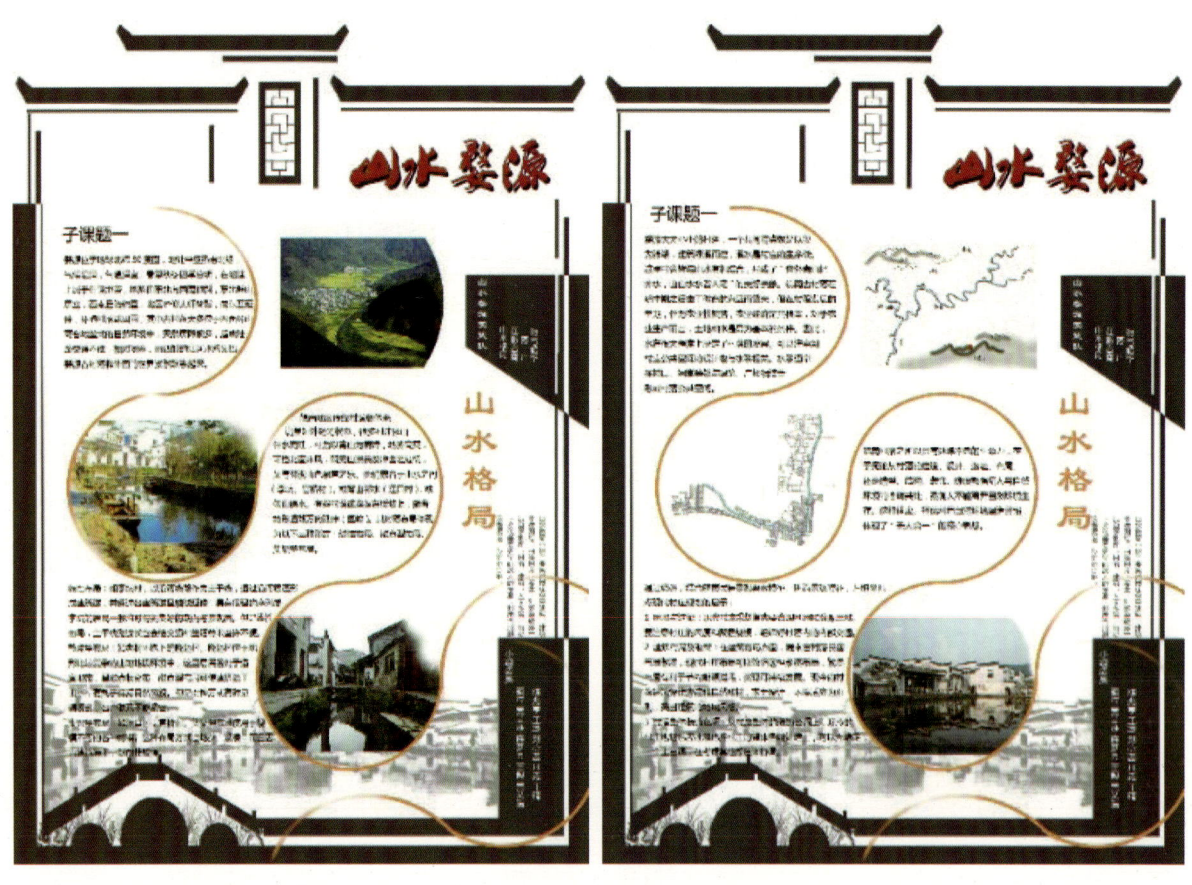

【一落一户】

通过现场测绘村落总平面和典型古建基本布局，对特色建筑重点描绘，我们对徽派建筑有了比较全面的认识。

徽派建筑，从外观、内部布局、风水应用中，都透露着徽州独有的印记。"无村不卜"，白墙黛瓦，梁栋不漆，徽州就是这样地崇尚本色，不动声色地坚持着自己的朴实儒雅之风。

依山傍水，翠微缭绕，溪流纵横，一落落以黑白为底色的古建筑，正是这种四面环山相对封闭的状态，徽州形成了富有个性的建筑体系与文化。

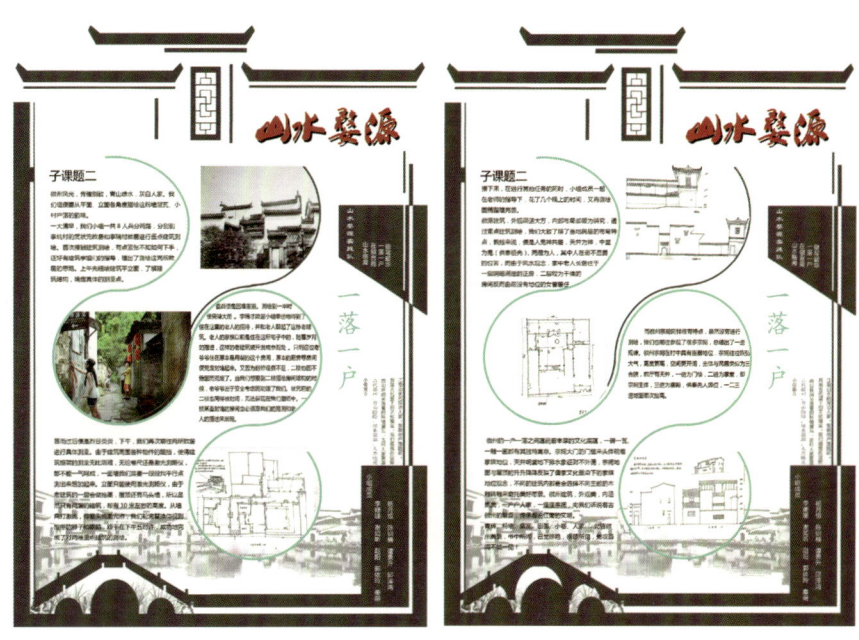

【在徽言商】

徽商，作为徽州人中杰出、典型的一群人，代表了最初勇于闯荡的开拓精神而又自我保护的强烈意识。他们利用河运，走出大山，远贾异乡，奋战商场，在很长时间里创造了经济上的繁荣，造就了中国历史上奇特的徽商现象。在徽商经济发展的同时，徽州变成了财富的聚集地，摆脱了被大山阻隔、封闭的窘境，成为拥有"东南邹鲁"美誉的文化艺术宝地。

【徽写韶华】

从赣北至皖南一路走来,徽州大地的非物质文化遗产,是浩浩神州版面上散落的具有民族性的点,是代表了这个空间里普适的生活规则,是属于中华民族的文化基因。

当景瓷在众人目光聚焦下撩起青花衣裳熠熠生辉时,代表徽州三绝的木、石、砖雕却在大家啧啧称奇中显露疲态。个中原因兴许复杂,我们试图从景德镇瓷器文化成功转型的案例,探索新的文化传承理念。

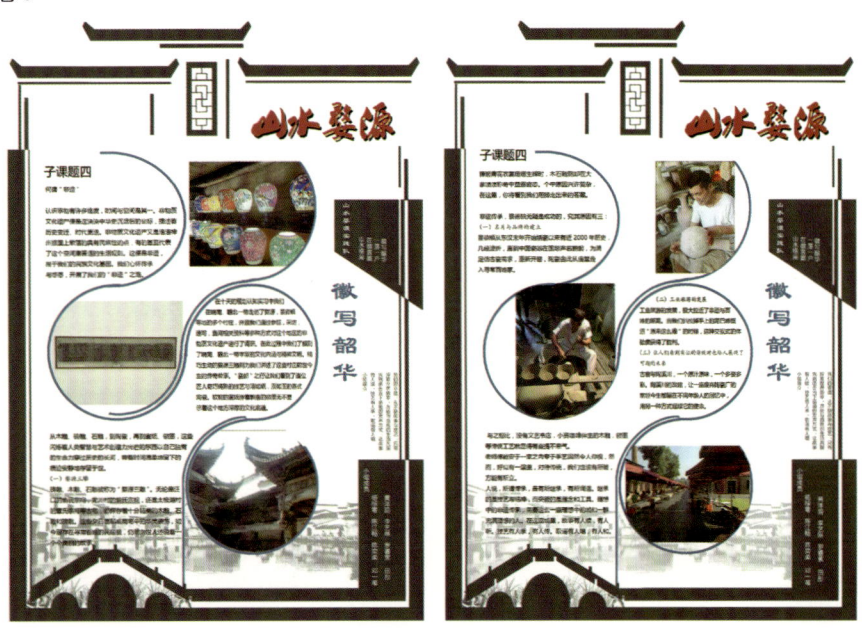

【感悟】

我们通过写生,用眼睛、手、脚,甚至于画画时身体的肌肤以及耳边轻拂过的小巷的风,让自己加深了对村落的感知。牌坊、木雕、建筑、水系、村落等只要感兴趣的,都被生动记录下来。

我们通过唇齿,品着村里热情招待的饭菜,同他们话古聊今说未来,用面对面的沟通体验了徽州的人情味。

我们通过双手,在李坑村测绘,留下了乡野调研的第一手资料;在景德镇拉坯,体味到瓷都的温度;在写生基地,为同伴的歌声献上掌声。

我们通过双脚,丈量这片神奇的徽州大地,挑战三清山,每日超万步的脚程中有着实践队员们彼此的鼓励和共同的信念。

我们通过媒体,向各界传播我们认知和感悟的声音;我们用实践的观察与思考开阔出更宽广的视角,试图去审视中国当前的乡村建设。

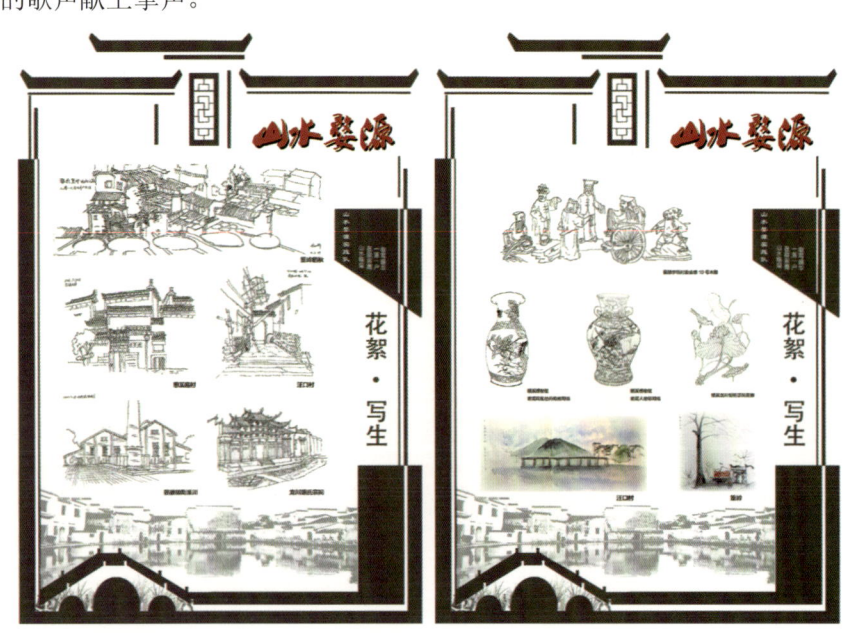

◆ **实习获奖及荣誉**

厦门大学十分重视社会实践教学环节,通过多种形式鼓励学生深入实际调查研究。这一次我们把认识实习教学与社会实践活动做了捆绑,积极参与学院的策划竞赛、创意选拔和校级重点的申报。队长王璐、黄竞雄等多位同学有效组织、勇于拼搏,取得了一系列上佳战绩。带队教师和实践队分别获得2016年厦门大学"青春建功十三五 携手共筑中国梦"主题暑期社会实践活动"优秀带队教师"和"优秀团队"荣誉称号。在共青团厦门大学委员会举办的2016年厦门大学暑期社会实践团队优秀称号评选中以最高票获得"2016年厦门大学暑期社会实践最具人气社会实践队"称号。2017年年初,又获得了"2016年福建省大中专学生志愿者暑期'三下乡'社会实践活动优秀团队"荣誉称号。2017年6月,作为教学成果的组成部分,带队教师以个人名义获得厦门大学校级高等教育教学成果二等奖,集体获得一等奖。

"山水婺源"实践队全体师生共同努力获得的荣誉

至此,我们可以欣慰地说,"山水婺源"实习(实践)的全程宣告完成,终于能够画上一个圆满的句号。

蓄势		征程			聚焦		升华
		日期	地点	主要任务	主题	城乡空间原型	个人实习报告
实习动员	专题讲座	D1	厦门→婺源 李坑村	出发、抵达、安顿、初征李坑		历史人文体验	小组专题报告
	确定主题						综合报告
	行程计划	D2	李坑村	测绘村落总平、重要建筑			
	组织架构	D3	篁岭村	调研、速写	专题一	山水格局	微信公众号推送 (四大系列)
	严明纪律	D4	延村、官桥村	调研、速写			官网报导
	注意事项	D5	汪口村、晓起村	调研、速写			
行前准备	文献阅读	D6	景德镇	瓷厂体验、古窑民俗博览区	专题二	一落一户	视频制作
		D7		陶艺街、陶溪川			实习成果展
	速写练习	D8	三清山	山水格局调研	专题三	在徽言商	
	体能训练	D9	湖村、龙川	调研、速写			获得荣誉
		D10	绩溪博物馆				
		D11	绩溪→厦门	返程	专题四	徽写韶华	整理出书

2016年"山水婺源"城乡认识实习实施全程 作者:王毅、杨哲

第9章 升华:总结展示 | 269

第10章　婺源聚落画像

Chapter 10 Settlement Portrayal of Wuyuan

2013年以来，厦门大学研究生院加强了研究生社会实践管理和支持力度，每年拨出专项经费，用于各培养单位开展研究生短学期教学和实践活动。这一举措对营造浓厚的校园学术氛围、激发研究生学习热情、提高研究生科研与社会实践能力和培养学生的创新创业意识起到了很大的促进作用。厦门大学建筑与土木工程学院积极响应，结合自身学科特点和学术优势，组织专业团队，开展了以"徽文化古镇村落乡野调研"等为主题的若干项目申报，有幸获得研究生院的审批。

一、项目名称

婺源聚落画像——徽文化古镇村落乡野调研

二、组织架构

1. 导师组

　　李立新　建筑与土木工程学院副院长

　　杨　哲　建筑与土木工程学院副教授（项目负责人）

2. 研究生组

　　李　翔　2016级城市与区域规划硕士研究生（组长）

　　李　健　2016级建筑学硕士研究生

　　李嘉航　2016级建筑学硕士研究生

　　王昭宇　2016级建筑学硕士研究生

三、调研时间

2017年7月6—12日

四、调研地点

江西婺源

本次通过对婺源古镇村落的调研，围绕传统聚落空间特征、山水格局、历史文化、建筑布局特点，体现传统聚落的价值，获得启发：婺源徽文化古镇村落对质量型城镇化发展具有重要的借鉴意义，让我们"传承悠久文明、共创美好未来"。

该项目调研结束后，在成果整理的同时，全体项目组成员又参加了"徽杭古道·第三空间"的城乡认识实习（本书第三篇），扩大了可资有效对比研究的考察范围，使本次调研取得更为丰富的学术成果。

10.1　项目计划与实施
Programing

2017年7月6日中午,"婺源聚落画像"实践队乘动车抵达婺源站

◆ 项目计划

一、选题背景

中国是当今世界上城镇化速度最快的国家,经过30多年的建设,中国城镇化率从30%快速增长到50%左右,并正在向70%的发达国家水平逐步迈进。从物质空间上来说,"粗放式"城镇化难以尊重城市原有肌理和文脉等体现城市个性的细节,会导致长期自然生长、反映当地传统文化价值的城市肌理顷刻崩塌;从社会人文角度分析,乡村的"城镇化"也令人难以找寻当代人普遍存在的"乡愁"情结。到处都是一样的钢筋水泥森林,自己曾经的故乡也逐渐"空心化",变得面目全非,何处才是自己心灵安闲休憩的地方呢?

在这个城镇化发展的十字路口,中央适时提出积极稳妥推进城镇化,走集约、智能、绿色和低碳的新型城镇化道路。在社会主义新农村和美丽乡村建设基础上,十九大更加肯定并重视乡村的核心价值,突出提倡"文化自信"、"文化遗产保护"与"乡村振兴战略"。

二、选题目的和意义

可以预见,未来的城镇化道路将会明显地从数量型向质量型的发展模式转变。质量型发展模式意味着聚落空间环境、基础设施、社会人文等多方面品质的内在与外显提升。古镇村落作为深具历史人文底蕴的聚落类型,对其山水格局、聚落空间形态、村落建筑与街巷肌理和社会与经济发展现状等多方面进行专业考察和研究,对于当前城镇化发展的定位与方向都具有极其重要的理论基础和实践建设意义。

三、调研内容

（1）婺源古镇村落的空间特征。从物质空间和社会人文角度，探索古镇村落形态的演变过程。通过寻找非物质文化遗产的发展，摸索出古镇民风民俗的演变历程，整理出市井百态和民风民俗等要素，再从古镇村落空间肌理和具有历史价值的建筑中，找寻古镇村落具体空间特征。

（2）婺源古镇村落的建筑特征。从建筑和规划的角度透析古镇村落更新现状。优化城镇化布局和形态，少不了对每个地区特有的建筑围合方式、开放公共空间布置等设计内容进行提炼和总结。这次调研，我们计划聚焦婺源古镇村落特有的整体布局及建筑内部布局结构，在了解调查并对古镇村落建筑大致分类后，找出聚落空间的规律，希望能对传统聚落特征得到突破性认知与启示。

（3）婺源古镇村落的山水格局。中国有许多古镇村落的选址结果都深受风水堪舆学说、道家或儒家思想等自然科学与人文科学的影响，因此每个古镇村落与周边山和水系等自然环境的关系具有极为重要的研究价值。此次社会实践，我们拟调研婺源地区古镇村落特有的选址及方位，建筑的布局及装饰，还有水系、山脉和村镇三者间的关系，以此阐发对现代村庄规划与建设的思考。

（4）婺源古镇村落的历史文化。婺源位于江西省东北部，是一个拥有1200多年历史的古县。该地区旧属徽州，其中居民也多为徽商家眷和退隐宦官，因此形成了习尚知书、重视文化的民俗民风，也即古徽州典型的"徽文化"。只有了解古代人们意志是如何反映在物质空间上的，认知才不会流于表面的符号形态，对当今规划设计思路意义重大。另外，研究古镇村落的历史文化，可以找准一个地区的精神内核，这对于寻回当代人们的"乡愁"也有很多帮助与启发。

四、调研方法

实践定名为"婺源聚落画像——徽文化古镇村落乡野调研"，选取中国南方典型聚落之一的徽派古村落群——婺源。婺源是江西省一个具有悠久历史的古县，地处皖、浙、赣三省交界处，东邻浙江衢州，南靠江西三清山，西接景德镇，北连安徽黄山，是镶嵌在黄山—景德镇—庐山国际旅游黄金线上的一颗绿色明珠。古镇村落保存良好，粉墙黛瓦、飞檐翘角的一座座徽派古建筑，隐现在青山绿水之间，构成了一幅幅天人合一的美丽画卷。由于这里风光旖旎、环境幽雅、空气清新，明清古建筑古色古香且保存完好，被誉为"中国最美的乡村"。

本次调研以李坑村为基地，走访婺源地区具有代表性的村落。调研采用高清无人机技术，结合特定人群访谈、现场测绘写生等传统调研手段，感受古村镇演变的物质形态特征及其背后所蕴含的社会价值观，最后形成具有原创性的实践成果。

五、预期成果

（1）根据无人机航拍实景绘制古镇村落总平面图，结合访谈调研资料进行专题分析、研究。

（2）每人至少一篇原创性的实践报告，并利用微信公众号进行成果推广。

◆ 实施概况

一、前期准备

6月28日上午，厦门大学研究生院召开了"2017年短学期研究生社会实践行前动员暨培训会"。会上，陶涛院长以哈佛大学的经验为例，鼓励研究生要多走出去，多实践，并强调了实践队在外的安全注意事项；朱冬亮老师热情地分享了他积累多年的乡野调研方法与经验，深刻而不失幽默的发言让各实践队受益匪浅；徐岚老师题为"我们需要什么样的社会实践？"的报告，系统、清晰地讲解了社会实践及社科研究范式，使与会的实践队员们豁然开朗。

7月5日，"婺源聚落画像——徽文化古镇村落乡野调研"实践队组织了出发前培训与无人机

短学期研究生社会实践行前动员暨培训会
左起：厦门大学研究生院陶涛院长、朱冬亮老师、徐岚老师　摄影：杨哲

操作指南学习。

二、调研过程

2017年7月6日至12日，"婺源聚落画像——徽文化古镇村落乡野调研"实践队以李坑村为据点，驻扎在双全艺术实习基地，先后对理坑、岭脚、汪口、篁岭、菊径、思溪、延村、晓起、官桥、清华、虹关、外俞等13个婺源地区具有代表性的村落进行了调研。在调研中，采用高清无人机技术，将各古镇的山水环境和各村落的整体布局等徽文化古镇村落要素通过照片、视频等方式立体地呈现出来。在李坑村，队员自由考察，进行走访和村落整体感知活动；在思溪延村和官桥村，队员积极探索古镇更新模式，调查业态和功能布局；而在汪口村和晓起村，队员将精力投入在两村历史、人文、乡俗等虚体、情感要素的提炼中，并调研两村周围的山水格局；在篁岭村，队员们通过街巷和非物质文化遗产调研理清古镇的演变脉络，初步了解到篁岭旅游业发展的新模式。途中，实践队还对虹关村、外俞村等计划外的沿途村落进行了调研，收获了许多意外惊喜。

值得一提的是，本次调研正值洪水刚过，不论是古镇村落内高人一头的洪水线，还是路途中所见被洪水冲垮的桥梁，都带给我们巨大的震撼。队员们无不慨叹大自然的力量和人类在自然面前的渺小脆弱。

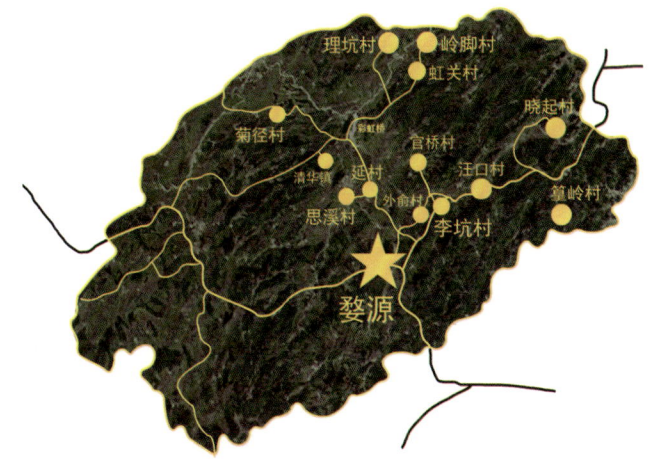

古徽州府辖六县图　作者：李健　　　　"婺源聚落画像"实践队路线图　作者：李健

本次调研得到了厦门大学研究生院陶涛院长和吴圣芳老师、建筑与土木工程学院王绍森院长和李立新副院长等领导的关心与支持，在杨哲老师的策划和带领下，取得了圆满成功。还有，实地调研全程得到了李坑村艺术实习基地老板李双全先生的鼎力相助。李老板热爱家乡，也期待实践队取得好的成果，不辞辛劳，每天驾车带着我们长途奔波、上山下乡，并十分周到地招待饮食起居，为我们的顺利调研提供了坚实的援助和全力的支持。万分感动，万分感谢，无以言表！

李坑村：现代高铁大桥与传统村落的对话　摄影：杨哲

篁岭素描　摄影：杨哲

衷心感谢李坑村艺术实习基地老板李双全先生　无人机拍摄

10.2 项目总览
Scenario

> 7月入伏，酷暑难耐。为了能使7月下旬即将出发的徽杭古道实践队更好更快地进入角色，杨哲老师结合短学期研究生社会实践，组建了先遣部队——徽文化古镇村落乡野调研，先行对婺源地区进行了为期7天、名为"婺源聚落画像"的系统调研。借助高清无人机技术，将婺源境内13个重要古村镇的山水环境、各村落的平面布局等徽文化古镇村落要素通过照片、视频立体地呈现出来。视频《婺源聚落画像》（参见附书光盘）是这次实践的概览性成果，也作为"徽杭古道"实践的前序行动。让我们跟随无人机的镜头一起去领略大美婺源的风采吧！

◆ 引 子

华东腹地，赣北皖南——徽州大地上，青山绿水，黑白人家，一派诗意田园风光、人杰地灵景象。婺源，正是这山水人文画卷中，最为立体、最为原生态的自然文化景观。

盛夏时节，厦门大学建筑学、城乡规划研究生和导师一行5人历时7天，特别运用无人机视角，走访了婺源县域13个代表性古村落。每个村都给人以独特的视觉冲击，始于东晋时期的村落文化——底蕴厚重、含义深邃，更是给现代社会以多方面的启迪。

徽文化背景下的婺源山水聚落特征不胜枚举，我们仅选取"聚落典型空间要素"与"聚落整体空间特征"两个方面来概括此行的收获与感悟。

2017年7月11日中午在菊径村观景台合影 无人机拍摄

◆ **聚落典型空间要素**

一、古村落

婺源地区古镇村落虽各有差异，但整体从选址、建筑风貌等方面呈现出明显的相似性。该地区古村落主要呈点状分布于流经婺源县城并在其北部分叉为两股支流的河流两岸，少数分布在山谷之中，整体分布呈现出小规模有机散落式的特征。这些古村落顺流分布，点缀在山间，从卫星图上完全看不到古村落对自然地形原有肌理的破坏和干扰。古村落的有机分布及其与自然地形的契合，是婺源古村落群在整体空间分布上的最显著特征。

以李坑古村为例，该村群山环抱，两条清溪汇聚于村落中心地段，流向村口。溪流两岸对列着粉墙黛瓦的徽派民居，呈现着最典型的小桥流水人家景象。村口牌坊、文昌阁，标示着状元故里人才辈出；村口，溪水淙淙，狮象对峙，荷塘垂柳，亭榭花香，高架铁路桥和飞速驶过的高铁列车，时常把我们从乡愁拉回现实；村中，始于北宋李姓衍派的名家故居鳞次栉比；山上，菇山亭与街巷流水遥遥相望，构成立体的村落景观。

李坑村水口，牌坊、文昌阁和远处的高铁遥相呼应　无人机拍摄（2017年7月12日）

二、廊　桥

廊桥是婺源地区古镇村落不可缺少的物质空间要素之一，它是该地区民风民俗的重要载体，同时也见证着村落的演变发展。此外，廊桥本身的结构和设计理念也无不体现着古代劳动人民的智慧，其中的门道对我们仍然有许多值得借鉴之处。

桥上建廊，桥就变成了村里人聚会纳凉的好去处。有着"儒商第一村"美称的延村，集徽商华宅之大成，思溪河上古朴的通济桥令人驻足。清华镇彩虹桥，建于南宋，六亭五廊，错落有致，船形桥墩，科学合理，空中俯瞰，更是华美非凡。

清华镇彩虹桥 无人机拍摄

思溪村通济桥 速写：杨哲

三、古樟树

"一村一树一故事"是许多中国传统村落具有的特征，婺源也不例外。古朴典雅的徽派建筑，掩映在青山绿水之中，点缀于古木幽篁之间。古木大多是千百年的樟树，早就被赋予了神性。俯瞰婺源郁郁葱葱的大地山川，古樟成林。村头、亭旁、广场、街边，一棵棵遮天蔽日的大樟，往往成为标志性节点。

例如，岭脚村、虹关村和李坑村的村口都有老樟树，这里往往是村民心中村落图景最为重要的环节，也是维系宗法礼制的纽带之一。甚至有的村庄的村落布局以古樟树为中心，如晓起村，可以说晓起古樟就是晓起之魂。

岭脚村口的空心古樟树 摄影：李翔

四、梯 田

"青山清水清泉，难得一方净土"的婺源，山多平地少，自然造就出形态各异的梯田景观。借助无人机，让我们有了从高空俯瞰的独特视角。这些熟悉却又陌生的美丽图案，虽为人作，却宛自天开。

梯田和村落的相偎相依不仅构成了气势磅礴的风景，更体现了古人建村时村落和自然山水和谐相处的价值理念。层层梯田，犹如大地的掌纹，空中俯瞰更好像一幅幅抽象而精美的画作。

大地上的画作——岭脚村梯田和水塘

第10章 婺源聚落画像

大地掌纹：篁岭村梯田　无人机拍摄

◆ 聚落整体空间特征

一、山水相依

同为徽派建筑，以西递宏村为代表的皖南民居大都在平原上，而在婺源，村落往往依山傍水，居高远望，具有一种纵深感和整体感。

最具特色的莫过于深山之中的篁岭村，简朴民居漫布于陡峭山坡，轰然眼前，气势壮观。高低可见的晒秋景象，更把这立体的景观点缀得色彩斑斓。环水矗立的菊径村，仿佛天外飞来的一片世外桃源。

二、街巷肌理

自然环境或生活习俗的特点，常令依山傍水的村落内部街巷具有独特的结构。

深山之中以"理学渊源"著称的理坑，68条街道纵横曲伸，高深的宅院大门进去，内部另辟小巷，形成了近似于里弄的街巷肌理，漫步行走，不知不觉就会迷失其间。

三面环水的汪口村，结构形态呈不对称的鱼骨状，沿河老街是主轴，向南不远就是河边、码头，向北则是一条条渐次升高的深远小巷，串联起家家户户。这个内聚封闭的山水聚落，却也有机统一，易于明辨。

150 米高空下的理坑村落　无人机拍摄

300 米高空下的汪口村落

三、古宅新辉

曾经，高居山巅的篁岭村因交通不便而难以为继。如今，村民们都搬居山下新村，安享现代化生活。由集团公司总包经营的老村，从外地搬建来很多老宅、大院，点缀于原先略呈破败的旧居当中，使得村落呈现出另一种活态与生机。在乡村不断空心化的今天，作为一种权宜之计，这个"篁岭模式"是否值得借鉴呢？

在月亮湾景区里的外俞村，我们参访了作为高档民宿的"俞家"，考究的翻新、装饰让老宅焕发出诱人的光彩。这种知识与小规模资本的"温柔"介入，是否亦不失为一种可资借鉴的发展模式呢？

实践队在俞家合影（2017年7月11日）
左起：杨哲、李健、王昭宇、李嘉航、李翔、李振富（李乐活）、李双全

◆ 小结：启示与传承

千年古徽州，一朝匆匆过。婺源的山山水水、高墙大院让我们流连驻足，厚重的历史文化积淀却面临城市化和商业化的双重冲击。如何让她在我们手中得到妥善的保护？又如何在现代化进程中得到有效的传承？我们以完整视角对婺源聚落所做的整体画像，就是一种尝试和努力，也是新探索的开始。

"建筑是一个民族文明的结晶"，自然环境、历史文化赋予每一个人类聚落以独一无二的特征。读懂建筑的"本意"，方能传承其中精髓。如今，徽派建筑几乎成了新中式的代名词。时代语境的变换也促使建筑语言本身的进化。但是，依山傍水、廊桥塔榭、宗祠堂庙、天井池塘、粉墙黛瓦、精美三雕……从世代传承的工匠精神到亦儒亦商的人生追求，依然是现代人的向往和初衷。

婺源大量遗存的传统民居村落，是徽派建筑与徽文化的重要组成部分，作为整体上的独特聚落，形成中国古建筑最重要的流派之一。这一聚落有着天人合一、礼乐并重的崇高理想，山水画般的超然意境，承载着千百年来文化与艺术之美。我们坚信，随着保护与传承理念以及现代技术的融入和发展，这一世界文化史上的奇观与瑰宝，必将焕发新的生命力。

10.3　山水格局
Environmental Portrayal

> 郁郁层峦夹岸青，
> 春溪流水去无声。
> 烟波一棹知何处，
> 鹈鸠两山相对鸣。
>
> ——南宋·朱熹

2013年12月，习近平同志在《中央城镇化工作会议》发出号召："要依托现有山水脉络等独特风光，让城市融入大自然；让居民望得见山看得见水、记得住乡愁。"之后，中央还发布一系列指导文件，积极倡导生态修复和城市修补的"双修"战略。在这个历史机遇大背景下，可以预见，未来的城镇化道路将会明显地从数量型向质量型的发展模式转变。质量型发展模式意味着城市自身环境和周边自然环境多方面品质的内在与外显提升。古镇村落作为中国传统聚落的典型，其选址和布局通常都遵循中国传统的风水堪舆学等规律法则，使古镇村落与自然环境能够和谐相处，互利互惠，共荣发展。因此走具有中国特色的质量型城镇化道路，传统的古镇村落是待挖的宝库，有许多具有研究价值之处等着我们发掘。

山水格局主要指某聚落周边的自然山水分布情况以及聚落内部的水系和山体与建筑布局的关系。本节主要从婺源地区古镇村落的"选址"方面入手，通过我国传统风水堪舆学说的阐释，说明本次"婺源聚落画像——徽文化古镇村落"实践队对婺源地区古镇村落山水格局的部分调研成果，展现婺源古镇村落充满智慧的规划意匠，为古镇村落的活化利用提供参考。

◆ 总体山水格局

婺源县域位于江西省东北部，与安徽和浙江两省交界，东与千岛湖相距约50千米，西与鄱湖相距约10千米，北枕黄山，南望三清山。境内属丘陵地貌，山峦重叠，地势大致由东北向西南倾斜，主要河流为位于西南的婺江，属乐安河上游，鄱阳湖水系，溪涧纵横是婺源另一典型自然特征。著名作家余秋雨曾这样形容婺源山水："婺源青山环绕，而山势秀雅；绿水荡漾，而水道蜿蜒；植被极好，却并不过于茂密；气候温润，却并不过于潮湿。这种处处美丽却又不险峻、不崎岖、不汹涌、不奔泻的环境，似乎就是专门为人类居息准备的。"婺源县域"青山作屏远还近"，每座山都不高，但都青翠欲滴，透露出勃勃生气；而婺源的水则"秀水如烟有似无"，婺源的水不深，但每道溪流都清澈见底，映着黛瓦白墙的婺源古镇村落。山、水、城三者的和谐统一，在婺源展现得淋漓尽致。

婺源县域山水格局图 绘制：李翔

古镇村落的选址通常非常注重其周围山水格局。勤劳智慧的先人总结出了许多择址方法，能巧妙地寻找到良好的地理环境来克服不利的自然变化。这些经验方法中最有代表性的便是"风水堪舆学说"，该方法主要通过"觅龙、察砂、观水"三步来选定古镇村落的位置。以下就从这三个方面入手来说明婺源地区古镇村落选址过程中对其周围山水格局的考量。

◆ **风水品山水**

一、觅 龙

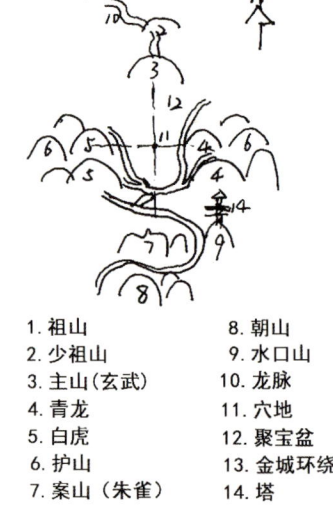

1. 祖山　　　8. 朝山
2. 少祖山　　9. 水口山
3. 主山(玄武)　10. 龙脉
4. 青龙　　　11. 穴地
5. 白虎　　　12. 聚宝盆
6. 护山　　　13. 金城环绕
7. 案山(朱雀)　14. 塔

古镇村落根据风水堪舆学选址示意图 绘制：李翔

"龙"即为风水堪舆学中的龙脉，主要指自玄武（北）方向而来，延伸至古镇村落主山的大山山脉。编于明万历年间的《阳宅十书》有云："人之居处，宜以大地山河为主。其来脉气势，最大关系人祸富，最为切要。"古人对龙脉的重视程度可见一斑。如今，科学虽没有对龙脉一说有完全合理的解释，只是猜测其与磁场有关，但是它能延续数千年之久，必然有值得借鉴参考之处。婺源地区占尽地利，北面正好有"天下第一奇山"美誉的黄山，其山脉群山屏立，有如太师椅背，将婺源古镇村落揽入怀中。

以岭脚村为例，岭脚村位于赣皖浙三省交界处附近，险峻磅礴的黄山山脉从其东北侧绵延而来，由远及近呈自上而下、垂头下顾之势，整体十分符合风水堪舆学玄武方向龙脉一说。此外，逶迤的北面大山能成功阻挡冬季寒风，所以该村常年气候温和，无大风侵袭。实践队在岭脚村进行调研时，被当地绿树成荫、小桥流水人家的安静祥和景象所迷醉，沿着小溪时常有和煦的微风吹来，赶走夏日的燥热。

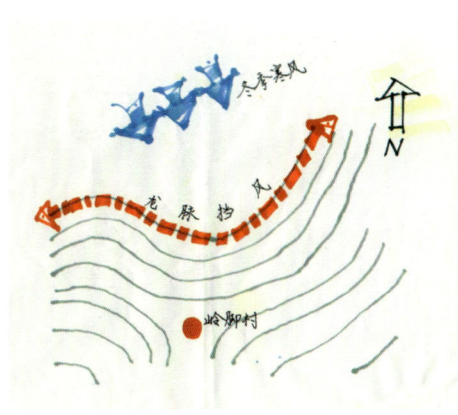

岭脚龙脉示意图 绘制：李翔

山、水、村、田和谐统一的岭脚村 摄影：杨哲

二、察砂

郭璞《葬书》说："经曰：地有四势，气从八方，故砂以左为青龙，右为白虎，前为朱雀，后为玄武。"风水堪舆学中，"砂"为相对于龙脉和主山更加低矮的山丘，古人的方位观念为"前南后北，左东右西"，所以郭璞所云之意即：古镇村落选址，玄武方向的山峰需呈垂头下顾之势，朱雀方向的山脉要来朝歌舞，左之青龙的山势要起伏连绵，右之白虎的山形要卧俯柔顺，这样的环境就是风水宝地。"察砂"式的选址方法充分体现了古人天、地和人三位一体，人与自然通融的价值观念。

通过对婺源地区的调研，可以发现许多古镇村落的选址，周围的山体布局大体上都呈现出上述之势，比如位于婺源东北的篁岭村，地处山谷盆地，西北有最高的主山（玄武）坐镇，南面有较低的案山把守，而其东西两侧分别有山丘环绕。这样的古镇村落从自然环境角度来说，既能遮挡西北寒风，又能迎进南方日照，并将夏季主导的东南风引入盆地，加强空气流通，加之青龙白虎伴其左右，能够调节村内风向、气候、温度和湿度，形成冬暖夏凉的宜人环境；从景观角度分析，村中人远观可见青山作屏，收获旷远而祥和之安全感，近观可细细赏玩村中百花与绿树，饶有一番情趣。实践队到婺源正好碰上一场过云雨，山间云雾缭绕，如梦似幻，而被雨水洗礼过的篁岭更加出落得娇嫩欲滴。篁岭村良好的生态景观让实践队队员流连忘返，好一片桃红柳绿、山清水秀的人间仙境！

勤劳智慧的古代劳动人民对山体的利用方式，营造出了一种既实用又诗意的"山城合一"式生活环境。篁岭村村民们开垦山林，利用山体种植农作物形成了许多颇为壮观的梯田。在无人机视角下，梯田景观犹如大地母亲的掌纹。不仅如此，篁岭村主体还直接嵌于山腰上，街巷水平沿等高线铺设，垂直则就高差铺设，整体村落由低往高，由前往后，一层一层沿山体布置，气势磅礴。

此外，还有些古镇村落如李坑村和晓起村，充分利用山体打造景观，使古镇村落形成高低起伏、有立体感的整体风貌。

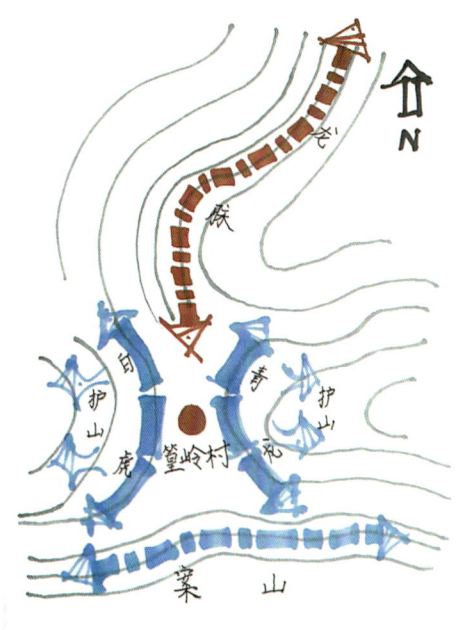

篁岭村山水格局示意图 绘制：李翔

第 10 章 婺源聚落画像 | 283

汪口村胡氏祠堂大门可见正南方远处的"案山" 摄影：杨哲

三、观 水

　　除了山的关注，古镇村落的选址也十分重视对水的考察。蒋平阶《水龙经》曰："自然水法君须记，无非屈曲有情意，来不欲冲去不直，横须绕抱及弯环。水见三弯，福寿安闲，屈曲来朝，荣华富绕。"古人对水流的要求是要弯环绕抱，讲究曲则有情，因为"河水之弯曲乃龙气之聚会也"。婺源地区有些古镇村落位于平地之上，比如汪口村，这些古镇村落并没有大山作为龙脉，不过古人有"凡到平洋莫问踪，只看水绕是真龙"一说，所以平地之上的古镇村落的选址大都位于河曲之处。而河曲分为外曲和内曲，古人认为水抱边可寻地，水反边不可下，所以汪口等古镇村落都位于河内曲处，使河呈环抱之势。而位于山间的古镇村落也必有源自山涧的小溪流过，润泽一方，也能形成风水堪舆学中"金城"环抱的上佳风水。

位于河流内曲之处，河流呈环抱之势的汪口村落　摄影：杨哲

第10章　婺源聚落画像

再从古镇村落对水系的利用分析，可以发现不论是如汪口村较为开阔的水域，还是如李坑村这样的小溪，村落的发展多沿水系的走向，古镇村落多沿水系的一侧或两侧形成功能较为重要的道路。有一些河道较为狭小的村落将水系内部化，如李坑村，在水系两侧布置石板路，在河道的交叉处形成了全村最为开放的街巷空间，加之许多与街道垂直的小桥的架设，使水和街巷融为一体，共同塑造出了独特的街巷肌理。村民对水系的利用充满了智慧，

实践队组员在菇山亭合影，身后是李坑立体景观　摄影：杨哲

有的村落形成了码头，成为当时区域内重要的物资疏散中心；有的村落的小溪用于浣洗沐浴，桥、溪和建筑街道的结合颇有江南水乡的韵味；有的地方，如理坑村，有许多村民直接将水引入家中，在院子的中央放置水池，既有助于院内小气候的调节，也有"四水归堂"的吉祥寓意。

◆ 小　结

在城镇化转型的十字路口，越来越多的城市建设开始注重城市的质量，"花园城市""海绵城市"等"生态城市"营建模式，以及经济与文化并重的"特色小镇""美丽乡村"，在许多地方正如火如荼地开展。然而，在运用"先进的"技术和理念进行城乡规划建设时，我们不能忘本，许多中华传统的建城理念至今仍然具有十分重要的借鉴意义。婺源地区风水文化中的生态、美学以及人与自然和谐的思维模式，使城市建设能够真正结合自然、回归本真。风水文化历经岁月的洗涤，依然对我们有所影响。它不仅使婺源地区长盛不衰，当代人还用"中国最美乡村"来形容。风水表现出人们对生活的美好愿望，展现的是积极的思想内核，是寄予环境的一种人文情怀。风水思想中的科学成分有了情感的外衣，才更具生活的温度和时代的光环。古人在城市建设过程中，无不体现着对自然的尊重，天人合一的观念早已深入骨髓。我们在当今城市"双修"热潮中，是否也该像先人一样，回归本位，认真思考人、城与自然的关系呢？

李坑村一位妇女在浣洗
摄影：王昭宇

理坑村宅院内，将水引入天井，
寓意"四水归堂"　摄影：李翔

第 10 章　婺源聚落画像 | 285

10.4 宗祠建筑特征
Ancestral Temple

宗祠堪称徽州建筑文化中最灿烂显著的一笔。本节为"婺源聚落画像"实践队对婺源地区古镇村落祠堂建筑特征的观察与总结。

婺源地区古镇村落作为典型的徽州聚落，其建筑形制能反映徽州的宗族礼治等社会原理。所以梳理徽州祠堂的来龙去脉，追溯宗族礼治的社会原理，可以帮助了解徽州的宗族社会，加深对古代乡土社会的理解，亦可通过祠堂这一类型的建筑文物，了解乡村基层的文物保存状态。

"婺源聚落画像"团队在汪口村俞氏宗祠内合影 无人机拍摄

◆ 徽州祠堂

一、徽州祠堂形制的演变

宗法的建立源于崇尚祖先崇拜，在继承周代宗法制的基础上，形成了一套以严格维系宗族内部血缘、尊卑和长幼秩序为核心目的的民间制度，在以宗族为基本单位的乡土社会里，它扮演的是一种强执行力角色。礼治的依据是儒家的经文，是判断是非曲直、规范人们行为的标准和依据。礼治对于社会秩序的维持是基于一种社会共识，是传统的习惯性延续，如"孝悌"是之于亲属的基本要求，"忠信"是之于朋友的行为准则。

不同于世家更重视活人在世所享受的大宅园林，徽州宗族更热衷于建造一座华丽的宗祠，将祖辈的荣耀和世代子孙的成就通通归集在这一座纪念性的建筑里。民居是属于在世家族的，无论家族地位如何，始终是要面临分裂的（如兄弟间的分家）。但祠堂不会，它本质上应该永远存在，过世的祖先永远都在，所供奉的一方方小小的牌位便是每一个祖先在天之灵的凭证。徽州古村落中散布着的各类祠堂就是宗族精神在物质上的联系。

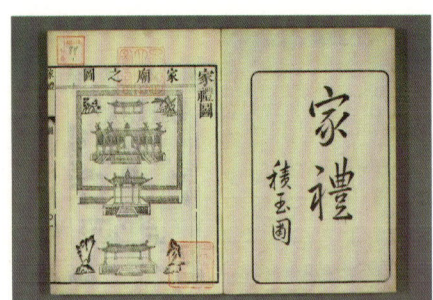 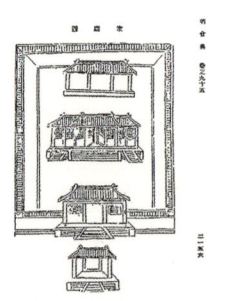 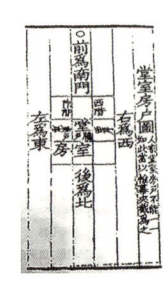

朱熹所编纂的《家礼》是明清时期最重要的一本礼仪规范，儒家一直以来的理想之一，就是复兴周礼时期的理想社会　来源：司马氏书仪和朱子

《明会典》中的家庙图和《书仪》（宋·司马光）中的影堂
来源：司马氏书仪和朱子

祠的本义是祭祀，祭祀是祠堂主要的功能，那么祠堂形制及其祭祀礼俗是如何被定义的呢？

《家礼》开篇即写道：君子将营宫室，先立祠堂于正寝之东。明确描述祠堂建筑形制是：三开间，中门，外门，两阶和周垣（四周围墙）。虽然内容十分有限，但后人根据这段文字描述，揣摩并绘制出不尽相同的图示，这也正是明代探索"祠堂"这种新的建筑形制的开端。

参照朱熹《家礼》成书之前借鉴的司马光私撰的礼书《书仪》影堂图，《家礼》中所描述的那个"三间"的祠堂主要的功能为"供奉祖宗牌位"，"举行祭祀典礼"只需要在阶下的空地处，或者"以屋覆之，令可容家众叙立"，极度简陋，但这一功能空间，实际上就是今天祠堂里最为庞大而宏伟的"享堂"。《明会典》的家庙图中可以看到"享堂"建筑被明确化，这可以理解为"影堂"扩大为宗族"祠堂"的一个必然现象。同时，明代祭祀制度的开放，也促使我们今天所看到的明清祠堂，因为宗法礼治的重新定义而被极大丰富，形成了许多前世所未有的新功能和新形式。宋代的《家礼》已经无法完全被明清的建造所参考，必须更多地结合现实需求和当地的建造习惯。随后，各地出现了许多不尽相同的祠堂形式。但值得注意的是，无论真正的主体建筑——享堂的"规模"多大，"规格"最高的总是奉祀祖宗神主的寝堂。寝堂的台基一定比享堂高，或者多加一层楼，这是我们的先祖在解决"现实功能"和"法理需要"时所必须用到的办法。

那么祠堂真正的形制，和《家礼》所规定的又有多大的联系呢？

婺源汪口村俞氏宗祠，可以看到建筑整体明显的起伏关系 无人机拍摄

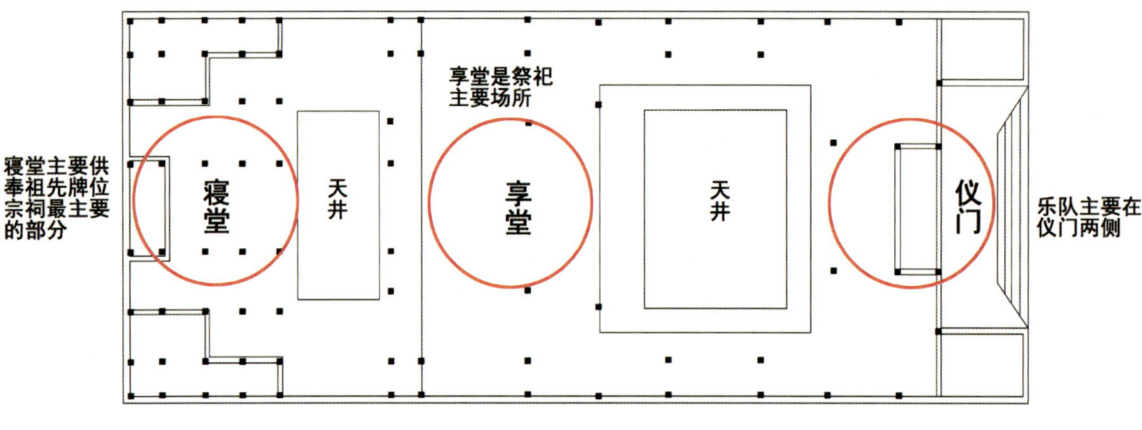

祠堂祭祀功能分析图 绘制：李健

　　祠堂建筑内进行的活动都极其讲究位序，这深刻影响到祠堂的平面格局。祭祀时乐队大都设在一进——仪门两侧。享堂是主要祭祀空间，一般都比较高大，并兼具多重功能，室内空间宽敞，加添许多装饰，使用材料也最好。第三进供奉祖先牌位的地方，也是宗祠最重要的部分，祖先牌位及供桌靠后墙摆放，前面留出大部分空间作为族人跪拜之用。

　　徽州民居以三合院作为一个基本单元，它是住宅中功能最为重要，兼有居住、起居和接待功能。三合院既是空间单元，也是生活单元。正房三开间，一明两暗格局。左右次间是卧室。主院落为天井，一个进深浅的窄高空间。明间为开敞堂屋，与院落连成一体，主要用于生活起居兼接待的堂屋，是家庭公共生活中心。

　　从实际考察来看，祠堂成为一组递进式院落的整体，每一进的堂前都有廊庑环抱天井，形成开阔的院落，这种形制演变显然受到当地原有建筑特色本身的影响，可以看作徽州民居原型的单元组合与扩展。

　　当然，明中叶后所兴建的众多祠堂，多无视皇朝的等级规定，追求形制上的恢宏富丽，肆意扩展面阔和进深。这也与徽商经济的繁荣、诸多宗族兴旺和子孙的繁衍有关。早期的祠堂已经不适用了。

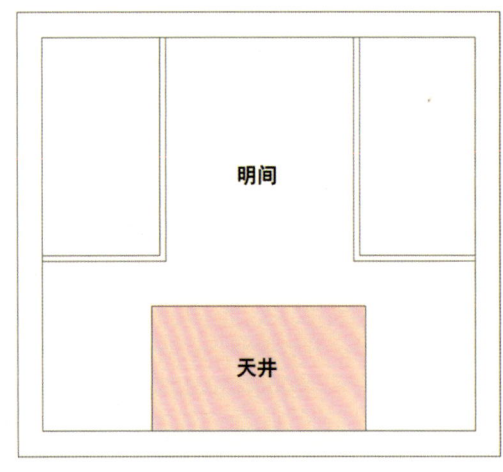

徽州民居原型 绘制：李健

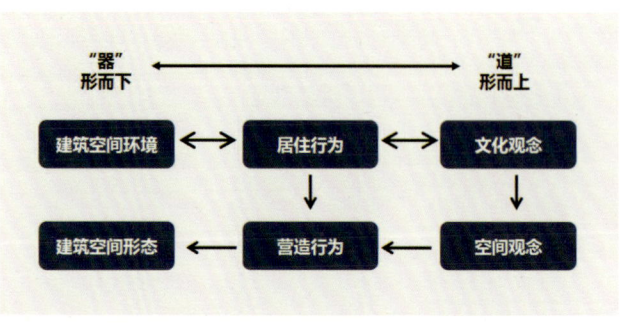

文化与建筑空间关系示意图 绘制：李健

二、文化观念与建筑空间环境的关系

从以上徽州文化和建筑空间环境分析可以得到：建筑空间环境与人类文化观念必然有联系。于是，我们尝试将环境、人和文化三者建立一种关系，用中国传统"道"和"器"观念，人就是两者的桥梁。环境是形而下，文化作为形而上，人是环境和文化的传递者也是构建者。也就是千百年来人类在活动中总结形成的思想观念，反过来也影响人的行为活动。什么样的行为就会在居住上形成什么样的空间观念，通过相应的营造活动创造了如此这般的空间环境。这种建筑环境、文化观念和人的关系框架，也完全适用于我们今天对祠堂这一典型建筑的研究。

◆ 婺源祠堂

一、概　述

目前，在古徽州府辖六县——黟县、歙县、绩溪、休宁、祁门、婺源等地的各村镇仍有大量的宗祠遗存，其中，歙县和黟县的宗祠建筑遗存数量较多。婺源境内也有相当数量保存较好的宗祠建筑。本次我们调研了汪口村的俞氏宗祠和理坑村的官厅，从选址朝向和平面布局上看，两者区别很大。

二、俞氏宗祠

俞氏宗祠坐落于沟通村内外交通的水口处，成为本村落标志性的建筑。祠前有较大的广场，开阔平坦，能供几百人聚会之用。

俞氏宗祠在汪口村的位置　无人机拍摄

门首为木结构五凤楼，歇山顶，青瓦覆盖，檐角高翘，门楼下面斗拱密布，横坊刻双龙戏珠图案，横坊下面明坊深雕双凤朝阳。在古代朝纲中，五凤门楼属朝廷建筑，民间修建必是犯上，但是宗祠出资建造者俞应纶，当过太子的老师，所以算是圣上御批。磅礴大气的外观，突出了宗祠的统御性和标志性。

祠堂分三进，两个相连四合院落，前后进各5间，中进3间，由外而内依次为：仪门—享堂—寝堂。以三进结构组成一完整且独立的建筑体的公共空间，正堂空间的对称性强烈地将视线引导向位于中轴线的空间及装饰，寝堂的供牌台为室内视觉的焦点，上下堂及敞廊以天井空间为中心向内围合，组合起来形成祠堂的"统一感"。从剖面看，台基遵循徽州宗祠形制特点，每一进依次抬高。整座祠堂周砌高耸砖墙，宛如一座城堡，70根大木柱支撑了庞大的梁架，占地面积达665平方米，巍峨壮观，气势恢宏。

俞氏宗祠精致的木雕　无人机拍摄　　　　　　　　俞氏宗祠的平面图　绘制：李健

整个祠堂对外有很强的私密性，建筑立面上没有开窗，通过坚实的墙体围合，内部通过天井通风采光，这样内向性的空间是与家族制度既团结内部又排外的特性相一致的。

梁柱之间的盘斗云朵雕、镂空的梁头替木和童柱、荷花托木雕令人眼花缭乱。此外，宗祠内的梁枋、雀替、斜撑、斗拱、浮驮等部件也都雕刻精致。因而，俞氏宗祠被誉为中国古建筑造型的艺术宝库。

俞氏宗祠回廊上的木雕　摄影：李健　　　　　　　俞氏宗祠享堂　摄影：杨哲

第10章　婺源聚落画像

俞氏宗祠享堂高出前院5个台阶 摄影：李健

从享堂望后面的寝堂 摄影：李健

享堂的卷棚天花 摄影：李健

寝堂正面 摄影：李健

原先布置上享堂和寝堂之间没门，可以清晰看出寝堂的台基比享堂的高，现有享堂背后的影壁是后来加的。享堂天花是卷棚顶，裸露屋架结构，而寝堂用的是平闇天花，这也可以看出寝堂的规格是比享堂高的。

三、友松祠

理坑村的官厅，又名友松祠，原来是明朝广州知府余自怡奉旨而建的，并留存了石雕"圣旨"匾额，现在的官厅是余自怡后代改用作本支系的祠堂。官厅从民居被改成宗祠，也是由于其坐落于理坑村的中心位置，交通便利，周围都是宗族聚居的民居。从形制上就可以看出，官厅是典型徽州民居住宅的格局。正门是石库门，官厅高大的青砖门楼设计为四柱三间五凤楼的形式，屋顶呈左右对称十个翼角。官厅分为正厅、余屋两部分。正厅有五间，分两正两厢一厅堂，正堂正对中轴是天井，二进二楼。方柱雕础，青砖铺地，三面回廊，轩廊木质卷棚，楼上为"走马楼"。余屋位于正厅右边，共三进一天井，外部墙面与正屋合为整体。官厅是典型的明代风格建筑，简朴庄重，雕刻不多，其结构为方形，内向为封闭式，围绕长方形天井的合院，属木结构封闭砖墙围护建筑。也正是其原来作为官员住宅宏大的规模和地位，才适用于祠堂这样重要功能的建筑。

友松祠在理坑村的位置 无人机拍摄

婺源理坑村友松祠顶视图 无人机拍摄

◆ 祠堂的今天

一、消　失

村落的终结每天都在发生。一个个村落的消失必然包括了祠堂的消失。在调研中，我们也经常看到仅剩下几个石柱础的祠堂遗址，有的甚至连遗址都没留下。还有一些散落在村落里的祠堂，因族人凝聚力不强，经济条件较差，祠堂处于无人管理的荒废状态，其所在的环境及破落的程度表明它们处在急剧的衰落过程中，消亡只是时间的问题。

二、延　续

一些祠堂在改革开放后马上恢复了原来的部分功能。20世纪90年代是婺源地区众多家族祠堂的复苏期，大量祠堂在此期间被修复一新，虽然部分功能已经丧失，如祠堂作为家族的法庭等，但其作为家族文化代表的"敬宗收族"的功能得以继承下来。

三、新　生

婺源一些家族祠堂，传统的祭祀功能可能还在延续或者开始慢慢地淡化，但因为它们在村落里的地理位置，建筑本身的规格与价值确实代表了当时村里的文化认知和最高建筑工艺水平，直到现在仍有其价值。同时，某些家族祠堂结合村落旅游经济发展环境，经过部分和全部的功能转型再现活力，又呈现出一种全新的生命力。

◆ 小　结

在徽州数以万计的祠堂中，我们今天所看到的，只是其中幸存的很小一部分。在"红色年代"里，祠堂作为旧社会的代表，不可避免地卷入"为人民服务"的社会热潮之中。大部分祠堂的命运是被强制拆毁，拆毁追求的是一种象征意义，表示"新"社会对旧事物的彻底决裂。未拆毁的祠堂，大多被改造成为当地的学校或农业加工厂、仓库等，一部分遭到了破坏性改造，只有少部分被相对完整地保存了下来。

激进的年代过去了，但祠堂仍旧是尴尬的存在。因宗族制度而诞生的祠堂，在一个新兴、开放的社会里应该扮演怎样的角色呢？它对于我们又有多大的意义？作为历史建筑和一个时代的遗物，无论是从社会制度、文化风俗、建筑工艺等角度，祠堂都是具有重要价值的。今天的祠堂或多或少还继续扮演着家族教化的角色，只不过这些影响中打上了时代变迁的烙印，而其中的文物价值永远不会终结。透过祠堂建筑空间，我们不仅从祭祀中领略到当地当时的宗法气氛，也能体会到宗族群体所表现出来的共同性格——"宗大于祖"，以及其中蕴藏的千古流传的为人处世哲学，这些仍是今天我们了解徽州文化的重要窗口。因此，保护好这些历史文物始终是当下最紧要的工作。

婺源俞氏宗祠　速写：李嘉航

10.5 历史文化钩沉
History and Culture

婺源印象诗五首

李坑早行
青霭随风散，
鸡鸣树下村。
溪头牛独卧，
舟锁桥上人。

岭脚远望
篱院连苍翠，
云深望我家。
鸟鸣山道转，
水落涧边花。

理坑山行
山风随处起，
颓壁上苔痕。
道向闲云尽，
轻推五凤门。

晓起杂思
晓起香樟在，
水流上下村。
竹林天共影，
遗舍满席尘。

篁岭遇雨
细雨登篁岭，
云回望晒秋。
山明分野径，
飘瓦几时幽。

（作者：李嘉航）

婺源篁岭村 速写：李嘉航

婺源思溪延村 速写：李嘉航

◆ **故府徽州**

徽州具有丰富的人文景观，浩繁无数的传世历史文献更是引起了学术界的关注。徽商不仅在明清商业史上曾有如日中天般的辉煌，而且在文化上的建树亦灿若繁星。

翻开清代的地图，徽州府位于安徽省南部，其西南一角突入江西省。所以晚清地理著作《皇朝直省府厅州县歌括》曰："在省极南，所辖六县歙为首，休宁祁门婺源角，绩溪府北黟西守。"是用诗歌的形式，对徽州一府六县的地理位置做了形象的概括。徽州府所辖的六县中，歙县是首县，为徽州府治所在，而婺源县恰恰处于整个徽州府的西南——"角"。

◆ **民国波折**

20世纪三四十年代，由于国共两党的纷争，婺源两度被并入江西。第一次是在1934年，蒋介石出于所谓剿匪的需要，首度将婺源划归江西省管辖。这引起了徽州人强烈的不满，婺源县紫阳书院以及旅京、旅沪、旅（无）锡、旅休（宁）等处婺源同乡会疾声力呼，纷纷请求免于改隶。在呈给蒋介石的公开信中，他们强调婺源位于徽州上游，是徽州的门户。婺源从唐宋以来就一直隶属于徽州，历时已千余年，从文化、军事、经济、民生等各个方面看，都与徽州融为一体，不可分割。朱熹是徽州人的骄傲，徽人潜移默化，徽州蔚为礼教之邦而蜚声远近。在这种背景下，朱熹的祖籍地婺源对于徽州人来说就显得格外重要，其重要性犹如曲阜之于山东，洛阳之于河南，是安徽全省文化精神的象征。明清以来，长江中下游一带就有"无徽不成镇"的说法，可见徽州商业发达。旅外同乡很多，各地都有徽州会馆的设置，这些会馆都崇奉朱熹，以加强一府六县（歙县、休宁、黟县、绩溪、祁门和婺源）商帮的精诚团结。一旦将婺源改隶江西，对于徽州的商业文化，无疑是一个严重的打击，将会彻底瓦解曾执中国商界牛耳的徽州商帮。

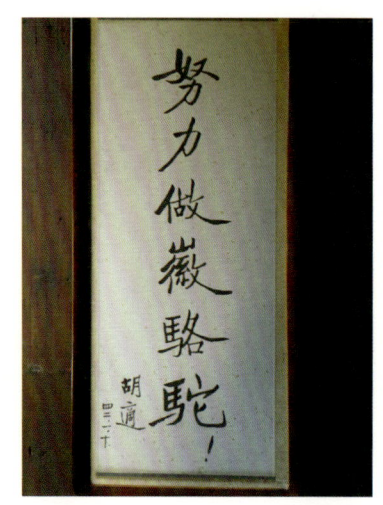

胡适先生题词 摄影：李嘉航

上述各点被蒋介石逐一批驳，但婺源人的奔走游说仍然如火如荼。1946年，婺源县发起"回皖运动"，通过著名文人胡适（徽州绩溪人）转交请愿书给蒋介石，促使国民政府派员来婺勘察。对此，唐德刚译注的《胡适口述自传》说："婺源与安徽的徽州有长久的历史渊源，居民引以为荣，不愿脱离母省，所以群起反对，并发起了一个（婺源返皖）运动。"由于民众的激烈反对，1947年8月，婺源终于划回安徽。

胡适先生塑像 摄影：李嘉航

◆ **难解乡愁**

不过，1949年解放，婺源又再度被强制划入江西，隶属浮梁专区。近50年来，徽州地区的建制屡经变化，现在是在屯溪设黄山市，除婺源仍属江西外，绩溪县也划到毗邻的宣城地区。旧徽州的一府六县，已分隶两省数区。尽管如此，婺源、绩溪的不少人，尤其是上了年纪的老人，自我认

夕阳时分的婺源李坑村 无人机拍摄

同仍然是徽州人。他们认为婺源、绩溪的文化是徽州文化不可或缺的重要组成，徽州仍是他们难以割舍的心灵故园。如今在婺源，不少新建的粉墙黛瓦仍旧徽味十足，较现在的徽州核心地带有过之而无不及，这从一个侧面，令人极为直观地看出婺源人对于传统徽州文化的固守。

凤凰卫视在婺源摄制了电视专题片《寻找远去的家园》。采访中，婺源村民说："他们是老表，他们冬天在房间里烧这么大的柴火取暖；我们用小火炉、手炉……过去挑担，这里到屯溪每4里路就一个茶亭，徽州都一样的。他们江西就没有，江西卖都不卖给你吃。"或许语气中对江西似有成见，但这些不加修饰的话语透出的情感十分真实，可见连不识字的婺源老农至今仍视江西为"他乡"，而对徽州风俗尤其自豪，遑论文化人了。

与徽州核心地带相比，从总体上来看，婺源遗存的明清时代之徽派建筑虽然不及歙县、黔县等地精美，古村落或旅游景点的分布也比较分散，不过，当地的自然山水及人文景观均极其丰富。

◆ **耕读之风**

明清时期，徽州是商贾之乡，一府六县所出的商人虽然都叫徽商，但各县的侧重点又有所不同。歙县主要是盐商，休宁人专精于典当行业，婺源木商和墨商相当有名，绩溪人则大多是小商小贩，以从事徽菜馆为数众多。清末《婺源乡土志》指出："四乡风气不齐，东、北乡人多服贾，于长江一带输入苏杭，俗尚稍事华靡。西、南乡则率安朴质，然界近浮梁，性颇刚猛，勇于私斗。"虽然四乡风气不同，但"婺人喜读书，虽十家村落，亦有讽诵之声"，这是婺源各地的一个共同特点。因此，在对婺源古村落的开发中，尤其应当重视当地深厚的文化积淀。

浙源乡虹关村中一棵巨大的千年古樟至今苍郁屹立，胸径3.4米，高约26.1米冠幅3亩（1亩≈666.7平方米）许，500米高空俯瞰，这棵樟树堪比几棵大树合成，十分显眼，不愧"江南第一樟"的美誉。古樟旁的古驿亭有一副字迹斑驳的楹联意味深远："试问几何年曰宋曰唐古樟自晓，溯回多少事论荣论辱浙水长流。"古樟树底，一条青石板铺成的古驿道蜿蜒远去。自古以来，许多文人墨客曾为古樟吟诗作赋。民国年间，村人詹佩弦将这些诗文50余篇，编印成《古樟吟集》一书，中有一诗曰："树荫虹关数百年，休黟祁歙盛名传；几多词客增诗意，仰视云霞俯听泉。"为吟记一树而专门去编一本诗文集子的雅事，恐怕古今中外都罕见！

婺源虹关村千年古樟　摄影：李嘉航

虹关村落　无人机拍摄

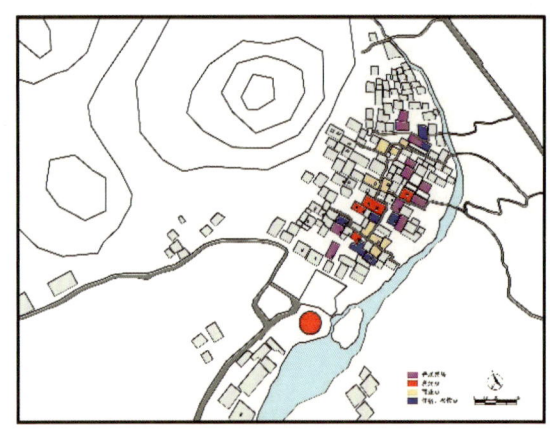

虹关村总平面图　绘制：李嘉航

◆ 源远流长

婺源有着极为丰富的人文资源，各地的村落具有不同的特色。透过对这些人文资源的开发，可以在徽州区域文化的脉络下，极大地凸显婺源的地方特色，从而避免"皖南古村落"开发过程中粉墙黛瓦千篇一律的感觉。换言之，我们既要发现老建筑，又要能说出老建筑的精彩之处。这就是我们在古村落保护中必须加强学术研究的目的所在。在这方面，学术研究可以为古村落保护、旅游开发提供极为重要的支撑。对于古村落的保护和开发，我们不应停留在古村落就是老建筑这一层次，应当进一步深入发掘古村落的文化内涵，提升古村落的开发层次。诚如十九大提出的"推动文化事业和文化产业发展，加强文物保护利用和文化遗产保护传承"。我们可以通过留存民间文献，真正建立起古村落档案，发掘村落文化内涵，形成个性独特的乡土记忆，激发村民爱村、爱乡土的感情。

10.6 聚落空间特征
Space Characteristics

婆源地区古镇村落起源较早并且保持完好，作为典型的徽州聚落，具有较高的学术价值。研究古镇村落，我们往往会从其建筑特征、规划布局、传统民俗文化、风水宗族观念等入手，而这些都可以较为集中地反映在古镇村落的空间布局上。因此，分析婆源地区古镇村落的空间特征对于认识婆源、认识"徽文化"具有深刻意义。

◆ **婆源古镇村落整体空间特征**

婆源县境内山清水秀，生态环境良好。地势东北高西南低，地形有"八分半山一分田，半分水路和庄园"的特征，陆路不便，江河水系四通八达，是典型的山区县。独特且相对封闭的地理环境使得婆源地区拥有众多典型并且保存完好的古镇村落。

从地图上看，婆源的众多古镇村落与自然地形相契合，大多有机分布在河流两岸，很多分布在山谷中，或依山傍水，或居山理水。古镇村落之间的距离远近相宜，既不互相干扰又保持了良好的可达性。与自然地形相契合和适宜的间距是婆源古镇村落整体空间分布特征。这里，我们选取理坑村、李坑村、篁岭村做进一步研究。

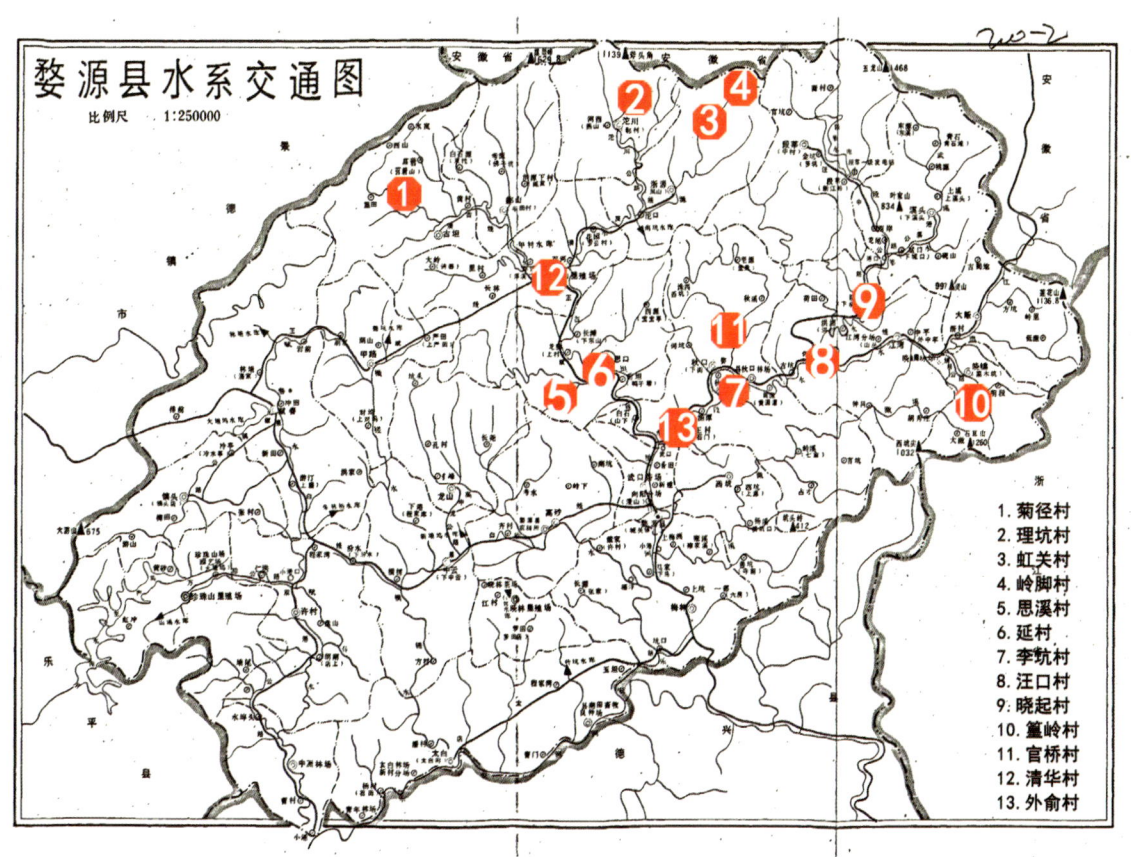

本次调研古村落空间分布图　绘制：王昭宇

◆ **婺源古镇村落空间特征实例**

一、理坑村

理坑村位于婺源县北境边陲、沱水源头三小溪之一的理源溪畔，原名理源，因当地"溪"亦叫"坑"，故俗称"理坑"。

（1）边界。从理坑村图上我们可以看到，其东、西、北三面皆被千米以上的山峰所围合，南面是由东向西呈"S"形环，抱理坑村的理源溪。理坑村整体上背山面水，负阴抱阳，是最典型、最常见的古镇村落自然环境空间模式。

身处理坑村中，我们可以感受到古人选址建村的自然空间观。理坑村北面有黼阁峰抵挡冬日北来寒流；南面有理源溪迎接夏日南来凉风，并为生活提供便利；东西两面有朱山和驼峰尖作为砂山相护，村子整体处于围合封闭的自然空间中。层层山峰作为村子的天然底景，富有层次感，又与理源溪动静相称，让人联想到中国传统山水绘画中的"平远、深远、高远"。

（2）街巷。理坑村外围有一条明显的主街连通村内外。村子内部巷子的高宽比一般很大，可以达到5∶1左右，符合婺源古村落"窄巷深弄"的特点。走在理坑村阴凉的巷子内，可以看到两边的马头墙纵横交错，使天际线富有变化，偶尔会碰到一些墙面布满苔藓，这些细节丰富了街巷的空间感受。另外，村内临街巷的墙面只偶尔有几个门窗开洞，形成强烈的虚实对比，使巷道空间充满活力。

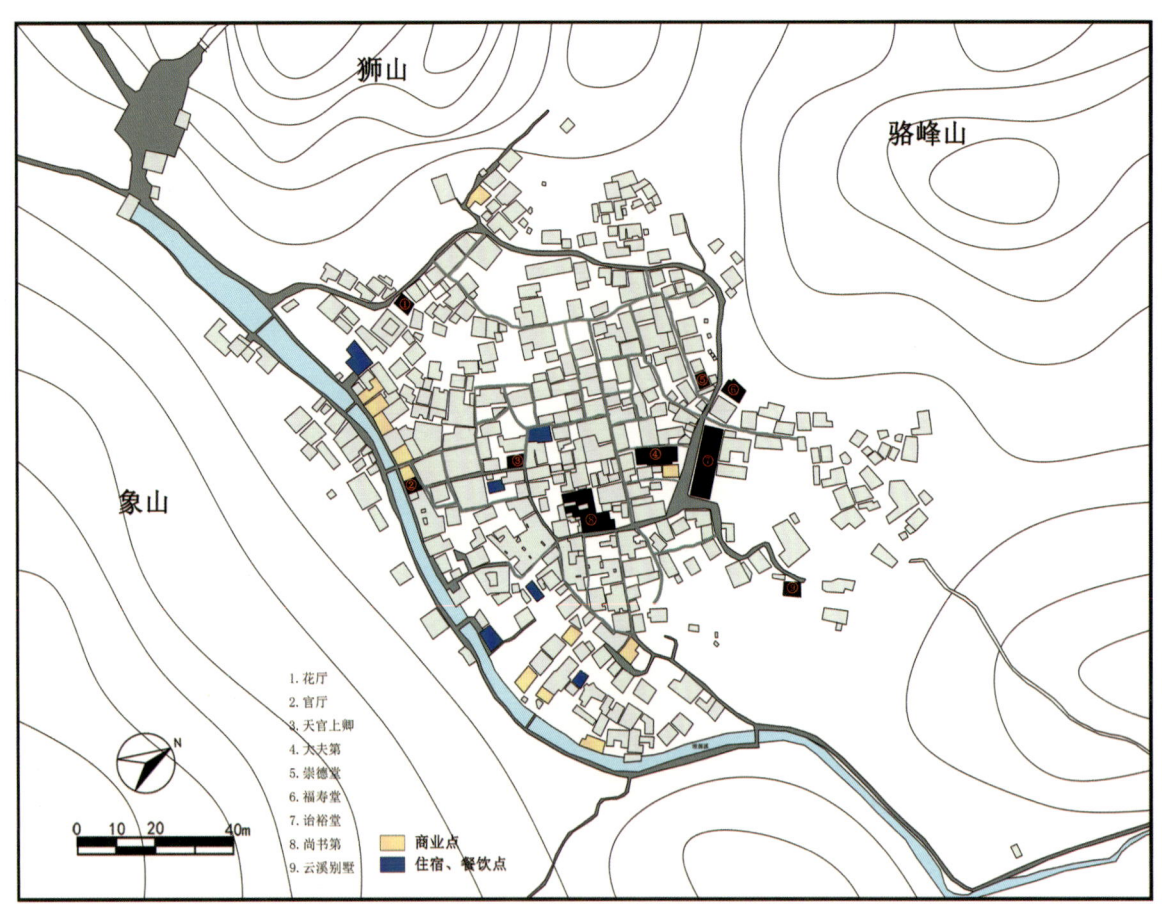

理坑村总平面图　绘制：王昭宇

理坑村街巷空间整体上符合古徽州街巷空间特点的同时，也具有自己的特点。日本建筑师芦原义信认为，当道路宽度 D 和两旁建筑高度 H 之间的比值 D/H 在 $0\sim1$ 之间时，街道给人一种亲切的安全感。理坑村 D/H 值多在 0.5 以下，有的路只是建筑间的缝隙，有"初极狭，才通人"之感。加之石板路增色，理坑街巷肌理宜人，甚至营造出满满的社区感。另外，理坑村的街巷体验是极其丰富的，一条街巷会有多种 D/H 值。例如，六尺巷在东钦第处随着东钦第侧墙的转折变化形成宽窄不一的街巷空间。

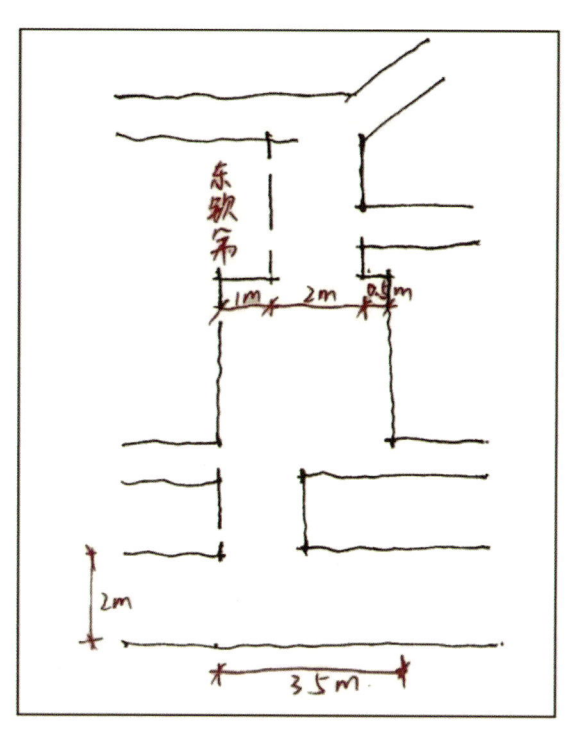

六尺巷图　绘制：王昭宇

（3）节点。理坑村是中国明清官邸、民宅非常集中的古镇村落，遗存了大量古建筑作为现代理坑村风景区的空间节点，如花厅、天官上卿、大夫第、尚书第等。从总平面图中我们可以看到，这些作为观光节点的标志性建筑大多沿村子主街分布，个别在溪边以及深巷里。而作为商业节点的民居大多沿溪分布，这应该与徽文化中的"徽商"有关。

除上述的一些关键节点外，提到古村落不得不说的就是"水口"空间节点。理坑村的水口现已不存，从遗留下来的文档中，我们仍然可以体会水口的空间特性。

理坑村的"水口"，拥有背靠骆峰山、面朝理源溪的地理环境特征，选取村落西南狮山、象山为屏挡，使理坑村内外有所隔离，形成空间对比。进入水口后空间豁然开朗，加上文笔、文昌阁、水碓、天杆等人工景观，拥有别有洞天的空间效果。另外，理坑古村落水口与古村落主体相距约两百米，在空间上，可以增加古村落的空间层次，使古村落外部的自然空间与村落内部的人工空间产生过渡，使得自然空间、人工空间能够更加自然、有机地相互渗透、相互融合。

二、李坑村

李坑村位于秋口镇，村落建筑十分壮观，人丁兴旺，当年号称"婺东第一村"。

（1）边界。李坑村的选址格局十分讲究风水，其主体位于一个东西狭长的山谷里。李坑村背有靠山，前有案山对应，西侧村落入口处也有狮山、象山对峙把守，东有大片平地种植良田，整体上形成了围合封闭的自然边界。

李坑村航拍图　无人机拍摄

（2）街巷。李坑村最大的特点就是有下边溪、上边溪流经村内并在村内中心汇合成一条溪流向西流出村口。因此可以说水是李坑村的特色和灵魂。李坑村的主巷沿河流延伸，并在河上架立平桥和拱桥连接两岸街道。桥下有亲水的埠头，既为登船及运输提供便利，也为村民日常生活和邻里交往搭建出场所。水巷中，有浣洗的妇女和撑篙的老人。人们日常活动的加入使水巷空间充满活力，构筑起"小桥流水人家"的农耕村落景观。

（3）节点。从李坑村的总平面图中可以看到，村内的观光节点、商业节点以及住宿餐饮节点几乎都是沿溪布置的，只有极个别节点散落在村子边缘。这从另一方面让我们看到了水巷空间对于李坑村的重要性。

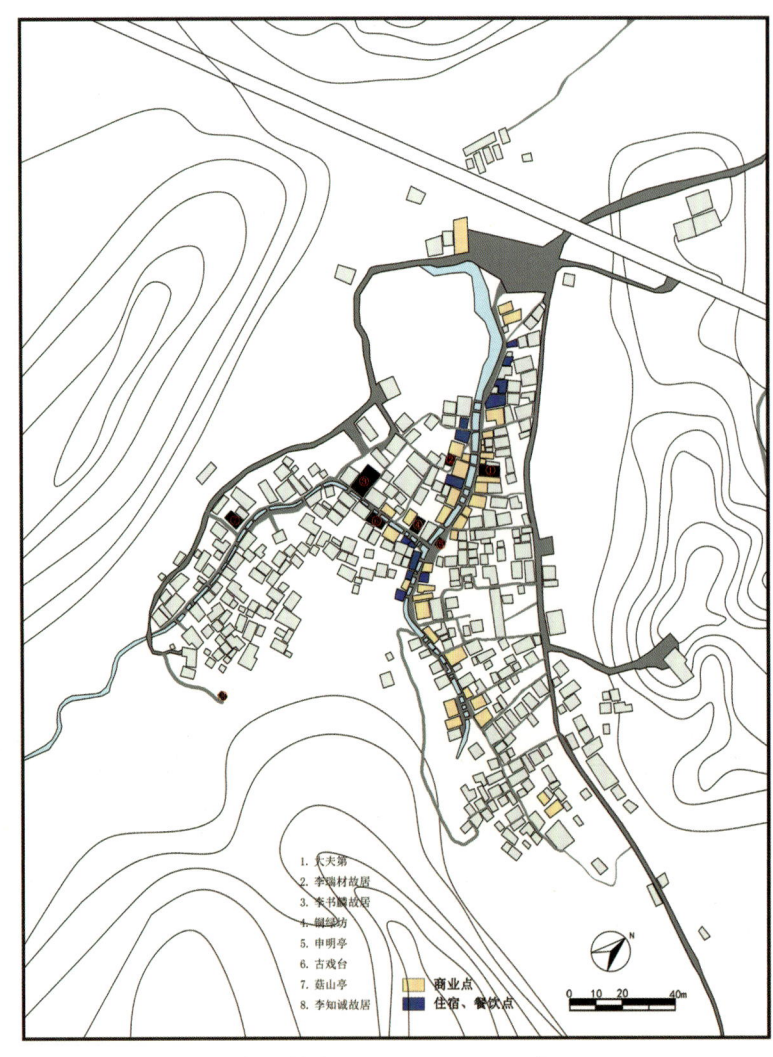

李坑村总平面图　绘制：王昭宇

三、篁岭村

篁岭村位于江西省上饶市婺源县的东北部，是距今有五百多年历史的徽州传统村落，村落里至今保存着建于明清时期的古建筑群。

（1）边界。篁岭村处于三省交界的位置，村落四面环山，属丘陵地貌，地势由东北向西南倾斜，建筑受地理环境的影响高低错落搭建，属于典型的山居村落。村子四周有层层叠叠的梯田，景色壮观。

依山而建的篁岭村

篁岭村总平面图（街巷肌理）绘制：李健

（2）街巷。篁岭村的建筑建在陡峭的山坡上，后边的屋子压着前面的屋顶，密不透风，形成了平原聚落所没有的层层叠落的独特景观。行走于篁岭村街巷空间，有一个奇妙体验：当我们从屋子前门走进去的时候，可以从二楼的后门走到另一条巷子里，就像江南水乡，前门坐轿，后门上船。

（3）节点。篁岭村各种样式的建筑依着地势高低起伏，院子稀少，街巷局促。家家户户的谷物和肉类大多晾晒于屋顶或者巷子的上方，形成了独特的晒秋景象。

天街为村落主街道，将主要观光节点和商业节点串联起来。如果沿着山势继续往下走，会立刻融入自然中，仅仅几分钟的路程，依靠山势这个独特的地理条件，就可以将村里的热闹繁华隔离开来，从喧嚣走到宁静也是一种独特的空间体验。

总的来说，篁岭村处处充满了别样的特色空间，街巷、节点、建筑的呼吸顺应大自然的呼吸，起伏律动。

层层叠落的篁岭村　摄影：李根富（婺源县爱婺旅游服务车队）（2018年1月27日）

◆ 小　结

婺源古镇村落各空间要素都很有特色，其边界的山水格局和古镇村落本身浑然一体，和谐共处。其街巷因地制宜、变化多端、尺度宜人的特点无疑使古镇村落更加耐人寻味。古镇村落各类节点各具本村个性，且已成为村民们生活中的重要组成部分。

婺源古镇村落作为一种具体的物质形态，向我们展示了古人宏大并具有前瞻性的时空观念。空间环境布局努力做到因地制宜，顺应自然，利用自然，呈现出了丰富多样的建筑形态与空间层次。随着历史的变迁，子息的延续，无论是其村落选址、空间形态还是规划布局都融进了世代流传下来的传统智慧和风俗文化之中。

当前我国古镇村落的活化与振兴仍处于起步阶段，保护手段单一、开发模式单调、力度不够等问题始终存在。十九大提出了"实施乡村振兴"的战略方针。在我国灿若星河的古镇村落中，婺源聚落是一颗闪亮的明星，极具代表性。其自身的发展更新应该在源源不断注入新鲜血液的同时，突出古镇村落原有空间特征，才能避免陷入"千村一面"的发展困局。

十九大还提出了"加强文化体系传承"的理念，一些在发展中长期忽视的问题被重视起来。在城镇化进程新时代，我们必须有自己的文化自信，借鉴传统精粹，提升空间质量，走出一条有中国特色的城镇化道路。对于婺源古镇村落空间特征的探讨，或有助于丰富当今城乡规划的思想和思路。

10.7 大结局
Finale

天净沙·婺源

李坑菊径清华，
廊桥碧水俞家，
晓起篁岭驱车。
婺源初夏，
寻源思古无涯。

——杨哲

天净沙·夏梦

墨瓦白壁斑斑，
虹桥流水潺潺，
和风草色缱绻。
入伏入梦，
婺源苔绕阑珊。

——李翔

◆ **项目总结**

2017年7月6日至12日的婺源实地调研早已结束，旷日持久的后续总结终于可以画上句号了。在此"大结局"之际，我们不禁要回顾一下全程，铭记成败得失，以励继续前行。

自有幸获得厦门大学研究生院的立项支持以来，我们积极备战、全情投入，取得了"婺源聚落画像——徽文化古镇村落乡野调研"社会实践活动的圆满成功。

为取得社会各界的关注和批评，促进我们将调研成果提升到预期水平，实践队创建了"婺源聚落画像"微信公众号，一共完成7篇推送，形成了较为系统、深入的报道，得到良好的反响。

（1）项目计划与实施（李翔）。

（2）项目总览（杨哲）。为体现无人机所带来的崭新视觉震撼，特别制作了将近10分钟的视频短片《婺源聚落画像》，投放网络。

（3）山水格局（李翔）。

（4）宗祠建筑特征（李健）。

（5）历史文化钩沉（李嘉航）。

（6）聚落空间特征（王昭宇）。

（7）大结局（李翔）。

7天的密集调研中，实践队采用高清无人机等技术方法，获取了许多珍贵的第一手照片、视频等资料，婺源古镇村落全貌立体地呈现了出来。婺源地区古镇村落在整体上虽然各有差异和特色，但从选址、建筑风貌等方面又呈现出明显的相似性。重点围绕山水格局、建筑特征、历史文化等特点展开的调查研究分析表明：婺源徽文化古镇村落对当前中国质量型城镇化发展仍然具有重要的借鉴意义。

依山形、顺地势而建的菊径村 无人机拍摄

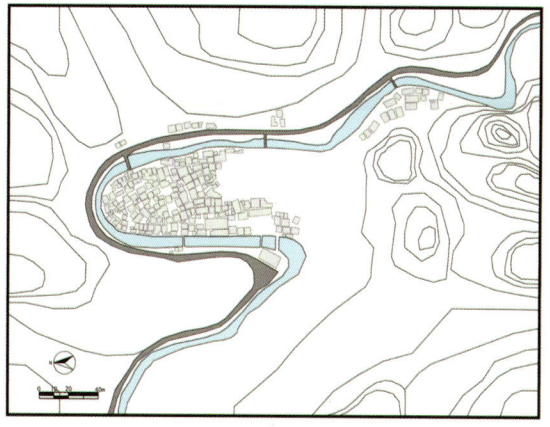
菊径村总平面图 绘制：王昭宇

山环水绕的婺源菊径村 摄影：杨哲

　　山水城和谐统一，古镇村落的有机分布及其与自然地形的契合，是婺源古村落群在整体空间分布上的最显著特征。

　　婺源地区古镇村落的内部特征概括为"典型的"与"特色的"两类。具有代表性的典型特征要素有小桥流水、廊桥、古樟树和梯田。在聚落的特色方面，简单概括为"居山理水"、"高墙大院""外俭内奢""粉墙黛瓦"。

第10章　婺源聚落画像

思溪村航拍图 无人机拍摄

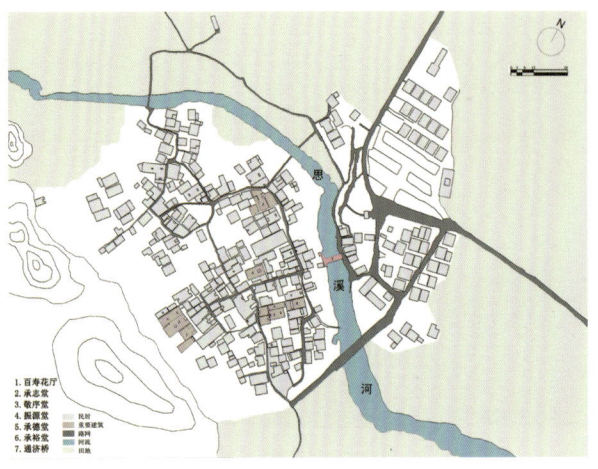
思溪村总平面图 绘制：李健

夕阳下李坑村"粉墙黛瓦"的民居熠熠生辉 摄影：李翔

理坑村民居 速写：杨哲

实践队在理坑村中的合影 无人机拍摄

◆ 小　结

中国城镇村落面临着城市空间急剧扩张、乡村日益空心化的严峻局势。十九大适时提出了明确的乡村振兴战略，加快推进农业农村现代化。因此，未来的城镇化道路将会明显地从数量型增长向质量型提升转变。质量型发展模式意味着空间环境、基础设施、产业经济、社会人文等多方面品质的内在转型与外显提升。

"婺源聚落画像——徽文化古镇村落乡野调研"短学期实践队立足当下城乡发展关键，努力认识、总结传统聚落所包含的物质、社会、人文等方面的特征与价值。这些沉淀下来的特征要素，对于传承聚落个性和特色，重视聚落和自然环境的和谐相处，平衡聚落发展与保护之间的社会经济关系等，具有不可替代的借鉴作用。我们希望，借助建筑与土木工程学院自身的专业优势，这些原创性调研能够成为一份有价值的阶段性成果。婺源，是传统历史文化的聚宝盆，可供研究、发扬的"宝藏"取之不尽、用之不竭。

2017年7月8日，实践队和实习基地老板李双全先生在婺源理坑村合影

Episode III
Hui-Hang Ancient Path
Review of the 2017 Fieldtrips

- Chapter 11 Itinerary of the 2017 Fieldtrips
- Chapter 12 Themed Studies
- Chapter 13 Concluding Remarks

第 3 篇 徽杭古道

2017年城乡认识实习

- 第11章 纪实
- 第12章 专题
- 第13章 总结

第11章 纪 实

Chapter 11 Itinerary of the 2017 Fieldtrips

厦门大学建筑与土木工程学院非常重视教学实践环节。自第一届规划班起,城乡认识实习已经顺利走过了晋西陕北、河西走廊、黔东南、皖南、山东、婺源绩溪等地方。2017年4月,2015级规划班的城乡认识实习在往届成果的基础上,将实践主题确定为"徽杭古道·第三空间"。以绩溪为起点,徒步穿越著名的徽杭古道,切身体验从皖南到浙西的自然与人文过渡过程,实地考察古道两端聚落空间形态与历史人文的变化与联系,借助无人机视角以及"第三空间"认识方法,向更为纵深、广阔和综合的领域探究。

11.1 徽杭古道,等我们来
The Hui-Hang Ancient Path is waiting for us!

2017年4月24日,院长王绍森教授、带队教师杨哲副教授进行实习动员和专题讲座

队徽、队服 设计：姚成威

厦门大学城乡认识实习（2015 级）

实习行程计划		
日期	实习地点【住宿】	实习内容
7 月 22 日	厦门—绩溪；绩溪博物馆【绩溪】	出发；考察
7 月 23 日	上庄村、湖村、龙川村【绩溪】	村落总平、建筑测绘
7 月 24 日	徽杭古道【永来村】	徒步考察沿途村落驿站
7 月 25—26 日	南浔古镇、乌镇【南浔】	古镇历史、街巷空间肌理
7 月 26—28 日	新叶村、诸葛村、三门源【诸葛村】	村落总平、建筑测绘
7 月 29 日	龙门古镇【杭州】	古镇历史、街巷空间肌理
7 月 30 日	杭州【杭州】	省博物馆、杭州市区考察、晚餐实习总结

行程 制表：杨哲

11.1.1　古城、古镇、古村落

> 祠堂社屋旧人家，竹树亭台水口遮。
> 世阀门楣重变改，遥遥华胄每相夸。
> 聚族成村到处同，尊卑有序见淳风。
> 千年古墓勤修葺，合祭先期必会通。
> ——[清]吴梅颠《徽歙竹枝词》

　　古城、古镇、古村落，是一代又一代华夏祖先创造的财富。村落的选址和建筑形态的营造，顺应天时地利，遵循风水理论，受制于宗族的伦理制度，体现为村镇的风土人情。先人们在历史的长河中，将其理解的宇宙天地和人间情事，写入居住的形态中。

　　随着城镇化进程的加快，中国很多城市在其更新过程中，对传统的空间形态和文化特征缺乏敬重与传承，大拆大建，以达成经济的迅速发展。城市在这个过程中，慢慢丢失了其传统生活的脉络和痕迹，趋向"千城一面"。与此同时，在城镇化背景下的乡村，或是迅速空心化甚至消亡，或是以旅游作为其经济命脉，任由商业与短期利益慢慢消解乡村本身的生活特征。

　　无论城市还是乡村，都应当让传统延续而非断裂。我们想要跟随心中"乡愁"的呼唤，找到一种舒适、从容的生活状态。城市不应成为钢筋水泥与机械化生产者的集合体，乡村也不应只保留其躯壳而失去人、社会、文化的内核。城市更新已经不能是消极的大拆大建，而是要实现向积极的自我更新的转型。要实现这个转型，必须对人类聚落的原型有比较准确的把握。这些"原型"在城市化水平较高的都会闹市中已较难觅其踪迹，必须到中国更为广大的古城镇和古村落中，从中发现、总结聚落空间原型的特点特征和历史文化传统的表现形式。

在这个时代，守成或许是比创新更为先进的事。我们将怀揣对古城、古镇、古村落的热爱，通过徽杭古道及浙西浙西北一带的实地调研，对城镇乡村空间原型及历史文化"原生态"特征做进一步的了解和归纳。

11.1.2 徽杭古道

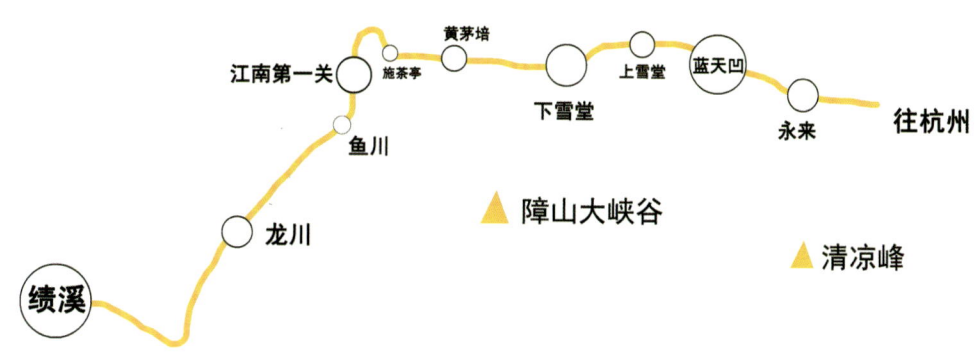

徽杭古道路线图　绘制：李健（2016级建筑学硕士研究生）

提到徽州，不能不提徽商。提到徽商，不能不提徽杭古道。

徽杭古道是以新安江—徽杭古道—大运河为主体的徽商之路的重要组成部分。它起于安徽省宣城绩溪县渔川村，东至浙江省临安市浙基田村，是古时联系徽州与杭州的重要陆路纽带。徽州境内地势起伏大，险滩众多，耕地少，农业受自然影响大，使得徽州生存空间与自然环境的矛盾日渐强化；交通不便、物质交流困难的问题更制约着社会经济的发展。

在东部方向上，为了打破自然环境制约，实现皖南和浙西的交往，以徽州先民为主要力量，开辟了全长约50千米的徽杭古道。徽商从徽州一路风雨兼程东进杭州，入扬州、苏州、南京，渗透于江浙。徽州人不断积累势力，形成了徽商的繁荣。"前世不修，生在徽州；十三四岁，往外一丢"描写的正是徽州人克服自然环境阻隔，自小投身贸易，一路风雨兼程，创造徽商的辉煌。

徽杭古道沟通皖南和浙西，加强了徽州与东部地区的联系，扩展了区域间的经济联系和人口往来。徽杭古道影响下的地区，形成了丰富的城镇和村寨群落。这些聚落传承着宗族文化和儒商文化，融入了官商晋爵、衣锦还乡的功名思想，具有鲜明个性特色的同时，也具有较为普遍的共性特征。通过对这些古镇、村落的踏勘、研习，我们将有机会以陌生、新奇的眼光来审视这些独有的个性与共性。

11.1.3 "第三空间"认识论

> 就其最宽泛意义上而言,"第三空间"是一个有意识的灵活的尝试性术语,力求抓住观念、事件和意义的事上不断在变化位移的社会背景。
>
> ——索亚（1996）

"第三空间"是美国学者爱德华·索亚（Edward W. Soja）在其"空间三部曲"著作的第二部《第三空间：去往洛杉矶和其他真实和想象地方的旅程》中，在列斐伏尔空间"三元辩证法"的基础上提出的认识论。"三元辩证法"强调空间性—历史性—社会性的统一。"第三空间"是城市规划洛杉矶学派在后现代地理学视角下的空间重构。

现代主义一向注重时间性而忽视空间性，把空间当作单纯客观的物质实体或空洞的容器。空间的产生必然涉及复杂的社会政治、经济过程，当社会关系在空间中得到表达时，才使得这些社会关系存在，同时影响了空间。社会将自身投射到空间中，并在时间中得到发展，这是列斐伏尔关于城市历史性、空间性、社会性的三元辩证法。

本次实践计划引进无人机，开展另一种"第三空间"探索 摄影：张筠（2017年5月12日）

索亚的"第三空间"认识论中，第一空间是感知的空间，侧重客观性和物质性。第二空间是构想的空间，侧重主观性和精神性。第一空间与第二空间处于二元对立的状态。而"第三空间"则是实际上的、复合的空间，是对第一、第二空间认识论的整合和扩展。

徽杭古道连通皖南和浙西，是徽商文化的一条生命线。研究徽杭古道及其影响下的地区，势必不能割裂其"空间性""历史性""社会性"。我们研究山水格局、聚落的选址与布局、建筑的空间与形式，这是实习的空间基础。我们研究徽杭古道一带的历史背景、社会风俗、思想观念等，这是实习的历史基础和社会基础。我们梳理空间、历史、社会经济文化特征,将三者融合、交叉、辩证看待,以正视历史传统和现代发展的对立矛盾,探讨传统聚落在时代发展过程中的空间、文化、产业转型之道。

我们以一条古道,串联皖南与浙西两个经济文化圈的方方面面,进行非二元论的第三空间研讨,以期得出更符合社会历史现实的调研成果,继而在后续课程学习、未来工作中,获得较为客观的方法论基础。

"徽杭古道·第三空间"实践队将以"第三空间"作为认知方法。"第一空间"是封闭的空间和知识,"第二空间"是从"第一空间"发散出去的空间,而"第三空间"则是跨界的、融合不同学科知识和实践结果的更为开放的空间。"第三空间"是一种开放的、包容的、多元的、跨界的学习与认知方法,将实现从课堂到乡野的释放。师生从实践的观察、训练、访谈中获取新知,融合已有学科知识,在交流、思考中更新知识体系,并以此为基点不断摸索新的领域,实现知识的"跨界"。减少思维的束缚与定论,在讨论、争辩、合作中拓展思维,以博雅、开放的姿态辩证看待矛盾与冲突,学习、探讨古聚落空间原型,同时思考其保护发展之路与城市化之间矛盾的辩证关系。

"徽杭古道·第三空间"实践计划路线图 作者:李健

我们准备开始,向山水格局

我们准备憧憬,向如翚斯飞

我们准备行动,向徽语杭喃

我们准备筹备,向古道新经

我们准备起航,向徽杭人家

徽杭古道,我们来了

第11章 纪 实 | 313

11.2 绩溪印象：寻徽州文化之源
Impression of First Destination: Jixi County

7月22日，我们一路怀着期待的心情，带着之前充分准备好的设备、文献等，风尘仆仆却不觉倦意，下午终于抵达了徽杭之行的第一站——绩溪。

实践队大部分成员于绩溪北站合影 摄影：陈进才老师（厦门大学出版社）

11.2.1 始于绩溪

绩溪县位于安徽省南部，古代徽州府所辖六县之一。地处黄山与天目山接合部，重峦叠嶂，溪流纵横，地势高于邻县，史称"宣歙之脊"。山脉、盆谷相间，呈"多"字形延伸。中部是贯通南北的断裂带，县城位于断裂带中南段的华阳断陷盆地。界皖、浙两省三县，顶峰及其北坡坐落境内。中部东西向凸起，溪水南北分流，分别入钱塘江和长江。

"无徽无成镇，无绩不成街。"绩溪是徽州文化的重要发源地之一，境内有文化遗存三百余处，其中祠堂一百三十余幢，有徽派古民居、古道、亭庙、古水口、古桥。我们此次徽杭之行便从绩溪开始，探访徽州文化之源。

11.2.2 北有乳溪，有如绩焉

夏日的皖浙大地草木葱茏，天气开始变得炎热。7月23日上午8点，"徽杭古道·第三空间"实践队全体成员来到了本次徽杭之旅的第一站——安徽省绩溪县绩溪博物馆。

此时，"如翚斯飞"无人机工作小组和杨老师与我们兵分两路，正奔袭太极湖村和龙川村完成航拍任务，其中历险过程详情请看本节后面由机长撰写的"番外篇"。

绩溪博物馆位于安徽绩溪县旧城北部，建筑设计基于对绩溪的地形环境、名称由来的考察和对徽派建筑与聚落的调查研究。结合航拍图我们可以发现，绩溪的高山深壑，川谷崎岖，对村落选址而言具有相当的牵制力，但星罗棋布于绩溪版图上的一座座古村落，却与自然环境融为一体，与山

空中俯瞰绩溪博物馆 摄影:"如翚斯飞"无人机小组

水亲切交织,展示出人的聚落环境与自然的和谐。巴郡人刘彭年曰:"彼绩溪者,山川之秀,市里之弘,又何以异于天下之山川市里也哉。"绩溪博物馆的设计者李兴钢老师,正是充分提取了绩溪"多山、绕水"的特点,确定了整体的建筑造型。整个建筑覆盖在一个连续的屋面之下,起伏的屋面轮廓和肌理仿佛与绩溪周边的山形水系相融合,是"北有乳溪,与徽溪相去一里,并流离而复合,有如绩焉"的"绩溪之形"的充分演绎和展现。

为尽可能保留用地内的现状树木(特别是用地西北部一株700年树龄的古槐),建筑的整体布局中设置了多个庭院、天井和街巷,既营造出舒适宜人的室内外空间环境,也是徽派建筑空间布局的诠释。

"如鸟斯革,如翚斯飞。"早在第一天到达绩溪时,无人机小组就投入了紧张的工作。通过处于高空的"第三只眼"——无人机,大家对整个博物馆的形态进行了初步的认识。

绩溪博物馆的展陈方面主要由山水之形(绩水徽山厅)、人文之神(人文绩溪厅)、商道之气(商道绩溪厅)、民俗之风(风土绩溪厅)、艺术之韵(徽韵绩溪厅)、菜肴之味(徽味绩溪厅)六个部分组成,点面结合、由表及里地向人们展示了绩溪悠久的山水自然之魂魄和历史文化之沉淀。队员们徜徉在各大展厅之内,感叹着徽派建筑的典雅秀美,感受着徽州文化的包容远大,内心震撼不已。

典雅的徽派庭院之中草木繁茂,光影交错,时光仿佛永远地停留在了这些斑驳的青砖之上。实践队的成员们忍不住纷纷拿出速写本,用画笔记录下这些美好。

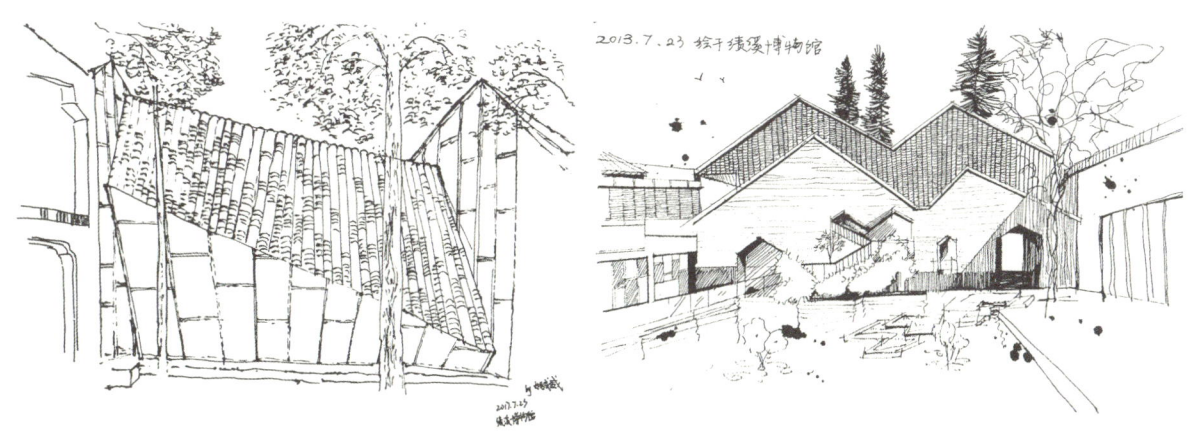

绩溪博物馆 速写:姚成威;廖静莹

第 11 章 纪 实 | 315

11.2.3 访上庄古村，循文化脉络

上庄村大名鼎鼎，因为它是胡适先生的老家。清人刘汝骥赞之曰："竹竿峰前，山萦水聚；杨林桥旁，棋布星罗。"其山清以旷，其水环以幽，是上庄神韵之所在。上庄建于一块大盆地上，群山环抱，襟山带水，竹竿尖山峰耸立在村北，清碧的常溪水流向村南，穿过杨林桥，蜿蜒东去，汇入新安江。

俯瞰上庄村落：山萦水聚，棋布星罗　摄影："如翚斯飞"无人机小组

我们一行人沿河而行，用脚步去感受上庄村的肌理与脉络。一千多米高的竹竿尖山峰耸立在村北，清碧的常溪水流向村南，村庄一路傍河而建。村内苍深曲折，石板道蜿蜒，古民居错落有致，白墙黛瓦在苍松翠竹的映衬下美得素雅。队员们在感叹古镇秀美古朴的同时，情不自禁地拿出速写本，用画笔记录下这美丽的景色。

走进村子的深处，队员们探访了村中的居民。他们历来聚族而居，世代繁衍相传，短的有三百余年，长的达千年以上，以胡、汪、程、柯、王五姓居多，现在生活于此的大多是老人。老人家告诉我们，他们许多是年轻时离开上庄村，前往城市寻求发展，如今退休之后终于又回到了这片土地，兜兜转转几十年间，上庄发生了无数的变化，却仍保留着原来的气质。老人健谈而热情，叙述着这里的历史与故事。

上庄村历史上名人辈出，除了众人熟知的大学者胡适，远有北宋名臣胡舜陟、南宋文学家胡仔、明朝户部尚书胡富和兵部尚书胡宗宪，近有清光绪年间任兵部主事、员外郎的胡宝锋，台湾台东知州胡铁花以及当代著名诗人汪静之等。我们参观了至今保存着完好的胡适故居、汪静之故居和胡开文故居。大家在最为崇拜的胡适先生的故居中流连。昔日的大文豪早已西去，但"慈母厅"屋檐上精美的木雕，故居小院里的静谧安然，仿佛从未随着时光的流逝而改变。

"聚落空间布局"小组的队员们更是拿起了卷尺、激光测距仪、速写本等，精确而又扼要地测绘着房屋的里里外外。通过亲手测量与绘制，可以具体而细致地体会上庄村典型民居建筑的风格与特点，组员们都感到印象深刻，颇有收获。

上庄村 速写：李嘉航；廖静莹

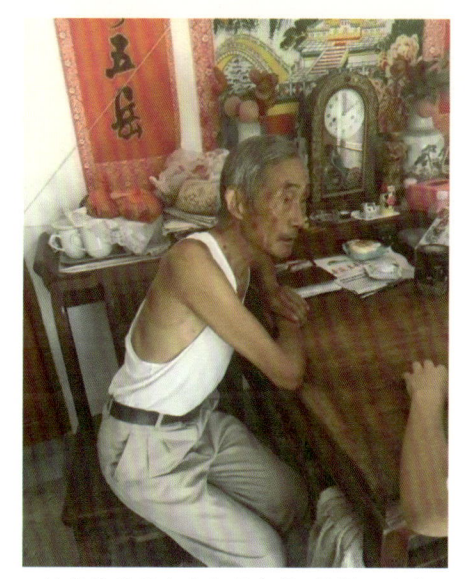

接受访谈的上庄胡姓老伯 摄影：孙琦

聆听 摄影：潘祥艳

11.2.4 后 记

绩溪之旅只有短短十天的时间，我们可能无法充分领略徽文化的方方面面。但是从绩溪博物馆的展示、上庄村的实地感受，我们仍然能够体会到，身处山多水富平地少环境中的徽州人是如何决然而艰难地向外打拼，走经商、为官之路。而功成名就之后，他们并不忘家乡的父老和水土，衣锦还乡，光宗耀祖，始终创造并延续着徽文化的辉煌。

接下来，我们就要徒步穿越徽杭古道，沿着徽商开辟出来的出徽入杭之路，体验古代商旅交通运输文化的回响。

我们很想看看，古道两边的城乡面貌有多少不一样，也很好奇它们之间有没有相互影响，以及谁影响了谁。都说上有天堂，下有苏杭。徽州人能够从山里和水上开辟通路，成功地与苏杭富庶地区进行商贸往来，的确鼓舞人心，启发后世。

番外篇：龙川航拍历险记
Spin—off: The Adventure of UAV Photographing at Longchuan Village

大部队在绩溪博物馆参观的同时，一行4人的无人机小队奔袭湖村和龙川村，补拍航拍图。

湖村，别名太极村，是安徽省宣城市绩溪县辖村，是安徽省历史文化重点保护区、世界非物质文化遗产重要传承区。这座拥有800年历史的古村落，诸多古桥、古亭、古民居、古祠堂、古寺、千年古树、明代吟泉街、大型砖雕门楼群等，依山而筑，逶迤伸展，宛如一幅立体的山水画卷。缘溪河呈S形绕村南流，西部村落和东部田野组成天然的"太极"地貌奇观，这也是湖村别名的由来。

告别湖村，小分队向龙川村进发。

龙川村位于安徽省宣城市绩溪县城东11千米，由坑口、浒里、横川3个村合并而成。龙川村内最特别的是原来的坑口村，由于特殊的地理环境和绵长的历史文化渊源，形成了独特的自然和人文景观。这里的村民遵循徽文化传统思想，自给自足、勤劳朴素、艰苦奋斗思想占主导地位，民风淳朴。龙川村自古文风昌盛、人才荟萃，是徽州出名的"进士村"。尤其到了明代，是该村发展的鼎盛时期，先后24人中进士，占全县1/4强，素有"奕世两尚书，一门三进士"之称。

然而，无人机组在龙川村的拍摄过程可谓几经波折，有惊有险。镜头切入现场进行报道。

机长："龙川……多么美丽的地方，安宁祥和与世无争，我得多拍几组镜头，回去好好珍藏。嗯……先来一段倒飞的吧。绿树流水，粉墙黛……我感觉我的心脏停搏了。"

"杨大！这边出了一点问题……呃……怎么说呢……操作失误了……呃……挂……挂在树上了……"

镜头上显示的，是摇荡不停的树枝，无论怎么调整视角，都不能看到天空。

根据全球定位系统，我们花了约半个小时，看到了挂在河对岸山坡一棵大树上的无人机。

小白距离我们的水平高度约30米。发现它的位置时，螺旋桨还在工作，电量已经不足20%。手足无措之际寻求110的帮助，却直接被拒，让我们自己想办法。终于找到了正在水田里干活的老乡，答应带我们去寻找小白，但愿它能挂在一个比较好取的地方。

挂在树上的无人机，能看见吗？！

在密林中艰难前行

机长和老乡两人蹚水过河，河水虽清冷澈亮，但河底的石头并不好相处，都是带棱见角的尖锐事物。河底青苔湿滑，机长多次险些摔倒。

过河登岸，老乡劈了根七八米长的竹竿。一行二人穿行在很多接近60度的山坡上，踏着满地落叶，冲破矮小的灌木和蛛网，一路攀着突兀的岩石和树干艰难向上。在山里行走是会迷失方向的，身处其中的机长和老乡都不知道自己和无人机到底处在何方，只能靠竹竿敲打附近的树叶来让对岸的队友指挥我们前进。

经过约一个小时的搜索，我们终于近距离看见了无人机。它悬挂在一棵底部少生枝杈的老松树上，仅凭一根七八米长的竹竿，不可能碰到无人机。于是机长开始尝试爬树，但没有辅助工具，如此"光棍"的老松树实在不是可以轻易尝试的，只能另觅它处。旁边可供攀爬的小树，又显得过于单薄，不足以支撑机长的体重，机长还是决定尝试一下，但还没等攀到第二个树杈上，只听"啪"的一声，小树就应声折断，机长摔在了地上。好在这一摔并没有什么大碍，但是这树，断然是不敢再上了。

于是林外的伙伴们又开始报警，打无人机的客服电话，但这些都只是徒劳。

山里，机长和老乡又发现了另一棵稍粗的树，决定再次尝试攀爬。这次换由体重较轻的老乡上树。老乡上了五六米，机长把竹竿递了上去，尝试触探无人机的具体位置。高度仍然不够，但再往上爬，危险将成倍增长。这时，老树旁边的一丛竹子引起了我们的注意，机长拿起老乡的镰刀，砍了根最长的竹子。

这根新的竹子有近十米长，它果然没有让我们失望。无人机被挑落，经过两层树叶的缓冲，安然地趴在了一丛灌木上。

很庆幸我们能找到小白的位置，更庆幸能有一位热心老乡倾力相助。这可是花了将近两个小时并进行了相当程度的冒险之后，才最终取回的，其中的惊心与感动只有当事人最能深切体会。

这是无人机小队此行最难忘的经历。

【无人机长：高宇轩】

无人机机长与老伯　摄影：杨哲

无人机组与老伯　摄影：陈杰

11.3　感受徽商辉煌，对话徽杭文化：穿越徽杭古道纪实
Hiking in the Hui—Hang Ancient Path

> 实习第三天（7月24日）：
> 高温酷暑下全员完成了徒步徽杭古道计划，行程约 20 千米。
>
> 　　本节全文抄录的这篇纪实报道推文，是在高温酷暑中辛劳了一整天、完成徒步穿越徽杭古道后、当天晚上完成的！感谢李岚清同学的精彩文笔、陈进才老师的摄影大作、无人机组的无私奉献、全体伙伴的奋力坚持！
> 　　这次集体徒步穿越徽杭古道，对于所有人都是一次考验与挑战。最终的成功，也离不开连续合作了 7 年的纵横山水公司的鼎力相助；推文和实习活动还得到了徽杭古道旅游开发集团公司老总胡家迅先生的关注，在本节末特别辑录他们的鼓励和支持，并致以衷心的感谢。

青松黛岭势苍茫，飞度乱云山道旁。
策杖临空出岭镇，鸣蝉听水到余杭。
江河六郡文风远，日月千年商队忙。
平明不问群峰险，斜照从容揽大荒。
——李嘉航

11.3.1　说古谈今徽杭道

皖南很多地区古时属徽州境，因为黄山、天目山的南北夹持，徽州地区的人均耕地面积少，生存资源匮乏，所以当地人谋求向外发展。一代代徽商坚忍不拔，以"徽骆驼""绩溪牛"的精神走出了一条饱经风霜的经商之路——徽杭古道。

徽杭古道西起安徽宣城市绩溪县伏岭镇，东至浙江省临安市清凉峰镇，整个古道景区长 75 千米。本次实践队行程从伏岭镇至永来村，全程达到 20 千米。古道既是古时徽商进入浙江地区的要道，也是古时联系徽州地区与杭州地区的重要纽带，在经济、文化、军事等领域都发挥了重要作用。

今天，徽杭古道上的商旅早已消逝，演变为新时代下中国重要的古道代表和徒步旅游精品区。本次实践队重走徽杭古道，就是为了感悟徽州文化，体会徽商精神，对话山水自然，并对比分析古道两端徽文化与浙西文化的异同。

11.3.2　摩拳擦掌准备足

从 4 月份了解到本次实践将会徒步穿行徽杭古道，成员们就满心期待，并做着各项准备。6 月中旬，全班组织起夜跑行动，为穿越古道做好体质上的准备。

纵然仲夏夜闷热，但同学们都以高涨的热情参与到夜跑活动中来。此后一个多月，上弦场总是能看到规划系"小天使"们的夜跑身影。在实践开始的前一天，杨哲老师还特别奖励了跑步次数多的一些同学。

11.3.3 林壑飞漱良趣味

七月的皖浙大地草木青葱，千年的徽杭古道清荣峻茂。

7月24日早8点，"徽杭古道·第三空间"实践队驱车赶往古道入口。上午9时许，气温急剧上升，队伍正式开启了徽杭古道之行。在入口前，所有成员在无人机下兴奋地挥手，仿佛在向千年的古道昭告：我们来了！

行程从江南第一关开启，关脚岩口亭书有"径通江浙"4个大字，仿佛诉说着古道的风霜与辉煌。拾级而上，漫道雄关，远亘群山巍峨，近耸怪石嵯峨。队员一路欢声，相携而行。在关隘到黄茅培的路上，山势愈加峻峭，南北夹持，只见亭午曦日，中隔溪流飞漱，素湍绿潭，回清倒影。体力好的走在了队伍前列，另外的队员则在后面跟随。休息停歇时，队员们观览景观，交流感受，空谷传响，好不热闹。路过黄茅培后是一段平路，路上碎石嶙峋，路势犬牙交错。

徽杭古道，我们来了！ 摄影：无人机（上右图）；刘渊（纵横山水）

徽杭古道　摄影：陈进才　　　　　　　　　徽杭古道　摄影：潘祥艳

流水潺潺，如鸣佩环 摄影：陈进才　　　　担任断后任务的三剑客　地点：狮骑飞瀑 摄影：邵光辉老先生

拾级聚足，速步以上。下午5时许，队伍终于抵达了古道最高颠——蓝天凹。但见：

　　树林铺遍起伏的山谷，蔚然深秀。

　　野芳映衬层叠的树林，蒙络幽然。

风光无限，尽情挥洒

蜿蜒下山

成功穿越徽杭古道、抵达最高点蓝天凹 摄影：无人机小组

远处彩霞银光相映，线条色块交辉，无限风光尽揽眼底。此时来一口深呼吸，空气里沉淀的都是经过艰辛努力后成功的味道。队员们兴奋地合影留念，登山时的苦累完全抛在脑后，不少同学都感慨道："花一整天时间爬山，看到如此美景，值！"无人机划破天际，画面里映衬着同学们的笑靥，山谷里回荡着同学们的欢声。

下山的路依然崎岖漫长，但已然轻松许多，沿路的虫鸣都似乎是在为胜利归来的同学们祝贺。抵达永来村休整时，几位老人还向同学们伸出了大拇指："好样的，年轻人就应该干这种事。"

11.3.4 患难与共显真情

路程虽然只有一天，但满含着老师的悉心安排与同学们的不懈努力。一路上，实践队队员们互相搀扶，互相提醒路况，互相鼓励前行，以集体的利益为重，没有一个人掉队，全部完成了任务，彰显了大家患难与共的情怀与坚忍不拔的毅力。

这次重走古道后，同学们对徽商创业筚路蓝缕、以启山林的精神，有了全新认识；对徽文化的感悟，有了更深理解；对徒步的力量，有了进一步体会；对自然山水的风光，有了更大热爱。全程20千米的山路就这样结束了，但是实践队队员们对自然山水、村镇聚落的热爱与追寻依然在路上，且永远在路上！

2018年1月27日，雪中的江南第一关

摄影：胡家迅（安徽绩溪徽杭古道旅游开发集团公司总经理）

徽杭古道研学基地老板有话说

2017年夏,厦门大学的同学们来到我们徽杭古道进行研学实践活动,让我感受颇深。一是他们的青春活力让我感受到一种很正的能量,如同我们古道"寻道·悟道·得道"的精神一样,是一种对自我的鞭策;二是他们对传统文化的兴趣,让我看到新一代有知识有文化的年轻人对中华文化的坚守。

在徽杭古道,他们深入了解了徽文化、徽商文化,甚至亲身体验了其中的一些具体的留存。通过了解走过徽杭古道的徽州名人的历史故事,他们了解了背后徽文化的内核。除此之外,作为连续多年的全国体育旅游十大精品线路,徽杭古道的徒步拓展,也是对同学们体能与意志品质的锻炼。而设计的定向越野等拓展项目更是要求发挥每个人的长处,一起不抛弃、不放弃地去完成任务,加深了同学们团队合作的意识与情谊。徒步徽杭古道是非常适合大学生的户外拓展项目。

【胡家迅,安徽绩溪徽杭古道旅游开发集团公司总经理】

"纵横山水"有话说

张霄觊（西安纵横山水文化艺术交流有限公司总经理助理）

应厦门大学杨哲老师盛情相邀，为即将出版的《聚落寻源》写点印象。其实作为我个人来说，只是纵横山水公司的一员。可要说起纵横山水与厦门大学规划系师生的邂逅，就要追溯到8年前了！8年的时光对我们普通人而言无非是生命的年轮和岁月的积淀，但对于公司和厦门大学的相遇、相识、相知，这8年的每一年都是短暂而美好的时光。

秉承学院的安排与调研地点的要求，此次实习选择了徽杭古道。这是继丝绸之路和茶马古道之后的中国第三条著名古道。它始建于唐，位于安徽省绩溪县伏岭镇，在历史上曾经产生过巨大的政治、经济、文化作用。同时，也是一条集自然风光和神秘文化于一体的走廊，更是古代徽商的一部奋进史。历史是一面镜子，在这面镜子中能映射出我们每个人的前世今生。走在古道上，能感受到几代徽州先辈们不屈不挠的脚步，致使我们仍然可以不忘初心，砥砺前行。对此次实习的印象可以用一句话形容：挥洒汗水在青春的印记里。

蓝天凹180度全景 摄影：姚成威

11.4 世间难寻，最忆南浔
Nanxun Ancient Town

> 白墙拂细柳，隔院看今昔。
> 鸟悦风荷曲，兴酣桂棹移。
> 莲庄游西子，嘉业仰天一。
> 谈笑平桥晚，清溪濯我衣。
> ——李嘉航

在徽杭古道的终点永来村修整一晚后，7月25日一大早全队再次整装出发。经过4个小时的漫长车程，我们终于来到了"世间难寻"的南浔古镇。从小莲庄的粉墙黛瓦到张石铭旧宅的红砖石墙，南浔古镇就像是横跨在徽派建筑与欧式建筑之间的桥梁，以独特的姿态，给人以别样的震撼。

随着钢铁森林般的城市化进程，多少江南古镇早已淹没在烟雨中。夏日江南"蜃气为楼阁"的烂漫和"蛙声作管弦"的闲适今已难觅踪迹。惊喜的是，本实践队此次在浙北，和风尘仆仆走了千年的南浔古镇相遇了。南浔古镇还保有她最初的青涩和明媚，像是闯入了一场仲夏夜之梦。实践队队员们，走街串巷，探索古镇街巷肌理的奥秘；访民会友，深入古镇社区追寻古镇文化内核；笔墨横姿，希望能将最美好的风景记录在纸上。南浔古镇之旅，虽然时间很短暂，但收获和感悟不少。现在就以我们管窥所见来分享南浔古镇独一无二的魅力吧。

南浔建镇至今已有750多年历史，历史积淀浓郁，文化底蕴深厚。这里人杰地灵，物华天宝，拥有名甲天下的辑里湖丝，"文房四宝"之一的善琏湖笔，"轻如朝雾、薄似蝉羽"的花双林绫绢，汇聚中西文化，并享有"中国湖笔之都""中国古桥保存最集中的地区""江南六大古镇之首"等美誉。

游览，以建立最直接的认识；思考，以构成深层次的感怀。在此节选几位墨客游记的片段，在记忆中给南浔古镇烙上属于我们的独特印记。

【黄惠珠】

"经历一个早晨的颠簸，我们在下午踏足南浔古镇。江南水乡给人的感觉大多是粉墙黛瓦、小桥流水人家。来到南浔古镇，我亦以为然。然而参观张石铭旧宅时，当我从一个门中穿过，见到欧式立柱和红砖墙的一瞬间，惊喜至极！跨越这一个门，便从典型的江南传统建跨越到了欧式建筑群中！还有一点与我印象中的江南水乡不同——这儿的街巷、河道都要更宽，生活的气息也淡一些，不像在苏州，有狭长的街巷带来的邻里之间的亲近感，也有古朴的早餐店和在自家后门浣洗的妇女。在南浔能感受到别样的开阔，也有些许失落。"

南浔古镇 摄影及速写：姚成威

张石铭故居 摄影：姚成威

【姚成威】

"南浔古镇如一个貌美的女子，南浔一笑，众人皆倒。她似有什么魔力一般，来客从未喧嚣，一切都是那样宁静安详。古镇的河流倒映着她的沧海桑田，古镇的白墙刻印着她的如歌岁月。

期间我们偶遇一间小店，摆放着各式各样的茶具，有布满璀璨星光的小茶碗，也有形态各异的俏皮茶宠。我一眼看到一个深蓝色的茶碗，它有着一片星河，仿佛孕育着无数个世界，我买下了它，带着它和我继续同行。"

"论及江南园林现况，在童寯先生的《江南园林志》中有这样的描述：'南宋以来，园林之盛，首推四州，即湖、杭、苏、扬也。而以湖州、杭州为尤。'今天慕名参观湖州南浔最负盛名的小莲庄。

小莲庄建筑不是孤立地设计出来，而是在自然与城市之间的思考中显现出来的，整体规划和城市模糊的边界，一是北临鹧鸪溪，不设围墙，借用竹子阻挡视线，园、房、路、水隔而不离，突出江南水乡特色（但有待进一步考证的是这条河是否为后来人工挖的，因为看着驳岸很齐整）；二是从小莲庄布置看，刘氏家庙占地面积大，且位于核心位置，推测当时园

第11章 纪实 | 327

林建造是为方便宗族服务的，这与之前参观过的江南私家园林区别挺大的。模仿自然的园林置入城市，围着莲花池的亭、轩、榭呈现为半建筑半自然的形态。最深受触动的是小莲庄独具匠心的内外园设计，更是米芾先生笔下城市山林最生动的物质呈现。

【李健】

小莲庄由于其建造时间大约起于晚清至民国时期，里面东升阁的立面和室内装修有吸收西方建筑处理手法，与张氏故居里面气派的"欧式"住宅几近类似，这可能是显示主人的财大气粗？也可能当时设计已经意识到观景游赏与居住实用的结合？还是融入市井？（而且大片的荷花池除观赏外，是不是提供了夏季食用的莲藕？）一幅幅生动的古人生活场景不断涌现。

内园与外园的一墙之隔，隔而不塞。内园重山景，层次丰富多样；外园重水景，视野开阔舒朗。内园的诗意栖居体现为：重整地形，建筑与地形的区别被模糊，以地形、山体、植物与建筑间隔重复的方式，轩、亭呈层次为主的状态，让人曲折进入，在曲折反复中再次出现。池形沿着假山绕行，太湖石'皱透瘦漏'塑造出曲折的驳岸，在一幅生动的可游、可居、可行、可望的自然山水画中，追随刘墉先生的返乡之路，寻找失落的文化。"

小莲庄

同学们在南浔写生的身影

用画笔把南浔最美的瞬间留下

南浔双桥给实践队留下了最美好的印象 摄影：刘渊

太湖边上的鱼米之乡，古镇中的文化重地

方圆十里，处处庭院幽深

丝竹袅袅，演绎诗画水乡

江南好，最忆是南浔

11.5 乌镇：文·艺
The Culture and Art of Wuzhen Ancient Town

> 乌镇：拥有数千年历史的古镇，以水建市。与水网交叉或并行的老街呈十字交叉，构成"双棋盘式"河街平行、水陆相邻的古镇格局。泛乌篷船于河上，抑或徜徉在巷陌之中，古风犹存，总觉得转个弯就会邂逅哪位名仕文人。财神湾一隅的比干庙，尺度小巧，却意义非凡。
>
> 这是我第三次到访乌镇了，仍然沉浸于它浓郁的文化积淀和历史氛围。
>
> 乌镇东郊"潭家湾古文化遗址"印证了古镇悠久而灿烂的文化。春秋时期，作为吴疆越界，吴国驻兵于此，得名"乌戍"。唐朝建镇，宋代界分为乌、青两镇，1950年并称乌镇。
>
> "潭家湾文化"当属太湖流域"良渚文化"一支，概不出名，有关资料摘录如下：
>
> "浙江省宁绍平原是越族人发展的一个基础地，在距今2万~10万年间，自然界的变迁频繁而剧烈，越族人的祖先就是在这种自然环境下，在宁绍平原繁衍发展起来的。但是，到了距今1.5万年左右，宁绍平原自然环境恶化，迫使越族人几次大规模迁徙。在距今1万年以后的一次迁徙中，有一支越过了钱塘江进入了今浙西和苏南的丘陵地带，从此在这个地区生息繁衍，逐渐地创造了马家浜文化、崧泽文化和良渚文化，所以良渚人的祖先是越族人。正式进入历史时代的吴越应该就是良渚人与吴越人有着某种关联的一种印证。"
>
> 这一带的文化种群十分发达，有时间的话很想从考古学角度详察呢。
>
> ——杨哲《美篇：徽杭古道》，2017年8月4日

昔日的鱼米之乡、丝绸之府

今日，乌篷船橹摇着岁月的悠闲

乌镇，兴许是文人

兴许是内敛的江南女子

蓄意打翻浓香的砚台

留下了清溪里的水墨氤氲

11.5.1 乌镇印象

徽杭之行的第五天，我们离开南浔，前往乌镇。

同为水乡，乌镇和南浔却是不一样的风情。如果说前一天到访的南浔是典雅婉约的大家闺秀，那么乌镇则是"清水出芙蓉，天然去雕饰"的小镇姑娘，最美的一刻总在深巷的蓦然回首。

乌镇原本分为乌镇和青镇两镇，以市河为界。1950年5月，乌、青两镇合并，称乌镇，属桐乡县，隶嘉兴。现在的乌镇分为东栅和西栅两部分，东栅多为古建筑，西栅全为新建，因此我们选择了东栅作为调研区域。

 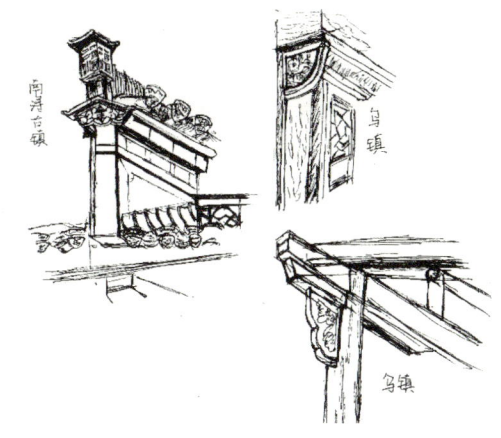

多少楼台烟雨中 速写：李翔　　　　　　　　　　　南浔、乌镇细部对比 速写：黄珊珊

东栅较为完好地保存了水乡的原始风貌，核心是东大街，依市河之势修建，两侧分布着各种民居、宅院和商铺，形成空间布局上"前街后河"、建筑"上宅下店，前店后宅"的模式。前门靠街巷，后门临水，或者直接临河开窗或设埠头，方便使用。街道尺度狭窄而随意，街市琳琅。河对岸新街为 2000 年后新开发的商业街，而东大街早上 8 点到下午 5 点不允许居民个体户做生意，这种禁商措施使得老街商业化气息不那么浓。我们不禁疑问：原住民还在，传统的生活方式也就留了下来，但是禁商的同时他们的生活又被打破。以这种方式来应对过度商业化，岂非简单粗暴了些？！

乌镇民居被称为"水阁房"，沿河一侧的房屋依水而建，挑出的石梁或木梁下面立桩，于水面之上架起房屋——这与南浔古镇民居有区别，推窗即是依依垂柳、碧波荡漾，因此乌镇素有"中国最后的枕水人家"之称。舟行碧波上，我们乘着游船穿过石桥，想象着某一扇临河的窗是否会突然推开，穿越百年的吴侬软语、宛转悠扬。

泛舟品茗于东市河

11.5.2 文

茅盾·木心

除了秀美的水乡风光,乌镇也具有深厚的人文底蕴。

著名文学家茅盾、木心的故乡都在于此,乌镇是他们的记忆,他们的乡愁。

茅盾故居陈列有众多手稿。茅盾在一篇题为《大地山河》的散文中这样描述过故乡的水阁:"人家的后门外就是河,站在后门口(那就是水阁的门),可以用吊桶打水,午夜梦回,可以听得橹声欸乃,飘然而过……"乌镇的山水滋养了一代文学巨匠,乌镇的生活更是他才思的起点。先生青年离乡求学,但是离乡并不等于忘记故乡,故乡是他的生命之源,故乡的山水总如雨露般时时滋润他的心田,他的作品中总能看到故乡的影子,其小说就是明证。

与南浔的张氏旧宅相比,茅盾故居布局更加紧凑,每一重院落以天井分隔。故居前后有两幢房屋,前一幢的三间平房为茅盾的卧室、书房和会客室。茅盾1934年亲自设计翻修的书斋,屋边有一小庭园,内有茅盾手植的天竹、棕榈。后一幢是两层小楼,用作厨房、饭堂、起居室。在采访中,我们得知,在茅盾故居前东大街的改造中,墙面木板仍旧恢复原貌,水泥路改造成青石板,体现了历史街区保护上的修旧如故。青石板下面铺设管道线路,实现了保护中的可逆性。改造恢复业态原貌,穿行于街市中宛如穿越时空,真实地置身于当年的繁华场景。

在木心先生的故居,我们看到了许多他的手稿和画作,对这位艺术家、作家更为敬仰。木心馆是最宁静最神秘的所在,柔和的光线中展示了木心的部分艺术作品、手稿、遗物,使人的心都沉淀下来。陈丹青在《文学回忆录》后记中引用尼采的话这样形容木心:"在自己的身上,克服这个时代。"木心先生说,"文学是我的信仰,它让我度过劫难"。从乌镇到上海,从上海到纽约,再从纽约重回

青石铺地,了无管线,修旧如故

他的情感缀满树枝窗棂——木心故居

故乡，1984 年他始终孑然一身，唯有文学与艺术相伴。他说自己习于冷，志于成冰。然而他是一个情欲纷纷的人："尤其静夜，我的情欲大，纷纷飘下，坠满树枝窗棂……"他在诗里这样写。读《文学回忆录》时，会认人觉得走入木心的书就像在与一个友善、明智的朋友交流。在木心故居，这种感觉十分强烈，更加上了些许感动。

11.5.3 艺

木雕·蓝印花布

江南自古以来就是鱼米之乡，物产丰富。

乌镇手工艺也十分发达，木雕、乌锦、蓝印花布等名产享誉江南。

在乌镇的江南百床馆、木雕馆中，我们见到了各种精美绝伦的雕刻，叹服古代能工巧匠们的技艺。印象最深的是百床馆中的两张夫妻床，床的构件上有鸟类图案的雕刻，蹲坐着的鸟代表着年老还乡、解甲归田的老年夫妇，展翅欲飞的鸟则代表着年轻力壮、外出闯荡的年轻夫妇。

乌镇是蓝印花布的原产地之一，旧时曾有染坊数十家，东栅染店由此得名。近代松江、扬州、崇德、乐清等都是蓝印花布的重要生产基地，现仅剩桐乡、乌镇和江苏南通还在生产。蓝印花布又称靛蓝花布，是传统的镂空版白浆防染印花，已有一千三百多年历史。用植物染料印染的蓝印花布，耐洗耐晒，色性稳定。染坊旧址中展示了手工制作蓝印花布的工艺流程：纹样设计、刻花稿、涂花版、拷花、染色、整平、晒干七道工序。时至今日，这里仍保持着手工制作的传统，不忘传承。

精工细做，精益求精

少女与蓝印花布

11.5.4 展望

夏天来了东栅，
冬天再去西栅。

我们沉浸在浙北水乡的水色天光中，踏着茅盾与木心的足迹，感受中国文学的动人魅力；叹着木雕与蓝印花布的巧夺天工，感受中国匠艺的博大精深。夏天来了东栅，愿冬日踏在西栅，再与乌镇相遇。我们愿这座古镇在新世纪中保有自己的性格，愿他日渐更好；我们愿尽自己所能，为古镇保护去做些什么。

河上高竿船祈求蚕茧丰收

乌镇财神湾比干庙 速写：杨哲

11.6 淡泊宁静传千载，五行八卦成古村：诸葛村纪实
Unforgettable Zhuge Village

村野楼边月，依依向故人。
水清丞相祠，风过竹林深。
三顾随君去，两文有旧恩。
斑斑墙上影，淡泊以明心。
——李嘉航

诸葛村口荷塘 摄影：杨哲（2017 年 7 月 26 日）

静谧而恢宏的古村建筑群落 水彩写生：李嘉航

  7月26日午后，离开江南水乡乌镇，我们前往一个神奇而绝美的古村落——诸葛八卦村。诸葛村位于浙江省金华兰溪、杭州建德、衢州龙游三市交界处，是迄今发现的诸葛亮后裔最大的聚居地。村庄格局据说是诸葛亮第二十七世孙诸葛大狮迁居此地后，运用阴阳堪舆学知识所设计。建筑格局按"九宫八卦阵图"样式精心布列构建，至今已有700余年的历史。村落布局"奇巧罕见，高低错落有致，气势雄伟壮观，结构精巧别致，空中轮廓优美"。

  抵达诸葛村的当天下午，依然是超过40摄氏度的炎热酷暑。拖着行李箱从停车场到住处还有长长的一段路要走，但是，这个宁静清澈的村落将同学们的路途劳顿一扫而净。他仿佛一位安详的老人，讲述着风霜的故事，荡涤着我们年轻人的心灵。

2017年7月28日晨，全队在诸葛八卦村核心——钟池合影 摄影：刘渊（纵横山水）

（均为左起）前排：张舜评、陈建臻（厦门外国语学校学生）、张仁杰、张文浩、李嘉航（2016级建筑学研究生）、李岚清、高宇轩（班长）、陈杨、李健（2016级建筑学研究生）、刘健阳（队长）、姚成威、薛燕府、胡晓丹、陈子诺、孙琦、李颖洁。后排：黄泓锟、陈杰、金妍彤、高钰（上海城建职业学院教师）、尚烨、王蓉、黄珊珊、张筠、潘祥艳、罗锐、伊丽孜热·居来提、张笑宇、黄慧珠、杨舒阳、贾博娟、廖静莹、张昕、张曦予、陶婷婷、周立立（2016级建筑学研究生）、王昭宇（2016级建筑学研究生）、杨哲（带队教师）、李翔（2016级规划研究生）、陈进才（厦门大学出版社老师）

◆ 村庄格局

整个村子以低洼处的半边水半边坪的太极形钟池为中心，向外辐射8条通道，每条通道有多条小巷相连，巷道纵横，似通却闭（内八卦），又与村外的8座大山（外八卦）遥相呼应，构成围绕一个中心、呈放射状的九宫八卦形布局。"功盖三分国，名成八阵图"，只有置身村中，再从空中俯瞰，才能感受到那一份曲折奇妙与宏伟机巧的交织之美。

◆ 建筑形态

诸葛古村相距千岛湖不远，属于水路徽杭古道的活动范围，因此，随处可见徽派建筑的高墙大院马头墙。村落地形中间低、四周高，建筑基本上沿山势走向呈错层布局，高低错落，层次分明，背依青山，面临田园，从远处俯瞰，一派葱郁的自然景象，真正实现了建筑与环境的和谐统一。民居建筑的基本形制是独立、封闭、内向的小天井院落，以三间两搭厢为主，而在装饰风格上则杂有江南苏式特征。

钟池　无人机拍摄（2017年7月28日）

◆ 聚落人家

诸葛村池塘星布，具有很强的生活、防卫功能与景观价值。清晨5点，天色已渐清亮，漫步在诸葛村的石板道上，迎面一汪黑黝黝的池塘，村妇洗衣荡起了圈圈涟漪，捣衣声清脆悦耳；旁边的早餐店里，店员已经忙开了。炒面的大妈，捣杆的师傅，抽烟的大爷……村子屋舍俨然，恬然古朴；村民沉静安详，怡然自乐。《诫子训》言："非淡泊无以明志，非宁静无以致远。"信步游弋诸葛村，似乎就能体会到武侯千年前那淡泊的胸襟和宁静的情怀。

黑白人家，捣衣声脆　摄影：杨哲
（2017年7月28日）

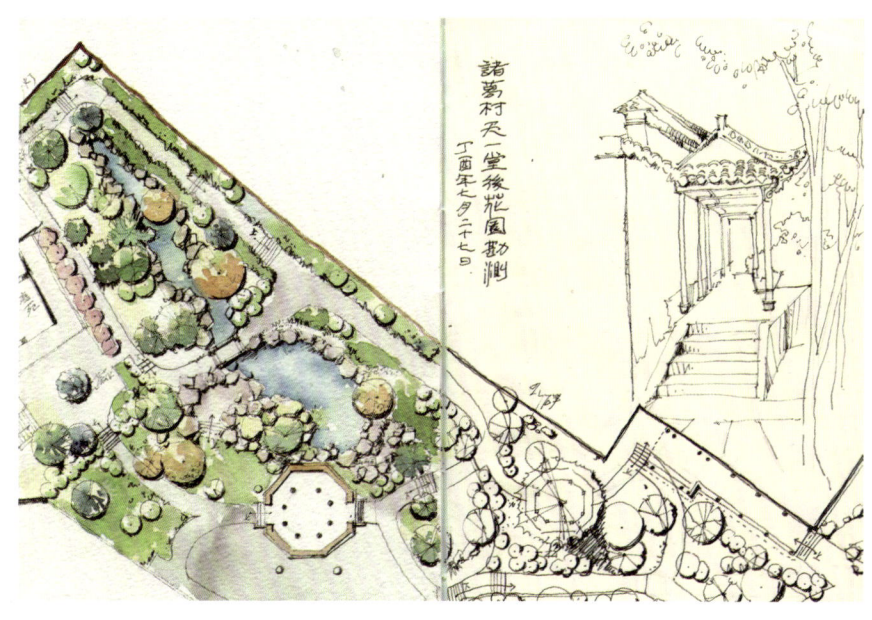

天一堂后花园勘测图
作者：高钰老师（上海城建职业学院）

◆ 钟 池

　　诸葛村中池塘星罗棋布，而钟池是诸葛八卦村的核心所在，也是布列"八阵图"的基点。钟池并不大，但这口水塘半边为水，半边为陆，形如九宫八卦图中的太极，奇妙无比。易经有"东南为阳，西北为阴"之说，空地与钟池正呈阴阳太极图形，陆地靠北和钟池靠南各有一口水井，正是太极的鱼眼。钟池的南岸是一个陡坡，顺着陡坡而建的几幢大房子一幢比一幢高，跌宕起伏，轮廓线大起大落，景观峭拔而优美。

钟池 速写：杨哲（2017 年 7 月 28 日）

◆丞相祠堂

丞相祠堂始建于明代万历年间,坐西朝东,平面按回字形布局,由门庭、中庭、虎廊、钟鼓楼和享堂组成。门屋、寝室、两庑尺度规模疏密得体,装饰简朴,线条明快而精致。檐柱和山柱都是青石方柱(共44根),中央4棵金柱分别以松树、柏树、桐树、椿树为材料,谐音"松柏同春"。墙外,祠堂建筑群倒映在小径旁的池塘水面,阵阵涟漪中仿佛荡漾着出师表的伟大情怀与感慨。

半亩方塘,彩田花海,绿树相伴,青白人家 摄影:"如羣斯飞"无人机小组

诸葛村上塘全景照片 摄影:姚成威

◆ **千年守候**

在诸葛村，我们以村中著名景点天一堂为据点，晓行夜宿，一共驻留了三天（期间还考察了附近的新叶、三门源两个古村）。沧桑的青砖、黛瓦间，实践队队员们酣醉于古朴醇厚民风，沉迷于饱经风霜的建筑。第四天早上离开时分，看着各时期建筑风格交错的熟悉村落和乡亲们的温暖目光，大家都依依不舍，怅然而别。世俗喧嚣阒然而离，思古悠情油然而生。武侯逝去千年，但他淡泊的胸襟与宁静的情怀依然昭然。在城市和乡村的建设浪潮中，保留一份古朴，一份纯净，或许是我们最需要的。

静谧的守候 摄影：杨哲（2017年7月27日）

静谧池塘·万家灯火·如鳌斯飞·月牙初上 摄影：杨哲（2017年7月26日）

外一篇　太极图上的聚落
Spin—off: The Settlements on Yin—yang Diagram

《易经》对中国建筑学的影响极为深远，孕育了中国古代风水学。从宏观的聚落选址到中观的城镇村布局，再到微观的建筑装饰以及人生各态，这一玄学大观，融汇了儒道释思想，在中国建筑学领域发挥得淋漓尽致。迄今，笔者已到访过至少五个堪称"太极图上的城镇村"。

◆ 紫禁城故宫 Forbidden City in Beijing

北京城按照《易经》天地人"三才之道"，将皇宫称为紫禁城，以与天上的紫微垣相对应。外城七门，喻面南向明而治，内城九门，喻九五之尊统御四宇。皇城有天安门等四方大门，象征先天八卦乾天坤地、离日坎月之格局。故宫的午门等四个大门则主朱雀等天象二十八宿。

建筑单体及组成的群落更是天地君臣、乾坤父母、阴阳有序。故宫前三大殿象征天阙三垣。后寝三大宫与左右十二宫，合之十五，以应河洛中轴运枢之妙。

在几年前的华夏文明中，故宫紫禁城应算得上规制等级最高且仍在发挥作用的太极皇城聚落了。

◆ 新疆特克斯城 Tekes County in Xinjiang

特克斯县城距新疆伊犁州府伊宁市119千米，是中国唯一建筑完整而又正规的八卦城。1937年，伊犁屯垦使兼警备司令邱宗浚取《易经》"天地交而万物通，上下交而其志同"之意设计筑城。整个城占地960公顷，呈八卦形态，以城中花园为中心，按乾、兑、离、震、巽、坎、艮、坤8条大街向外辐射，与4条环路相交。一环8条街、二环16条街、三环32条街、四环64条街，这些街道按八卦方位形成了六十四卦，充分反映了64卦386爻的易经数理。规模宏大，化象于形，玄妙的《易经》方位学说以城镇空间方式再现了易经文化的内涵和八卦奇特奥秘的思想。

◆ 贵州镇远 Zhenyuan County in Guizhou Province

镇远，位于贵州省黔东南苗族侗族自治州，始建于西汉，是一座拥有两千多年历史的苗家古城和西南大道上的军事重镇。镇远四周皆山，潕阳河以"S"形蜿蜒穿城而过，北岸为旧府城，南岸为旧卫城，远观颇似太极图。镇远古镇交通方便、区位优越，素有"滇楚锁钥、黔东门户"之称。

镇远鸟瞰图　摄影：杨哲（2013年7月7日）

潍阳河东侧的石屏山，属祁连山系，重岩叠嶂，雄伟险峻。面城一面的北山，石崖绝壁高千仞，"端直苍阔如屏风"。登至山巅小亭，可俯瞰整个镇区，太极图上的古镇更是昭然于目。

◆安徽绩溪湖村 Hu Village in Anhui Province

湖村距绩溪县城东北约17千米，南宋龙川枢密使胡云龙葬于此地，胡氏后代守墓成村，后来章氏超越胡氏，成为村中大姓。缘溪河穿村而过，呈反"S"形，河西是村庄，河东是农田，整体看上去就像一副太极图。

太极湖村主入口在南边，依次分布狮象把门、日月当关两道水口，两山夹水，风景很好。第三道水口龟蛇拦水则在北边的村尾，这些水口的命名都与风水寓意有关。

500米高空绩溪村俯瞰图 无人机拍摄（2017年7月23日）

◆浙江兰溪诸葛村 Zhuge Village in Zhejiang Province

诸葛村始建于南宋末年，为纪念先祖诸葛亮，按九宫八卦阵图式精心构筑而成。在我们车马劳顿、酷暑难耐之际，来到了如此静谧、悠闲大气、古朴幽美的村落，全队振奋！十分庆幸以诸葛村为据点调研其他村庄的计划，也难忘那份临别时的依依不舍。

或许更令人感到惊奇和难忘的是，诸葛氏宗谱记载了诸葛村创始人诸葛大狮的一段遗训："吾一生精力，尽在阴阳二宅，去后或有灾咎，慎勿疑。"意思是说，以后有点凶也罢，不解也罢，（村庄格局）都不能变动。因此，诸葛村是"一次性垦平，建成一个村落的"，后来即使有拆建、添建房屋，原先的基本格局也未曾改变。在以后的几百年中，诸葛村虽然历经劫难，但都得以幸存，而且"资产渐饶，英彦辈出"。正是：

龙吟千古彻九霄，荫庇后人垂宇宙。

诸葛村 无人机拍摄（2017年7月28日）

11.7 古祠古文化，新叶新篇章：新叶村纪实
Xinye Village

有 800 年历史传承的新叶村是中国最大的叶氏聚集村落，被誉为"露天的明清建筑博物馆"。在经历了昨日诸葛村古朴宁静的心灵荡涤后，7月27日，同学们驱车抵达了这个依山傍水、风光秀丽的村庄。新叶村与诸葛村相距只有 11 千米，便利的路程使同学们拥有了更多的精力和时间参观。依然是持续的高温酷暑，我们进入村庄，漫步走过香远益清的荷池，品尝着沾满泥土滋味的莲子。再往里走，村中的古巷、古祠、古塔渐渐映入眼帘，仿佛一幅明清画卷，展现出浓郁的古韵古香。

新叶村地标：抟云塔、重云书院 摄影：陈进才

11.7.1 建筑群落

新叶村在 800 年的历史当中保持着没有间断的血缘传承，繁衍成为一个巨大的宗族。叶氏后人并没有将祖上留下的房屋拆掉，而是保留了下来。所以，我们今天才有幸看到新叶村完好保存的 16 座古祠、古大厅、古塔和 200 多幢民居建筑，类型丰富，堪称"露天的明清建筑博物馆"。

村落坐南朝北，以北面的道峰山为朝山，以西面的玉华山为祖山，两山间有一道峡谷，峡谷东南口以南是开阔的丘陵区，两山的溪流潺潺而下，新叶村就建造于此，正所谓"山起西北，水聚东南"。村落建筑群讲求阴阳八卦，采取五行九宫的布局形式，即根据五行九宫的变化规律，选定有序堂的位置为村落中心，在此建造大厅，从南塘外开 8 条道路，以此形成街道纵横、水网交错的格局形态。

新叶村众多的水塘也是一大特色。倒影塘莲叶接天，亭亭净植。种植莲子也是村民农耕生活的重要组成部分。四方塘轮廓四面见方，因建筑后退形成一片空地，绿植点缀其旁，景色怡然。南塘为配合大厅的建造，改为半月形，与有序堂一起成为村落的题眼。石塘常有水鸭嬉戏，更添趣味……村中的大小许多水塘，多为村民养鱼放鸭、洗涤、消防所用，布局合理，充满着生活气息。

村里的街巷密集，有的宽阔平整，有的窄小幽深，置身其中，时而感到宽适，时而感到紧促。纵横交错的街巷将户与户、房子与房子连成一个有机、有序的整体。村落建筑的类型依然是以黛瓦、粉壁、马头墙为特色的徽派建筑，远远望去，房屋和墙壁的排布错落有致，韵律和谐。

聚落寻原

新叶村落 无人机拍摄

新叶村 速写：廖静莹；黄惠珠

玉华山下，南塘风光 摄影：伊丽孜热·居来提

窄而幽深的巷道 水彩速写：李嘉航

第11章 纪 实

11.7.2 古色祠堂

新叶村祠堂数量多，等级层次分明，规格齐全，是新叶村古建筑文化中的重要特征。同学们先后进入有序堂、崇仁堂、西山祠堂等参观。这些祠堂，除祭祀外，又是家族分支堂派别的象征，举行礼仪、娱乐等活动的重要场所。

祠堂中的我们 摄影：陈进才

有序堂是叶氏的总祠，位于村子的北端。它也新叶村的结构中心，新叶村最早的住宅都建在它的两侧，五行九宫的村落布局也正以此为中心。我们到有序堂时，一曲有"山乡幽兰"之称的"新叶昆曲"绕梁而来，婉转悠扬，仿佛吐出了泥土的芬芳。西山祠堂是新叶村最早的祠堂，也是叶氏的祖庙。崇仁堂是最高大、最宽敞的祠堂，它的规模超过了祖庙和总祠。一般的祠堂只有两进或三进，而崇仁堂则有四进，纵深感十分强烈，足见崇仁堂在叶氏家族中的地位。置身这一个个古老宁静的祠堂，同学们感受到的不仅仅是新叶特有的民俗文化，更是新叶村民重典尊祖的传承情怀。

11.7.3 精美木雕

新叶村精美绝伦的木雕往往让人称奇。在很多的梁、枋、斗拱上，都精雕细刻装饰着人物、灵兽、百鸟、回纹等，布局严谨，造型优美。我们在村里游走时，恰巧见到了一位正在雕刻木枋的叶师傅。几十把刻刀掺着木屑摆在案板上，叶师傅右手拿着把小斧子，一下下敲击着左手手中的刻刀，举重若轻，轻轻巧巧十几分钟，就将一个已经画好纹路的木枋雕刻成型。见我们看得起劲，叶师傅也兴致勃勃地与我们聊了起来，还取出他花半个月雕好的木画，上边是他设计好的抟云塔、文昌阁和土地庙。叶师傅说："有的地方有阁没有塔，有的地方有塔没有阁，我们新叶村有塔有阁，还有一个土地庙，土地祠祈求丰年，抟云塔和文昌阁祈求文运，三者在一起，就是我们叶家耕读传家的追求。"所谓"良工不示人以朴"，叶师傅匠石运斤，成品木直中绳、无斧凿痕，这种精益求精的精神，不正是新叶村民自古以来对生活热忱之情的生动写实么？

古村与古老手艺传承相得益彰，两者相融，又给新叶添了一份古韵。

正在雕刻的叶师傅和他的木雕作品 摄影：陈杨；罗锐

第 11 章 纪实 | 345

11.7.4 农耕文化

新叶村依然保持着原始、古老、独特的农耕文化。玉华山和道峰山的山脚下，是一片肥沃宽阔的田地，村口"劳动光荣"的大字象征着村民对劳动的敬仰。当地的农民每天日出而作、日落而息，享受着最原始也最简朴的耕作方式。

数量众多的祠堂、祈求文运的抟云塔、朴实厚重的农耕文化……这都完整地反映了新叶村民重典尊祖和耕读传家的思想。实践队走访的每一个村落，每一个古镇，都让人感受到了村民们的美好追求，这种追求才是我们生活的出发点，更是我们"乡愁"的归宿。实践队也将载着对村落古镇文化风貌的热爱与追求继续前行。

提重若轻：无人机飞跃重云书院 摄影：陈进才

11.8 砖雕木刻立古建，巷曲溪畔住人家：三门源村纪实
Sanmenyuan Village

11.8.1 前记：历险见真颜

时间悄然流失于指缝间，恍然间才发觉，快乐充实的时光总是溜得格外快。转眼间已经7月28号，实习的第六天了。按照行程，我们一大早便乘车从诸葛八卦村出发，前往坐落于浙江省衢州市龙游县石佛乡的三门源村。不承想三门源村地理位置竟比想象得更为偏僻，一路谈不上一波三折但也并不顺畅。客车沿路颠簸，小心翼翼地驶进了县道，眼看着离村子只有七八分钟的车程了，谁料前方却是横空出现的狭窄急弯，一个急刹，惊得在车上小憩的同学们都睁眼纷纷看向窗外。无奈路后方正巧有一棵大树伫立在中央，一时竟陷入了进退两难的地步。多亏了司机师傅经验丰富，车技高超，三两下便将车倒回了之前的岔路口处，有惊无险呀。看这情形，也只能绕路而行了。

路途曲折而惊险 摄影：高钰

车还没行驶几分钟，猝不及防又急刹了，探出头一望，原来前方是一座限高3.5米的渡槽桥涵。"咱们的车高3.9米啊！"领队刘渊老师无奈摇摇头。杨老师蹙眉，呼叫一位同学拿着激光测距仪和刘老师、司机师傅一起下了车。经过测量，最高点4.3米！老师们眉间都流露出了惊喜之色，司机师傅会意，立马启动了车，缓缓通过了渡槽桥涵。"过了！过了！"车里的同学们欢呼着，毕竟车顶与渡槽桥涵最接近的地方仅不到20厘米！

虽然气温仍高居不下，闷热的天气仍让人浑身都不舒服，但并未影响我们对此次考察的憧憬之情。这一路上心情起起伏伏，缓缓奏起了三门源之行的前奏，每个人的心里都愈来愈来期待这个村落了。

11.8.2　初识龙游三门源

溪水向东流，新桥锁岩壑。
卧波如长虹，两岸村居钥。

三门源位于龙游县最北端，群山环绕，溪流自山涧蜿蜒而下，穿村而过。卵石巷道，粉墙黛瓦，错落有致的马头墙，溪水淙淙，石桥座座，拱桥倒映。

"龙盘虎踞，碧溪穿流；明清古建，砖雕木刻；巷弄曲折，溪畔人家。"

三门源村航拍图　无人机拍摄

自北宋末年至南宋咸淳六年，翁、叶两大家族始迁世居于三门源，民风淳朴。村落整体空间形态按地形地势走向形成狭长带状的格局，并大致呈放射状分布。浙江中西部地处要冲，政治文化人才辈出，较为强调生态理念和风水理念。三门源叶氏和翁氏家族都各自以宗祠为中心，以各户民居建筑为空间单元加以层层围合。村落内现存有明清古建筑约60幢，还有少量的民国建筑、楼上厅、过街楼等形制。

三门源 速写：廖静莹

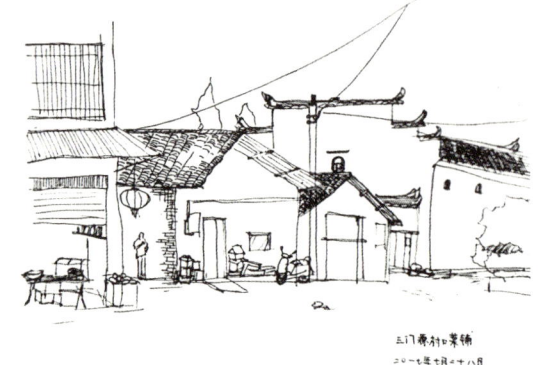
三门源村口 速写：尚烨

11.8.3 青瓦白墙 良玉不雕

三门源是叶氏祖居之地，因位处山区，遭受较少现代化的改造，所以整个村的格局和建筑几乎完整地保留了清代中晚期江南民居的特征。而村东的叶氏建筑群又因其高超的建筑艺术和宏大严谨的建筑结构而为文博部门所重视，也吸引着人们前来游览瞻仰。我们一边诧异于此处旧村落留存之完备，一边好奇地向着村落的深处寻去。

叶氏建筑群于清道光二十六年（1846）由村人叶鹤天得中恩贡后所建，整座建筑傍山建造，坐东朝西，建筑面积5000平方米，主体建筑5幢，现尚存3幢，其门额分别题为"芝兰入座""荆花永茂""环堵生春"。相互之间各有甬道通联，再配以庭院、花园、池塘及一些附属用房，形成一个既自立门户又紧密呼应的建筑群。其采用天井调节住宅排水排气、改善室内采光，虽然墙高楼深，但空气流通畅，舒适明亮。

叶氏民居外墙由池塘围合，既有防卫功能，又造就了舒适的小气候，让到访者进院之前就感受到整体气势恢宏、静谧森严。

"芝兰入座"是中心建筑，占地394.7平方米，呈"三进两明堂"格局，牛脚透雕人物山水，亭台水树。其余两幢均为三间"两搭厢"式样，整个建筑气势宏大，组合巧妙，结构严谨。藻井、梁柱、走马楼、窗棂等无不精雕细刻，最不同凡响的是门楼装饰。门楼为重檐结构，石质墙基上刻有花鸟走兽浮雕，门面均用雕花砖砌成，不仅有柱、梳、斗拱等仿木构件，还有大量"八洞神仙""渔樵耕读""琴棋书画"等装饰图案。

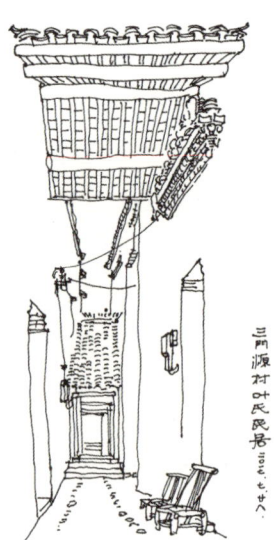

三门源村叶氏民居 速写及摄影：杨哲

艺术砖雕是叶氏建筑群的精华。3座正门全以砖雕镶嵌，有楼台亭阁、山水动物、花鸟图案。其中23方长56厘米、宽26厘米的戏曲砖雕，每块各镌一出徽戏，浮雕镂空，工艺精湛，造型生动，是罕见的稀世之珍，也是珍贵的戏曲资料。我们怀揣着对戏曲砖雕的好奇之心，回到叶氏居民楼前，寻找叶氏建筑群的精华之处。

11.8.4　镂金溢彩　积厚遗远

依旧是蓝天白云，眼前的三门源村在阳光下越发显得沉静而内敛。然而正值酷暑，内心燥热，我们一行人踏着鹅卵石穿梭在迂回婉转的小巷里，不一会儿脸颊上便生出了许多密密麻麻的细线。大家忍着暑气，兜兜转转终于来到了叶氏居民楼前。令人惊奇的是，一靠近这叶氏旧宅，便能感受到丝丝凉意，舒服极了，好似畅饮冰可乐的舒爽，连心也跟着静了下来，不再浮躁。轻轻抬头，砖影与光影重叠，恢宏之势直击心底。

"芝兰入座"9出戏：《打金枝》《尉迟恭救驾》《分水钗》《紫金关》《赵颜求寿》《过五关》《打花鼓》《金牛岭》《大金镯》
摄影：陈进才

"荆花永茂"7出戏：《过江杀相》《虹霓关》《白猿教刀》《长坂坡》《渭水访贤》《黄鹤楼》《三气周瑜》摄影：杨哲

"环堵生春"7出戏：《铁笼山》《刘备招亲》《义释黄忠》《龙凤阁》《雌雄鞭》《雪里访普》《回荆州》摄影：陈进才

眼前 3 幢古宅的门墙，皆由青砖雕刻，细腻平滑，亮眼压光。3 座门楼阑额望柱间共嵌有 23 出婺剧戏曲砖雕，一块砖便是一出戏。人物表情逼真，形态栩栩如生，堪称我国古代地方戏曲活化石。3 座门楼的门额分别刻着"芝兰入座""荆花永茂""环堵生春"，其镶嵌工艺精湛，美轮美奂，图案繁缛，极显华美之态。不得不感叹古人巧夺天工之能，可如今此等雕刻手艺又在何处可寻呢？回首处，尽显无奈，传统工艺竟悄无声息地湮灭在历史的烟尘中。

说到龙游三门源戏曲，婺剧是其主体。村里的祠堂中设有戏台，表演婺剧、越剧等反映帝王将相的戏曲。据当地的老人介绍，表演祠堂戏更是宗族里的一个重要的活动，表演者均戴面具，既是敬神，亦是讨彩求吉、期盼升官发财的仪式。

小窗砖雕窗楣　摄影：杨哲

三门源三面环山，古木参天，风景秀丽。这里的一草一木、山山水水都被淳朴的村民赋予了感情，口口相传着一个个美丽而神奇的故事，当然也蕴含着不同于士大夫文化的乡土文化内涵。

三门源村叶氏建筑门墙　速写：李嘉航

"和气致祥"门墙　速写：张文浩

11.8.5　后　记

晌午之时，烈日炎炎，同学们决定找个地方吃饭，顺便避一避一天里最烈的阳光。我们踏入了一家门墙看起来恢宏大气、酷似酒楼却写着饭店的居民楼。同学们相继进入，好像不约而同地都选择了这家店。有趣的是，老板把我们引入座，却告知不需要点菜，他有什么菜就做什么菜，我们便吃什么菜！更有趣的是，吃完饭后，当我们准备付钱时，老板让我们自己定饭菜的价钱，随便给他就行！

在村民家中体验随遇而吃的午饭　摄影：高钰

此次三门源考察，同学们都颇有感悟，入眼的景与人皆化成了笔下灵动的画与字。

【张文浩】

初到三门源，给我的第一印象是三种颜色：蓝色，绿色，白色。湛蓝色的天空，远处缠缠绵绵绿油油的山脉，以及近处被一条河流从中间间断，两侧一直延伸到视野尽头的白色建筑。右侧是翻新后的居民房，左侧是原有的古建筑。这里没有一丝都市里的喧闹，保留的只有乡村里的安逸，给我的感觉就如一句诗：古道西风瘦马，小桥流水人家。

三门源，没有附加任何标签，没有接触之前是绝对陌生的地方。行进之程很坎坷，"行到水穷处，坐看云起时"，很高的境界，但是当小路通不了大车时，炎热的天气只会让心情更浮躁，幸而测绘之及时，上天之眷顾，大车顶极限之值从桥洞顺利通过。建筑还是一样的徽派风格，村庄布局和背后的故事却不然。整个村庄被一条不宽不窄的河道分成左右两部分，依水靠山。村民们的小小庭院前晒着面粉、胡瓜，还有一些叫不出名字的。村庄不大不小，刚好让我感动的是居民的淳朴，亭榭里老人的闲聊，饭店里可爱的营业方式，村民热情的指路和友好的交流。一切很刚好，没有全部游览完，见微知著，以小见大，却很喜欢这个村庄的感觉。交通简单，生活方式简单，更让人激动的是这里是全国汽车锦标赛路段经行处。

【黄姗姗】

【张筠】

去往三门源村的路途颇为崎岖，在路上还遇到了险些过不去的桥洞。也许正是因为三门源村更加难以到达，它的古朴就愈显得原汁原味。村中的古建大多饱经风霜，门楼上已被青草染绿，但是各种精致的雕花默默向人诉说着往日宗祠的荣光。途中我们遇到一栋外墙残破的房子，比起那些修缮一新的大宅，这更像历史长卷中悄然翻开的一页，层次分明，结构俨然。

"转山转水，只为途中与你相见。"

我们浩浩荡荡一行人穿行在三门源村，如进桃源秘境，感受着古村落所带来的肃穆与沉静、百年来的文化沉淀与徽派建筑的巧妙，惊叹于木雕的精工细作。这个夏天，遇见了可爱淳朴的村民，慈目善语的老爷爷，所见所感所遇的人，皆是小幸运。佛曾曰五百次的回眸，才换今生的一次擦肩。而这偶然中的必然，将会是我们穷尽一生都珍藏的梦吧。

我们有缘，再见。

11.9 孙权故里，龙门古镇
Longmen Ancient Town

> 中国快速城市化进程抑制了村、乡乃至镇的发展，乡村空心化也波及镇。在此背景下，如何保护、传承乡镇历史文化特色？首先需要全面梳理乡镇核心价值，再根据自身条件探索环境、产业、风貌等综合发展的模式与途径。本节内容为研究生李嘉航同学结合龙门古镇实地考察，对这些问题所进行的思考和写作。

11.9.1 古镇印象

2017年7月29日，"徽杭古道·第三空间"实践队来到了素有东吴大帝孙权故里之称的龙门古镇。古镇地处浙西、徽州与浙东、江南的陆路交通枢纽，自古便是商贸重镇。明嘉靖至清康乾年间，因为陆路交通不甚发达，徽州商人必须通过龙门运粮到达上官，再运至绍兴、苏州等地，这也是龙门最为繁盛的时期。

历史上龙门曾出现众多文人和仕宦，从而也形成了龙门独特丰厚的文化背景。龙门古镇是富阳市最大的村落，其中大部分是孙权的后代。古镇是中国古代宗族聚居形式的典范，至今仍完好地保存了明清建筑群与历史古街风貌。

11.9.2 古镇空间特点

古镇的乡土聚落组成遵循了一定的规律，各房都建有自己的厅堂，本房的住宅环绕厅堂而建，由此形成了龙门古镇独具特色的多核心居住形态。在龙门，厅堂与住宅的位置并不是完全面向正南北向，而是依据对面山势稍有变化。

龙门古镇的空间构成要素主要有水系、街道空间、居住空间、神邸空间。水系是农业社会的命脉，水口则是村落水系的主入口，同样也是一村一族兴盛衰落的荣辱象征。在龙门，剡溪与龙门溪构成了龙门的主要生产用水和生活水系。龙门古镇的居住空间形式在一定程度上是古代宗族聚居形态的典范，以各房厅堂为中心，四周分布族人子孙，依次延展。

11.9.3　古镇发展面临的问题

尽管龙门古镇拥有巨大的文化历史价值，但随着社会的发展和城市外围环境的变迁，如今的龙门古镇已失去了往昔的辉煌光芒，要保护它面临着诸多问题，尤其突出的有以下几个方面。

一、建筑风貌日益衰败

龙门古镇的古建筑都以砖木为主要建筑材料，内部为木结构，屋面覆瓦，砖石砌筑外墙。江南地区潮湿多雨，潮湿水气渗透到木构架中，易引起霉菌的侵蚀，木头在这种状况下逐渐腐烂，木质硬度下降，造成构件破裂。这在古镇中十分常见，也是古建筑遭到破败的直接原因。雨水与潮湿空气直接冲刷、腐蚀建筑的外墙，许多雕塑都直接暴露在建筑外立面上，它们在潮湿、阴暗的背面容易滋生苔藓，从而使砖雕逐渐剥落。龙门有些建筑的马头墙的檐下、建筑院墙入口处都有墨线及彩画装饰，这些彩画是古镇传统文化的一部分，可它们却遭到了风雨的严重侵蚀。

二、古镇规模亟须扩大，建筑需要更新

龙门人口的持续增长，地少人多，一幢古建筑中几户居民合住。再加上龙门古镇古建筑均为木结构，建筑密度很高，防火能力薄弱，厨房多安置在居室内一角，有火灾隐患。一旦发生火灾，若扑救不及时，将对村落造成毁灭性的破坏。

三、旅游开发与当地居民生活的冲突

古村落居民并不都满意发展旅游业和围绕旅游开发而采取的举措，部分居民并不支持把村落开发成为旅游景点，认为大量游客的游览会影响他们的生活。

11.9.4　古镇保护与更新策略探析

在考虑时代变迁对龙门古镇影响的前提下，笔者开展了古镇开发保护措施的探究。开发保护的核心是聚落形态的保护，聚落形态包括建筑群的形态，更重要的是生活在古镇中的人们以及他们的习俗文化。建筑空间的这种发展依赖原住民的活动，因此保持孙氏家族的完整性是必需的。许多年轻人迁出古镇，古镇的人口结构就会发生区域老龄化现象。家族凝聚力的减弱使厅堂的作用发生了变化，厅堂曾是家族权力的中心，现在厅堂内多为邻里关系，其家族作用就减弱了。

一、原住民龙门孙氏家族的保留

龙门的发展与周庄不同，在今后的发展中，不应该为了获取更大利益而迁出原住民，相反要保护这些原住民，吸引他们留在龙门。在居民无意或无力加入保护维护古镇整体风貌的现状下，是无法保证古镇保护的发展的。因此，在保护的策略与技术手段之外，需要尊重居民的人身权利、生活习惯与价值取向。

龙门古镇入口　速写：廖静莹

二、民风民俗的保留

古镇民俗的保留应综合考虑古镇更为广泛的人文、社会、经济和建筑未来开发利用的问题，应将古镇保护融入古镇的整个社会经济活动，不断有机更新，提高古镇的地方活力，使古镇珍贵的民风民俗能够延续下去。

三、破损建筑的修缮

例如，涂抹防蛀剂、防腐剂，添置消防设施，以防蛀、防火，减缓自然风化，防止人为破坏；提高原住民对建筑保护的意识，宣传古建筑的价值。避免政策的失误，防止建设"面子工程"，防止破坏原生态风貌。古建筑因年久失修，急需修复时，应尽量放慢动作，修缮一部分，改造一部分。维修的主要目的是延长其使用年限，对已损毁的建筑也许可以建造现代的建筑，但是要从保护龙门古镇的历史文化角度出发，以现代的眼光，设计符合龙门建筑群风貌的新建筑。

四、改善原有居住条件

要想居民留在古村落，必须在生活设施、周边环境、居住面积、厨卫条件上满足居民的需要，使居民愿意继续在古村落生活。在市政基础建设不足的地区进行加强，改善古建筑采光不好、功能分区不明确的弊病。将新的技术应用于古建筑中，使原住民享受到现代文明的成果，改善古代木建筑不符合现代生活的地方。

龙门古镇　速写：张昕

龙门古镇太婆桥　速写：胡晓丹

11.9.5　总　结

龙门古镇传统聚落的保护要以历史的真实性保护为主导思想，保护范围不应只限于民居，而应是能完整地展现历史生活的聚落整体。整体的保护方式不仅要保护建筑本身，而且要兼顾它与周围环境的关系和整体的聚落形态，还要保存、维护它所产生的文化土壤与观念。

旅游开发可以让更多的人了解龙门，了解宗法制度下农耕聚落的生存生活状态，并且可以解决普遍存在的保护经费不足的问题。但随之而来的旅游设施的兴建以及文物建筑的加速破坏等一系列问题中，仍应以保护传统文化为重，不能只考虑短期效益。

11.10　西湖印象：淡妆浓抹总相宜
West Lake in Hangzhou

饮湖上初晴后雨二首·其二

[宋] 苏轼

水光潋滟晴方好，
山色空蒙雨亦奇。
欲把西湖比西子，
淡妆浓抹总相宜。

11.10.1　赏西湖之美

转眼就到了 7 月 30 日，实习已至尾声，我们的最后一站是杭州。刚从悠悠古镇中走出，便踏入钢铁森林般的城市，下了车总感觉少了什么。没有古镇熟悉的乡味，没有粉墙黛瓦的徽派建筑，也没有街巷中的鸡鸣犬吠，天气也不如之前那般燥热。成片的写字楼矗立眼前，车水马龙的喧闹声不绝于耳。我们穿过一片古树林，来到苏小小墓，只觉豁然开朗。

苏东坡把西湖比作西施，而西施的故里就在距此 60 多千米的绍兴。苏轼与白居易这两位旷古奇才都曾在杭州为官，杭州百姓为了纪念他们，将西湖上的两座堤坝，一个取名苏堤，一个取名白堤。

喜爱西湖，所以无论它是晴还是雨，是浓妆还是淡抹，我们都愿静下心来细细品味。走上白堤，走向断桥，接天莲叶也遮不住西湖的妩媚，反而多了几分"犹抱琵琶半遮面"的婉约风情。

实践队成员于西湖边合影　摄影：刘润

11.10.2 忆西湖之源

行走在断桥之上,我们切身体会到西湖浩瀚工程之不易,深深敬佩古人目光之深远。西湖原本只是一片江岸浅湾,后因河流泥沙沉积,堵住湾口而形成了湖泊。随着两道堤坝和3个人工岛屿的建成,西湖成为百姓理想的游冶之处。

提到西湖苏白两堤就不能不说唐宋两位大诗人白居易与苏轼。最初进行大规模改造的正是担任杭州刺史的白居易,那时西湖还是一片沼泽。为确保农业用水,他命人疏散湖底淤泥,建筑堤坝用于储水,于是东西走向的这条堤坝得名白堤。据传白居易常漫步堤上,吟游感叹西湖的无限风光。250年后,南北贯穿西湖的"苏堤"建成,全长2.8千米,也是通过疏散湖底淤泥,运用泥沙堆砌而成的堤防。实施此项工程的官员,同样也是一位诗人——苏轼。同时他还在堤防边种上植被,使沿途风景焕然一新,成功地改造自然,人工打造出美不胜收的如画风光。

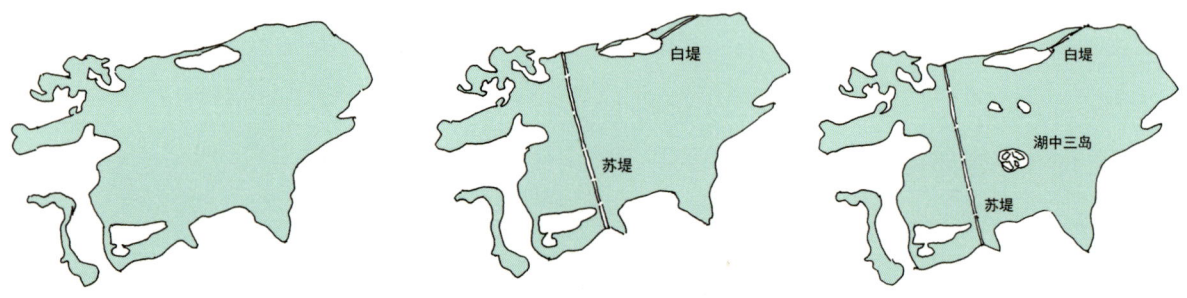

西湖雏形;白堤与苏堤相继建成;湖中三岛建成
作者:张文浩,根据纪录片《杭州西湖的文化景观》绘制

西湖的改造没有就此停止,最后是3个岛屿。岛屿位于西湖中心附近,包括一座田字形的岛屿和两座小岛,它们也是由湖底的淤泥堆砌而成的。3个岛屿成就了西湖"两堤三岛"的格局,体现了中国传统景观美学中的理想"乐园"。

11.10.3 杭州西湖:世界文化景观遗产

世界遗产分为自然遗产、自然与文化复合遗产、文化遗产3类,其中文化遗产包含文化景观遗产、文化线路、工业遗产等部分。2011年6月,西湖成功申报世界文化遗产名录下的"世界文化景观遗产"。

西湖文化景观是世界文化景观的一个杰出典范,它极为清晰地展现了中国景观的美学思想。西湖文化景观总面积为3 322.88公顷,由西湖自然山水、"三面云山一面城"的城湖空间特征、"两堤三岛"景观格局、"西湖十景"题名景观、西湖文化史迹和西湖特色植物6大要素组成。该景观秉承"天人合一"的哲理,在10个多世纪的持续演变中日臻完善,成为景观元素特别丰富、设计手法极为独特、

历史发展特别悠久、文化含量特别厚重的"东方文化名湖"。西湖是现今《世界遗产名录》中少数几个湖泊类文化遗产之一。

一、壮观的"三面云山一面城"

由西湖东南、西南、西北3面的环山,以及东北开阔平原的杭州市区共同构成"三面云山一面城"的城湖空间特征。

二、恰到好处的"两堤三岛"

"两堤三岛"景观格局是由5处古迹——白堤、苏堤、小瀛洲、湖心亭、阮公墩及它们所构成的西湖水域和空间格局共同组成,它既呈现出西湖景观的一种整体平面布局特色,又因其空间具备了山水堤岛的游览格局,即以纵横两条长堤、点状分布的3岛分割出5片水域,共同构成景观框架。

三、天下闻名的"西湖十景"

"西湖十景"分别为:苏堤春晓、曲苑风荷、平湖秋月、断桥残雪、柳浪闻莺、花港观鱼、雷峰夕照、双峰插云、南屏晚钟和三潭印月,它们各擅其胜,组合在一起又能代表古代西湖胜景精华。

集贤亭;西湖十景之断桥 摄影:姚成威

四、丰富的"西湖特色植物"

西湖景区春有桃,夏有荷,秋有桂,冬有梅,如花港观鱼公园的春色是樱花、海棠,夏景有广玉兰、紫薇,秋色有丹桂、红枫,冬季则有腊梅、南天竹。

五、西湖文化景区的保护和发展

申遗成功后,杭州加大了对"世界文化遗产"杭州西湖的综合保护和广泛宣传。从2001年开始,杭州按照"申遗"目标,每年启动一次西湖综合保护工程,10年来对西湖的"东南西北中"进行了全方位的保护和整治,"一湖两塔三岛三堤"的西湖全景重返人间,整个西湖的湖面格局重现300年前明朝中叶时期的状况。

杭州西湖 摄影:姚成威

11.10.4　览省博物馆，会浙江风情

我们沿着西湖边漫步，哪里有风景就在哪里停下。堤岸绿柳成荫，随风飘荡，微风徐来，浙江省博物馆就这样出现在我们的视线之中。

西子湖畔楼外楼饭店　摄影：黄珊珊

浙江省博物馆始建于 1929 年，迄今经历多次翻修改建，原名"浙江省立西湖博物馆"，是浙江省内最大的集收藏、陈列、研究于一体的综合性人文科学博物馆，馆藏文物达 10 万余件，分为孤山馆区、文澜阁、西湖美术馆、武林馆区、黄宾虹纪念室、沙孟海旧居、文保科研基地 7 个景区。

伫立在我们面前的是孤山馆区，由主楼、浙江西湖美术馆和皇家藏书楼文澜阁组成。馆舍建筑以富有江南地域特色的单体建筑和连廊组合而成，形成了"园中馆，馆中园"的独特格局。

浙江省博物馆　摄影：姚成威

主楼设有陶瓷馆、青瓷馆、漆器馆等展馆，一层主要为陶器，二、三层主要为瓷器，其中，二层越窑瓷、龙泉瓷居多，三层则主要是明清时期及以后的瓷器。同时每层都有三维触摸板，可全方位看展品。

虽历经沧桑，馆中的文物却浑然不失昔日之风采，依然在展馆中向后人诉说它们的故事。尽管它们有些瑕疵破损，但瑕不掩瑜，似乎寄寓着古人坚韧的灵魂。即使他们早已逝去，他们的灵魂依旧存在，就如西湖，经历百年风霜，却依旧年轻。

古代漆器　摄影：陈进才

古代瓷器　摄影：杨舒阳

文澜阁 速写：廖静莹

11.10.5 后 记

西湖是一位无法被彻底读懂的佳人：历经千年风雨，见证数代兴衰。你或许见识到她今日之风采，却不能猜测出她明日的风姿。她有着自己的生命与灵魂，春风绿杨白堤，"乱花渐欲迷人眼，浅草才能没马蹄"；夏荷亭亭玉立，"接天莲叶无穷碧，映日荷花别样红"；秋桂十里飘香，"放棹西湖月满衣，千山晕碧秋烟微"；冬雪湖心共赏，"雪欺春早摧芳荺，隼励秋深拂翠翘"。短暂的实践中我们也只是了解她千姿百态中的一面，虽然无法将足迹遍布整个西湖，但今日的遗憾成了我们明日的盼望，盼望着与西湖的再次相遇。

时光荏苒，白驹过隙，十日的行程悄然而逝，定格在西子湖畔梅家坞的庆功宴暨总结大会上。十天里，我们从"宣歙之脊"绩溪起航，在起伏曲折的博物馆中感叹徽州文脉，在山萦水聚的上庄村前感叹错落辗转；我们徒步穿越徽杭古道，千年商旅早已消逝，但徽商辉煌仍闪耀在南北夹持的山谷之巅；我们来到南浔古镇，步过平桥，戏游莲庄，谈笑嘉业；我们游经嘉兴乌镇，互联网的光

实践队员黄泓锟在分享实践感想 摄影：张筠

缆与粉壁黛瓦流水石桥交织出了现代与古代的文明记忆；我们在明清画卷般的新叶村感受古韵古香，宗祠仿佛诉说着昔日荣光；我们在古朴宁静的诸葛村接受心灵涤荡，古庙好似陈述着往日沧桑；我们心中还记得三门源的古雕镂光与戏曲绕梁；我们脑中还留存着龙门古镇的曲折巷口与孙吴传响；我们在西子湖畔诉诸心肠，把最美好的记忆留在我们研读古镇村落的学习路上。

至此，实习生活就要画上圆满的句号了，但是我们前进的脚步未曾停留过。想要知悉更多关于我们本次实习的收获和感想，就请继续关注我们五个小组的专题报告。精彩内容不容错过，我们下一章再见。

绩溪—杭州之徽派古建筑之行

陈建臻（厦门外国语学校）

穿上印有"厦门大学实践队"字样和"徽杭古道·第三空间"队徽的衬衫，我这个初中生就算正式加入了该实践队。

本次实践（其实就是出来玩）从安徽绩溪出发，沿徽杭古道进入浙江省，再一路向杭州进发，考察沿途徽派古建筑群。

黑瓦、灰墙带出了徽派建筑的基本色调，显得古朴、稳重。而其更大的特点在于造型——正门上方的瓦片排列而下，两侧是突起的脊吻。步入正门，抬头便是天井。通常一屋会有几进，每一进又都有不同的功能，或客厅，或餐厅。

最令人震撼的是徽派建筑中的雕刻。不论是木雕，还是砖雕，不论是精细程度，还是观赏性，都是令人赏心悦目的。一幅砖雕中可能包含了一个故事，也有可能只是纯装饰性的纹样。其内容的丰富程度更是超乎想象，从梅兰竹菊到龙腾虎跃，没有什么是雕刻无法描述的，且相比二维平面上的绘画，雕刻多了一个维度上的发展方向，且蕴含的信息内容更大。

除了徽派建筑给我带来的种种感受之外，更让我念念不忘的是和我一路同行的学长学姐和老师们。大家对我都挺好，而我对他们在绘画上的造诣是百加佩服。

期待下一次的建筑之旅。

三门源村古建筑木雕 摄影：陈建臻

第 12 章 专 题

Chapter 12 SThemed Studies

> 根据认识实习主题的设置,我们分成了 5 个专题调研小组:泛巚徽杭、水岸聚韵、徽杭人家、古道新经和如翚斯飞。本章分别聚焦徽杭路上古镇村落的山水格局、聚落空间结构、建筑空间形式、产业经济与文化等特征,进行实地调研和系统对比分析,汇集整理小组研究成果。

12.1 泛巚徽杭:徽杭路上古镇村落的山水格局
Landscape Pattern of Hui—Hang Ancient Path

山、水、建筑构成了人类宜居环境的物质空间要素,乡村山水的取势直接关系到村民的生存环境、经济持续和文化传承。城镇化浪潮下的乡村记录着我们的"乡愁",而村落的山山水水正是我们记忆的表征。对村落的山水格局进行详细分析,充分提炼乡村山水格局的价值,对城镇化建设和新时期下的村庄保护与建设具有重要意义。

"泛巚(yǎn)徽杭"是"徽杭古道·第三空间"实践队的第一小组,主要负责研究我们探访过的村落古镇的山水格局。在实地探访过程中,我们发现这些村落古镇的山水格局或随田散居,或依山就势,或临水建制,但无论如何,这些村落古镇总能因地制宜,充分体现了中国乡村"天人合一"的营造理念,更是中国山水田园风光的宝贵遗产。

12.1.1 山水格局概览

(一)新安江、富春江、钱塘江三大水系

本次实习前后历时 10 天,队伍走过绩溪县城、上庄村、徽杭古道、南浔古镇、乌镇、诸葛村、新叶村、三门源村、龙门古镇、杭州 10 个地点。将这些地点放在同一张图上来看,不难发现,我们沿着新安江、富春江、钱塘江三大水系一路东进。

如果把新安江比作一条江河长龙的龙首和上半段,长龙的腰腹为富春江,龙尾则是钱塘江。正所谓"一方水土养一方人",这三大水系孕育了徽杭一带坚毅温婉的人们,也由此衍生出专属于这里的文化气质和悠久历史。

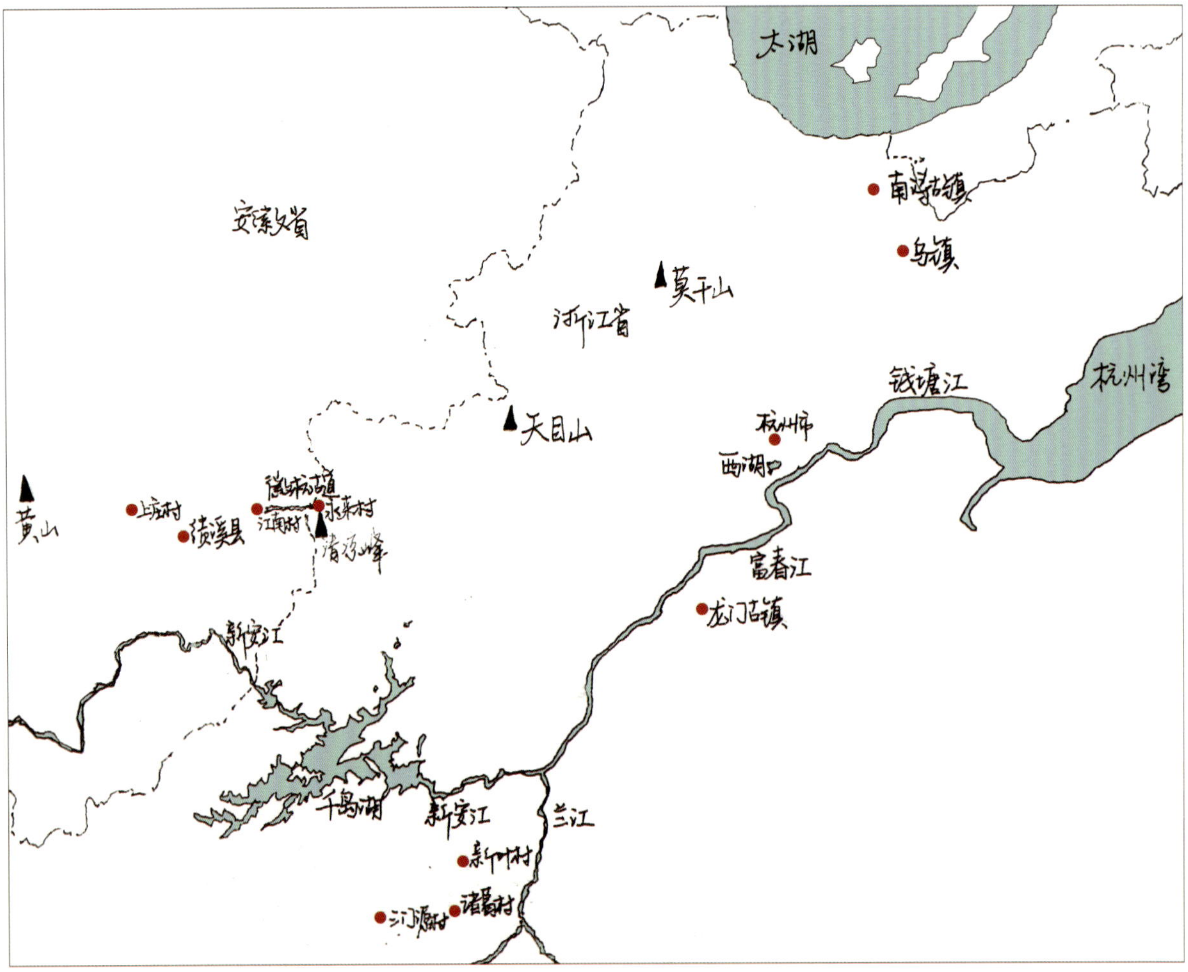

"徽杭古道·第三空间"实践地周边主要水系分布情况　绘制：黄惠珠

在山多地少的古徽州，人地矛盾十分突出，人们急需谋求对外发展的途径。而借着母亲河——新安江，向江浙一带东进，成了他们的重要选择。新安江地理地位特殊，支流众多，在徽州地区穿山越岭，如血脉和经络般，将古徽州的"一府六县"（歙县、黟县、休宁、婺源、绩溪、祁门）揽入怀中，形成独立而统一的地理区域。当年，徽商可以从上游的潺潺溪流出发，一叶扁舟，奔向富庶的江浙甚至更辽阔的海洋，由此带来了徽商的发展和徽州的富庶，从现存的精美古建筑中可以想见当年的繁华。

（二）山路联系枢纽及主要山脉

水路交通的便利并不能完全满足人们的需求，勤劳勇敢的徽商还靠着他们的坚韧走出了一条山路，作为当时陆路往来徽浙两地的联系枢纽——徽杭古道。

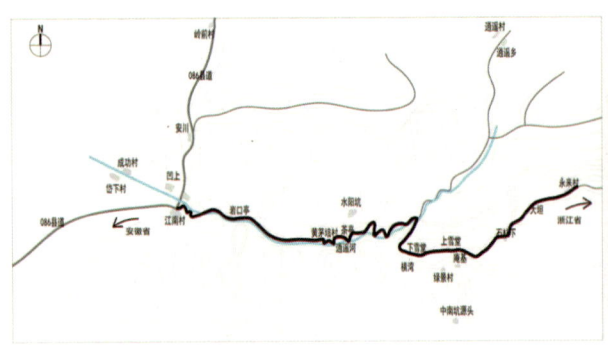

徽杭古道重要节点及周边村落分布情况　绘制：潘祥艳

徽杭古道景象　拍摄：黄珊珊

徽杭古道位于皖浙两省交界，天目山主峰清凉峰北麓的逍遥岩峡谷中，是古徽州人们通往江浙的重要陆路联系枢纽。明万历《绩溪县志》载："逍遥岩上为浙岭，登水滥觞于此。陡绝，危若栈道，此通杭径也。"徽杭古道西起安徽省绩溪县伏岭镇，东至浙江省临安市马啸乡，全长20余千米。它始建于明嘉靖年间，同治二年重修。"江南第一关"是徽杭古道保存最完整的一段古道，位于绩溪县伏岭镇东部，海拔424米，长度大约2.5千米，是徽杭古道的精华所在。

此外，黄山山脉（东北—西南走向）与天目山山脉（西南—东北走向）作为此区域的主要山体，连接了安徽、浙江两省，也形成了此地多山地丘陵的地形地貌环境。

12.1.2　典型山水城镇分析

（一）徽州古村落之上庄村

徽州的众多村庄大都依水而建，村庄的水口最神圣，也是最受风水先生关注的宝地。上庄村就是其中的典型之一。

上庄镇位于绩溪县西部，与旌德县、黄山区、歙县接壤。上庄村三面环山，南有慕云尖，西南有辣岭尖、南云尖，西有黄蘖山，北有竹竿尖，东向为常溪河盆地，阡陌纵横，山多田少。

上庄村山水格局图　绘制：黄惠珠

位于上庄村东面的杨林水口，村口有碑文记载，上庄村优美的自然景观由此得见。

村口石碑　摄影：黄惠珠

徽州三大水口之一：杨林水口

水口者，一方众水所总出口处也。杨林水口位于常溪河畔，溪水潺潺，月色宁静。树影婆娑，拱桥横卧。古时上庄八景中，在杨林水口就有四景：杨林夜月、曲水澄澜、慈山晚钟、竹峰插云。胡适曾用杨万里的诗句赞美这一美景：万山不许一溪奔，拦得溪声日夜喧。到得前头山脚尽，堂堂溪水出前村。

上庄村周边聚落　绘制：黄惠珠

上庄村以一路之隔与余川村分隔，常溪河环绕上庄村而过，同时流经沿线的余川村、瑞川村、前头村，涵养一方。环绕上庄村的公路东连绩溪方向，西接黄山方向，村庄交通便捷。

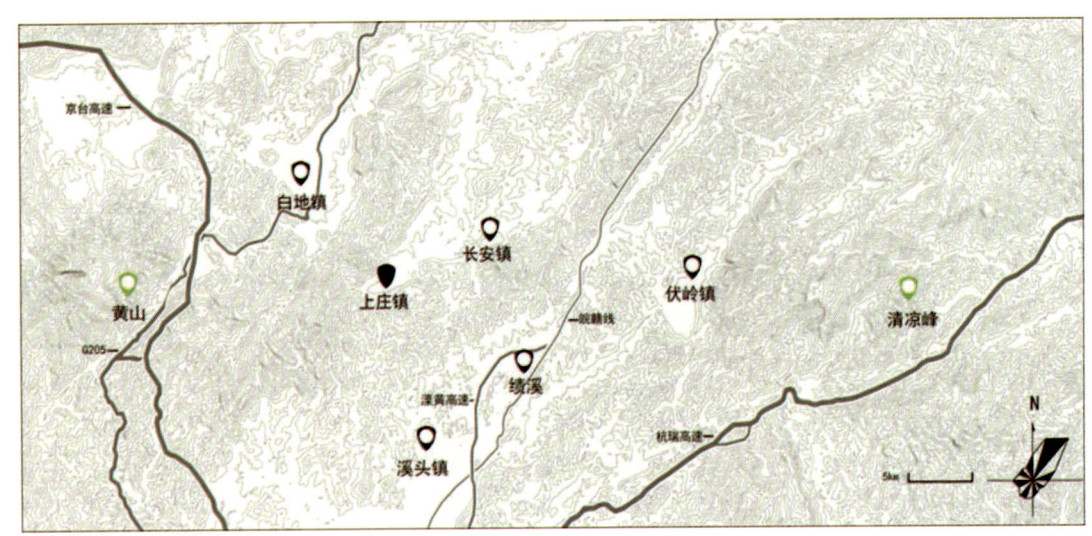

更大区域环境下的上庄村　绘制：黄惠珠

绩溪县是一个含中山的低山丘陵区，位于绩溪西部的上庄村坐落在相对平缓的地势上，西临黄山支脉，东靠清凉峰景区，清凉峰最高处海拔1 787.4米，为绩溪县最高峰。

上庄村背山面水的地理位置在中国传统聚落风水选址中是得天独厚的，借着自然地理形态，上庄村顺势形成了自己的村庄布局——整体轮廓与地貌自然和谐，使整个上庄村落布局形态随着地势呈木排形。村中的水圳将全村分成根根圆木，全村鳞次栉比的数百栋徽派民居构成了木排的排体（杜群山，《美好乡村背景下的绩溪上庄》，《安徽建筑》，2015年第4期）。

(二) 浙西古村落

此行我们走访了徽杭古道水路范围上的诸葛村、新叶村、三门源村3个村落，以下简要分析浙西古村落的山水布局特色。

◆ 诸葛村

诸葛村位于杭州、金华、衢州 3 市交界点，离兰溪市区 18 千米，西北方为千岛湖，千岛湖的主要水源为安徽境内的新安江及其支流，之后再从新安江流向富春江、钱塘江流域。

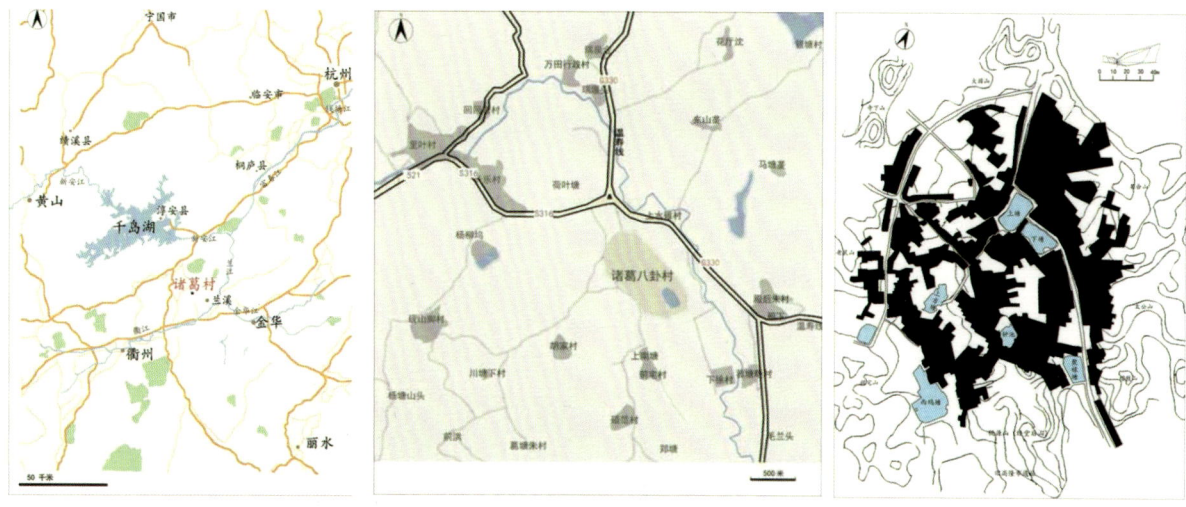

较大区域范围下的诸葛村
绘制：伊丽孜热·居来提

诸葛村周边聚落及山水格局图　绘制：伊丽孜热·居来提

诸葛村地理位置奇特，中间地势低平，四周渐高，环围着 8 座小山，基本连成弧形。8 座小山既是天然屏障，又似八卦的方位。外围群山起伏，秀丽壮观。诸葛村的池塘和井随建筑群的发展散布在全村的低洼处和山谷盆地。这些水塘不仅便利了生活，还可以用来灌溉农作物及应对火灾。

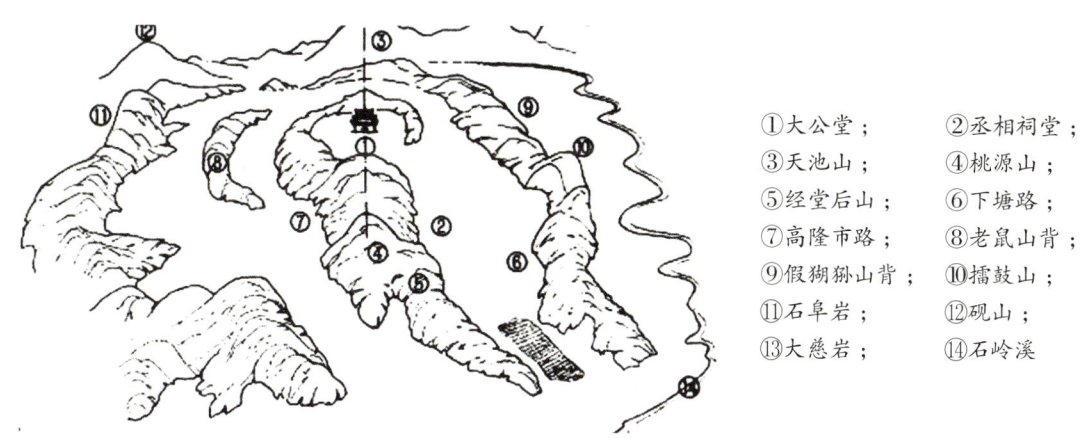

①大公堂；　②丞相祠堂；
③天池山；　④桃源山；
⑤经堂后山；⑥下塘路；
⑦高隆市路；⑧老鼠山背；
⑨假狮狲山背；⑩擂鼓山；
⑪石阜岩；　⑫砚山；
⑬大慈岩；　⑭石岭溪

诸葛村风水结构图　来源：陈志华等，《诸葛村》，河北教育出版社，2003 年版。

◆ 新叶村

新叶村距离诸葛村 11 千米，位于浙江建德，正北方向是道峰山，好多村子都以道峰山为朝山，只有新叶村在它的正南，从早到晚，终日都在阳光下。从里居图上可以看出，新叶村四面环山，水塘散布全村。

新叶村西北方向是两座山峰，东南方向大多为村落，南方紧邻的是上方吴村，东南方向是诸坞，西南方向是汪山村。

新叶村在玉华山和道峰山山顶连线的东南丘陵区，方便开垦。

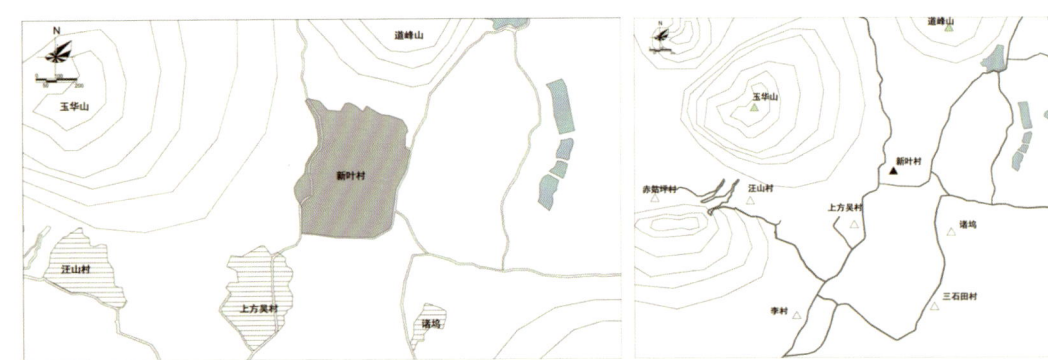

新叶村周边聚落　绘制：张笑宇　　　　　　较大区域范围下的新叶村　绘制：张笑宇

新叶村有南塘、石塘、倒影塘等池塘，每逢干旱，可用来抗灾。新叶村的水源有两种，一种地表水，一种地下水。地表水有3条活水，一条离村子比较远，发源于道峰山与玉华山之间的峡谷，自西北流向东南，到村子东北角又转向南与另两条先后会合，成为"水口"。这是一条自然的洪沟，经过人工修整，因为与村子之间还隔着一条名为前山冈的高地，所以叫"外溪"。它的作用是灌溉高地以北的农田和村东南直至三石田村的大片农田。另外两条活水叫"内渠"，分别发源于玉华山的东北和东南山麓，是新叶村最重要的供水和排水工程。它们供应全村人口的生活用水，宣泄山洪、雨水和污水，与外溪一起灌溉村子东南的万亩水田。

新叶村山水格局图　绘制：张笑宇

山坡上的地块里，常常挖塘储雨水浇地。在村子里，宗祠之前也挖塘储水，并有小渠连通双溪。水塘可以供日常洗涤，也可以防火灾、抗旱、改善小气候、调节村落空间景观、放养鹅鸭等。全村共有大型水塘6口，最大的是村北边有序堂前的南塘，它外轮廓呈半卵圆形，弦长大约66米，矢高大约50米。村南边有一

新叶村南塘一角　拍摄：张笑宇

口石塘，面积4 000平方米，它的东、南两边是人工堤坝，塘水就靠堤坝拦蓄。两口大塘环境比较开阔，倒映着粉墙青瓦，闪烁明亮。塘边整天都有妇女在洗涤衣物，身边又有孩子们嬉闹，温馨的生活气息浓郁，是村子最有生气的地方之一。

◆ **三门源村**

三门源村位于龙游县的石佛乡境内，距城区20千米。群山拱卫于村子的东、西、北3面，一条山溪自北而南穿村而过。山清水秀，风光明媚，只有南面是大片的农田，其间有一条公路连接着村口与外界，内辖叶氏古建筑群。村边有饭甑山，海拔660余米，一峰独立，气势峻伟。三门源旧称杏花村，就在村口筑一道城墙，东、西、中各开一道山门，山门之下一溪碧水涓涓流过，后来"杏

三门源村山水环境及周边聚落　绘制：黄珊珊

花村"也就得名"三门源"。

三门源村的聚落整体保存完好，布局结构清楚，是浙江省晚清时期建筑精品之代表。清道光二十六年（1846），村人叶鹤天得中恩贡后兴建，坐东朝西，依山而建。其地处浙江中西部龙游县境内最北端，北倚千里岗山脉余脉，南有光塘坞，西南与西大坞毗邻，东接夏家村，是一个典藏在山乡里的古村落。

《阳宅集成》中概括好的风水为枕山、环水、面屏的模式，三门源村落的选址正是受到这一模式的影响，即选择所谓的"地理四科"——"龙"（山脉）、"砂"（四周的山峰）、"水"（河流）、"穴"（基址）的至善至美，自然天成。

三门源的空间布局中，左为龙山，右为虎山，两山相辅。村南口山门桥西侧有象鼻山，东侧有樟叶岩，两山将三门源环抱其中，形成"左蟠龙，右虎踞，涧伏青狮，岩眠白象"的格局。中间碧溪水源自白佛岩将三门源一分为二。风水理论中的水是财源和吉祥的象征，努力对村落格局进行修正，趋于理想。三门源地理位置和风水学中所说的理想环境极为符合，村落基址正好处于这个群山环抱的中央，地势平坦而有一定的坡度，呈北高南低的内敛型台地，如此形成一个负阴抱阳，背山面水的良好地段。

（三）浙北古镇

◆ 龙门古镇

龙门古镇地处富春江南、仙霞岭余脉的龙门山下，距富阳市区16千米，由杭州出发不足两小时路程；水路沿钱塘江、富春江而上，登中埠转车，半天也可到达。富阳位于浙江省西北部，东临

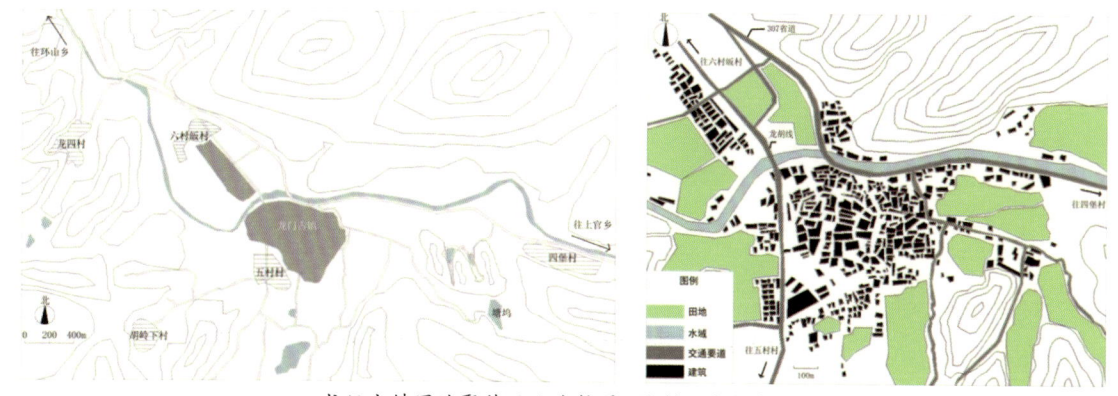

龙门古镇周边聚落及山水格局　绘制：张仁杰

杭州市萧山、西湖两区，西指桐庐，北靠临安、余杭，南望诸暨。富春江贯穿富阳全境，富春江的支流贯穿龙门古镇。

龙门古镇四面皆山，地势南高北低。龙门山崛起于南尖端，大头山盘踞于西南一隅（《富阳县志》）。龙门古镇位于浙西、徽州诸镇与浙东、江南各处相连的陆路交通咽喉之地，自古就是商贸交通要道。

作为富春江水系支流的龙门溪贯穿龙门古镇，和上庄村与常溪河的关系有相似之处。建筑群也同上庄村相似，主要散布在河的一侧，沿河分布。另外，龙门古镇有孙氏故居，文化源远流长。《富春龙门孙氏宗谱》记载龙门孙氏乃东吴孙权之后，其父孙坚是吴郡富春人。孙权《天子自序》称："明字之元……子孙及弟侄等各治业富春江南，居宅繁盛。"后富春孙氏不断扩张迁徙，但富春作为本支所在，孙氏多数仍定居于富阳富春江沿岸一带，龙门孙氏则是其规模最大的一支。

◆乌镇、南浔古镇

乌青镇（乌镇古称）"地当吴越之交，水陆之会"，"实为杭苏嘉湖间道之咽喉"（张国真，《乌青文献》），是浙北水陆交通枢纽，号称"三郡七邑之门户"（李廷辉，《嘉庆桐乡县志》）。南宋前期，这里就成为大规模的商品集散地区。绍兴三十一年（1161），其商税额达到4.2万贯（徐松，《宋令要辑稿》），繁华程度远非一般市镇所能比拟。

乌镇的街区形成一个巨大的"十"字，南北与东西向的市河垂直相交，成片的居民区向四端延伸，称为东西南北"四栅"。四栅之设本是为了关卡需要，然而后来这种放射延伸的街区联结通络着广阔的范围民，京杭大运河、太湖水网、周边几十里大大小小的村落乡镇都在乌青镇的影响范围内。

这些河网不仅是乌镇与外界沟通的纽带，在百姓的生活当中，河网河道也发挥着重要的作用。河网与主干道几乎重合，连桥成路，流水行船，亦路亦水。这水网充分解决了农作、饮用、排水、观赏、运输等生活之用。乌镇的中心是最繁华的市场，与四栅水陆相连。同时，四栅也都有自己的中心，如此次前去的东栅，市场交易地方就在财神湾。

乌镇、南浔古镇地理位置 绘制：李岚清

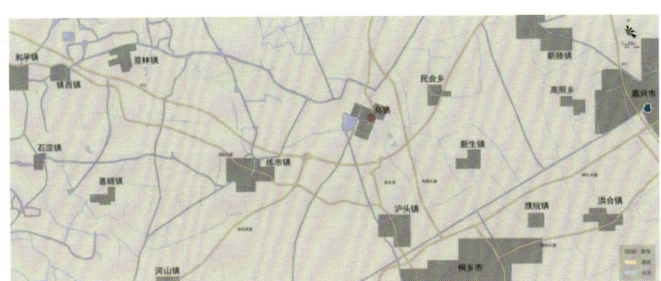
乌镇周边聚落 绘制：李岚清

乌镇东西二栅及水系分布情况 绘制：李岚清

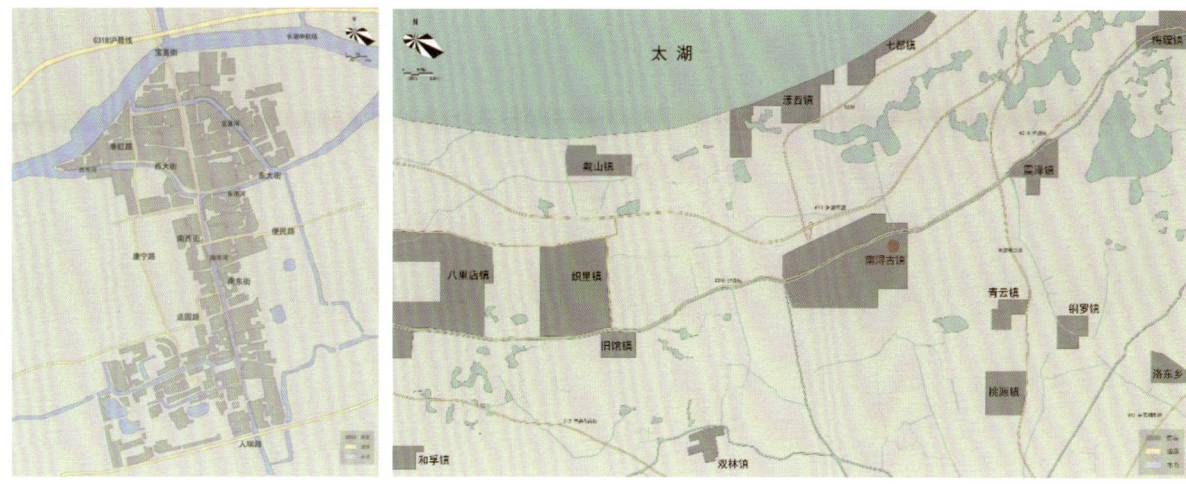

南浔古镇水系分布情况　绘制：李岚清　　　　　　南浔古镇周边聚落　绘制：李岚清

南浔古镇以南市河、东市河、西市河、宝善河构成的十字河为骨架，北边是浙北的重要水运通道长湖申航线。古镇内四条河道其间又有许多河流纵横交错，街和民居沿河分布。

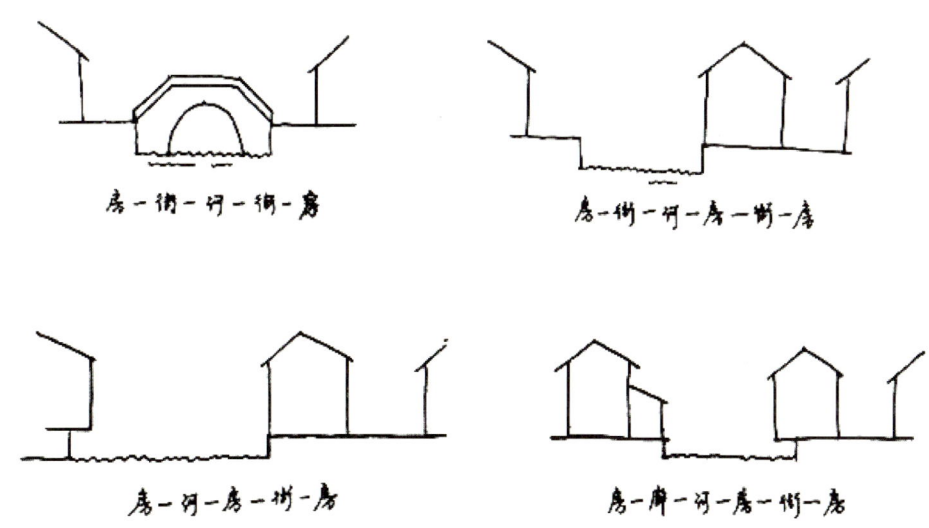

房屋沿河形式　绘制：李岚清

南东街、南西街在南市河两岸，街巷肌理完整，河道水系基本保留。十字河两岸形成商业街道，既有傍水筑宇、沿河成街的江南水乡小镇风貌，又有欧式风格的住宅庭院，形成了小桥流水人家与大宅园林交相辉映的街区特色。

12.1.3　总结与展望

基于不同的历史地理经济因素，村落古镇具有不同的山水格局。但是在因地制宜的"天人合一"传统布局思想指导下，拥有相似的地理条件、拥有徽杭文化认同感的民风民俗、拥有新安江水系的共同滋养，这些村落古镇的山水格局在生态的价值彰显、经济的持续发展、社会的文化认同与传承都有着相似的着眼点和落脚点。

乡村是城市发展的起点，而村镇的选址是村镇生长的起点。山水格局不仅影响着村落的选址，也影响着村落的生长。在新时期下，村落古镇的建设更需要重视山水格局。而对城市建设而言，传统聚落的山水格局更有价值等待着我们去学习、去发掘。

12.2 水岸聚韵：徽杭聚落空间结构特征对比
Space Structure of Hui—Hang Settlement

>"或久无害，稍筑室宅，遂成聚落。"
>
>——《汉书·沟洫志》

聚落作为人类适应、利用自然的产物，是人类文明的结晶。聚落的外部形态、组合类型无不深深打上了当地地理环境的烙印。同时，聚落又是重要的文化景观，在很大程度上反映了区域的经济发展水平、风土民情等。

"水岸聚韵"组通过访谈、文献查找、实地调研的方式，考察了徽杭古道所联系的皖南一带与浙西一带村镇，并选取上庄村、新叶村、诸葛村、三门源村 4 处为研究对象，结合无人机设备，绘制村庄总平面及土地、空间分析图等。我们从使用性质、建筑分布、街巷肌理等几个方面对村庄聚落空间进行分析，调研其村落特有布局及形成原因，最后将皖南和浙西两个地区的聚落空间结构进行比较，进一步探究徽杭聚落空间的结构特征。

12.2.1 聚落空间实录

一、上庄村

上庄村，原称上川，位于绩溪县城西约 20 千米，黄山东麓。清人刘汝骥赞云："竹萦峰前，山萦水聚；杨林桥旁，棋布星罗。"其山清以旷，其水环以幽，是上庄的神韵所在。村内苍深曲折，石板道蜿蜒，古民居错落有致，白墙黛瓦在苍松翠竹的映衬下，引人入胜。村内居民历来聚族而居，世代繁衍相传，短的有 300 余年，长的达千年以上，以胡、汪、程、柯、王 5 姓居多。至今，上庄村仍保存着胡适故居、汪静之故居和胡开文故居，村附近的社屋上还有新石器时代遗址。

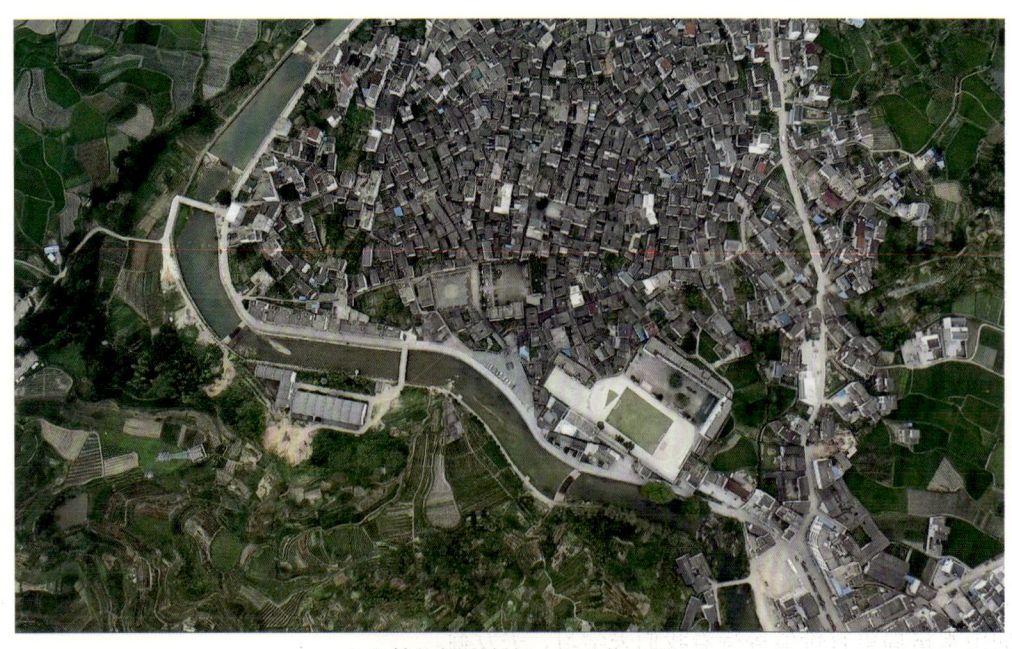

上庄村航拍图 拍摄：无人机小组

（1）从使用性质划分。上庄村各功能分区明显，受地形和村里信仰影响，建筑集中分布在各功能分区中间，人们集中生活；文化区分布在村子的外围地区，较散；学校、戏院、名人故里都分布在村庄的外部，与马路较近，方便人们上学以及举办大型活动。

上庄村总平面图以及图底分析图　绘制：陶婷婷　　　　上庄村主要街道肌理图　绘制：王蓉

（2）从建筑分布方面。建筑沿河的一岸呈长扁形分布，较集中。老建筑，有着浓郁的历史、文化和生活气息，且建筑密集。受政府号召，村民往村外迁，保留老房，因此可以在村外的生产区看到建筑。

（3）街巷肌理特点分析。上庄村以一条环村路为主路，路面较宽可以容车辆通过，其余则为分布于整个村子的小街巷。建筑群体多由曲折幽深的巷道连通，由石板道铺砌而成。巷道宽度一般仅达建筑物高的 1/5 左右，多数还不到，因此形成了别具特色的深街幽巷。上庄村依常溪河而建，人们以宗族聚居，以各种祠堂形成组团，组团之间再由巷道相连。近年来为了加快村子发展，增强与外界的沟通，在不破坏村子内部格局的情况下，在村边与各个方向互通公路。

二、诸葛村

诸葛八卦村原来叫高隆村，位于浙江省金华市兰溪市西部，是迄今发现的诸葛亮后裔的最大聚居地。村中建筑格局按"八阵图"样式布列，且保存了大量明清古民居，是国内仅有、举世无双的古文化村落。中国传统的村落和城郭布局有依山傍水的不规则形和中轴对称的方整形两种，像诸葛镇这种围绕一个中心呈放射状的九宫八卦形布局，在中国古建筑史上尚属孤例，其价值不言而喻。

诸葛村航拍图　拍摄：无人机小组

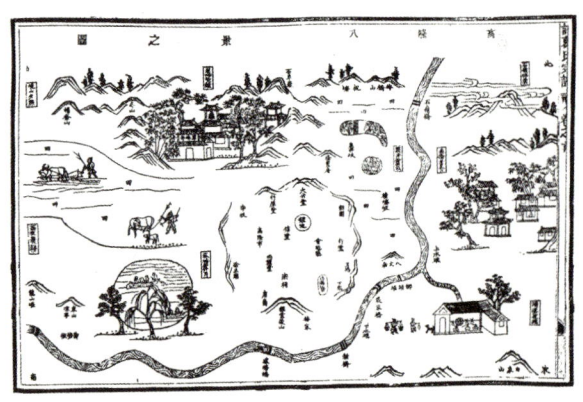 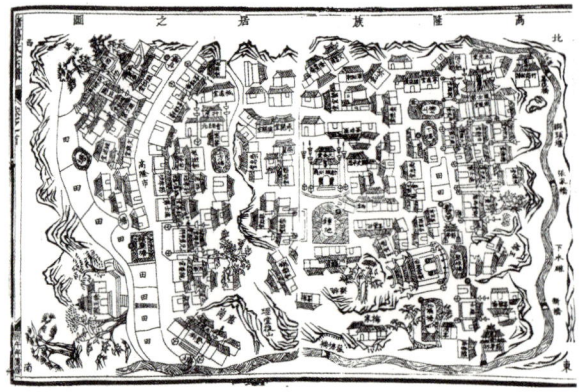

高隆八景图及高隆族居图　来源：《高隆诸葛氏宗谱》

（1）从使用性质划分。村子内部随着居住区的发展在低洼处及山谷盆地均匀分布着池塘和井。住宅区主要集中于大公堂与丞相祠堂之间、旧高隆市东侧、雍睦路和下塘路两侧。商业区则分布于上塘区及向毗邻辐射的街巷。村子内部存有两座庙宇——隆丰禅院及徐偃王庙，都位于村落西侧山脚下，一北一南。诸葛村有两个全村性的中心——大公堂及丞相祠堂，大公堂位于风水的正穴上，又是村子的几何中心；丞相祠堂在小水口，是从小水口进村的第一座建筑。

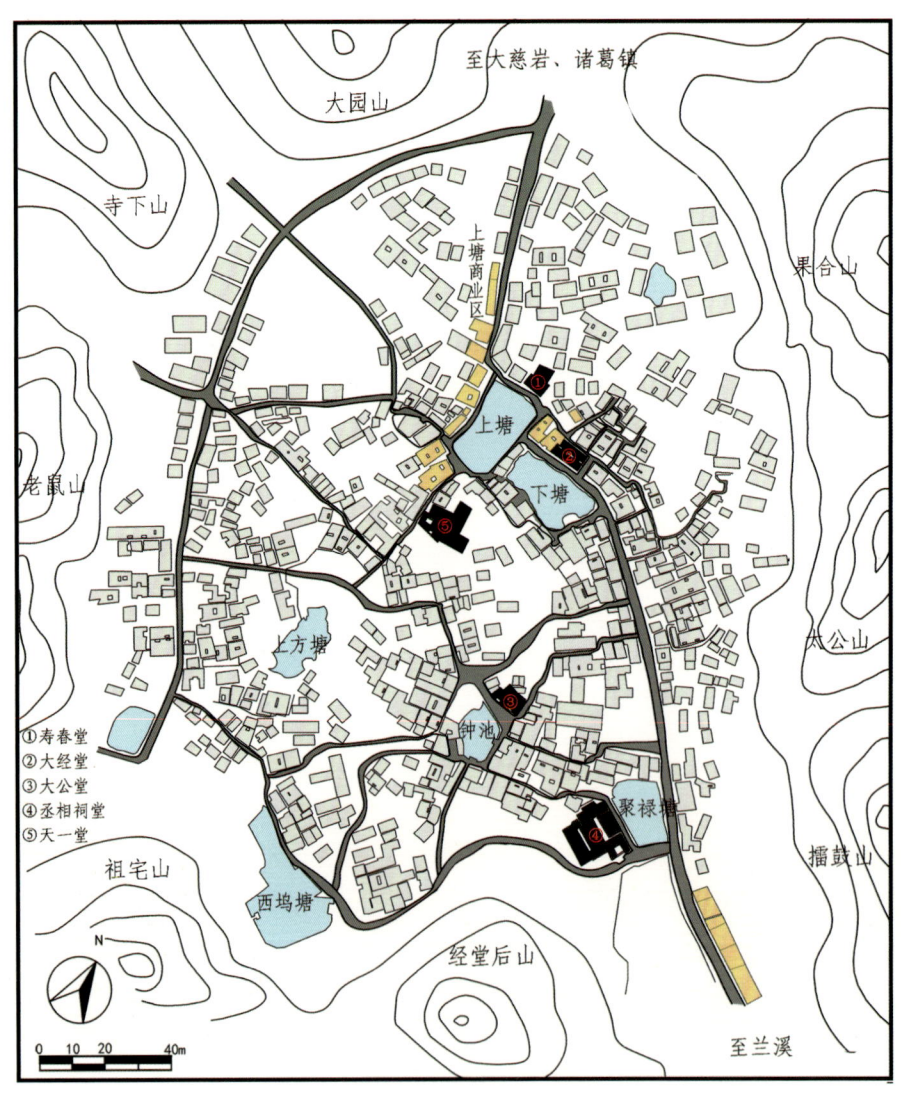

诸葛村总平面图　绘制：廖静莹、张昕

（2）从建筑分布方面。村落住宅组团主要有三大片，一片在村落东北部，呈带状，循几个池塘和东北方的等高线发展，该片的东北侧地势较高，是全村的最高点；一片在村落中部，这一片地势平坦，建筑分布较整齐；一片在村落西南部，是池塘边宽大的平坦地，呈带状，平地较大，建筑分布随地形曲折变化。

（3）街巷肌理特点分析。诸葛村整体布局以村中钟池为中心，全村房屋呈放射性排列，向外延伸8条弄堂，将全村分为8块，同时直通村外8座高高的土岗。村内弄堂似通非通，似连非连，曲折玄妙，并且通过借景、框景、夹景、障景等中国古典园林的造园手法结合地形因素使街巷景观相得益彰。

 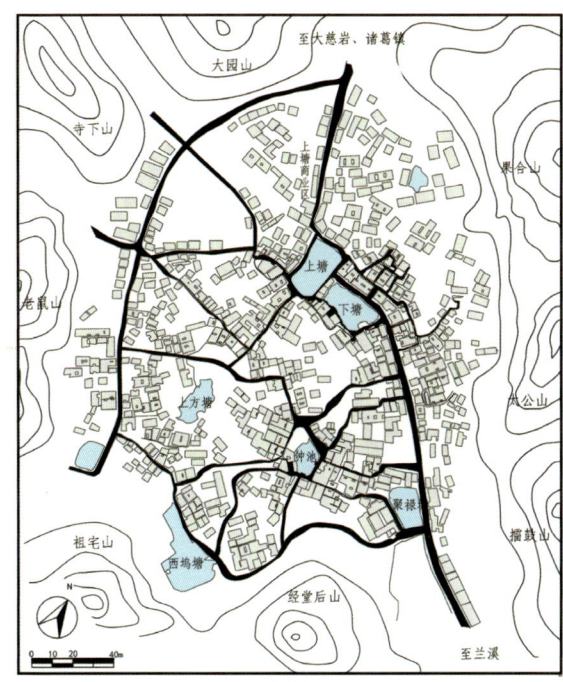

诸葛村图底分析图及主要街道肌理图　绘制：廖静莹、张昕

三、新叶村

新叶村建于南宋年间，由于村子以村后的玉华山为主山，因此新叶村子系被称为玉华叶氏。从玉华叶氏第一代到这里定居后，历经宋、元、明、清、民国至今，已有780余年历史。它一直没有间断地保持着血缘的聚落，繁衍成一个巨大的宗族。几百年来，玉华叶氏家族在这里建起了大片的住宅，且仍完好地保存着16座古祠堂、古大厅、古塔、古寺和200多幢古民居建筑。新叶村由于年代久远，建筑类型丰富，因此被海内外古建筑专家誉为"中国明清建筑露天博物馆"。

 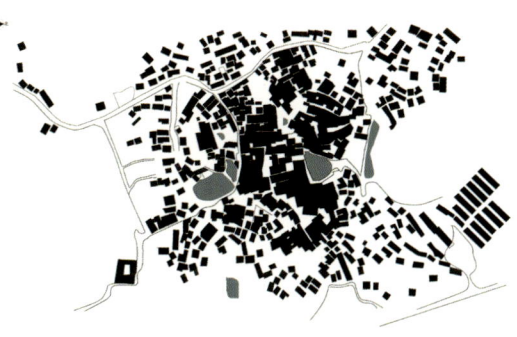

新叶村现状平面图及图底分析图　绘制：孙琦

（1）从使用性质划分。新叶村地处偏僻，建造在玉华山和道峰山两山之间峡谷的东南口上。村子东、西、南方向上有大量农田，整个村落被田地和林地环绕包围。村庄的整体建筑以五行九宫布局，崇仁堂、有序堂等16座宗祠均匀分布在村庄的各处，村民的住宅以各祠堂为核心分布在其四周。

（2）从建筑分布方面。新叶村的宗族关系决定了它的内部结构。新叶村的核心是有序堂，最早的住宅在它的两侧，到后世建造分祠时，这些分祠就分布在有序堂的左右和后方。每个房派成员的住宅造在本房派分祠的两侧，形成了以分祠为核心的团块。房派到后代又分支的时候，再在外围造更低一级的之祠，它两侧是本支派成员的住宅。新叶村就这样形成了多层级的团块式布局结构。

（3）街巷肌理特点分析。由于有序堂前不许建造房屋，而村子南面又有一道后山冈，因此村子只能向两侧伸展，东西长而南北狭。有两条街曲曲折折走东西向横过全村，一条经过有序堂前，一条经过崇仁堂前，宽度大约2.5米。村庄中的宗祠多朝北，它们的形式平直方正，长度达二三十米，两侧的墙直且长，故南北的街巷比较整齐紧密。街巷没有定规，变化很大，最窄的只有80厘米，宽的则近3米。两侧房子高而封闭，巷子窄而幽深。

有序堂建筑空间生长示意图　绘制：金妍彤　　　　　新叶村主要街道肌理图　绘制：孙琦

四、三门源村

三门源村位于龙游县北部石佛乡境内，距县城28千米，北倚千里岗山脉余脉，南接金衢盆地，

三门源村航拍图　拍摄：无人机小组

村内住户基本为翁姓和叶姓，自北宋末年至南宋咸淳六年始迁居于此。村子格局和建筑几乎完整地保留了清代中晚期江南民居典型风格，以村东的叶氏民居建筑群尤为精致，是浙江省晚清时期建筑精品之代表。

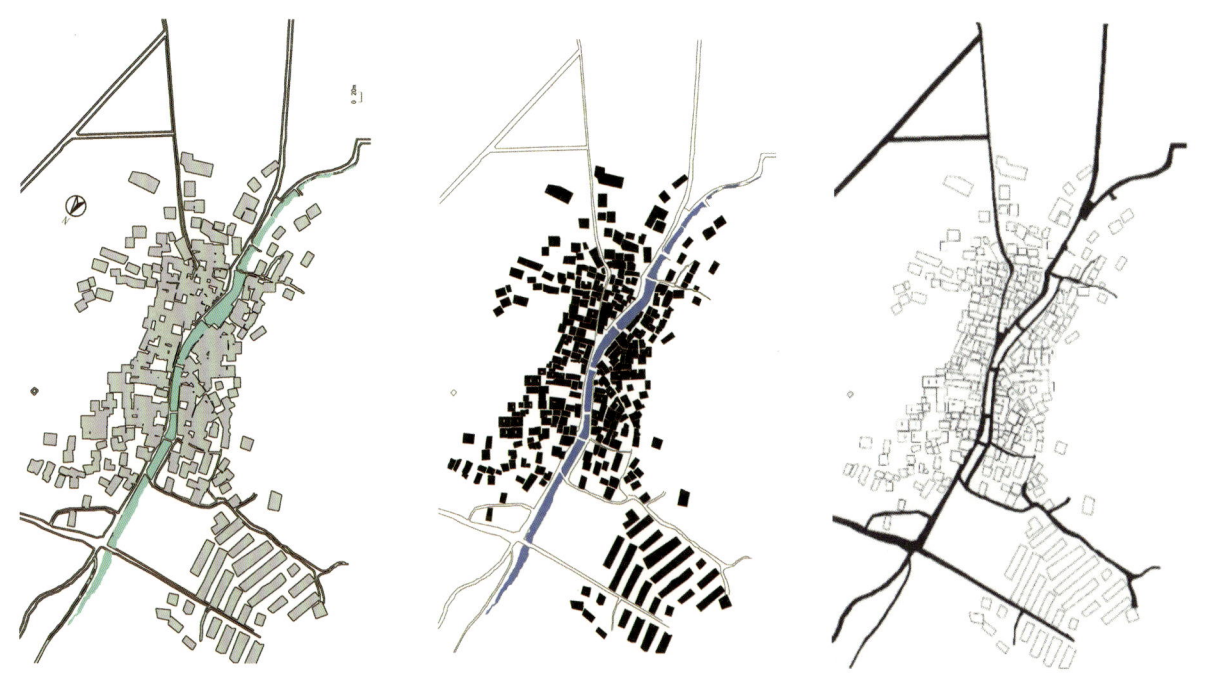

三门源村总平面图、图底分析图及主要街道肌理图　绘制：周立立、贾博娟

（1）从使用性质划分。三门源村主要有两个分区，大部分是居民住的生活区，有一处文化场所叶氏祠堂，也在住区的"叶氏民居"之中，为叶氏先民祭祖所用。三门源占地不大，一条山溪自北而南贯穿其中，两侧密集分布民居，未见农田、寺庙之属。

（2）从建筑分布方面。三门源建筑多为两层以下的低层建筑，沿溪水两侧不规则分布，呈带状。除了保存较完整的叶氏民居，还有存留一半的李家清代楼屋。据主人李根红介绍，分家时拆了一半房子。新建楼房自成一片，距离溪流稍远，排布较规则。

（3）街巷肌理特点分析。村内道路主要是两条在建筑外侧夹着溪流的土路，延伸到进村路口处。几道短桥架在溪上，沟通两侧道路。由于建筑十分密集，村中没有规整的巷道，因此供人行走的小路都比较狭窄。

12.2.2 皖南与浙西聚落空间比较

	上庄村（皖南）	诸葛村（浙西）	新叶村（浙西）	三门源村（浙西）
周边地势	三面环山：上庄村位于常溪盆地的西部，周围群山环绕。村南竦岭逶迤，村北竹峰高耸。黄蘖山雄踞村西，形成上庄村之屋脊	八卦之内：诸葛村位于八座小山之间，地处丘陵地边缘，北接天池山、大慈岩，西有帆山	两峰之间：新叶村周边有两座高山，即玉华山和道峰山。其西北为山区，东南为丘陵，而新叶村就建造于两山之间峡谷的东南口	三面环山：三门源村位于梅岭关下，背靠千里岗余脉主峰的饭甑山，三面山峦环护，地势北高南低
周边水源	河水改道，环村而过：源于黄蘖山的常溪河，由西北向东南流至花楼山下汇江北来之上溪称大源河。上庄的先辈在常溪河上游筑坝，使河流改道从村南环村流过	水塘为主，风水而成：村内池塘分布较为均匀；以钟池为中心，西侧有上方塘，东南面有聚禄塘	亦有河流，更具水塘：村西的玉华山有两股水，村北的道峰山有一股水，流经村落。山坡上也有泉水，挖而汇聚成塘	穿村而过：一条山溪自北向南穿村而过，在村尾汇合诸山涧流，南行成为塔石溪源头
村落布局	宗族象征：整个上庄村落布局形态随着地势呈木排形。村中的水圳将全村分成根根圆木，全村的民居构成了木排的排体。寓意中的木排中心是上庄的胡氏宗祠和各分厅，坐落在村东水口附近。上吉风水：上庄的水口位于村之东南的巽位方向，处于风水文化中"吉方"。由于上庄的北、西、南三面都为高山阻隔，村民出村远行多向东经此而过，因此位于村东水口附近的宗祠就成了出入上庄的要地	八卦布局：诸葛村村落布局十分奇巧罕见，为纪念先祖诸葛亮而按九宫八卦图式精心设计构建。位于诸葛村九宫八卦图中心的钟池，形成极具象征意义的鱼形太极图。钟池周围构筑的八条弄堂向四周辐射，使村中的所有民居自然归为坎、艮、震、巽、离、坤、兑、乾八个部位。村外八座小山环抱诸葛村，构成天然的外八卦阵形	团块布局：新叶村的核心是有序堂，最早的住宅在它两侧，分祠建造分布在有序堂的左右和后方。每个房派成员的住宅造在本房派分祠的两侧，形成以分祠为核心的团块。新叶村就这样形成了多层级的团块式的布局结构。村子的结构与宗族的结构是符合一致的。街巷纵横：团块之间的街道是房派间的界线，有两条街曲曲折折东西向横过全村。村中南北向的巷子比较整齐，多且密，它们之间以极凌乱的小巷相通。宗祠的位置、外形、大小就这样给街道网形式以决定性的影响	山溪为界，带状分布：旧时以山溪为界，村东为叶氏建筑群，以商业文化为背景；村西为翁氏民居群，以农耕文化为特征。两侧建筑均沿溪水呈带状分布

12.2.3 城乡更新思考

近些年来，中国城镇发展仍然面临着自然历史文化遗产保护不力、城乡建设缺乏特色的现状。一些古镇留存地区，盲目地求新、求异、求洋，使得乡土特色和民俗文化流失。如何更好地保护、再开发建设古镇，让古镇既保留原始风貌又焕发新的活力呢？

一、进行聚落的整体保护与保留

许多地方对于古村落的保护尚未上升到聚落整体的层面，常局限在单体古建筑或者单个古村落上，忽视了整体聚落发展的有机统一。聚落的历史价值正是由古老的建筑风貌、丰富的文化内涵、独特的古韵生态、村镇之间相互的影响关联等所共同构成的，因而进行聚落整体保护与保留将是未来城乡发展的重要方式。

二、保护且大力发掘每个古镇独特的风貌

目前旧城改造的思路有很多都是雷同的，造成旧城改造后的风貌趋同一致。每个旧城或者村落一般都有其独特的风貌和特色韵味，且它们都是一种不可再生的文化和物质双重资源。因此要结合当地特有的自然环境和人文环境，并尽可能听取居民的意见，经过深入探讨与分析之后，在借鉴成功保护性开发案例（如丽江、乌镇等）的基础上，打造一些有独特韵味、特色各异的东西，全面营造浓厚的文化氛围和自然气息。

三、给旧建筑注入新活力

对具有历史文化意义的旧建筑，仍普遍存在着将其当成"文物"来对待的认识误区。这样虽然保护了一批建筑遗产，却没有考虑到"再使用"的问题，容易陷入"维修—空置—衰落—再维修"的死循环。对此，政府可寻求与专业机构合作，对历史建筑给出保护性的开发建议，避免旧建筑片区因"冻结"式保护，产生基础设施老化、历史环境质量下降、大面积弃置等问题。相关部门通过将旧建筑片区进行整治与再利用，使得人们的生活与工作和旧城的存在与发展紧密结合起来，从而真正做到保护性开发。

四、引入规划师等技术力量

目前的古村镇保护仍然存在着一定的盲目性、随意性及片面性，有时候盲目地求新、求异、求洋，就会破坏特有的文化遗产，失去鲜明的风俗民情，破坏古镇原有的生态。生态性是古镇的独特性质之一，在古镇改造的过程中，要坚持生态学原理，走可持续发展道路，尊重旧城原有的自然生态环境。这需要引入规划师等技术力量，对整个聚落进行规划、拟定修复或重建生态景观、引导开发建设的项目及时序。

12.3　徽杭人家：建筑空间与形式
Space and Form of Architecture of Hui—Hang

中国传统建筑的空间往往经由暗示化来体现，空间观以无形喻有形，以精神上的空间构想来指导物质实体。每个空间都有其特殊的构造逻辑和内在空间机制，本小组此次实习的目的就是探索传统建筑空间背后蕴含的深层含义。我们以实地考察的皖南和浙西几个典型建筑案例来呈现研究成果。

诸葛村钟池　摄影：张筠

12.3.1 绩溪博物馆

绩溪博物馆重拾了断裂的中国传统文化，在现代文化语境下，利用新的结构和技术手段对传统做新的诠释和表达。从某些材料和细节上还能看到，建筑师以批判的眼光重新审视传统材料和构造在当代建筑中的转换性使用。

院子的空间营造和游览路径，深得中国园林可居、可游、可行、可望的精髓。几何式的墙营造出假山的神韵，高低、远近之层次，其间还有植树与流水，这样的意境表现和气势烘托，再加上后面重叠的双墙背景，外为粉墙，内为瓦墙，整体具有"峰峦浑厚，草木华滋"的画面感染力。

绩溪博物馆挂瓦山墙与内景　摄影：张筠

建筑内部空间的构成主要有两个方面：山形的屋顶和巷道般的平面。内部展厅选择不做吊顶，直接在室内暴露了钢桁架结构，成对排列、延伸，既暗示了连续起伏的屋面形态，又展现了特定建筑感的空间构成，在透视景深的作用下，引导呈现出蜿蜒深远的内部空间，但同时因室内的视觉要素过多，干扰了内部展厅的品质。

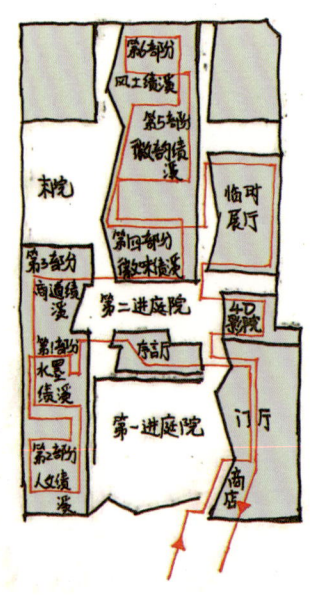 

参观流线图　绘制：姚成威　　　　第二进庭院　速写：张文浩

12.3.2 湖州南浔古镇

南浔古镇街巷肌理基本完整，河道水系基本保存。十字河两岸形成商业街道，既有傍水筑宇、沿河成街的江南水乡小镇风貌，又有众多私家大宅第和江南园林，形成了小桥流水人家与大宅园林交相辉映的街区特色。

张石铭故居概况：张石铭是南浔四象（头等巨富）之一张颂贤的长孙。张石铭故居由典型的江南传统建筑格局和法国文艺复兴时期的西欧建筑群组成。

大宅气势宏伟，富丽典雅，风格独特，可称江南最大的具有中西建筑风格的私家民宅。其空间划分为前进、二进、三进、四进、五进。

前进：为二合院，有轿厅，面阔四间。二进：为三合院，二进一厅二厢，称"小姐楼"。三进：为三合院，三进厢房粉墙上嵌有硬木漏明窗，雕有芭蕉叶图案，故称芭蕉厅。四进：大厅是一个设有更衣间、化妆间的豪华舞厅，地砖及油画均从法国进口，墙面屋顶由红色砖瓦砌筑。五进：为后花园、碑廊。

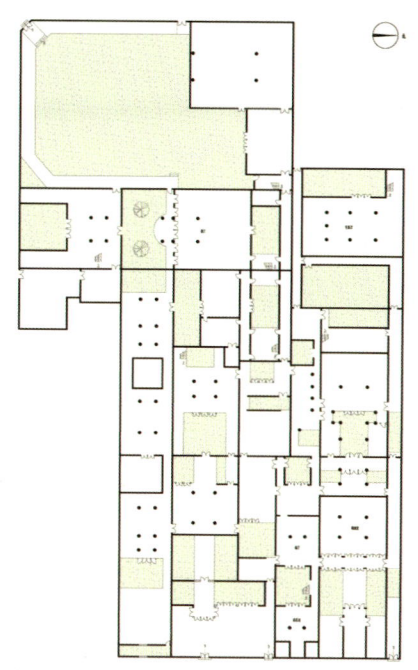

张石铭故居一层平面图　抄绘：张文浩

12.3.3 桐乡乌镇

一、乌镇概况

儒家文化对营建中流行的风水学说等往往是排斥的，故很少见常因风水而设的斜门左道，为避免气冲而立的屏墙、照壁，或当路放置的"泰山石敢当"等符镇，而是多轴线明确、卑尊有序的各式住宅。

线性发展是乌镇古镇空间主要的生长模式，即以建筑为基本单元的面状空间不断扩散、填充，丰满整个线性的骨架，整个物质空间由此不断发展。

虽然乌镇在宋朝以后随着草市的发展，成为重要的商品集散地，商业空间的比例也不断蔓延扩张，但是它们与居住空间仍有机结合并保留至今，有些商业空间点状分布在古镇中，有些则规模化形成商业街。这也形成了乌镇"上宅下店"等商住混合的居住模式，空间功能混合。

乌镇公共空间有完全开放的，还有适应部分居民的半公共半私密空间，并结合江南水乡的河道、街巷。空间的布局体现了以城市公共空间为主导、以人为中心的设计原则，采用步行交通为主，使居民获得了丰富的城

临水而居；石桥；水阁　摄影：姚成威

第12章 专题 | 379

镇生活体验，且空间格局和日常工作生活的高度融合，体现了传统古镇的顽强生命力。乌镇很多建筑物围合的凹处，后退的入口，回廊，为居民提供了大量休息交往的场所。

二、乌镇建筑

乌镇普通民居一般采用砖木结构的坡屋顶建筑，内部装饰为原木色不上漆或仅刷桐油，外部呈现粉墙黛瓦的统一风貌，总体素雅简洁，与周围环境同为一体。平面上放弃传统的"一堂二室"格局，主要是"I"字形，这也符合沿河地带土地成本高，但能最大限度满足生活要求的功能需求。

典型例子是茅盾故居，建筑临街而建，二层砖木结构的清代民居，面宽四间，前后两进。由于进深较大，两落中间均有天井，用以改善采光和通风。主体建筑后方有小花园，闹中取静，院中的天竹是由茅盾亲手种下的。茅盾后来在院中建造了一栋约100平方米的书斋，为东西"一字形"一层三间，供平日居住、写作、会客之用。

乌镇 速写：张文浩

12.3.4 龙游三门源村

一、三门源村的山水格局

千年之前,叶氏祖先为躲避战乱,迁居至此,在溪水西岸青龙山下建村,开三门源聚居先河。后来翁氏族人因卜宅至于此地,定居在溪水东岸的白虎山旁。村子地势北高南低,南面与金衢盆地相接,北峰则峰峦叠嶂,山谷溪涧坡陡流急,溪水落之为瀑,聚之为潭,流之为溪,溪水依山势自北而南穿村而过。这样的选址完美反映古人堪舆风水学智慧中的整体意向模式:"前朱雀,后玄武,左青龙,右白虎"。

三面环山,水口紧缩,中间微凹,山水相伴,坐北面南位居中央,这种环境就是所谓"藏风得水"的理想宝地。

三门源村建筑因地制宜,顺地形、沿河流布置,几乎都是坐东朝西,每栋住宅空间单元围合出内部狭小的巷道,整体上形成沿溪的带状格局。

三门源村建筑群 摄影:姚成威

二、三门源村的建筑

民居以明清建筑为主,保留了江南民居的特色,又带有徽派建筑的典型要素。村中建筑群房一体,鳞次栉比的马头墙,曲折的卵石巷道,粉墙黛瓦,体现着浓郁的地域风貌。住宅内则以天井为核心,以院落围合,高宅、深井、大厅等按功能、规模、地形灵活布置,极富有韵律感。

三门源村 速写:李颖洁;张筠

第12章 专题 | 381

12.3.5 兰溪诸葛八卦村

诸葛村是诸葛亮后裔最大的一个聚居地，元代建村。这里的建筑基本保持着农业社会乡土建筑的特色，却也鲜明地反映了新的商业社会特色。

诸葛村最核心的建筑是纪念武侯的大公堂和被称作丞相祠堂的大宗祠，它们共同组成了村里的礼制中心，形成一种团块式的结构方式，体现了血缘村落的封建宗法组织关系。

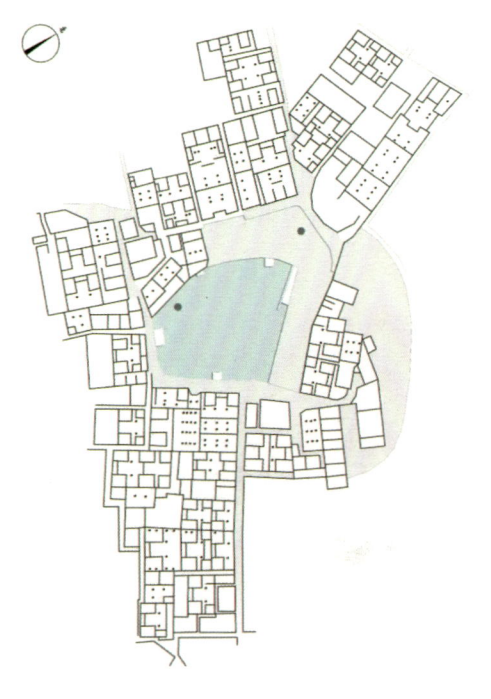

钟池建筑平面图　抄绘：姚成威

诸葛村民居　速写：姚成威

一、丞相祠堂

丞相祠堂是高隆诸葛氏的总祠，是守在村口的第一座大建筑物，占地宽 42 米，深 45 米，面积大约 1900 平方米。门屋五开间，正脊上用砖立"隆重云礽"几个大字。正门并不高大华饰，而是尺度亲切，风格平易，很有诸葛亮静以修身、俭以养德、淡泊明志、宁静致远的气度。门厅、寝室和两庑，尺度和规模都不大，装饰也比较简单朴素。它们围合出一个约宽 23 米、深 18 米的方形院子，院子正中便是轩昂壮丽的中庭，一座面阔 16 米、进深 9 米的歇山顶敞厅。中庭在尺度和规模上都与四周朴素的廊庑、寝室和门厅形成鲜明对比，它的梁架宏壮且华丽，雕饰十分丰富，显得庄严高贵。

丞相祠堂　速写：李嘉航

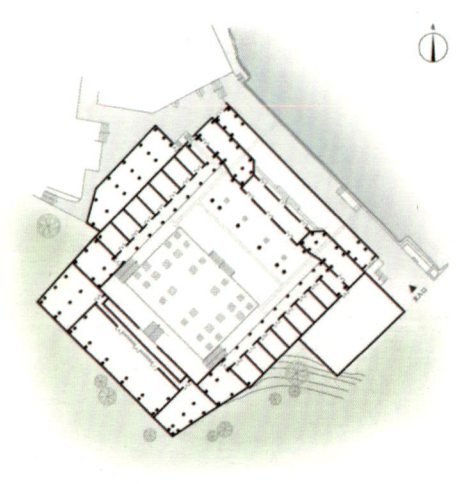

丞相祠堂平面图　抄绘：张文浩

二、大公堂

大公堂总面阔11.1米，总进深49.5米，面积大约550平方米。在前院的东南角上，有一座单开间头门，朝向正南。它和前院一起形成了大公堂的前导，提升了空间层次感。正门舒展生动、错落且充满活力，采用了重檐歇山式屋顶，翼角高高翘起，檐下则采用斗拱的结构。大公堂一共四进，都是三开间。门厅进深很大，前面是敞廊，明间有牌楼式的阁子。牌楼门两侧，次间的廊内金柱间作粉壁，由于南宋绍兴九年曾追思诸葛亮为"忠武侯"，因此书写"忠""武"两字。

大公堂 摄影：陈子诺

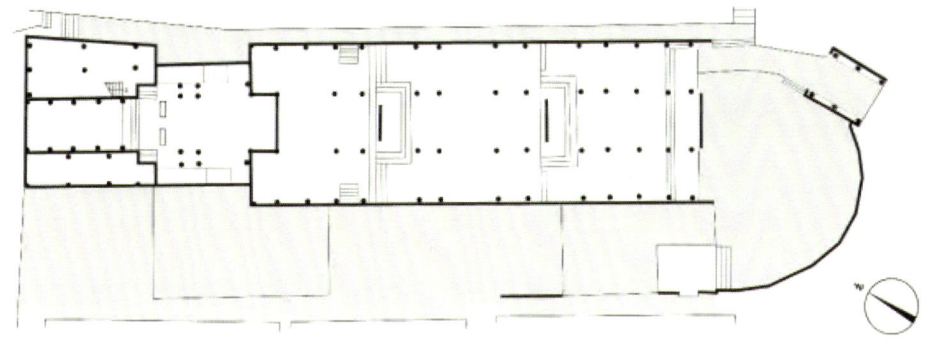

大公堂平面图 抄绘：姚成威

钟池建筑群全景 摄影：李健

三、民居建筑

诸葛村的住宅一般包括两个部分：一是正屋、两厢、天井等核心部分，堂堂正正；二是附属的厨房、柴房、畜舍、后院、花园等。"三间两搭厢"是基本形制，它包括正屋三间，两厢各一间，当中为天井，前有照壁墙。"对合"是密闭的"口"字形四合院，它的正屋叫上房，隔天井建屋三间，叫下房。大多数的对合式住宅从下房正中开门，明间成了门厅。住宅要求前高后低，称为"步步高"，所以轴线垂直于等高线。"三进两明堂"是诸葛村住宅最大型的建筑形制，数量不多，它前后可以穿通，但每进都在左侧有自己的门。这样的住宅形式，往往可以看作一个对合和一个三进两搭厢的组合，有利于儿子分家。但无论哪种形制都以天井为核心，形成封闭内向的院落空间。建筑中的领域感和优越感处理也是对血缘和业缘关系的某种协调。

美不仅仅是视觉上的。诚然，徽派建筑简洁的线条、素雅的配色具有国画的古典美，诸葛村的八卦图平面神秘而有秩序——然而它们并不是为了美而美。诸葛村的八卦图平面也有人说并不是刻意为之，只是围绕水塘、宗祠不断修建屋舍发展而成。这些我们现在看来的特色究其根本，不过是为了追求"天时地利人和"的利益最大化。我们从中是否也应该得到一点启发，什么是更好的建筑，什么是更加合理的规划，什么才是面向未来、具有人性的设计？

"以铜为鉴，可以正衣冠；以史为鉴，可以知兴替。"古建筑、古村落、古城镇就是先人智慧留给我们的建筑史书，我们必须认真研读、传承发扬，以创造更美好的空间与形式。

12.4 古道新经：徽杭产业经济与文化发展对比
Economic and Cultural Development of Hui—Hang

> 东南形胜，三吴都会，钱塘自古繁华。
> 烟柳画桥，风帘翠幕，参差十万人家。
> ——柳耆卿《望海潮》

徽杭古道是古代联系安徽与浙江的重要贸易通道，由水、陆两条主线组成。它的开辟与两地独特的地理环境密切相关，曾被誉为皖浙两地的生命线，见证了两地经济、军事、文化等方面交往的历史。随着社会经济的发展和近代交通工具的使用，20世纪30年代以后，古道逐渐退出历史舞台，古道沿线以及周边的村落也不可避免地失去了往日作为商业重镇的光辉。今天，我们探寻古道的陆路山地和水路周边的古镇村落，不仅仅是对于其物质上的一种保存，更多的是关注文化上的传承与发展，在呈现传统文化记忆的同时，更好地促进当地的产业经济发展，提高居民的生活水平。

12.4.1 皖南：上庄村，徽杭古道，永来村

一、上庄村

◆ **背　景**

（1）地理环境。上庄村处于徽州常溪盆地西部，周围群山环绕，众峰耸立。村南连接歙东；村北竹峰高耸，形成北面屏障；黄蘗山巍峨挺拔，雄踞村西，为村之屋脊；常溪河似彩带，由西向东环村南飘过，注练江，入钱塘。

（2）人文资源。上庄村的整体规模宏大，村落形制较为完整，但能归于精品的古建筑不多，自然环境特色也逊于周边其他一些古村落。徽菜和传统制墨工艺是当地的一大特色，著名的胡适一品锅和胡开文墨店从这里走出来，为人们所熟知。胡适先生曾书写"努力做徽骆驼"，当今的上庄村对于古民居的修复和村民生存环境的改善正是对胡适先生这一题词的实践。

◆ **经营现状**

上庄村山多地少，主要经济来源是依靠林业资源，旅游业仅作为副业发展。村内没有专门的旅游公司对其进行统一开发，进入村内也无须购买门票。

村内的旅游资源主要为胡适、胡开文、汪静之等名人故居，但此次实践队在上庄村调研正好遇到胡适故居维修暂不开放，胡开文故居也大门紧锁。我们通过和村民的访谈得知，由于胡适和胡开文故居这类主要景点的关闭，村内游客数量骤减，小卖部和卖纪念品的商店营业额也明显下滑。

这也充分暴露出上庄村旅游业的缺陷。实际上，除了上述人文类旅游资源，上庄村还拥有得天独厚的山水格局和自然资源。清人刘汝骥赞云："竹簝峰前，山紫水聚；杨林桥旁，棋布星罗。"但是良好的自然资源并没有作为旅游资源开发，村内也没有针对自然资源的旅游线路指引标识，游客对此可以说是一无所知。

由于缺乏统一的规划管理，上庄村的旅游资源没有通盘考虑，潜力也没有完全挖掘出来，一旦主要景点经营状况不良，全村的旅游业都会极大程度地受到牵连，这是上庄村旅游业比较明显的缺点。

但是，上庄村主要的经济来源毕竟不是旅游业，一旦旅游业发展起来，除了可能会对主要产业带来负面影响，最主要的是会打破上庄村原有的安静闲适的生活状态。如何在开发和保留之间找到平衡点，毫无疑问是上庄村旅游业发展需要注意的核心问题。

上庄村水口　摄影：尚烨

上庄村黄蘗山和常溪　摄影：陈子诺

◆ 游客调查

调研期间正值三伏天，游客稀少。若不是专门考察古建筑、古村落的人，大多数游客是为了胡适故居而来的，也有少部分喜好慢游的游客是为了感受古村落闲适的生活节奏。在和游客的交谈中我们得知，上庄村的食宿费用均较低，仅有一家三星级酒店位于林水口。游客对于当地的特色小吃也颇感到满意。

◆ 当地居民

在居民访谈中我们了解到，上庄村发展趋势稳中有进，居民收入可观。茶叶、墨为当地的主要产出，两者在上庄村的发展历史中起着至关重要的作用。当地现今仍有几处著名茶厂，茶叶主要来源为居民自采，这些茶叶最终作为当地特色商品出售。目前村庄中以老年人为主，中年人大多进城务工，第三代也很少留在村中。

二、徽杭古道

◆ 背　景

（1）地理环境。徽杭古道，西起安徽省绩溪县伏岭镇江南村，东至浙江省临安市马啸乡，全长25千米，是古时联系徽州与浙江的重要纽带，雏形早在南宋时期就已修成。其修筑在崇山峻岭之间的峡谷中，沿壁而上，沿壁而下，一边是高耸直立的山峰峭壁，一边是深邃陡峻的悬崖边缘，非常惊险。

（2）人文资源。徽杭古道所承载的文化空间中，存在一些具有代表性的文化符号。徽杭古道与徽商文化有着紧密的联系，古道沿途村落中有丰富的传统民间信仰文化。从非物质文化遗产角度来说，徽杭古道空间中凝聚的传统民间信仰、吃苦耐劳的精神也都是值得传承的人文精神宝库。作为旅游景点，这些都是值得挖掘与开发的旅游资源。

徽杭古道最高点蓝天凹　摄影：姚成威

◆ 经营现状

徽杭古道在历史长河中积淀了丰富的文化遗产资源，然而，在当今全球化、城镇化和现代化加速发展的背景下，这条古道上的珍贵遗产正在衰竭，古道遭遇着重重危机。首先，公路、铁路、航空等新型交通运输方式的普及致使徽杭古道传统功能和原始风貌逐渐丧失，古道交通线路网络渐被遗弃；其次，气象变更、自然灾害导致古道上的遗产本体饱受水患、风化等因素的侵蚀，其历史原貌和文化特征留存较少；再次，古道沿线快速的城市化发展带来沿线居民思想观念、传统文化、生活方式、生产方式的急剧变化，致使徽杭古道历史文化内涵受到强烈冲击，难以传承，且部分地方旅游开发和基础设施建设缺乏宏观统筹，文化遗产与原有的环境和背景相脱节，严重影响了古道所传承的文脉和内涵；最后，徽杭古道线路庞大而分散，跨越安徽、浙江两省行政区域，遗产保护力量分散，缺乏统筹协调的管理机制。

开发与保护徽杭古道，应注意充分调用皖浙两省的力量，加强省际合作，共同形成一个旅游文化线路。在整体保护的宏观框架下，充分发挥两省各区域特色，如能统筹得当，充分利用已有的旅游资源的宣传成果，将徽杭古道与两地景点有机结合，并与徽州文化相融，打造出一个与茶马古道不相上下的文化线路，完全可以将范围广、协调难的保护难题反转为巨大的优势。这对徽杭古道的保护工作是非常有利的。

徽杭古道沿途　摄影：陈子诺

永来村徽杭古道标识　摄影：陈杰

◆ 游客调查

徽杭古道是著名的徒步线路，在各大旅游网站上的留言就达几百条，好评占多数。来徒步的不仅有拓展训练的年轻人，也有亲子团、夫妻档等，他们一般在古道上停留一到两天，有的会选择山里的旅馆住宿，有的会选择在蓝天凹等地露营。大部分游客对古道的景色都颇加赞赏，也有抱怨古道收费过高、管理疏忽、垃圾较多等问题的。我们调研时期正值7月酷暑，几乎没看到其他游客，也说明古道的客流量受季节的影响较大。

三、永来村

◆ 背　景

永来村位于徽杭古道东边的起点，隶属于安徽省绩溪县伏岭镇。永来村是个安静的村落，民居沿小溪两侧而建，有小桥流水人家的感觉。村子多是新房子，几座旧的房子是用鹅卵石建的，与自然环境比较协调，较有特色。永来村到伏岭镇的交通不甚便利，车程150千米，走古道过去是4个小时。

◆ 经营现状

永来村依托地理环境优势，大力发展山核桃、高山蔬菜、高山绿茶、燕笋干等特色农产品，特色农业为该村的主要产业。

永来村内并无特色旅游景点，近年来，随着户外徒步游的兴起，位于该村的蓝天凹景区游客数量稳步增加，促使该村的旅游经济快速发展。

比较特殊的是，永来村承载的旅游功能十分单一，作为徽行古道徒步项目的落脚点，该村主要负责徒步游客的住宿和餐饮。虽然结构单一，但日益增长的客流量和村内稳步提高的接待能力也加速了永来村的经济发展。

因徽杭古道而富庶的浙江村落 摄影：杨哲

一个地方的旅游业不一定需要面面俱到，囊括"游、购、娱、衣、食、住、行"各方面，找准自己的定位，专精于某一方面的发展，一样能有很不错的创收，永来村的致富之路值得借鉴。

◆ 游客调查

前往永来村的游客几乎全是从徽行古道下来的，而永来村提供给这些游客的住宿设施主要是原先的村居改建的民宿。由于游客的持续增长，目前民宿发展特别快。但当地的民宿居住条件大多很一般，多数游客不甚满意，认为其远没有达到舒适的程度。这在一定程度上对永来村招揽游客歇脚、加快经济发展形成了限制。

◆ 当地居民

在我们和宾馆的管理人员聊天的过程中得知，永来村的居民很难有机会参与旅游业中，只有少数人通过经营客栈、露营地、路边摊获取一定的收入。然而由于淡旺季明显，经营维持相对困难，大多数居民并没有从当地的旅游活动中获得收益，甚至因为旅游业的发展而产生困扰。徽杭古道上的保护区清凉峰，使得他们在日常起居的许多方面都受到了限制。例如，粮食种下去没多久，种子就可能被野猪翻起来；家禽只能圈养，每家每户牛和猪最多不能超过5头；等等。

12.4.2 浙西：诸葛村、新叶村、三门源村

一、诸葛村

◆ 背 景

（1）地理环境。诸葛村位于浙江省金华市兰溪市城西18千米处，为全国最大的诸葛氏聚居地，也是徽杭古道水路范围内的村落，深受徽文化影响，1996年被确定为第四批全国重点文物保护对象。诸葛村村落格局按九宫八卦图式而建，是全国第一座八卦布局的村庄。诸葛村以钟池为中心，向外

放射出8条弄堂，房屋沿此排列。

（2）人文资源。诸葛村拥有众多人文特色，如孔明锁作坊，以及诸葛良医文化（诸葛亮：不为良相，便为良医）所传承下来的药堂、中药文化，亦是诸葛古村经济发展中需要把握的文脉。从农业发展上来说，诸葛村周边拥有花田、农田等景观，可开展休闲农业，吸引游客采摘。村中拥有大小水塘，可设置垂钓区域。结合草药文化，可设置有关中药保健的旅游项目。

◆ 经营现状

诸葛八卦村位于兰溪与国家级风景名胜区"二江（新安江、富春江）一湖（千岛湖）一山（黄山）"衔接的接点和必经之地。此外，诸葛八卦村一带地形如锅底，中间低平，四周渐高，四方来水，汇聚锅底，形成大大小小的池塘，建筑依池而建，形成一个个组团。也就是说，不论是从良好的区位条件上还是从优越的自身条件上来说，诸葛八卦村的旅游业都有很大的发展潜力。

通过和当地居民访谈得知，诸葛八卦村有专门的旅游公司统一管理并收取门票，门票的收益都归旅游公司，村民每月可获得300元左右的补贴。景区有旅游公司介入，从品牌形象的塑造与推广到具体运营管理，再到古建的修缮与保护，都有机构统筹安排，这大大提高了诸葛八卦村旅游业的运作效率，使得该村盈利年年增长的同时，全村整体的建筑风貌和旅游环境也大幅度提升。

诸葛村上塘夜景　摄影：尚烨

◆ 游客调查

诸葛村的旅游开发已经相对成熟，景区100元／人，旺季（一三季度）游客较多，在各大旅游网站上的留言近千条。根据大众点评数据分析，来诸葛村亲子游、蜜月游的居多。大部分游客认为村落门票性价比不高，旅店设施简陋，但吃饭、买东西等消费比较实惠，也没有特别浓郁的现代商业化气息。有的游客是从电视宣传中得知此村的，有的来到诸葛村是出于对诸葛亮的崇拜，也有的是为了体验古朴的古村氛围。

◆ 当地居民

我们在调研中了解到，诸葛八卦村的原住民似乎没能很好地为旅游业发展做贡献。首先，村民每月的补贴相对固定，且与门票收入相比实在少得可怜。在这种合作模式下，村中旅游业与原有村民似乎关系不大，居民的积极性无法得到充分发挥，这也大大阻碍了诸葛村旅游业的发展。其次，村内商业的业态中，宾馆酒店占很大比例。从与村民的访谈中我们得知，这些主要的住宿餐饮行业都是外来人口在营业，原住民仅在沿街开着低成本的小卖部小吃店，成本收益都较低，与其他旅游业参与者相比，原住民扮演的角色显得微不足道。我们认为，处理好原住民与诸多旅游业利益相关者间的关系，充分调动原住民的积极性，对诸葛村整体旅游业的发展至关重要，运营者应该对原住民投入更多的关注。

每天在诸葛村村民经营的饭馆早餐、晚餐 拍摄：杨哲

二、新叶村

◆背　景

（1）地理环境。新叶村位于浙江省建德市大慈岩镇，始建于南宋嘉定十二年，是国内最大的叶氏聚居村，至今完好保存着16座古祠堂、古塔、古寺等和200多幢古民居建筑。新叶村同诸葛村一样，也是徽杭古道水路范围内的村落，深深受到徽文化的影响。其因为年代久远，建筑类型丰富，被海内外古建筑专家誉为"中国明清建筑露天博物馆"。

（2）人文资源。新叶村拥有丰富的非物质文化遗产，新叶昆曲即是清末金华昆曲流传并遗存在浙江省建德市新叶村的一脉。新叶村也是中国东南最典型的农耕村落，除"新叶昆曲""新叶三月三"两项浙江省非物质遗产外，另有杭州市级非遗名录3个，建德市非遗名录8个。新叶村也凭借自然、人文特色，从1000多个村落中脱颖而出，成为"爸爸去哪儿"节目组的拍摄地，借助媒体，新叶村的知名度明显提升。

◆经营现状

在新叶村的镇入口处，古老的石门牌坊上，"青山绿水"4个大字赫然醒目。途经几个村庄后，新叶村兀然出现在眼前，粉墙黛瓦掩于青山绿水之间，如空谷幽兰般遗世独立，一砖一瓦、一草一木都散发着被时光浸润过的温暖与暗香，整个村庄就像是人们寻觅的旧时江南的写意蓝本。

新叶村旅游业的成功之处在于，其引入了股份制公司团队进行运营。2010年以前，村民的人均年收入不过三四千，大量年轻劳动力外出谋生，整个村庄了无生气。自从2010年村里引进了由政府成立的杭州新安江旅业发展有限公司负责运营管理后，通过基础设施建设、民居改造、文化提升等措施，村里的旅游有了起色，游客一年能达到2万人次左右。2014年，公司与湖南卫视合作，《爸爸去哪儿2》进驻新叶村，这让原本与世隔绝的古村落成了各大旅行社和旅游网站的"宠儿"，新叶村集体经济更是创造了从几乎空白到每年近百万元创收的奇迹。

在热潮逐渐退去后的今天，我们再来看新叶村的旅游业发展历程，除了有许多可以学习的地方，也存在许多值得我们反省之处。

首先，通过和当地村民亲切交谈我们了解到，新叶村的门票收入旅游公司占40%，政府占30%，村委会占30%。与诸葛八卦村相对固定的补贴不同，原住民的收益变动空间较大，这在一定程度上调动了原住民发展新叶村旅游产业的积极性。但是，存在的问题是收入分配仅到村委会一层，并没有深入每个村民，村委会对收入再分配有绝对的主导权，这会导致村干部权力过大，出现分配不均的情况。

其次，新叶村旅游业的火爆促使许多劳动力回流，村中大大小小的商业几乎都是原住民自主营业。不过，旅游线路上的商业与非旅游线路上的商业收益相差过大，村内矛盾激化的风险也因此增大。

最后，新叶村的品牌定位不够准确。由于《爸爸去哪儿2》的播出给新叶村带来了巨大收益，村内的"爸爸去哪儿"元素无处不在。忽略新叶作为古村落原有的价值与魅力，本末倒置，使得新叶村的吸引力正在下降。只有扎扎实实做好新叶古镇村落建设，发挥它自然环境、人文底蕴上的优势，才能从根本上提升新叶村旅游业的档次，古村才能真正再放光芒。

新叶村抟云塔 摄影：刘健阳

◆ 游客调查

村子整体规模中等，里面的祠堂、民居、古塔相对保留较好，旅游开发程度不算太高。这里的游客多是由《爸爸去哪儿》的广告效应慕名而来，但也有一部分是为了欣赏这里保留下来的古朴的徽派建筑。村中消费水平比较低，参观免费，部分祠堂需购联票 68 元 / 人。纪念品主要是一些简单的工艺品，消费对象更多的是亲子游的游客。

新叶村入口处 摄影：胡晓丹

三、三门源村

◆ 背　景

三门源村位于浙江省龙游县北部石佛乡境内，北倚千里岗山脉余脉，南接金衢盆地，村内住户基本为翁姓和叶姓，自北宋末年至南宋

新叶村田野 摄影：胡晓丹

咸淳六年始迁居于此。叶氏家族先祖文彬公为第一世祖；翁氏为避宋朝方腊之乱，迁居龙邱三门源。三门源村以叶氏建筑群及其丰富的砖雕艺术闻名，吸引了许多学者前来考察。

◆ 经营现状

三门源村地处偏远，交通不便，规模不大，这些因素导致该村目前旅游业仍处于待开发状态，游客稀少。该村还没有旅游公司介入打造，村民也没有进行自发经营的旅游模式。没有旅游业的拉动，该村经济仍处于相对落后的状态。

总的来说，旅游业开发还未涉足三门源村，所以该村仍旧保持了许多原址的建筑，从另一个角度来说也未尝不是一件幸事。

◆ **游客调查**

三门源村虽是我国首批历史文化名村,但是这几日造访的古村中旅游开发程度最低的村落,也正处于开发状态。无门票收费,游客常年不多,游客大都是为此地几乎完整保留的清代民居格局和建筑形式以及砖雕来访。这里也无住宿餐厅等基本服务设施,但民风纯朴,消费水平较低。

◆ **当地居民**

由于三门源村至今仍处于尚未初步开发的阶段,当地基础设施不完善,交通不便,因此居民收入不高。期间通过采访李氏故居传承人我们了解到,当地政府已着手开始古建筑的保护工作,并准备逐步加强基础设施建设,为旅游业的发展铺平道路。

三门源村叶氏古建筑 摄影:胡晓丹

12.4.3 小 结

随着人们生活水平的提高,越来越多的人希望回到农村寻找失落的"乡愁"。在此背景下,徽杭古道沿线古镇村落旅游业整体都得到了发展。

不过,目前旅游业在各村的地位或许有所不同,有的村庄以旅游业为主业,有的仅仅作为副业发展。我们认为,在村落发展的过程当中,应当统筹规划,找准各自的定位。一些区位、交通、山水格局、人文环境等都较好的古镇村落可以重点发展旅游业,为整个地区旅游塑造好形象。接着,以点带面,许多将旅游业作为副业的古镇村落也能辐射发展。最终,徽杭古道沿线所有村落的旅游业才能形成规模集聚效应,各村互补互促,协调合作发展,整个徽杭古道旅游业的前景不可限量。

乌镇糟坊 摄影:杨哲

此外，还应当处理好旅游业中诸多参与者之间的关系。政府、旅游公司、原住民、外来人口和游客之间的利益协调门道很多，只有顾全各方利益，挖掘各方潜能，当地旅游的发展速度才可大大提升。

当然，在旅游业的开发过程中，有一项核心内容是控制过度开发。控制商业开发的面积和规模，不允许把一条原来有老百姓生活的街区彻底改造成商业街，更不允许把村民全都搬出来，成为博物馆式的开发行为。传统村落是一种活的遗产，也是一种生活景观。文化习俗和生活场景是历史文化名村的灵魂，村民更是传统农业文化和民俗的载体。如果在开发中忽视村民，则仅有民居建筑的村落也就不存在农业文化传承和村落生活延续的功能。这就使传统村落失去了其原真面貌，也就意味着抛弃了村落的灵魂。

12.5　如翚斯飞：《瞰访徽杭》视频
Like Brilliant Bird on Flight: Bird's Eye View of Hui—Hang Villages

背倚秀美青山，清流抱户穿村。村落空间变化有致，建筑色调朴素淡雅。以无人机高空视角俯瞰我们走访过的婺源、绩溪古徽州一带的村落，可以看到中华民族文化绵延不绝的根本所在，也揭示出超稳定农业社会的真谛：人与自然、人与人、人与社会的和谐。

无人机组在湖村村口　摄影：陈杰

实习的每一天行程中，最辛苦的莫过于"如翚斯飞"无人机组了。他们要尽量提前熟悉周边环境，选择好航拍地点，确定航拍方案，拍摄后尽快将聚落总平面发给全队共享。实习结束，他们便投入了紧张的《瞰访徽杭》视频的脚本写作与视频剪辑。恰好赶上"2017中国传统村落微电影原创作品赛"，9月底传来了《瞰访徽杭》入围的消息。这里辑录视频脚本文案，作为第五组"如翚斯飞"的调研成果。

祖国东南大地上，闪耀着两颗璀璨的文化之星：徽州和杭州。清俊秀美的山水光景是她们的代名词，相似相通却又迥乎不同的人文聚落风貌讲述着她们之间古老的情事。这些故事，由一条崎岖的古道贯通相连。在这个盛夏，我们俯瞰散布在这古道两边的聚落，探访聚落空间，感悟人文情怀。

12.5.1　上庄村

我们的行程始于古徽州绩溪县城西的上庄村。上庄村襟山带水，坐落于群山环抱的盆地之中。村南竦岭逶迤，连接歙东；村北竹峰高耸，形成北面屏障。黄蘗山巍峨挺拔，雄踞村西。常溪河形似彩带，由西向东环村南流，穿过杨林桥，蜿蜒东去，汇入新安江。

"其山清以旷，其水环以幽"是上庄的神韵所在。村内巷深曲折，石板路蜿蜒前行，古老民居错落有致，白墙黛瓦在苍松翠竹的映衬下，引人入胜。村内居民聚族而居，世代繁衍相传。著名思想家、文学家、哲学家胡适先生的故居，彰显着上庄村深厚的文化底蕴和精神内涵。

无人机500米高空俯瞰上庄村落

12.5.2 太极湖村

沿缘溪河两岸自成太极图形态的湖村，是徽杭古道的必经之路，也是徽商开辟道路前往浙江行商的重要节点。依山傍水、源远流长的龙川村，是明代尚书胡宗宪的故乡，亦是人杰地灵之所。

缘溪河构成的太极湖村

12.5.3 徽杭古道

古徽州聚落文化，正如这几个村庄所见，粉墙黛瓦，建筑特色分明；面山背水，自然环境优越；群聚而居，宗族意识强烈。这些特色的形成无不依赖于新安江，这条徽州的母亲河长久以来的哺育和滋养。顺着新安江东进，越过徽杭古道，便来到浙西。

无人机在徽杭古道最高点蓝天凹高空回望来时路

在这徽杭古道的另一端，建筑风貌同样是粉墙黛瓦，却有所区别。徽州山多地少，聚落紧凑，街巷狭长；浙西一带则开阔许多，许多古村中水塘散布，更显空旷。徽派建筑的马头墙分布俨然，有防火之用；浙西古村亦可见马头墙，有些位置却很随意，更像装饰之用。

12.5.4 诸葛村

诸葛村丞相祠堂与花海

坐落在兰溪市高隆之西的诸葛村，就是浙西村落的显著代表。顾名思义，诸葛村，与三国时期蜀汉名相诸葛亮有关，是诸葛后裔最大的聚居地。村落布局奇巧罕见，建筑分布错落有致。钟池，位于诸葛村九宫八卦图中心。一半水塘一半陆地，两端各设一口水井，形成极具象征意义的太极图。钟池周围，八条弄堂向四周辐射，使村中的所有民居自然归入八卦的相应位置。村外八座小山环抱，构成天然的外八卦阵形。步入村中，纵横交错的古巷大有似连非连、曲折玄妙之感，只有置身其中，方能领略杜甫诗句内涵之深奥：

功盖三分国，名成八阵图。江流石不转，遗恨失吞吴。

12.5.5 新叶村

无人机高空俯瞰新叶村落，左下角近景为抟云塔、文昌阁、土地祠

离诸葛村不远的新叶村，是玉华叶氏繁衍而成的巨大宗族村庄。整个村庄建筑群落，以五行九宫布局，包含着中国传统的天人合一的哲学思想。村口有一组特别的建筑，是建于明代的抟云塔，塔身上下无过多雕饰，造型秀丽、端庄。这是一座风水塔，新叶村人也称之为文风塔，用以乞求文运。抟云塔建成之后300多年，出于同样的追求，在塔脚边建造了一座文昌阁。后来，紧贴着文昌阁，又建成一座祈求丰年的土地祠。塔、阁、祠三者在一起，完整地反映了农业时代耕读传家的理想和追求。

12.5.6　三门源村

三门源村，三面群山拱卫，一条山溪自北向南穿村而过。村子的格局和建筑几乎完整地保留了清代晚期徽派民居特征。叶氏建筑群（画面左边山脚下）布局严谨，造型精致，气势宏大，组合巧妙，是民居中的杰作。

无人机俯瞰三门源村落

12.5.7　尾　声

徽州人常说："不用慌，十天到余杭！"千百年来，水陆并举的徽杭古道，拓宽了徽州文化的发展之路。同时，富饶的吴越地区，也受到徽文化的持续影响，在耕读传家、聚落空间等方面，表现出很多的相似与变化。徽杭两地人民的勤劳与坚韧以及他们建设家园的智慧与传统，深深地震撼着我们的内心。徽杭文化以其深度和温度，鼓舞、激励着我们用心感悟历史文化，知行合一，效力于祖国未来的城乡建设。

烈日炎炎下，无人机空中俯瞰龙门古镇牌楼下的我们

第 13 章 总 结

Chapter 13 Concluding Remarks

2017 年的实习有幸邀请到上海城建职业学院的高钰老师加盟指导。在实习结束后的第五天，大家就看到了高老师如此用心、如此走心的推文！在生动有趣的文字与鲜活连贯的画面里，每个队员都能找到自己。炎热的夏天里，这贴心活泼的"变态"手札，犹如一丝丝小清新画风，持续拨动着实践队每一位伙伴的心弦。再次感谢高钰老师！

本章还辑入实践队队长和带队教师的总结报告，同时附有全校实践成果展览上本实践队宣传组制作的精美海报与展板，以及最终实践队获得的校级奖项。

13.1 "变态"老师手札
Abnormal Notes of the Director

> 在这次实践中除了厦门大学本校的老师和同学们，还有一位特殊的成员，就是来自上海城建学院的高钰老师。炎炎烈日下，高老师与我们共同度过了欢笑和汗水交织的难忘十天。她亦师亦友，在绘画技法上对我们予以指点，在生活点滴中对我们悉心关怀。
>
> 前两章严肃考究的纪实与专题是否让你看得有一点审美疲劳？现在让我们换个口味，看看美丽温柔的高老师，为何会写下""变态"老师手札"？这背后又隐藏着怎样不为人知的故事呢？
>
> ——妙笔徽杭宣传组，2017 年 8 月 5 日

"变态"老师手札

2017-08-05　高钰 徽杭古道·第三空间

在很久很久以前的2017年，
有三个很坏很坏的邪恶老师黑暗哥特组

他们看到幸福地
生活着的孩子们，

感到异常愤怒。
于是，
他们想啊，想啊，
（以下省略一万字……）
终于想出了一个顶邪恶的计划。

他们要孩子们在一年中最炎热的十天里，
步行到世界上最炎热的乡村做苦役。

为了欺骗孩子们，他们给这份苦役起了一个很时髦的名字：**社会实践**。
并且承诺，所有参加的孩子都可以得到一个学分大礼包。

✳✳

为了监视这些年轻奴隶的一举一动，
坏老师启动了邪恶的无人机，谁都别想
逃出黑暗势力的手掌心。它的作用就是
吸取年轻生命的魂器！

想得到大礼包很简单：

只要调查一点点山水格局，

一点点规划布局，

画一点点平面图，

一点点建筑空间，

进行一点点访谈，

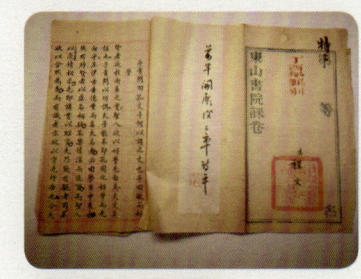

收集一点点历史文化资料，

了解一点点经济脉络，

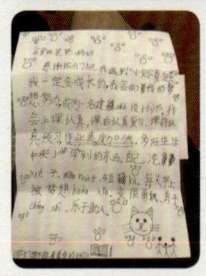

写一点点论文，

每天发一条公众号推文，

空的时候顺便画一点点速写就可以了。

于是,

单纯的孩子就这样走入了邪恶黑暗哥特老师团的套路。

然后,他们

就这样走啊,

走啊,

翻山,越岭

邪恶的老师们
只给孩子们吃很少
一点点稀粥……

住在很破的房子里,

可是孩子们心中憧憬着大礼包,
依然很快乐……

第 13 章 总 结

他们走过了绩溪上庄村，

顺便说一下，其中有一只邪恶的老师患有严重的色盲。例如吧，明明是白墙，还有点脏……

可是她傻不拉几画得花里胡哨的……

再比如几块石头吧，

也被她画得乱七八糟。

所以说，老师是最不可信的！
可是单纯的孩子却没有发现，他们继续行走……

走过南浔古镇，

乌镇，

孩子们被邪恶的老师团控制了，他们疯狂地画，

疯狂地画，

他们忘记了家乡，

无法停下手中的笔。
他们被诅咒了！
永远也停不下来！

忘记了名字，

忘记了自己，

* *

直到他们遇到一个
好心的老乡……

于是，孩子们
决定抢走邪恶老师
的无人机，找回自
己的灵魂

他们成功了！

之后,
孩子们决定用无人机控制邪恶的老师,以其人之道还治其人之身!

让老师们无休止地画速写!

可是,之后孩子们要去哪里呢?

女生们决定到国际化大都市——杭州去找学规划的帅锅。

等一等……
这是国际大都市?

男生们得知了她们的计划,连夜赶往杭州西湖,装模作样地对西湖进行全新的旅游区规划!

好吧,换一张:
2号线换乘4号线,只要一回头就行!
这下相信了吧?
相信了,继续讲故事吧!

那位色盲的老师也终于把墙画白了,看来治疗有效果……

终于,大家重新过上了幸福的生活,直到永远。

This is a sad story with a happy ending.

【完】

13.2　实践队长总结
Reports by the Team Leader

13.2.1　实践背景

城乡认识实习是厦门大学城市规划系的传统项目，自第一届规划班起，城乡认识实习已经顺利走过了晋西陕北、河西走廊、黔东南、皖南、山东、婺源绩溪等地方。2017年，2015级规划班的城乡认识实习在往届成果的基础上，将实践主题确定为"徽杭古道·第三空间"。同时，我们继承2014级"山水婺源"实践队的优秀成果，在实习的基础上开展实践。

以绩溪为起点，徒步穿越著名的徽杭古道，切身体验从皖南到浙西的自然与人文过渡过程，借助无人机视角以及"第三空间"认识方法，向更为纵深、广阔和综合的领域探究。

中国的城市、乡村目前面临着翻天覆地的变革。在城市化进程中，我们总是面临着各种取舍，究竟哪些应该保留传承，哪些应该改造更新？这个问题一直引发广泛的争议。我们认为，在进行决策之前，必然要先了解城市、乡村的发展过程才能更好地对其进行规划。徽杭古道在历史上具有重要的经济、政治地位，其沿线的乡村、城市聚落发展具有典型代表性，通过对它们的研究分析，或许能得到一些新的思路。

13.2.2　实践历程

根据本次实践调研的不同方面，我们将40人团队分为5个小组，调研从5个方面着手：

一、泛巘徽杭：山水格局、自然环境；
二、水岸聚韵：聚落结构、街巷肌理；
三、徽杭人家：建筑形式、风貌特点；
四、古道新经：社会经济、业态发展；
五、如鹫斯飞：无人机组、独特视角。

行程：

7月22日，厦门—绩溪，绩溪博物馆；
7月23日，绩溪博物馆、上庄村测绘及调研；
7月24日，徒步徽杭古道，考察沿途村落驿站；
7月25日，南浔古镇测绘、调研；
7月26日，乌镇—诸葛村；
7月27日，诸葛村—新叶村；
7月28日，诸葛村—三门源村；
7月29日，龙门古镇—杭州；
7月30日，杭州，实习总结。

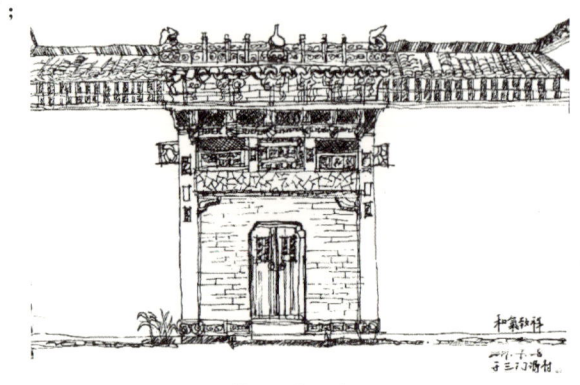

"和气致祥"门墙　速写：刘健阳

13.2.3　成果与收获

一、图册

在实地调查中了解聚落肌理，从城镇走向乡村，再从乡村反馈回城市，同学们用速写、测绘图、航拍图、摄影等记录下了自己对于空间的感受和分析，对日后的空间设计、规划方案的设计有很大帮助，同时提升了同学们的设计能力。在该过程中我们绘制了图册，内容包括无人机航拍图、山水形势图、区域格局图、村落肌理图、建筑平面图、立面图、速写等。

二、《瞰访徽杭》纪录片（该作品入围住建部全国乡村微电影大赛）

得益于无人机的应用，我们将实习所到之地的无人机航拍视频整理成纪录片，从独特的角度，对比探索不同聚落之间格局的联系与不同。

三、4 组专题调研报告，31 份个人实习报告

在对山水格局、自然环境、聚落结构、街巷肌理、建筑形式、风貌特点、社会经济、业态发展等方面进行分组调研后，我们得出了 4 组专题调研报告。每位同学在城乡认识实习中都受益匪浅，并有深度的思考。

四、10 余篇推送

我们继承上届实践公众平台推送的优秀传统，在微信公众号"徽杭古道·第三空间"中制作推送。实习前推出关于调研背景与实习准备的报道，实践过程中推出每个聚落的考察记录，实践结束后对各个专题进行总结推送，实践收获不断强化、提升。

13.2.4　探索与思考

暑假期间走访城乡聚落已经成为建筑与土木工程学院的一个传统。我们将今年的实习成果整理、汇编进《聚落寻源——厦门大学城乡认识实习》，以资对比、总结。

今年的实践中有很多特色与创新之处，比起往年实习，实践过程中注重技术、思想方法应用的不断创新：

首先，今年的实践更注重和教学相结合，实践结束后的学期开设的"城乡历史与文化"课程，同学们有时间在课堂的学习中对实践进行反思，同时实践也更有利于教学的进行。

其次，今年我们第一次采用徒步的方法，用一天时间，穿越全长 20 余千米的徽杭古道，看似耗时，实则对徽州的山水形势、沿途的聚落驿站、徽商文化等都有了更为深入的了解，也在这个过程中磨炼了心志，增强了团队凝聚力。

再次，今年的实践，我们首次使用无人机。往年实习常常需要登到高处，总平面才一目了然，同学们才能获取最直观的山水格局、街巷肌理，进而生成测绘图。而借助无人机，可以更容易获取第一手的总平面，也更加精确，绘得的图纸也更有说服力。后期由"如羣斯飞"无人机组制作的纪录片《瞰访徽杭》更是对徽杭地区聚落的现状及其态势直观而生动的表现。

最后，今年实践将直观的空间感受和精确的空间分析结合起来，为此我们引入了"第三空间"概念，试图将不同维度的空间于调研、测绘中整合。无人机的应用也有助于我们探索第三空间。"第三空间"为城市规划洛杉矶学派的认识论，旨在将历史、社会、空间等城乡原型要素统一看待，避免单一化或二元化视角。同时，以多元、辩证的姿态看待研究过程中的不同点和冲突点，探讨城乡转型发展之路。

13.3 带队教师总结
Reports by the Director of the Fieldtrips

13.3.1 主题的确定

伴随着中国城镇化率的快速增长，城市空间急剧扩张，乡村空心化日益严重。中央适时提出走集约、智能、绿色和低碳的新型城镇化道路，同时大力、充分肯定乡村的价值，提倡建设社会主义新农村和美丽乡村等一系列乡村振兴的战略步骤。因此，未来的城镇化道路将会明显地从数量型增长向质量型提升转变。质量型发展模式意味着空间环境、基础设施、社会人文等多方面品质的内在与外显提升。

古城镇村落作为深具历史人文底蕴的聚落种类，对其山水环境格局、社会产业资源、聚落空间原型、规划设计转型等多方面进行专业考察和研究，对于当前城镇化发展的定位与方向都具有极其重要的理论基础和实践建设意义。厦门大学建筑与土木工程学院一年一度的"城乡认识实习"课程设置中，聚焦于城乡空间原型及其与社会历史文化的关联，要求学生完成为期10天的综合田野考察，主题的确定必然与所到的地方特点相呼应。

2017年4月，2015级城乡认识实习主题确定为"徽杭古道·第三空间"，并详细制订了相应的实习计划，随后在全班开展了实习动员、团队架构、无人机培训、资料阅读、体能训练、队徽设计、队服定制等各项准备活动。

13.3.2 实施情况

经过3个月的精心准备，总共40人组成的实践团队（31位2015级城乡规划本科生、5位2016级研究生、3位指导老师+1位初中生）终于在2017年7月22日出发，经受了9天持续高温酷暑、长途颠簸、徒步跋涉等重重考验，于7月31日在杭州顺利结束，按计划圆满完成了既定实习目标。

徒步穿越徽杭古道纪实

"路，是先行者走出来的！"

中国最著名的古道有3条：①河西走廊（2012年城乡认识实习）；②茶马古道（中国西南地区）；③徽杭古道（2017年城乡认识实习），各具独特的历史文化意义。

徽杭古道，始建于唐代，初成于南宋，明清繁荣而至鼎盛，是联系徽州与杭州商业往来的陆路通道。今天，它是一条"自然风光最壮观、文化最神秘的走廊，见证了徽商经济繁盛和艰辛经营，镌刻着徽商灿烂历史文化"！借助这条古道，古徽州第一伟人汪华、抗倭名臣胡宗宪、红顶商人胡雪岩、一代文豪胡适、徽商胡炳衡……走出大山，光耀天下。也是借助这条古道，走出去的徽商名仕们又衣锦还乡、荣归故里，兴儒学创徽派，再次赢得了天下的认同。徽杭古道地跨皖浙两省，沿途现存众多古村落、古民居、古亭、古树、古遗址等大量的历史文化信息，是研究徽文化传播与外来文化融汇的重要载体。

徽杭古道全长约 50 千米，徒步登山路段大约 20 千米，自"江南第一村"（早上 9 点）起，到邻近浙江省的永来村结束。途经逍遥谷、江南第一关，拾级而上直达施茶亭小憩。然后缓坡爬至黄茅培，经过长距离迂回登山，到达下雪堂的云水间客栈午餐，行程过半。休息之后继续登高，下午 5 时许，全队汇合于徽杭古道至美之处——蓝天凹。但见蓝天清澈如洗，白云朵朵飘移。伫立凹口，极目四眺，皖浙山水尽收眼底，重峦叠嶂，空山静谷，摄人心魄。伙伴们将疲劳和酷暑抛诸云霄，纵情欢呼："为了这美景，辛苦一整天爬山，值！"

一路酷暑，一路美景，一路登攀。集体徒步成功穿越徽杭古道，每个人都感悟到当年徽商的伟大，并且为接下来的"对话徽杭文化"建立了直观而深刻的认知基础。达到永来村当晚，"妙笔徽杭"宣传组克服疲惫，完成了高质量的公众号推送文章（本书第 11 章第 3 节）。推文受到了广泛关注和热情点赞，并引发了徽杭古道旅游开发集团公司的赞誉，为这次集体徒步穿越的壮举画上了完美的句号。

摘自《美篇：徽杭古道》（杨哲），2017 年 8 月 4 日

徽杭古道，作为中国著名的第三条古道，连接着山清水秀的古徽州与富庶发达的苏杭地区。吸引我们的除了这条只能步行穿越的古道，我们更好奇于两个文化圈之间的差异与可能的相互影响，特别是徽派与江南水乡两个古村落群（聚落原型）的异同。为此，笔者带领学生们将这个实习的大主题分解为自然环境、空间布局、社会经济、人文历史等几个小的主题，进行专项调查研究。同时，尝试结合后现代"第三空间"分析方法，加上无人机观察测绘手段，将这些小主题综合起来进行归纳，能够得到比较综合、全面的聚落原型调研成果。

13.3.3 心得体会

回顾以往，笔者有幸一直担任"城乡认识实习"的带队老师，并偏重于将实习与"城乡历史与文化"课程紧密结合，形成完整的课程体系。古老而灿烂的中华文明留下了浩瀚无数、特色纷呈的聚落，我们有序计划，远近结合，进行系统考察和调研。笔者从 2011 年带领第一届规划班开始，先后完成了主题为"晋陕风情"、"河西走廊"、"且看黔行"、"厦遇皖南"、"齐鲁大地"、"山水婺源"和"徽杭古道"的城乡认识实习，连同之前多次带队建筑学专业实习，积累了比较丰富的带队经验、系统的实习路线与独特的调研方法。承蒙院校各级领导和同事们的关心支持、所有各届同学的齐心努力，笔者及所带领的实践队多次获得校级、省级荣誉，也享有良好的社会声誉。在此，就实习带队工作的心得做个小结。

一、提早动员学生参与，全面推进展开

每次在实习启程前两个月即着手准备。为了能给实践活动制订一个周密而完善的计划，应多方联系有关单位和个人，反复交流协商，最终引导实践队确定调研主题和子课题、具体行程路线。缜密充分的行前准备将带给同学们以极大的信心和鼓舞。

同时，注重与学生的互动，培养教师与队员之间的熟悉和默契，邀请学院领导一起进行实习动员，包括专业辅导、安全教育、锻炼身体等方面的培训，为实践的顺利开展打下良好的基础。这次"徽杭古道"实习的第三天，依然是酷暑高温，同学们同心协力、互相鼓励，徒步 20 千米穿越徽杭古道，没有一个人掉队。这一挑战自我、挑战极限的巨大成功，与之前两个月来坚持跑步打卡、强化体能

储备等措施是密不可分的。

二、加强个性化实践引导，关心每一个队员

在实践过程中，带队老师必须始终从起居、路途至现场各环节做到"一个都不能少"。需要特别关心、帮助每一个遇到或可能遇到困难的同学，使得持续10天的大幅度、高强度调研过程顺利进行。有了坚实的后勤保障，也就常常能取得甚至超出预期的调研成果。

在专业指导方面，凭借专业素养和乡野调研经验，组织好专业主题的小团队，挖掘每位学生的特长，力求做到有针对性、引导性的实践调研帮助。

三、注重成果分析展示，加强理论与实践结合教育

实地调研结束后，要求并指导每位同学完成个人实习报告，并依照总课题和子课题对实践成果进行分工、合作与总结，写出正式的书面报告。这些环节均需要老师、学生投入较多的热情和精力，以促进认识水平获得逐步的提升，实现理论联系实际、知行合一的教学目标。因应网络媒体传播特点，在实习过程当中及之后，组织同学积极撰写，进行实时报道和专题研究报告，通过微信公众号、学院官网等媒体及时发布实践动态和调研成果。此举促进了同学们将书本理论与现实社会之间相联系，所获得的社会反响也能不断提升同学们的自信心和专业水平。通过多年积累的一手资料和分析的总结出版，可以扩大教学成果交流范围，取得更多反馈，以利进步。有幸的是，这些调研实践的努力和成果获得了院校领导与广大师生的大力支持、关注和好评，增强了我们继续前行的力量和信心。

苏A60566大巴车平安载着全队顺利完成全部行程，衷心感谢司机张立青师傅！

年年岁岁花相似，岁岁年年人不同。其实，每年的"花"和"人"都是何其不同啊！每一次不同的风景，都给师生们带来不同的收获与感悟。2017年，无人能敌的酷暑，大巴车的艰辛，无人机的历险，徒步穿越成功的喜悦，推文的焦虑交织着特色美食的饕餮，无人机空中的第三视角……这一切最终幻化成一幅幅精美的聚落总平面图。求知的初心、践行的渴望，最终在校园里、课堂上得到知行合一的展现。

见微知著（胡适故居的瓦屋檐）摄影：张筠
God is in the details. ——Mies van der Rohe

不经风雨，亦见彩虹（绩溪博物馆前庭）摄影：张笑宇

13.4 实习成果展
Exhibition of Fieldtrip Outcomes

2017年10月27日,厦门大学在三家村学生广场举办了暑期社会实践成果汇报展。"徽杭古道·第三空间"的展板、以队员们的速写制作的明信片、现场讲解等,吸引了全校师生的关注。年底,实践队获得了厦门大学校级暑期社会实践活动"优秀团队"荣誉称号。至此,"徽杭古道"城乡认识实习的回顾与总结告一段落。

2017年10月27日展览现场 摄影:姚成威等

2015级城乡规划班集体努力获得的荣誉

海报设计:姚成威

PART 01. 实践队组建背景与路线

From Jixi to Hangzhou

中国城市发展在大拆大建的模式下趋于"千城一面",乡村或是空心化,或是成为城市人找寻"乡愁"的旅游圣地,城乡发展亟待转型。实现转型,需要去往广大古城镇乡村,准确把握人类聚落空间原型。同时,研究空间原型特征,势必不能割裂其历史-社会-空间的三重联系

徽杭古道"蓝天凹"全员合影

厦门大学建筑与土木工程学院非常重视教学实践环节。自第一届规划班起,城乡认识实习已经顺利走过了晋西陕北、河西走廊、黔东南、皖南、山东、婺源绩溪等地方。今年,我们2015级规划班的城乡认识实习在往届成果的基础上,将实践主题确定为"徽杭古道·第三空间"。以绩溪为起点,徒步穿越著名的徽杭古道,切身体验从皖南到浙西的自然与人文过渡过程,借助无人机视角以及"第三空间"认识方法,向更为纵深、广阔和综合的领域发展。

PART 02. 实践队三大亮点 THE THREE HIGHLIGHTS.

01.徽杭古道徒步

这次重走古道后,成员们对徽商创业筚路蓝缕,以启山林的精神,有了全新认识;对徽文化的感悟,有了更深理解;对徒步的力量,有了进一步体会;对山水的自然风光,有了更大热爱,全程20公里的山路就这样结束了,但是实践队成员们对山水村落的热爱与追寻依然在路上,永远在路上!

徽杭古道路线图

02.无人机组"如翚斯飞"

"如鸟斯革,如翚斯飞"语出《诗经·小雅·斯干》,意为"屋檐像大鸟展双翼,又像锦鸡正飞腾",常用来形容轻盈精巧、几欲腾飞而去的传统古建筑檐角。我们取用"如翚斯飞"来命名本次城乡认识实习的无人机小组。今年,"徽杭古道·第三空间"城乡认识实习将从去年《山水婺源》的终点绩溪出发,沿徽杭古道继续探索古村、古道、古城镇。不同的是,因为有了处于高空的"第三只眼"——无人机,让我们得以从更加宽广的视角来认识人、建筑、乡村、城镇聚落之间的关系。

03.第三空间

"徽杭古道·第三空间"实践队将以"第三空间"作为认知方法。"第一空间"是封闭的空间和知识,"第二空间"是从"第一空间"发散出去的空间,而"第三空间"则是跨界的,融合不同学科知识和实践领域的更为开放的空间。"第三空间"是一种开放的、包容的、多元的、跨界的学习与认知方式,将实现从课堂到乡野的转换。师生从实践的观察、训练、访谈中获取新知,融会已有学科知识,在交流、思考中更新新知识体系,并以此为基点不断探索新的领域,实现知识的"跨界"。减少思维的束缚与定论,在讨论、争辩、合作中拓展思维,以博雅、开放的姿态辩证看待矛盾与冲突,学习、探讨古聚落空间原型,同时思考其保护发展之路与城市化之间矛盾的辩证关系。

(一)总课题

研究城乡空间原型与历史文化的"原生态"特征,以徽杭古道及其所联系的皖南、浙西的古城镇村落为例进行对比调研。

(二)子课题

1.泛巘徽杭:山水格局、自然环境;
2.徽杭聚落:聚落结构、街巷肌理;
3.徽杭人家:建筑形式、风貌特点;
4.古道新经:社会经济、业态发展。

PART 03. 实践主题
The theme of the practice team.

第一组 泛巘徽杭 GROUP 1

小组课题简介:

山、水、建筑构成了人类宜居环境的物质空间要素,乡村山水的取势直接关系到村民的生存环境、经济持续和文化传承。城镇化浪潮下的乡村记录着我们的"乡愁",而村落的山山水水正是我们记忆的表征。对村落的山水格局进行详细分析,充分提炼乡村山水格局的价值,对我们的城镇化建设和新时期下的村庄保护和建设具有重要意义。

"泛巘徽杭"是"徽杭古道·第三空间"实践队的第一小组,主要负责研究我们所经过村落古镇的山水格局。在实地探访过程中,我们发现这些村落古镇的山水格局或随田散居、或依山就势、或临水建制,但无论如何,这些村落古镇总能因地制宜,充分体现了中国古代"天人合一"的营造理念,更是中国山水田园风光的宝贵遗产。

小组成果展示:

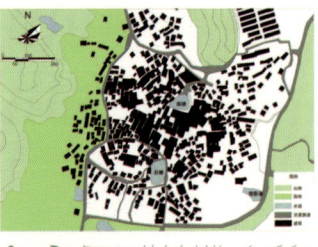

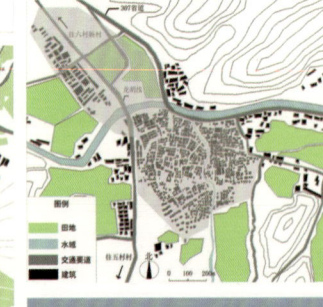

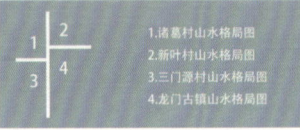

1.诸葛村山水格局图
2.新叶村山水格局图
3.三门源村山水格局图
4.龙门古镇山水格局图

第二组 水岸聚韵 GROUP 2

小组课题简介:

聚落作为人类适应、利用自然的产物,是人类文明的结晶。聚落的外部形态、组合类型无不深深打上了当地地理环境的烙印。同时,聚落又是重要的文化景观,在很大程度上反映了区域的经济发展水平和风土民情等。本组通过访谈、文献整合、实地调研的方式,考察了徽杭古道所联系的皖南一带与浙西一带村落,并选取其中上庄村、新叶村、诸葛村、三门源四处为研究对象,结合无人机设备,绘制村庄总平面及土地、空间分析图等,我们从使用性质、建筑分布、街巷肌理等几个方面对村庄聚落空间进行分析,调研其村落特有布局及形成原因,最后将皖南和浙西两个地区的聚落空间结构进行比较,进一步探究徽杭聚落空间结构特征。

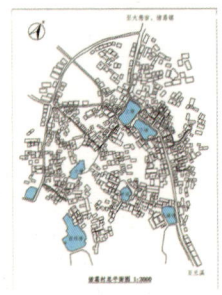
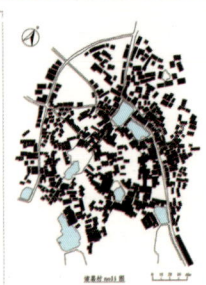
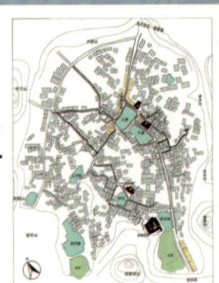
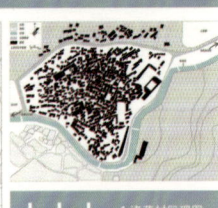
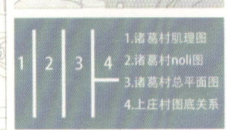

1.诸葛村肌理图
2.诸葛村noli图
3.诸葛村总平面图
4.上庄村图底关系

展板设计:姚成威

第三组 徽杭人家 GROUP 3

小组课题简介：
中国传统建筑的空间往往经由暗示化来体现，空间观以无形喻有形，以精神上的空间构想来指导物质实体。把握中国传统空间观，应首先探索中国人与其居所之间的关系，从而理解自然环境、土地、人际关系的重要性。同时，阐明由儒、释、道融合而成的独特中国社会人文思想也至关重要。每个空间都有其特殊的构造逻辑和内在空间机制，本小组此次实习的目的就是探索中国传统建筑背后蕴含的深层奥义，并以皖南和浙西一带几个典型建筑案例来呈现研究成果。

小组成果展示：

 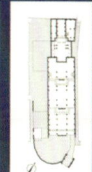 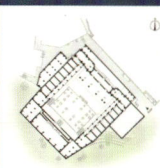  

张石铭旧宅平面图　大公堂平面图　丞相堂平面图　乌镇速写　摄影作品

徽杭古道
Huihang Ancient Path

第三空间
The Third Space

厦门大学建筑与土木工程学院
2015级城乡规划专业实践队

无人机组 如翚斯飞 GROUP 5
无人机组纪录片
徽访激杭

小组简介：
徽杭古道是古代联系安徽与浙江的重要贸易通道，由水、陆两条主线组成。它的开辟与两地独特的地理环境密切相关，曾被誉为皖浙两地的生命线，见证了两地经济、军事、文化等方面交往的历史。随着社会经济的发展和近代交通工具的使用，20世纪30年代以后，古道逐渐退出历史舞台。古道沿线以及周边的村落也不可避免的失去了往日作为商业重镇的光辉。今天，我们探寻古道的陆路部分和水路范围周边的村落，不仅仅是对于其物质上的一种保存，更多的是关注文化上的传承与发展。在呈现传统文化记忆的同时，更好地促进当地的产经发展，提高居民的生活水平。

随着人们生活水平的提高，越来越多的人希望回到农村中寻找失落的"乡愁"。在此背景下，徽杭古道沿线古镇村落旅游业整体都得到了发展。不过，目前旅游业在各村的地位或许有所不同，有的村庄以旅游业为主业，有的仅仅作为副业发展。我们认为，在村落发展的过程中，应当统筹规划，找准各自的定位。一些区位、交通、山水格局和人文环境等都较好的古镇村落可以重点发展旅游业，为整个地区旅游业打造形象。接着，以点带面，许多将旅游业作为副业的古镇村落也能辐射发展。最终，徽杭古道沿线所有村落的旅游业才能形成规模集聚效应，各村互补互促，协调合作发展，整个徽杭古道旅游业的前景不可限量。

此外，还应当处理好旅游业中诸参与者之间的关系，政府、旅游公司、原住民、外来人口和游客的利益协调门道很多，只有照全各方利益，挖掘各方潜能，当地旅游的发展速度才可大大提升。当然，在旅游业开发的过程中，又一项核心内容是控制过度开发，控制商业化的面积和规模，不允许把一条原来有老百姓生活的街区彻底改造成商业街，更不允许把村民全都撵出来，成为博物馆式的开发行为。[8]传统村落是一种活的遗产，也是一种生活景观，文化习俗和生活场景是历史文化名村的灵魂，村民更是传统农业文化和民俗的载体。如果在开发中忽视村民，则仅有民居建筑的村落也就不存在农业文化传承和村落生活延续的功能。这就使传统村落失去了其原真面貌，也就意味着抛弃了村落的灵魂。

第四组 古道新经 GROUP 4

不忘初心　　知行合一

展版设计：姚成威

Episode IV
Memoir of Ganjiang River
Review of the 2018 Fieldtrips

◉ Chapter 14   Itinerary Records
◉ Chapter 15   Reports

第 **4** 篇

赣江南北

2018年城乡认识实习

○ 第15章 启示录
○ 第14章 见闻录

第 14 章　见闻录

Chapter 14　Itinerary Records

14.1　寻源之旅，再次启程
Preparation and Departure

2016 级规划班城乡认识实习在往届调研方法与成果的基础上，以"赣江南北·诺利空间"为主题，从江西赣州出发，途经赣江流域的"一城、一镇、一山、九村"，考察与体验赣江沿岸聚落的自然环境和历史人文，以无人机技术，从诺利地图的认知角度，深入城乡空间，触摸、体会、感悟其形式与温度。

14.1.1　赣江南北

赣水苍茫，源从赣州，浩浩汤汤，奔入长江。江西以赣文化为本，而文化之源正是赣江。

赣江是长江主要支流之一，位于长江中下游南岸，源出赣闽边界武夷山西麓，自南向北纵贯全省，可说是江西的"母亲河"。赣江流域以农耕为基础形式，孕育了诸多中华民族文化的子文化，这些文化深深扎根于赣鄱大地的城镇和村寨聚落之中。

章贡合流始有赣水，过鄱阳，入长江。贯穿全省的赣江，自农耕时代起就是周边所有城镇和村寨群落赖以为生的根本。自然条件的优渥使得江西农业非常发达，在科举文化强势的历史传统、"耕读传家"的处世准则下，赣江流域的村镇必有其个性与共性。我们将利用实习机会实地调研其山水格局、区域性组团、交通联系方式，城镇村的格局、建筑街巷组织与空间肌理特征，自然地理、城乡风貌与建筑风格形式特点，历史人文、乡俗传统的文化共鸣。

14.1.2　诺利空间

18 世纪的欧洲，古典文化借由文艺复兴的广泛传播而仍然处于兴盛时期。1748 年，受教皇委托，建筑师兼测绘师詹巴蒂斯塔·诺利绘制了著名的《新罗马地图》（简称诺利地图），至今已成为罗马城最重要的历史档案之一。诺利地图精确而详细地记录了罗马当时城市和城郊的状况，包含着十分

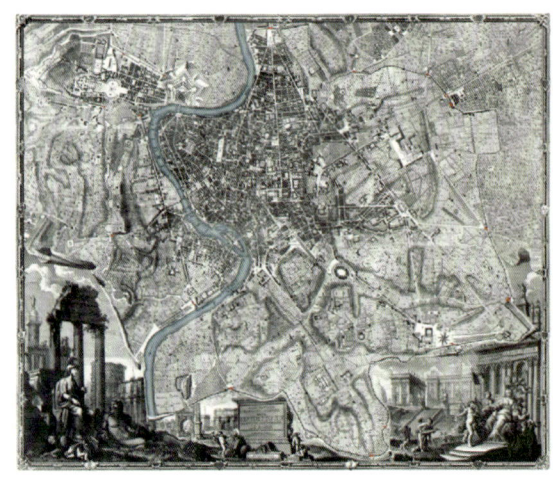 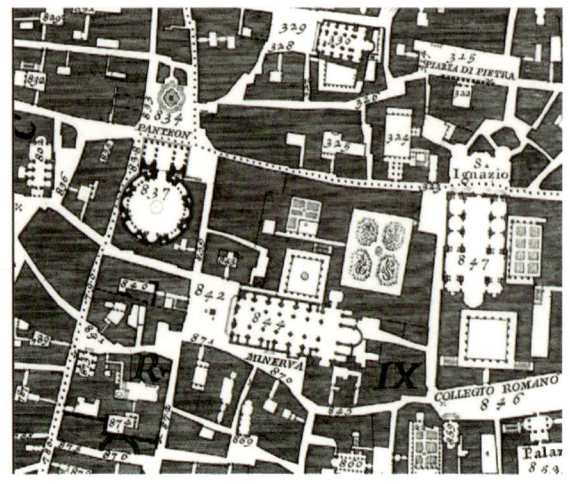

诺利绘制的《新罗马地图》及局部放大　来源：网络

丰富的地理和文化信息。地图采用"图底关系"的方式来表达城市形态，体现了对罗马城传统结构、肌理与公共空间特征的认识，被认为是具有重要历史价值和理论意义的经典城市地图。

两百多年后，即 1978 年，诺利地图被用来作为"被打断的罗马"城市设计展览的底图。诺利地图的精确性、图例、所表达的信息及其所体现的城市内涵，展现了地图的可操作性价值和对现代城市设计的启示，尤其是对于公共活动空间特性的揭示，比一般图底图、肌理图要来得更为深入、直观和明确。

赣江流域的实地考察和调研，我们计划用无人机采集聚落总平影像，测绘祠堂庙宇博物馆等公共建筑平面，然后进行总平面图制作、图底分析、肌理分析，再利用诺利地图进一步分析公共空间特性、公共空间与人的行为、村庄的历史文化等内容，进一步了解聚落空间原型。

14.1.3　动员大会

2018 年 5 月 26 日下午，2016 级本科规划班全体同学参加了城乡认识实习动员大会。王绍森院长和黄俊清副书记对认识实习的目的和意义进行了明确阐述，殷切希望同学们珍惜这次有老师全程带队、全班参与的实践机会，并强调组织纪律、安全保障等事项对实习取得成功的重要性。杨哲老师为同学们介绍了课程目的和本次实习的行程安排，展示了往届实习的成果，并且对诺利空间、无人机、速写等相关知识技能进行了讲解，同时强调了提前锻炼身体的必要性。

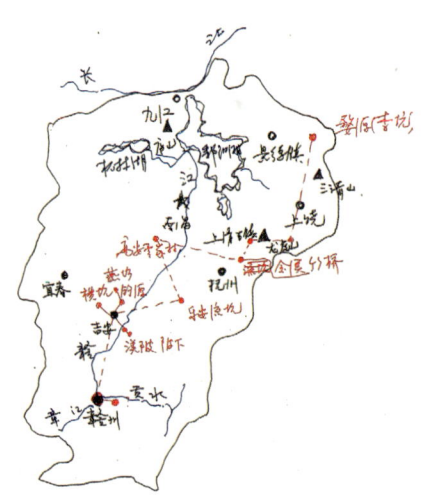 

赣江南北实习计划路线图　绘制：杨哲　　2018 年 5 月 26 日实习动员　摄影：黄俊清（带队老师）

经过动员，同学们受益匪浅，热情高涨，均对本次实习充满了期待。

"可以预见的是一路上的收获与成长，规划生的实验室是在广大的土地上，狭隘的巷道中，也许一路走来会有些辛苦，但是相信在这个过程中能够拥有许多专业的心得体会，提升自身的能力，也能增进与同学之间的感情。"【林少墩】

"需要做好充分的阅读、速写练习等前期准备工作（也需要按时锻炼身体了），以保证在实习途中能顺利完成任务。当然相信此次实习也是一个增进大家友情，让规划班更加团结的一个机会，期待与大家一同经历，创造出精彩难忘的回忆。"【迪丽胡玛尔·卡哈尔】

"对学长学姐们在实习过程中留下的累累硕果，我深感惊讶，同时明白实习过程不仅是对我们专业技能的训练，也是一次团队的精神凝结，是一次在陌生的环境里探索未知的体验。"【张越潮】

"从之前几次的实习中，我能看见文化底蕴、人文情怀的核心精髓，能看见吃苦的决心和对这片大地的热忱，能看见我们专业技能的运用和肩上担负的责任。"【嘉禹豪】

"一届届的实习已经作为我们厦大建院规划系的优良传统，实地调研，亲身走过祖国大地的各个地方，为今后步入社会工作做了必要的准备，也埋下了对祖国城乡现状认知的种子，更不用说在9天的锻炼中，加深与同学之间的认识了解，以及锻炼速写、认识诺利地图、运用无人机等方面的专业技能。为了做好实习的准备，现在开始也得捡起落下的体育能力，好好地锻炼自己的身体，才能走得起长路，抗得起行李。"【陈伟康】

14.1.4　策划大赛

6月9日晚上，方佳清同学作为"赣江南北·诺利空间"暑期社会实践队队长，代表2016级规划班全体同学参加了暑期社会实践策划大赛。她从课题概述、团队组成、实践安排、实践方法、预期成果等几个方面，将我们的实践策划展示了出来。策划大赛的4位专业评委都给予了一致好评，并且针对细节提出了一些建议。

此次策划大赛是对我们实践过程和计划的一次检验，也是我们真正踏出的第一步。

14.1.5　队徽队服设计

经过两周多的队服图案设计以及同学、老师们的激烈讨论，最终敲定：

以本次实践的主要地点赣江以及沿途的路线地点作为图底，并将所有队员的名字做图案化设计，按照分组标识在队服上。同时，色彩的设计上以水系蓝底、红飘带路线、队员名字绿叶图案组合成最终队徽与队服图案。

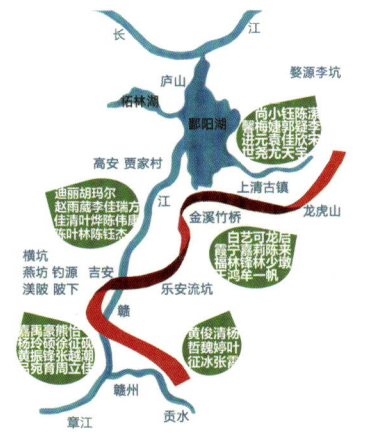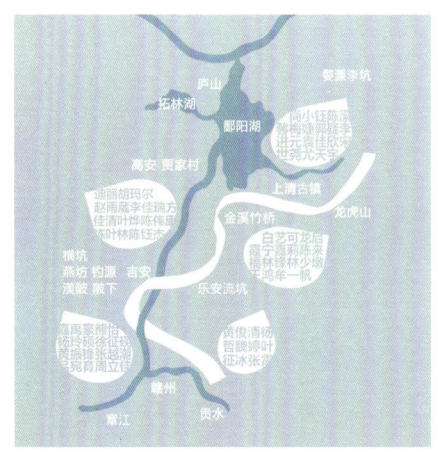

队服图案及队徽设计　绘制：赵雨葳；张越潮

14.1.6　出发！

2018 年 7 月 20 日，2016 级规划班全体同学踏上行程！

当朝阳初升，洒在赣鄱大地的万点青山，长河远去，我们迈开脚步前行——去倾听农业文明的挥汗之声，去品味晴耕雨读的传家之言，去探见赣江两岸的城镇空间聚落，去对话这片土地哺育的文化传承……

我们做好十足准备，怀揣憧憬与热忱，整装待发！

赣江南北，我们来了！

2018 年 7 月 20 日，上午在厦门站集结出发，下午抵达赣州站

14.2 第一站:"郁孤台下清江水畔"赣州古城
The First Port: Ganzhou Ancient City

菩萨蛮·书江西造口壁

[南宋] 辛弃疾

郁孤台下清江水,中间多少行人泪?
西北望长安,可怜无数山。
青山遮不住,毕竟东流去。
江晚正愁余,山深闻鹧鸪。

赣州,位于江西省南部,赣江的上游。发源于南岭山脉的章江与发源于武夷山脉的贡江,就在赣州城下汇合为赣江。赣州城屹立于章贡两江合流的赣江源头,是千里赣江第一城。时至今日,赣州城依旧保留了宋城的基本风貌,处处可见历史的烙印。

日暮时分的章江、贡水汇流处 摄影:无人机组

7月22日上午8点,带队老师和2016级规划班的同学们准时集合,满怀期待和喜悦,前往福寿沟实地考察,开启了赣江南北城乡探索的第一次实习活动。

处于盛夏的赣州,即便是清晨也透着炎热的气息。短暂的车程之后我们到达了第一站——福寿沟,无人机小组立即展开工作,拍摄了我们赣州实习的第一张合影。

矗立着刘彝雕像和福寿沟图案的广场;涌金门外福寿沟"水窗" 摄影:无人机组

第14章 见闻录

作为古代赣州的城市排水系统,福寿沟是北宋水利专家刘彝在熙宁年间(1068—1077)主持修建的。当时全国兴修水利工程万余处,尤其在江南经济发展推动下,东南水系发达地带特别注重水利工程。宋城赣州的整个排水系统分为福沟和寿沟两大部分,福沟排城东南之水,寿沟排城西北之水,运用水门水窗系统进行排水防涝,是古代城市建设中富有创造性的综合工程。

继续前行,我们来到了涌金门,门后便是宽阔的贡江。师生们感叹着贡水壮阔景象,拿起相机和速写本,为这次实习活动留下珍贵的记录。

贡水边、涌金门外合影 摄影:无人机组

涌金门 速写:张越潮;黄俊清

伴着蝉声沿着城墙外的石板路一直向北前行,就来到了八境台,章江和贡江就在八境台下汇合成赣江。八镜台周边绿树苍茫,碧水微荡,楼亭对峙,清新幽静。据说,登台眺望,赣州八景可一览无余,所以取名"八境台"。

赣州八镜台 摄影：无人机组　　　　　　　　　　巍巍八镜台 摄影及速写：尤天宇

空中俯瞰赣州古城，其形似巨龟浮于江上，两江交汇之处的北门为龟尾，因而叫龟尾角，现称龟角尾。这一片比较开阔的平地已修建成广场公园，广场南面矗立着巍峨壮丽的八镜台，北端是秀丽端庄、小巧玲珑的合江亭。广场中间是客家先民南迁纪念坛，上面安放着三足宝鼎，寓意客家人的大本营立足于赣闽粤三省，即：形成于赣南，发展于闽西，成熟于粤东。凭栏四眺，三江汇聚，碧水青山，城厢辐辏。建于北宋的赣州古城墙还有两座炮城，在国内也属罕见。无人机小组在广场上调试设备时，吸引了许多市民游客和孩子们好奇的目光。上午的考察在拍摄烈日下合江亭处的合影之后宣告结束。

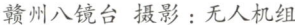

烈日下合江亭处的合影 摄影：无人机组

第 14 章 见闻录

午休后，实践队成员重整旗鼓，来到了赣州历史文化与城市建设博物馆。展馆整体规模宏大，进门的大厅也十分气派，且有专业人员讲解赣州的历史沿革与发展，不仅开阔了视野，也加深了对赣州的了解和印象。

 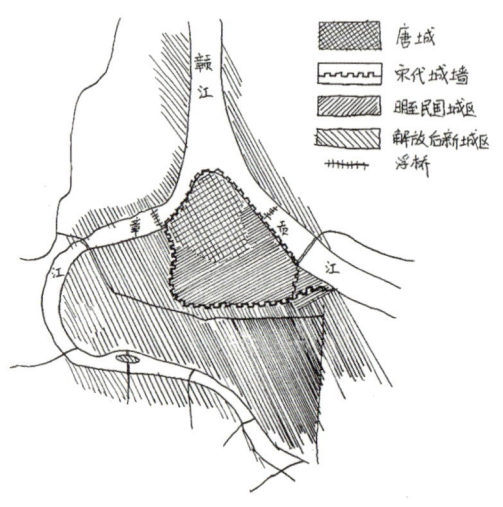

赣州历史文化与城市建设博物馆 摄影：张越潮　　赣州城厢发展示意图 绘制：张筠

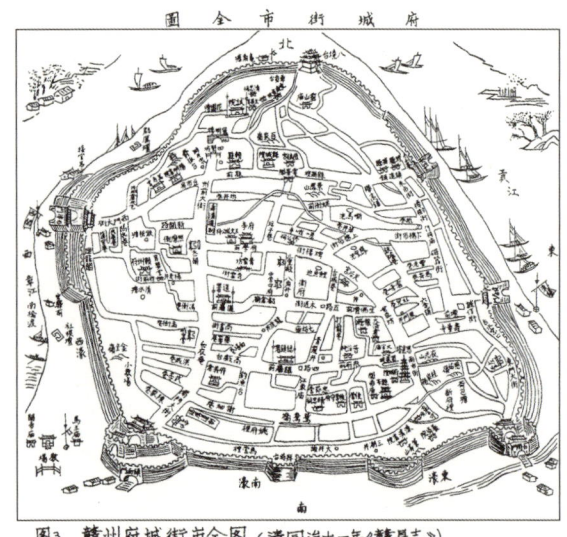 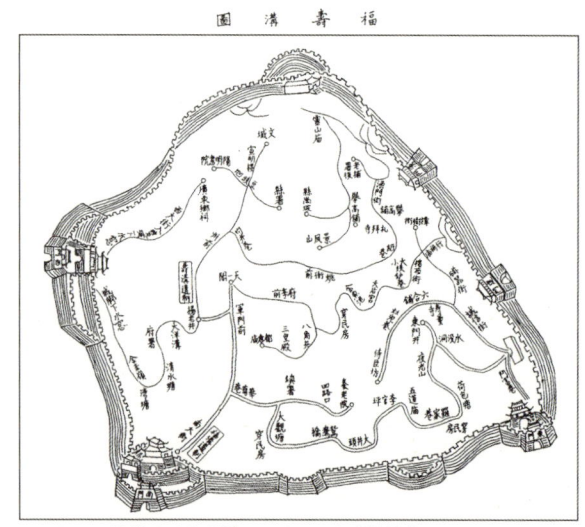

赣州府城街市全图（左）、赣州城福寿沟图（右）来源：清同治十一年（1872）《赣县志》

进入多媒体展厅，细致的赣州城厢模型吸引了我们的目光，伴随着介绍视频，大家对赣州未来的规划定位以及发展都有了较深入的认知。

在自由参观的过程中，许多同学都在四层的美术馆内进行下午的速写活动。也许是受了美术馆内一幅幅精美作品的影响，同学们的绘画热情也格外高涨。

展览馆内的设施和陈列的内容刷新了我们对赣州历史、现在以及未来发展的认识。夕阳西下，带着满满的收获和些许的倦意，实习第一站——赣州部分就结束了。虽然只有短短一天的活动，但是每个人都有了非常丰富而具体、与预习功课不一样的体会，也对接下来的实习探索有了更多的期待。

这里收录首站旅程带给老师和同学们许多意想不到的收获和感触。

"作为第一组的成员,虽然早就对赣州老城区有了一个较为完整的认识,但当真正从涌金门出发,一路沿着城墙行至龟角尾,登上八境台时,亲眼看那三台耸立,二水合流;亲耳听那涛声依旧,渔船桨波——所获得真切实在的体验与震撼,是文字完全无法替代的。"【嘉禹豪】

"君不见,认知实习风景好,碧波千里荡胸怀;君不见,涌金门外渔夫声,肥鱼老龟钓上来;君不见,八境台外游人织,陀螺旋转小孩痴;君不见,章贡二水汇赣江,缥缈入画撼人心……"【林锋】

"赣州之行,意在释问。知行同并,将有所成。古城巍巍,鲜有苔痕。老木青青,广宿凉荫。江水悠悠,伊人纾情。古楼染滨,道隐其真。晚霞粼粼,半梦半真。烈日虽盛,难抑众心。傲暑纵盈,莫欺我魂。此行有意,非是浑浑。文馆之行,心境概生。城起城兴,自知其明。天地共人,莫可不并。千年古城,惊煞古今。今日之行,不虚不盈。"【陈叶林】

"当听到贡水源自武夷山脉时,不禁有些愕然,脑海中翻腾出一幅倒过来的黄河'几'字形。因为武夷在北,贡水南下再转向西,北拐与章江汇流而成滚滚赣江,一路北上,终入长江。初伏高温下,小伙伴们并不畏惧当头的烈日,多次配合无人机航拍。林锋、陈来福两位机长更是在烈日下精心操控,完成了多张精美的航拍照片和视频,令人感动!"【杨哲】

"第一次随同杨哲老师的队伍进行专业考察,对于动员大会时的体能要求至今仍心有余悸,我开始了积极的适应。第二天的行程十分充实,从造福赣州人民的福寿沟不觉联想到李冰父子的都江堰工程,在没有规划专业、没有千人计划的古早时,并不影响人们改造自然、创造美好生活的脚步。眼看城市们遇见的越来越多的'百年不遇',同学们是不是觉得任重而道远?第三年的学习很快就要展开,希望周到的考察安排与实践教学之相长能为今后打下更好的基础!"【黄俊清】

夕阳西下,合江亭目送章贡汇合成赣　摄影:无人机组　　　　合江亭夜观八镜台　摄影:杨哲

14.3　第二站:"千言万语古村老屋"吉安
The Second Port: Five Ancient Villages of Ji'an City

7月22日早晨,告别了赣州古城,顺赣江一路北上,向吉安进发。入驻吉安,计划用3天时间对周边5个著名古村落(横坑、钓源、燕坊、渼陂、陂下)进行实地调研和建筑测绘。近中午时分,我们先行抵达第一个目的地——横坑村。

负责第二站测绘及推送的第二组 摄影：梅婕

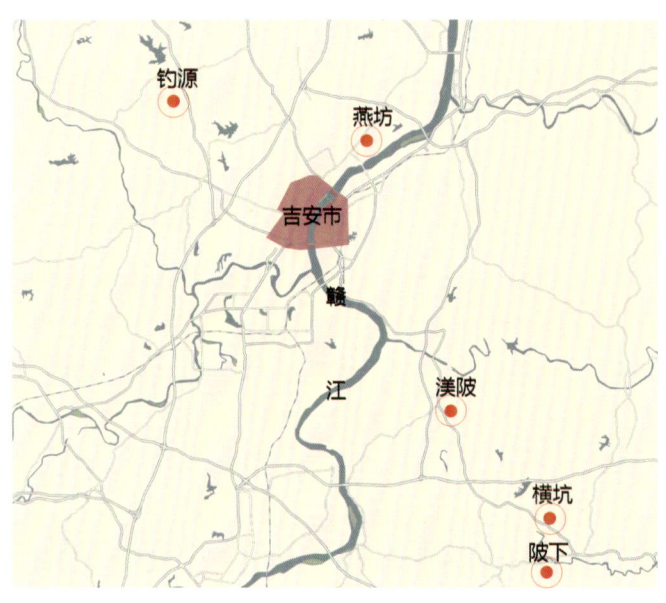
吉安5村区位图 绘制：林少墩

14.3.1 横坑村

横坑村古名泓溪，背靠于高岭之上，山脉发源于安仁山，十三口池塘绕村，状似"船"形，有三面环水、双流砥柱之势。现代人因村庄像一大平台横亘十里长坑，故又名横坑。原有1500多人、祠堂25座，现存11座，我们调研了保存完好的7座。

横坑村口合影 摄影：无人机组

村庄内许多明末清初的建筑，历史风貌保留得较为完整。通过速写独特的自然风光和村中遗留下来的祠堂，加深了对村落风貌和建筑结构的理解。测绘组同学将柱网结构记录下来，为诺利地图的制作做好准备。

横坑村济公祠　摄影：宁嘉莉

横坑村速写：叶征冰（2017级建筑学硕士研究生）；吕宛育

◆ **暑热中的小阵雨**

到了本该是最炎热的时间，空中却响起了隆隆的雷声。一段时间后，一场淅淅沥沥的小雨在润泽这片土地的同时，也抚慰了大家被酷暑折磨的身心。找到了一个长廊躲雨，老师和同学们在廊下一边写生，一边畅聊，欣赏雨中清新而古朴的村庄。还有同学被热情的村民邀请到家中躲雨，学习到了横坑村的历史以及有趣的典故。

黄俊清老师在横坑村长廊中水彩写生

横坑村景　速写：赵雨葳；魏婷（2017级建筑学硕士研究生）

◆ 心得体会

　　一席青山一席村，还似故时几多行。
　　几村绕尽阔道生，犹似柳暗与花明。
　　数道流转至横坑，旧祠新屋恰逢迎。
　　古祠森森流光阴，新草青青匿客心。
　　横坑举村皆钱姓，故居依旧忆将军。
　　老妇幼童多善心，新宅旧屋各显痕。
　　此多更谢天公明，烈日归去半似阴。

　　和当地居民聊天，他们很热情地和我交谈。交谈中得知此村除新搬来的三四户外，其他居民都姓钱，钱江将军的钱。村里打井只需要七八米就能取水，所以每家每户都有一眼井。他们一年种两次水稻，说此村的历史有700年左右……村中以宗祠最为古老，而后多有修复。大部分居民住宅都是七八十年代依照古代样式建造的，其中的宅名以及顶缘边的成语等都由泥瓦匠所写，所以有很多错误的用词以及不当的命名也感觉在情理之中。他让他的小孙女拿来椅子给我，待下雨我要离开时又叫我进他家坐坐，甚感欣慰。【陈叶林】

　　从赣州前往横坑的路是艰难的。下了高速之后，大巴车开上了狭窄的村道。狭窄的道路、勉强的会车、看上去不可通过的小桥、拦路的歪脖子树，都让这次旅途变得十分惊险，好在最后还是顺利来到了横坑村。而在这里等待我们的也没让人失望。用无人机对村子进行了一轮空中侦察之后，我们进入村内。一位老奶奶十分热情地和我们分享了自家种的西瓜，还拿凳子给我们写生用。有如此民风淳朴的地方实在让我非常感动。村内数量众多的祠堂也给我们留下了深刻的印象。不过可惜的是大部分祠堂已经不具备祠堂的功能，而是空有一个壳子，没有什么人也没有什么设备。很奇怪，村里没多少人，不少民宅都空荡荡的，游客中心和公厕也都大门紧闭，与宣传栏中特色旅游村的描述大相径庭。虽然不知道发生了什么，但我还是由衷希望这个村能有更多的活力。【陈钰杰】

每逢狭路、过桥都会下车等待；热情招待我们西瓜解暑的老奶奶　摄影：杨哲

　　晚上，老师们召集第二组全体同学，详细地安排了明天的任务，并对速写作品进行了细致的指导，让大家受益匪浅。

横坑村钱氏宗祠剪影 摄影：杨哲

第二组作业会审 摄影：陈伟康

14.3.2 钓源村

经过一晚上的休整，7月23日早晨，我们来到了"神秘八卦村"——钓源村。

钓源村欧阳氏宗祠前合影 摄影：万德彪师傅（大巴司机）

"品"字形布局天井是较大规模祠堂的"标配" 摄影：杨哲

钓源村是中国历史文化名村，江西较早发现和保护开发的古村之一，也是吉安市十几年来旅游开发的重点村落。该古村为北宋著名政治家、文学家欧阳修同宗后裔聚居地，为独具江南特色的八卦造型古村落。民居建筑蕴含着丰富的历史文化内涵和观赏价值，代表了赣派民居的典型风格。

游览村中一些历史建筑和历史文化设施，我们学到了不少历史典故，拓展了中国传统建筑的相关知识。钓源村的古建筑都是从明末清初保留下来的，距今已有300多年的历史。

像很多传统村落一样：古时钓源村重视科举，鼓励后辈从仕，培养了许多举子，每个举子都允许在祠堂前立一对石碑（旗杆石）以示嘉奖，至今仍有部分石碑存留。

游览之后，师生们开始寻找自己心仪的地点写生，第二组同学对几个主要祠堂的平面柱网进行了测绘。村中自然景观和人文景观都很优美，民风淳朴，能看到三三两两的村民或忙于农活，或闲谈休憩。

钓源祠堂广场上的旗杆石　摄影：宁嘉莉；迪丽胡玛尔·卡哈尔

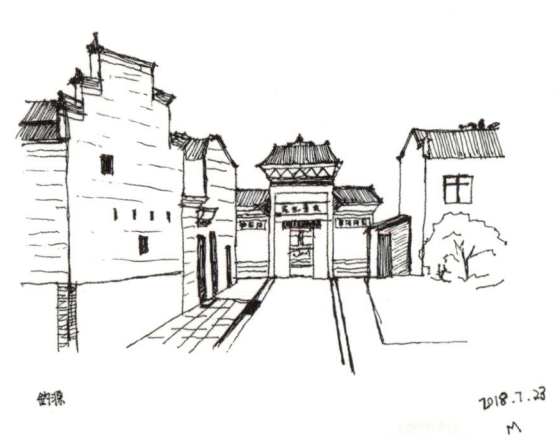 

钓源村落　速写：梅婕；叶征冰

钓源村民居木雕 速写：袁佳欣

在钓源村调研的同学们 摄影：杨哲

钓源村景 水彩写生：黄俊清 速写：杨哲

钓源一隅 摄影：杨哲

第14章 见闻录 | 431

14.3.3 燕坊村

中午在钓源村用过餐后,下午马不停蹄地去拜访另一个古村落——燕坊村。

燕坊总览 摄影:无人机小组

燕坊村位于江西省吉安市吉水县金滩镇,是吉水县古民居保存完好的庐陵古村,是一个有着800多年历史的古老村庄。悠久的历史,曾孕育出多姿多彩的名人文化、底蕴深厚的庐陵文化。村内明清建筑群保存完好,现存明清建筑102处。村后古樟、古枫和村前古井、古池塘与古村融为一体,具有深厚的庐陵文化底蕴。

燕坊村的建筑分布没有像钓源村那样密集,村落中散布着几家宗祠和许多牌坊。在燕坊村历史演变过程中,外族的迁入对村落的发展产生了很大的影响。如今的燕坊村由三大家族组成,每个家族都有属于自己的宗祠,并且都保留了下来。这些古建筑的保护和合理利用也是关心这片地区的人们所面对的问题之一。

燕坊村古樟树林 速写:陈伟康;熊怡;黄振锋

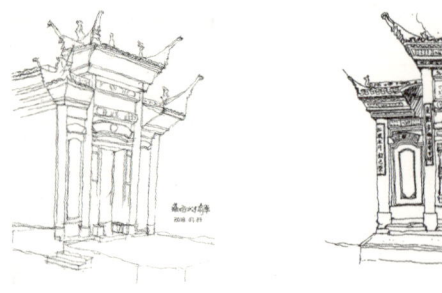 

燕坊村水木清华大门及门头 速写:李佳瑞;陈伟康;赵雨葳

燕坊村资政第前合影 摄影：无人机组

燕坊村鄢氏宗祠 速写：白艺可

燕坊村水绕山环赣文化馆 速写：龙启霞

第三组作业会审
摄影：迪丽胡玛尔·卡哈尔

第14章 见闻录 | 433

14.3.4　渼陂村

7月24日上午，我们来到了渼（mei）陂（bei）村。渼陂村已存在了1000多年，第一代村民是从陕西迁移过来的，按家乡的渼陂湖命名。至今该村所有居民仍为梁氏家族的后裔。渼陂村的主祠堂已有500多年历史，至今仍在使用，村民在此举办红白喜事及其他大事。

渼陂村古为庐陵县纯化乡七十六都，现属于文陂乡管辖范围，位于集镇的南部。渼陂村西北面背靠山，东临富水河，南面遥望连绵的山体，地处一片平地之中。村落为里坊制街巷式布局，巷道纵横，注重风水营造。村里拥有28座池塘，象征着天上的二十八星宿。村落经过多年的更新与扩建，总体上处于一种自然发展的状态。

渼陂村口祠堂鸟瞰　摄影：宁嘉莉；无人机组

村庄中有一些富有特色的、中西结合的建筑。先时村中多商人，见多识广的商人回村后用经商赚得的钱修建了结合西方风格的豪宅，也修建了学堂供村中小孩免费学习，鼓励他们去参加科举。也正是如此，村中出过许多举人才子。

渼陂村中西合璧的小教堂　摄影：宁嘉莉　速写：杨哲

村中还有一处基督教堂，是外国传教士来此传教时修建的。教堂也是中西结合的形制，圆拱形门窗洞和色彩斑斓的玻璃显现出西方建筑特征。

渼陂村的古建筑保留得较为完整，最有特色的是一条"见头不见尾"的商业街。所谓商业街，实际是一条长长的弧线形小巷，两边的店铺鳞次栉比地排列着，屋檐和山墙连接构成了古意盎然的天际线。

渼陂村商业街　速写：周立佳；宋世尧；叶征冰

在这些中外建筑之外，渼陂村也有鲜明的红色印记，在近代历史上曾是中央苏区建设的前沿发源地。1930年2月7日至9日，毛泽东同志正是在这里主持了著名的二七会议，探讨解决农民土地问题。毛泽东、朱德、曾山等老辈革命家均在此处从事过革命活动，许多建筑物的墙壁上都留下了当年红军所书的标语，以及被敌军机枪扫射过的痕迹，从而成为珍贵的革命史料。

毛泽东故居的书房影壁上有一副对联："万里风云三尺剑，一庭花草半床书"，精准描述了毛主席的光辉生涯。所有人站在一起，背靠着这副奇巧的对联以及鱼跃龙门而成龙的壁画，将此作为对未来的期许，记下了这意义不凡的一刻。

毛泽东故居书房合影

14.3.5　陂下村

7月24日下午，我们乘车到达了另一个历史文化古村——陂下村。这一村落渼陂村很近，村中同样留有许多历史建筑，祠堂宗庙。由于正值午间阳光最烈的时候，很少见村民外出走动，整个村落显得安静而空旷。

陂下村是中国历史文化名村，也是著名的革命圣地之一，坐落于富水河畔富田镇西南，距吉安市中心城区约48千米。陂下古名潭溪，自唐代开基以来，已有1 000多年的历史。现有胡、罗两姓，400余户，1 800多人口，97%的人口为胡姓。村中有4个牌坊，36座祠堂，18口古井，封闭式巷道，"星聚堂"里有龙凤楼阁、王鞭以及精美的木雕、石雕。

在巷道中漫步时，两侧的墙壁斑斑驳驳，墙壁外层剥落，砖块显露了出来，很有年代感，偶然又见一栋翻修一新、砖瓦锃亮的民居，令人一时之间有些恍惚，不知身在何时。转角处又突然出现一座祠堂，高耸在小广场前给人以压迫感，飞檐斗拱也颇有气势。

陂下村鸟瞰　摄影：无人机组

陂下村星聚堂 摄影：宁嘉莉

"双胞胎井"及雕像 摄影：林锋

陂下古村素有双胞胎村的美誉，据悉，该村的"南明井"井水清甜甘冽，饮此井水的周边村民几乎家家户户生有双胞胎，目前有20多对双胞胎居住在井周围，故称此井为"双胞胎井"。

陂下村祠堂广场 速写：杨哲 水彩写生：黄俊清

下午的炎热开始转为闷热，热气中也隐约带上了湿气，远处的乌云开始向这边压过来，雷声从朦朦胧胧到清晰震耳，一场大雨蓄势待发。

紧绷的弦一下断裂，大雨瓢泼而下，大家纷纷寻到地方躲雨，檐口滴下的水连成一线，透过雨帘，古村落在大雨中的风姿愈发清丽动人。

雨中的竹隐堂天井 摄影：陈钰杰

雨势趋弱，陂下村被冲洗一新。我们走出避雨的祠堂村宅，享受着雨后清爽的空气。在潭溪胡氏宗祠（大祠堂）宽大的前院里，无人机拍下全队合照，为吉安的三日五村之行画上了一个完美的句号。

陂下村潭溪胡氏宗祠（大宗祠）合影　摄影：无人机组

结束了三天吉安五村的行程，老师和同学们记忆满满、收获颇丰，坐在回宾馆的大巴上开始憧憬下一站——千古第一村乐安流坑。

结束调研回吉安市的途中　摄影：杨哲

第四组作业会审　摄影：黄俊清

14.4 第三站:"古祠森森水余情"流坑竹桥
The Third Port: Two Famous Villages of Fuzhou City in Jiangxi

别了吉安,我们开启了抚州境内的流坑竹桥之程。探访赣江南北,绕不过流坑竹桥。虽然只是两村,却载满两天的行程。7月25日流坑一程,一祠祠,一巷巷,全都染透迎客之情。26日竹桥一行,一步步,一笔笔,尽情奏响古村之声。测绘,无人机拍摄,速写,访谈,只为最终的美好收获。

14.4.1 流坑村

◆ 古村概况

第三组在流坑村调研自拍合影 摄影:李佳瑞

流坑古村位于乐安县牛田镇东南部的乌江之畔,始建于五代,有"千古第一村"之称。流坑村以血缘关系为纽带,单姓(董姓)聚族而居。典型的江右民系古村,外有乌江三面绕流,四周青山环抱,山川形胜,钟灵毓秀,内有龙湖环绕,村墙、门楼守望。流坑村集农、仕、商于一体,村落以农业耕作为基础,科举文化兴盛,后转向经商致富一途。村中古建筑群是第五批全国重点文物保护单位,现存各类建筑遗址260处,其中明代19处,包括状元楼、翰林楼、"理学名家"宅、文馆等不少纪念性文化建筑。数目众多的匾额楹联和家藏文物,使流坑古村成为一座珍贵的历史文化宝库。流坑村是中国历史文化名村、江西省历史文化保护区。

流坑倩影 摄影:无人机组

初到流坑，大家就开始惊叹这绝美的景色，一个个都开始拿出手机拍下这不可复制的奇景。在"流坑村的圆明园"董氏大宗祠遗址上，大家流连忘返，慨叹着历史的沧桑。

夕照大宗祠遗址　摄影：迪丽胡玛尔·卡哈尔　速写：李佳瑞

流光溢彩的流坑龙湖　水彩写生：黄俊清　速写：杨哲　摄影：迪丽胡玛尔·卡哈尔

黄昏时刻，大宗祠遗址合影　摄影：无人机组

440　第14章　见闻录

夕照时分,明月高悬,最适合拍照留念。傍晚,村中景色愈加怡人,让人久久迷醉其中。这里的天,这里的云,这里的建筑,这里的装饰物,这里的一草一木,都让人感叹这千古第一村着实不负其名。

傍晚,无人机镜头下,泸溪江畔、龙湖两岸、流坑村落的广阔夜景十分迷人,一览无余。

夜色阑珊下的流坑古村俯瞰　摄影:无人机组

◆ **心得体会**

两日三地,总是归来离去。三落两起,应谢无人之机。探得他村诺利,又寻此间绝奇。昨日寻宅问第,今朝觅祠访居。汹汹急雨,人皆笑说天意;熊熊暑气,吾自以梦为溪。景秀村奇,尽在心中画里;山青水碧,自生诗情画意。千种寻觅,万般记忆,犹似故时梦里。古道依依,苍木寂寂,还绕欢声笑语。噫吁噫吁,明朝复往他地。【陈叶林】

流坑古村的美让人流连忘返。前一天,因为电量耗尽,无奈提前携无人机返回。今天一早,我就带着飞机前往龙湖进行航拍。宁静清澈的龙湖纯净如宝石,映照出周围古建筑、柳树和蓝天的倒影,煞是好看。廊桥上,新朝朝街上居民熙熙攘攘,呈现出一副朝气蓬勃的画面。如果有机会,我还会来这里。【陈钰杰】

第一次如此亲近地流连于一个个古朴的村庄,心情如此舒畅。小榭清风,没有城市的车马嘈杂,有的只是蝉鸣鸟叫,傍晚的月亮也格外应景。天台上三五成群感受夏日凉风,仰头还能临目皎月,悠闲雅淡,每一分景色都刚刚好,不多不少。信步于小巷之间,一条条石板路相互交错,一座座古建鳞次栉比,狭长宛转的小路再加上略过的一丝丝凉风,那真的是可以让人放下所有烦恼的。也很庆幸这种古村落可以保留至今,里面的村民也都基本保留着原有的文化。总之不论哪个村庄,我们学到的东西都是难能可贵的。学长说得很对,北上广谁都可以去,这种地方不再有第二次。【李进元】

◆ 写生作品

流坑 速写:杨哲;叶征冰

14.4.2 竹桥村

◆ 古村简介

竹桥村位于江西省抚州市金溪县双塘镇,始建于元末明初,为风水师廖禹先生所定。总门楼前有"品"字形排列的古井,寓意村民不管是为人、为学、经商都要讲究品德。门楼内房舍俨然,宅栉邻比,水塘布局呈七星伴月之象,是一个古风犹存、文化气息浓厚、保存较好的古代村落。值得一提的是,金溪是赣版书籍印刷中心,素有"临川才子金溪书"的美誉,而竹桥古村为"金溪书"的发祥地和主要承印地,村内现保存有雕版印刷作坊 2 处,所保存的《三字经》等雕版仍可直接印刷装订线装古籍。

竹桥航拍 摄影:无人机组

竹桥村口荷塘及祠堂 摄影：迪丽胡玛尔·卡哈尔

初入村庄，就被百里荷花所惊叹，果真是"接天莲叶无穷碧，映日荷花别样红"。这里还有为拍摄综艺节目"爸爸去哪儿"而修建的木栈道，着实是锦上添花之笔。跟随着导游的脚步和讲解，村中古朴的文化气息让大家不禁嗟叹。

午间时刻，一群极有艺术气息的伙伴们开始吉他弹唱。动人的歌声恰似阵阵清风，吹却那炙热的暑气。我们终将认认真真地完成每一次测量，绝不马虎；其他同学则一展笔上功夫，画出一幅幅"瑰宝"。

黄昏，依旧是开开心心地拍照离去，虽有万分不舍，但也只能为下一站加油打气。晚间，到了鹰潭之后，多谢熊宝宝与熊妈妈的盛情款待，让我们愉快地结束了疲惫的一天。

仲和宗祠、养正山房（养正书吧）前合影 摄影：无人机组

第 14 章 见闻录

◆ 心得体会

几天来最想说的"感言":这次实习因为我的疏漏而没有借出激光测距仪、皮卷尺等测绘仪器,导致同学们徒增测绘强度,对此我深感自责和不安!看着各小组同学在酷暑炎热中挥汗如雨,仍然尽责尽力,还常常被钢卷尺划破手,万分揪心,唯有默念:宝贝们辛苦了,注意安全!【杨哲】

这两天在流坑村和竹桥,有了与之前截然不同的感觉。由于这两地是所属组的主要测绘部分,我们不同于前几日只注重建筑和一些细节的速写,在行走村落测绘的过程中,对其有了更直观、更具体的感受。我们在清晰感悟到古建筑无穷魅力的同时又对建筑内部的平面和结构有了深一步的了解,一步步走在村落间又更能切身感受到当地的风土人情。每每进入祠堂中,都会有扑面而来的岁月的穿梭感,想象到之前与现在截然不同的样子,不禁对历史及时间产生敬畏。

伴随着流坑古村和竹桥村测绘的结束,我们的实习行程也已经过去一大半了,习惯了每天的早睡早起,在酷暑之下席地而坐写生,也习惯了大家的嬉笑打闹……不知不觉间大家已经放下隔阂,真正成为同甘共苦过的一家人了。相处的日子还长,未来让我们继续一起熬夜。【迪丽胡玛尔·卡哈尔(组长)】

研究小感:对从传统文化遗产保护方式过渡到信息化遗产保护方式有着迫切的需要,除去民居建筑遗产的物理数据,还有建筑遗产的残存状况、修缮状况,最容易被人忽略的是与建筑遗产相关的村民口述史、民风歌谣、诗词等。例如,竹桥十景("堤杨夹水翠烟笼,镜面双桥卧彩虹。最好波涵天影净,一声横笛夕阳中"的双桥卧虹,"晴空皓魄印三塘,钿盒珠查宝鉴光。悟到千江同一月,辘轳金井转银床"的七星伴月,还有茗亭仙液……)的营造,敬井的习俗(祭拜井龛、取水风俗、品字格局),还有门头上的"拜石"的"石"字上多一点的缘由、状元郎中举戏这类非物质文化遗产对聚落空间形态的影响等。对于这些文化遗产的保护,有时二维平面的遗产记录方式过于局限,但这些资料是研究聚落形态营建和空间的珍贵资料论证,需要尽可能地使完整信息记录遗存。【叶征冰(2017级建筑学硕士研究生)】

最开心的事情,就是大家在一起,彼此之间说说笑笑,一起走在村子里,听着村中曾经的故事;一起吃饭,品尝农家菜的美味;一起速写,感受画面当中的魅力,将疲惫遗忘在笑声中……行程已经过半,剩下的时间更应该珍惜,留下更多的回忆给以后的自己。最后在熊怡和阿姨的热情款待中,感受到了江西人的热情,也能想象以后在某个城市中遇到熟人时的场景,遥想大家在一起时的开心……【黄振锋(班长)】

走过流坑村、竹桥村,我们的行程已经过半。一个个大大小小的村庄,让人流连忘返,每次穿梭于石板路的小巷中,我总是会感叹原来古人就是在这样的地方行走,总是幻想着要是能够去古代生活,应当是很有趣的事情。在那些保留尚算完好的建筑中隐藏着许多古人智慧的结晶,他们为了让生活变得更好而不断努力的精神更让人深思。这几天的写生可能是这么久以来动手画画最多的一次,坐在门槛上,站在墙根下,随着手上的动作,心情也随之平静下来,写生的感觉渐渐有了,希望之后能有更多的进步。这两天和组员们一起进行测绘很开心,辛苦大家了!【方佳清(队长)】

早饭后,我们前往竹桥古村。滚滚热浪极大地考验了同学们的毅力。不过同学们依然通力合作,出色地完成了测绘、写生。竹桥古村是一个开发较为完善的村落,村中巧妙的排水系统、有趣的历史故事和古老的雕版印刷技术给我留下了深刻的印象。

今天进行的几次航拍,起降空间都很小,锻炼了我的操作技术。【陈钰杰】

◆ 写生作品

竹桥小巷 速写:黄俊清

竹桥村七星泮池 速写:杨哲

 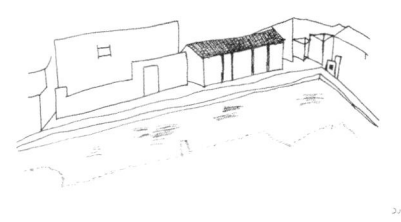 

竹桥村 速写:梅婕;龙启霞;王鸿

◆ 结 语

　　有一种坚持,是暑热不惊;
　　有一种向往,是问道前行;
　　有一种奔波,是诺利之声;
　　有一种友谊,是款待盛情。
　　这都是我们,这就是我们,
　　一趟有趣的赣江南北之程。

14.5　第四站："烟波浩渺如仙境"鹰潭、婺源
The Forth Port: Yingtan and Wuyuan

鹰潭、婺源是本次"赣江南北·诺利空间"认识实习的最后一站，龙虎山、上清古镇、李坑村的调研为此行添上画龙点睛之笔。第四组实践队是本站调研的主力军。

第四组全体成员在上清古镇　摄影：叶征冰
从左至右：袁佳欣、李进元、郭疑、尤天宇、宋世尧、尚小钰、陈漾馨、梅婕

14.5.1　龙虎山

位于江西省东北部鹰潭市境内的龙虎山为中国道教四大名山之一（另外三座是武当山、青城山、齐云山），有着成熟期的丹霞地貌，景色十分优美且独特。相传，东汉后期（距今约1800年）道教创始人张道陵在这里炼丹，有感而发，便有了龙虎山的名字。中国龙虎山联合国教科文组织世界地质公园，总体呈北东方向的带状展布。公园以丹霞地貌为主体，是世界崖墓葬最早的发祥地和中国道教的发源地，唐宋石窟南岩寺为佛教南禅宗发源地之一。

龙虎山航拍图　摄影：无人机组

7月27日晨，师生们一到达龙虎山景区大门便被极具特色的山形地貌吸引。

景区内还有很多自然形成的奇山异景，如老君峰、仙女岩、仙水岩、象鼻山等。

绵延起伏的山峰和优美的自然风光让我们情不自禁地踊跃攀登依附在峭壁上的高空栈道，炎热的天气和惊险的山路并没有阻挡大家的热情，我们抓紧时间将回环曲折的山路和珍奇的象鼻山记录下来。同时一路体会着诗仙李白的名句："问余何意栖碧山，笑而不答心自闲。桃花流水杳然去，别有天地非人间。"

龙虎山象鼻山　摄影：无人机组

龙虎山木栈道　速写：尤天宇

下了山，天气愈发炎热，大家在树荫下休息。技术组的同学开始忙碌起来，在略微平坦的空地上让无人机起飞，回味、考察龙虎山景区内的山形地势。

休息片刻，我们前往仙人崖景点，在有着悬棺的崖壁对岸的桃花洲观赏"升棺表演"，一面惊叹着李家五兄弟在陡峭的崖壁上表演高危动作，一面被古人能在有限的条件下做到高崖悬棺所折服。在古代，悬棺有"升官发财"之意，而且当地传说后代如果能把棺材放置得越高，就说明故人有更大的机会升天，所以"升棺"也有尽孝道之意。

龙虎山仙人崖　速写：张越潮

"升官发财"摄影：杨哲

同学们在竹荫下野餐、速写后，前往被人们称为"无蚊村"的许家村。传说张天师陪母亲出游，投宿到这个美丽小村时，却被蚊子所扰。孝顺的天师挥起手中扇子，口中念念有词，从此村里就没了蚊子。其实，是该村地理位置特殊，面积狭小，无法种植稻田，因而没有蚊子喜欢的池塘。另有一说是三面环绕村子的丹霞岩洞中，活跃着蚊子的天敌蝙蝠，又由于村中种有驱蚊的樟树、桉树和竹柏树，因此蚊子十分少。无蚊村前是流水潺潺的泸溪河，对岸的山崖叫"九虎一龙壁"。村里冬暖夏凉、气候温和，只有50余户人家200多人，靠打鱼种田为生，居民多长寿，所以还有"长寿村"之称。

无蚊村合影

14.5.2 上清古镇

7月28日一大早，我们一行人整理行装离开了鹰潭，前往上清古镇。

上清古镇山水景观航拍图　摄影：无人机组

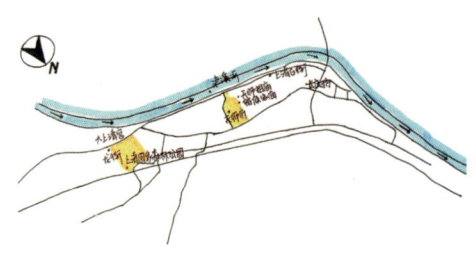

上清古镇平面图、核心区平面简图　绘制：袁佳欣

如果没有上清镇，没有上清这块土地孕育出来的道教文化，龙虎山要成为中国道教第一山、中国道教的发祥地恐怕是不可能的。

走过古街，我们首先来到了天师府。天师府位于贵溪上清镇，临清溪，为历代张氏起居之地，原建于龙虎山脚下；北靠西华山，门临泸溪河，面对琵琶山，依山带水，气势雄伟；占地3万多平方米，建筑恢宏，尚存古建筑6000余平方米，全部雕花镂刻，米红细漆，古色古香，一派仙气，被历史上许多皇帝赐号"宰相家""天真人府"，尊为道教祖庭。一进进院落中，翠柏参天，古木围绕。在古建筑维修现场，第四小组的同学们还试着跟正在施工的师傅做简短的交流访谈。

上清古镇古街 摄影：陈潆馨

上清古镇天师府玉皇殿 速写：杨哲 水彩：黄俊清

合影于天师府玉皇殿前

第14章 见闻录 | 449

14.5.3 李坑村

一进李坑村,就看见实践基地老板李双全先生精心准备的欢迎横幅,大伙儿的热情一下子被点燃了。7月29日,师生们共同完成了四件事:挂牌仪式、探访李坑、总结大会和联欢晚会。这是实习的最后一天,也是最充实繁忙、最有意义的一天。

李坑村是婺源最为典型的传统村落。厦门大学师生多次以李坑为驻扎点,对婺源境域村落进行调研。这次利用实习机会,由学院党委副书记黄俊清老师代表厦门大学校团委在李坑村设立大学生校外实践基地,举行签字、挂牌仪式,正式建立了长期合作伙伴关系。

李坑村所在秋口镇的朱红日镇长专程赶来并见证了协议书的签字仪式,与老师们畅谈新时代规划转型情况下乡村振兴的方方面面。

挂牌仪式、签订协议 摄影:杨哲;张越潮

全队在李坑村实践基地挂牌仪式上合影

仪式过后，各组同学抓紧最后的时间来到了李坑村中，行走于古老的石桥上，感受小桥流水人家的诗意景色；穿梭在巷子里，欣赏徽派十足的名人深宅大院。还有几位同学组队前往篁岭村突击考察。

夜色阑珊李坑村　摄影：陈潆馨

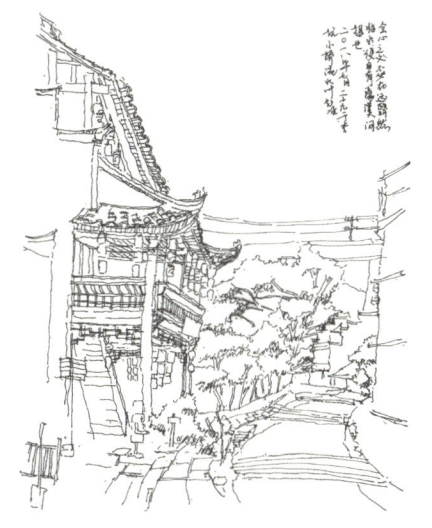
李坑村景　速写：叶征冰

小桥流水人家　速写：李佳瑞；牟一帆

尽管不舍，但实习已经接近尾声。晚餐时分，整个规划班的同学和带队老师举行了总结大会。每个人都畅谈自己的感想，分享收获，总结不足。回顾一起在烈日炎炎下奋斗前行的 10 天，同学们心里都是满满的感激，感受到了老师的关爱、同学的友爱、学长的可爱，也对规划相关的知识有了不少切实的了解，为以后的学习做好实地认知的铺垫。当然，10 天的实习并未真正结束，一些不足以及后续很多成果尚有待我们在暑假调研报告的撰写和新学期的课程学习中加以总结和提升。

入夜，实践基地老板为同学们准备好了乡村卡拉 OK 的场地和设施，大家放松心情，一展歌喉，满满的 10 天实习旅程在此起彼伏的歌声中落下了帷幕。

实践总结 摄影：袁佳欣

"乡村卡拉OK" 摄影：杨哲

14.5.4 篁岭村

来到婺源，怎能不到篁岭！尽管酷暑依然，尽管时间有限，实践队8个小伙伴还是决然组团，自费前往，且看他们的收获：

篁岭依山就势的布局体现了民居聚落智慧，非常震撼。被人诟病最多的是它的保护模式，即篁岭模式，以村民全部搬迁的方式对村落进行旅游开发。然而这种保护模式正视了当下村落保护中的建设性破坏，或者乡村失落，也正视了人性的弱点，为保护规避矛盾。

对于山脚下的篁岭新村的建设，开发者、村民、政府，实现了多方共赢。村民能更好地应用现代设施，而避免改造的诸多矛盾，开发者获得商业利益，政府可更好地进行宣传。

如果不去讨论新村是否是一种现代文明的改进，最让人遗憾的是"晒秋"成了商业展示，村民生活的活态遗产消失，一种文化延续的断裂。

传统民居是传统生活方式延续的承载，是否可以延续民居的格局，以及在新村与旧村关联的设计上探寻可能，已成为当前乡建主要话题。但不管如何，篁岭都为我们提供了一种不同的传统村落保护的参考模式。

"怪屋"体验、篁岭梯田 摄影：叶征冰

14.5.5 师生感悟

龙虎山是道教名山，但我一直不理解道教，而且以前也在贵州看过丹霞地貌（只是欣赏风景），一开始没有多大的期待，后来看了崖墓的升棺表演，突然感受到了什么是一方水土养一方人。自然和人文真的不可能重样，真的只有亲身体验，才能感受到不同地方不同的历史底蕴。

爬爬山，看看表演，也能稍微缓解一下对村落的审美疲劳。实践接近尾声，希望最后两天依然有趣。【梅婕】

道教圣地龙虎山，有奇山，有流江，有文化，有谜团。山石崖壁上的栈道，是我们行程真正的开始。

烈日高照、前路曲长。低头看到脚下有些心慌，回头望向来路有些惊悸。汗，没走多久就已打湿衣物；脚，一步一步正在呼唤歇息。

丹霞地貌鬼斧神工的山石让人倍感新鲜与震撼，南越古国千年谜团的崖墓令人充满好奇与敬意。

一支笔一张纸，一幅画一个景。烈日炎炎，并非阻碍；游人嚷嚷，又有何妨。

门要关了，夜要来了；车该来了，人该走了。

明日，再启程。【陈伟康】

这是我第三次到李坑了，既熟悉又陌生，竟然没找到上山的路！从菇山亭俯瞰整个村落，时不时轰鸣而过的高铁提醒着我们所处的时代，现代的喧嚣与传统的静谧就这样直接并列着、冲突着。鳞次栉比的徽居建筑又构成有序（沿河铺陈，自组织发展；街巷肌理清晰可见）而杂乱的矛盾景象。速写虽然没有完成，但终归了却了画这个场景的夙愿。也引出了此行大家的同感：只有几分钟就必须离开时画的速写最有感觉，才真是速写啊！窒息。【杨哲】

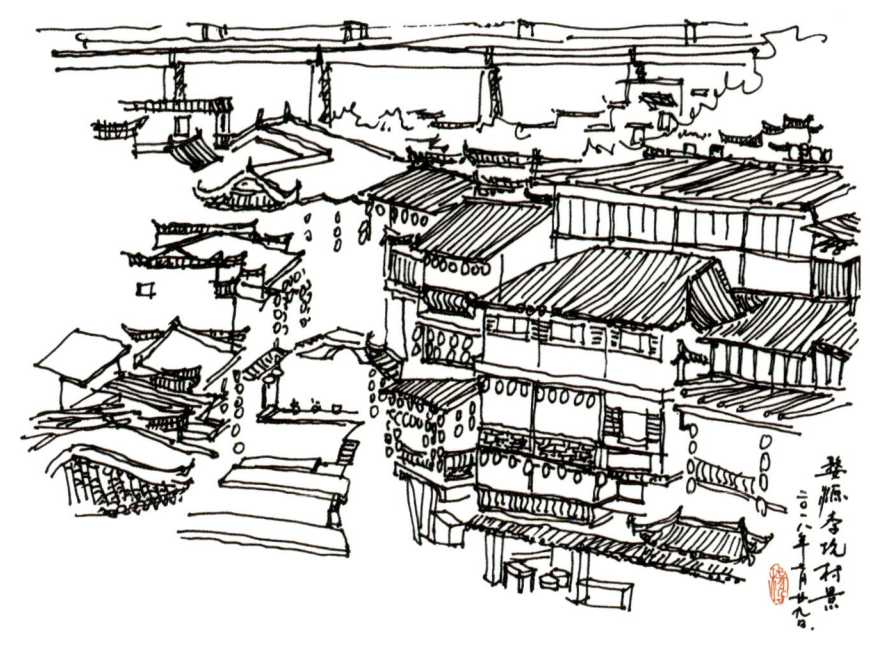

菇山亭眺望李坑村 速写：杨哲

第15章 启示录

Chapter 15　Reports

　　实习完成后，从每个同学到小组，再到带队老师都要进行总结，绘制诺利地图，提交书面报告。本章第一节辑录三份个人实习报告：林锋同学具有情感和温度的"三味真获"；尚小钰同学运用诺利地图对赣南村落与赣北婺源李坑公共空间的对比；研究生叶征冰对信息化技术在历史建筑保护中的应用研究，分别从情感体验、公共空间特征、信息化保存文化遗产三个方面总结实习的收获。第二至六节辑录四个村落小组和无人机组的专题报告。第七节为两位带队老师的总结。

　　本次实习主要借助诺利地图方法来认知传统村落为代表的聚落空间，在此简要概括其特点和应用。诺利地图采用了独特的表达方式，既不是一般意义上的总平面图，也不是首层平面图，而是在融入了对聚落的深入理解后，使用一种简洁而有效的方式来表现村落中的空间与形态特征，表现村落的自然环境、普通建筑、祠堂、农业生产状况等。诺利地图将村落分为公共领域与私人领域，选择以不同的方式和深度来表达。私人民居以街区或建筑单体为单位，内部涂黑；街道、广场、公共祠堂以及私人民居的公共部分归为同类，描绘其首层平面，内部留白。该图表达了图与底、私人与公共、空间与实体的辩证关系，进而体现出了内部与外部、民宅与空地、公共空间与村落基底的相互关系。

15.1　个人报告集萃
Highlights of Students' Reports

15.1.1　"三味真获"——记赣江南北认识实习【林锋】

忘不了，八境台下章贡二江汇赣江，浩浩汤汤，横无际涯；
忘不了，龙虎山上栈道绵延三公里，峭壁深渊，惊心动魄；
忘不了，桃花洲岸悬棺复现出奇迹，两千余年，古迹残存；
忘不了，流横李坑村落传承至今日，悠悠古声，余音犹在；
忘不了，农家生活特色游览兴正酣，袅袅炊烟，渔家唱晚；

忘不了，小桥流水田园生活真浪漫，桥上风景，流水潺潺；
忘不了，三两惊雷噼里啪啦掉下来，风雨交加，祠堂赏雨；
忘不了，烈日当头阴凉难寻意志坚，建筑速写，记录点滴；
忘不了，骄阳晴空无人机组显神通，镇定挥汗，江山如画；
忘不了，总结大会敞开心扉说心声，佳肴鲜美，心语感人。

盛暑难熬，多亏了这十天的乡村之行，给我带来了一丝清凉和感动，也给我带来了满满的收获。十天的旅途，回忆满满，感慨良多，最值得记录的，是时光、轮回与责任这"三味儿"。

林锋 摄影：杨哲

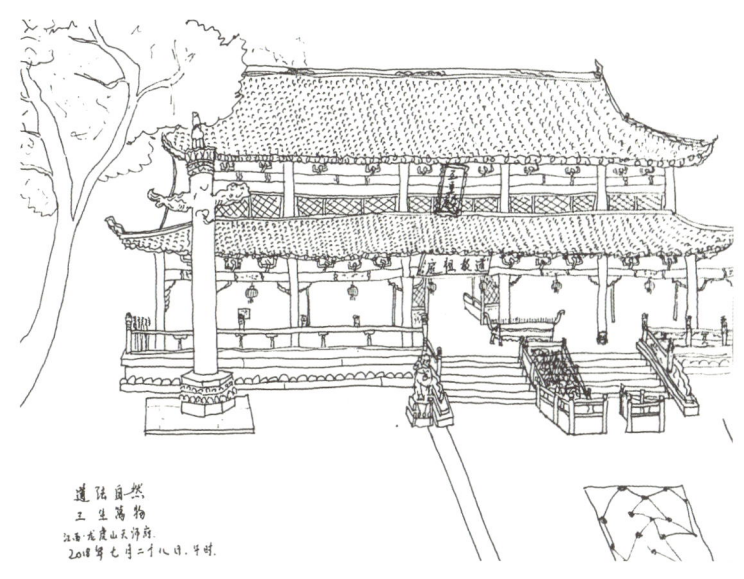

龙虎山道教祖庭 速写：林锋

◆ **时光的味道**

这十天去的古村多建于明清时期，村落错落有致，或有池塘环绕，或有江河流经，或有大山相伴，个中韵律，不足为外人道也。以前也去过一些古街，譬如重庆磁器口、泉州中山路、忻城土司古城等，但从来没有连续十天都置身古街之中。感悟之深，是从来没有过的。

清晨吸入的第一口空气，不仅夹杂着自然的清香，还带有一丝丝历史的韵味儿。吃罢早餐，踏上乡村的土地，在乡村的微阳下，一切都是那么美好。一群穿着统一样式队服的三十多号人，带着好奇的目光，打量着一个个书本上描述的村子。村口多有三五老人话家常，也有二三小贩售冰水、零食。当我们走进村子的时候，几乎所有人都会停下手中的活儿，朝我们传来眼光的问候。对他们而言，我们是游客，更是过客，每天都会来一批又一批，只是穿着稍有不同罢了。我仍清晰记得他们的目光，先是带有几分新奇，继而转为平淡，就像湖水重新归于平静，仿佛一切都没有发生。

在城市中待久了，对于生活中的点点滴滴就不会太过在意，也不会有什么新的思考。而这次来到乡村，让我的内心好好沉淀了一次。就如进村时村民眼光的前后变化，让我瞬间明悟了"我们都是生活中的匆匆过客"这句话的另一层含义。

村民们几十年如一日地生活在村子里，不谙世事，他们是村子的主人。每天都会到来的一批又一批的游客，在他们眼里全是过客，是留不住的。然而，他们又何尝不是呢？只不过我们停留时间短，只一两日；他们停留时间长，有数十年。但这又有什么区别？在千万年的历史长河里，这点时间都是不足一提的。

古建筑换了一代又一代主人，物是人非，人是不同的人，建筑也老了，墙壁斑驳，屋檐漏雨，腐朽的柱子用尽自己最后一丝力气才能勉强撑起上面的梁。这个建筑前面的路也变了，早已由最初的泥巴路变为青石板路，再变为现在的石子路。这个建筑也没有"朋友"了，和他同时期出生的建筑死的死，残的残，剩下的为数不多的老友，也像他一样，在历史的余光中吊着一口气，他还能撑多久呢？！

沧海桑田，斗转星移，最无情的其实是时光。

它让种子生芽，助其开花、结果，却又使其落叶、枯萎；

它让婴儿坠地，助其长大、成人，却又使其佝偻、倒下；

它让村落发展，助其繁荣、兴盛，却又使其萧瑟、破败。

……

在村子里，我嗅到了时光的味道。

钓源村文忠公祠和燕坊村里坐在竹子上游戏的四个孩子　摄影：林锋

◆ **轮回的味道**

鸬鹚捕鱼，水上飞人，悬棺表演……在龙虎山的诸多演出中，最让我刻骨铭心的，是穿越了2600多年的悬棺表演。

仙人崖桃花洲鸬鹚捕鱼、悬棺表演　摄影：杨哲；吕宛育

^{14}C 同位素测定法鉴定出这片崖壁上的棺木是 2600 多年前就有的了，翻开历史年鉴，可知那是春秋战国时期。在科技不甚发达的古代，将如此沉重的棺木送入洞口，无异于异想天开。但事实告诉我们，古人确实做到了。这一谜团困扰了人们多年，直到几年前中美联合科考人员利用定滑轮原理，才部分揭开了事情的真相。

此后，居住在崖壁附近的五位采药人，承担起了再现千年壮举这一历史重任。

同当地村民交谈得知，这五位采药人都姓李，是亲兄弟，他们祖祖辈辈生活在这里，以采药谋生。李家五兄弟，每天要承担四场演出任务，每次演出半个小时，再现千年前的历史奇迹。在演出之外的时间，李家五兄弟依然上山采药，不耽误自己的老本行。当地山不仅高，而且险，能够上山采药的只有李家五兄弟了，其他人是没这个能耐的。

每天四次演出，几乎全年无休，重复着一样的内容：迎棺，送棺，升棺，放棺，降棺。这一在外人看来枯燥而危险的工作，在李家五兄弟心中，定是独特而又意义重大的。承担演出任务固然有一定收入，但浅薄的收入和再现历史这一重任相比，肯定是微不足道的。在如今快节奏时代，李家五兄弟依然坚守深山，传承家族使命，实属不易。他们正当青壮年，离开大山，多半能很快适应新的生活，挣更多的钱，但他们选择了留下。

在演出时播放的低沉背景音乐中，我陷入了沉思。

李家五兄弟生于大山，长于大山，靠山吃山，靠水吃水，他们对大山的感情是我们无法理解的。他们传承了上山采药的手艺，担当了悬棺再现的使命，责任不可谓不重。他们有信仰，他们的信仰就是大山，就是桃花洲两岸的绝美风光，就是当地的特色风情。

他们是有真信仰的人。

他们死后，会葬于何处呢？

悬棺，一如他们的工作一样，终有后代传承人将他们送入崖洞，沉眠。

这一眠，对他们将是永恒，对生命，却是轮回。

◆ **责任的味道**

对我们学生来说，这是一次课程任务；对带队的杨哲老师和黄俊清老师来说，却是肩负重担，责任在身。他们需要时时刻刻注重同学们的安全，指导同学们的学习。可以说，没有两位老师的悉心关怀，就没有我们这十天行程的相对轻松。

感谢杨老师耐心指导同学们的钢笔画，帮助我们深入了解古村落的肌理与文化；感谢黄老师努力争取得来的"厦门大学婺源李坑实践基地"，让我们这次实践趋于圆满。

黄老师是第一次和我们相处，平时话不多，却对画画有异乎寻常的着迷。我们所到之处，他好像不在乎烈日高温，都是早早开始写生，最晚归队吃饭，一路上拍摄窗外的风景……体现了认真而执着的艺术家风范。

同时，各区域测绘小组和航拍小组的工作也特别出色，为记录赣江南北沿线的建筑实况以及人文风情做出了应有的贡献。

写责任，不能不提的是张霄觐老师。单人自由行的行程安排尚属不易，何况是三十多号人共同出行。纵横山水公司派出的张霄觐老师不喜言辞，却用实实在在的行动为厦门大学师生们的行程带来了便捷与顺畅。

精心挑选的赣江南北路线，省却了绕路的烦恼；

每晚查房的细心检查，减少了在外的安全隐患；

酷暑之下的清凉关心，退去了我们心中的炎热……

张霄甄老师做的事情远不止这些，更多的付出没有让我们知晓，但她那无处不在的笑靥会永远留在我们心中。

最后，还有幽默风趣的叶征冰学长，他很快地融入了班级群体，同时帮助我们的钢笔画更快地得到进步。实践队的大管家陈伟康同学也功不可没，为这次出行过程中产生的各种琐碎操了不少心，相信同学们都是看在眼里，记在心里的。

责任的味道，在三位老师以及两位同学的身上体现得淋漓尽致。当然，实践队是一个整体，缺了谁都不完整。每个人都发出了不同的光和热，从而照亮了黑夜，为第二天的启程带来了黎明。

沿途的风景很美，学到的知识无数，收获的感动无价。

古村声声回响，经久不息。

流坑古村，在烈日下行进的同学们；婺源李坑村实践基地挂牌　摄影：林锋

15.1.2　基于诺利地图方法的赣徽聚落比较研究【尚小钰】

在当下强调"乡愁与乡建"和"特色小镇"研究与建设的背景下，传统村落的智慧以及对其进行传承保护已引起广泛重视。同时，在面对聚落建筑遗产保护的相关矛盾时，也对传统文化空间认识、与现代空间之间的融合等方面提出了更高的要求。因此，探寻传统聚落的空间形态与发展，需要有一个比较全面的认识。

本次实践通过走访赣江流域沿线的多处城镇和村庄，对聚落空间的特点特征和整体布局进行研究，从传统聚落的表现形式发掘深层次的意义。在沿线的渼陂、陂下、钓源、横坑、燕坊、流坑、竹桥以及李坑八个古村落的实践中，比较赣徽建筑的异同以及分析聚落空间，显然有着十分重要的认知意义。本节从赣徽建筑异同、古村落布局特点以及诺利空间方法三个方面，分析研究赣徽建筑及聚落空间概况，并进行相关的对比和思考。

尚小钰　摄影：白艺可

◆ **赣徽建筑细节之异同**

从八个古村所属类型来看，前七个古村皆为赣派建筑，尤其流坑、竹桥和钓源更是赣派建筑的代表性村落，而李坑属于古徽州六县之一的婺源，其村落形态属于典型的徽派建筑。

（1）规划布局。

不管是赣派建筑还是徽派建筑，两者都受形势派风水文化的影响，在开天门、闭地户、水口建筑等方面的设置布局基本相同。赣徽建筑都比较强调与环境的有机结合，形成"天人合一"的风水观。两者在整体布局上的不同点，一是建筑单体尺度的不同，从而使得街巷空间尺度也有所不同。徽派建筑单体尺度相对赣派建筑而言显得较为娇小玲珑，因此建筑整体疏密程度，赣派建筑显得更为紧凑些。而整体布局上另外一个不同点则是礼制类和文化类建筑的分布位置。例如，宗祠、戏台、牌坊等的位置设置，赣派建筑的村落一般将其置于村落的地理中心位置，而徽派建筑则将其作为水口建筑置于村口（但这一不同点也随村落特点不同而不一定完全适用，赣徽建筑在公共建筑分布上主要还是以风水学和环境相结合为主，在不违背风水观的条件下，这一不同点才更加适用）。

（2）传统民间雕刻艺术。

传统雕刻一直是装饰建筑的重要手段，无论是象征家庭和睦还是期望子孙兴旺、前程似锦，传统雕刻均是民居的重要部分。由于民居主人通常以雕刻表达象征，因此雕刻也将民居千家万户的动人故事娓娓道来。

不管是赣派建筑还是徽派建筑，从八个古村落的室内外装饰来看，主要有木雕（刻）、砖雕（刻）、石雕（刻）三个传统的民间雕刻。其中木雕装饰题材丰富，主要集中在隔扇门窗、梁枋等处，涉及花卉植物、鸟兽鱼虫、人物故事、云纹、几何形体等纹样图案，又多以各类花卉动物和几何纹样装饰在隔扇门窗的格心与裙板之上。其中，绦环板与裙板则采用浮雕手法，格心采用镂雕的手法。这类雕刻通常具有象征意义，以钓源古村的 65 号民居内的装饰木雕为例，将鼠比作儿子，将凤凰比作女儿，犀牛比作夫妻二人，并通过木雕上的数量代表家中成员情况，有吉祥的寓意。

钓源古村民居室内门上木雕（左图为鼠，右图为犀牛）摄影：尚小钰

石雕和砖雕的装饰题材与木雕相呼应，相比较而言，石雕的装饰题材的选择范围略窄于木雕与砖雕，多以各类花卉动物以及祥瑞龙凤为主，人物题材较少见。通过八个古村落可以看出，砖雕多见于装饰门楼与门罩、房檐、马头墙等建筑装饰结构之上，而石雕则多见于牌坊、碑刻等处。

竹桥古村砖雕装饰门罩、李坑古村石雕牌坊及渼陂古村石雕牌坊 摄影：尚小钰

在本次实践中也了解到，目前能看到的这些三雕作品已经只是少数了，在"文化大革命"中，三雕被视为"封资修"的艺术作品，许多牌坊被推倒，一些精美的木雕和砖雕作品被敲掉、铲掉，只有少部分人将部分雕刻用黄泥和石灰封闭起来才幸免于难。

（3）马头墙。

李坑古村马头墙　摄影：白艺可　　　　　　钓源古村马头墙　摄影：尚小钰

无论是徽派还是赣派建筑，马头墙都是重要的建筑特色。马头墙又称封火墙或防火墙，是赣派建筑、徽派建筑的重要特色，因此很多人看到马头墙会误将赣派建筑归为徽派建筑。实际上，虽然赣徽建筑都有马头墙，但是两种马头墙所呈现出来的观感还是基于赣徽建筑的差别而不同的。由于徽派建筑通体白灰罩面、黛瓦压顶，整体呈现娇小精美的观感，因此其马头墙轻直，天际线收得恰好，角线没有太多的修饰。相比较而言，赣派建筑青砖灰瓦，整体呈现浑厚朴实的观感，其马头墙因而显得比较厚重凝练，挺拔憨实。

（4）粉墙黛瓦与青砖黑瓦。

李坑古村　摄影：白艺可　　　　　　　　流坑古村　摄影：尚小钰

在建筑外观形象上，徽派建筑墙面都是用白灰粉刷，并在墙头覆盖上青瓦，由此形成了粉墙黛瓦的统一色调风格。而赣派建筑属于青砖黑瓦，墙体显现出砖自身的颜色，格调朴实而厚重。相比较而言，赣派建筑倾向于写实，而徽派建筑倾向于写意。

（5）"四水归堂"的建筑空间格局。

作为赣徽建筑的共同特征之——"四水归堂"，四面围合，院内空间称为天井，起采光和排水作用。赣派建筑的天井通常来说会更大些，建筑体量也较大，通常为一层；徽派建筑受"徽商"较为内敛、淡雅观念的影响，建筑体量较小，一般为两层。

陂下古村总祠天井　摄影：尚小钰　　　　　篁岭古村五桂堂天井　摄影：叶征冰

◆ 古村落水系布局特点

在具有典型赣徽建筑特色的八个古村落中，村落布局上也各有特点。从聚落选址到对环境的逐渐调整中，八个古村落都遵循地形地貌，重视风水格局，综合考虑周围自然环境等多方面因素。在风水格局中，尤其水系的分布和流向对于村落的选址有着至关重要的作用，水系布局不仅与居民生活需求息息相关，也暗喻着村落吉祥繁荣的风水之意。水系布局在八个古村落中根据不同的水系类型而不同，村落或依托池塘，或依托山溪，亦或是依托河流和池塘的混合水系而建，因此本文将针对这三种类型进行阐述。

（1）依托池塘的村落水系布局。

依托池塘的村落，一般是根据地形高差，建造不同高差的池塘组合，最典型的是钓源古村。钓源先人为形成天人合一的境界，利用钓源村的地理优势，将村落的居住建筑布局在两侧较高的坡地上，而在中间的低洼地势处依照东部高、西部低的地势人工挖掘了一连串的七口池塘，在池塘两侧设置青石板铺成的通道，以此形成两山夹一水的景象，从而与传统八卦中代表吉祥美好的离卦相呼应。同时通过在水面附近设立戏台以及商铺集市，使得整个村落布局围绕水面形成纵向分布的街巷空间。池塘的布局也影响整个村落的排水系统，村内街巷道路两侧设有排水明沟，聚集居民的生活用水或雨水而转入池塘。七口水塘之间相互贯通，对调节村内小气候也有很大的作用。

（2）依托山溪的村落水系布局。

依托山溪而建立的古村落的典型代表为李坑村。李坑古村以山溪为骨架，三面环山，顺势形成"三叉汇聚"的枝状聚落空间结构。李坑村内民居建筑背靠山丘，面水沿溪两侧而建。村外两条水流，其中一条向正西方流，另外一条从南向西北流，两条水流的朝向在风水中也有"水向西流必富"的说法。两条水流并在村内合成一条山溪，水街上通过设立木板和石桥连接各个民居，桥之间相距约在6米，整体的三叉枝状聚落布局使得村落与溪水和山形地势相统一。

第15章　启示录 | 461

（3）依托河流和池塘混合的村落水系布局。

通过河流与池塘混合，以此构建整体水系是最为常见的一种村落水系布局。河流作为村落外部水系，起着联系村落交通运输以及贸易发展的重要作用，而池塘作为内部水系，通过与河流的贯通，共同构成村落的排水系统，支撑居民生活需求。内外水系相结合，创造了大量的公共空间和生活性场所，对村落的气候也有很大的调节作用。此行的八个村落中，流坑、燕坊、渼陂、竹桥、陂下、横坑六个古村落皆属于这一类。此处以渼陂古村为例进行阐述。

渼陂古村整体"村市合一"的建筑布局呈现出"前村后市"的特有形式，顺应富水河地势以及其交通便利性所形成的商业街道，沿河岸蔓延发展。村民居住部分则与商业街联系较少，在整体空间布局上的蔓延发展相对商业街区而言较为自由，结合村内外分布的28口池塘，使得整个渼陂村处于水系的环抱之中。

李坑村街巷肌理图　绘制：尚小钰

李坑村诺利地图　绘制：尚小钰、梅婕

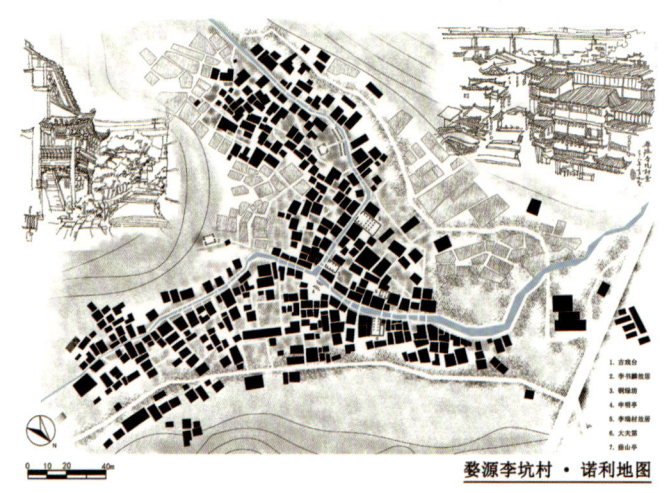

◆ 从诺利空间看待聚落——以李坑为例

从李坑的诺利地图上可以看出村落的公共空间结构肌理特征，也进一步体现了李坑村的三叉枝状聚落局部与地形环境之间的关系，依托水系而建。对于全部涂黑部分的"黑色调"而言，即在私密领域的建筑形态上，聚落布局为了让尽可能多的居民获得临水而居的景观环境与用水便利，因此正立面相对而言较短，山墙面较长；为了满足采光通风需求设置的天井，决定了民居宽度，两者形成了聚落诺利空间肌理的尺度。对于涂黑结构，留白内部空间的"灰色调"——祠堂，延续民居的肌理，也是为了满足家族宗法礼制祭拜等需求，根据族内辈分关系，在祠堂祭拜中选择所站位置。这种家族礼制影响了祠堂的进深与天井布局关系。对于全部留白空间的"白色调"，即村落中的巷道部分，巷道与民居的比例尺度创造了良好的相遇契机与交往空间，形成了传统建筑文化中良好的人际关系。

◆ 结　语

本次实践通过走访赣江流域沿线的八个聚落村庄，对古村落之间的特点理解和对比分析有了一个比较深层次的认识，通过结合诺利空间的视角，对分析古村落的布局空间特点也有了一个比较新的角度分析。可以看出赣徽建筑之间的异同，主要还是基于赣徽建筑文化、聚落所处地势以及建筑风格而产生的。在诺利空间视角下，黑白图底关系之间的对比更明显地突出了在传统聚落中公共空间和私人空间的整体布局情况。通过诺利地图的深化表达，对指导聚落遗产保护具有重要意义。新形态的介入亦可以通过诺利空间来延续原有的形态肌理，避免"建设性"破坏。

15.1.3 基于信息化模型的聚落建筑遗产保护实践【叶征冰】

在建筑遗产的研究与保护中，信息来源除了建筑遗传的几何数据信息、叠加积累的修缮信息，同时还有重要的历史文本信息。在传统建筑遗产的保护中，通常以二维图形的记录方式对建筑遗产信息进行存储，而建筑遗产的损伤信息、与建筑遗产相关的文本信息都很少被记录，这些也是建筑遗产保护实践的重要部分。对于聚落的研究而言，文本信息同样是珍贵资料。在当下历史地理学、人类学的研究也不断走向综合，空间逐渐作为社会文化理论的基本要素，聚落建筑遗产信息化模型（building information model，BIM）整合多元信息正好适应诸多社会科学的空间转向，可以是人类学者、历史地理学者了解一个族群新的途径。

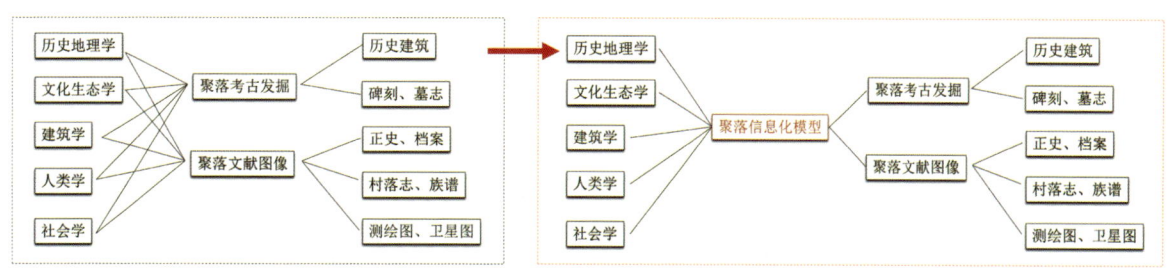

建筑信息化模型更适应多学科走向综合　绘制：叶征冰

◆ **竹桥古村步云公祠简介**

竹桥村位于金溪县城北 10 千米，在古代，位于金溪至东乡的交通要道上，促进了村落的发展。近代以来，相对欠发达的交通状况，反而使村庄风貌改变较少。村庄建筑风格为青砖灰瓦，朴实素雅，是赣派建筑的典型代表。在竹桥古村的历史演变中，因古雕版印刷发展起了整个村落，具有浓厚的文化背景。

步云公祠为村中一处较大且保存相对较完好的祠堂，建于乾隆五十八年（1793）。战争期间，曾作为召开扩大红军大会的会堂。目前其主体构架完好，外墙墙体完整，内部局部有破损，但整体形象几乎保持原样，至今仍在使用当中。祠堂在历经的几百年历史中，见证了村落的兴衰与发展。

竹桥村总平面与步云公祠位置　绘制：叶征冰（根据无人机照片）

◆ **建筑信息化遗产保护的趋势**

（1）测绘手段的改变。

在对步云公祠的测绘过程中，采用皮尺等工具进行手工测量，在测绘速度上和精度上均难以满足需求。激光扫描测量、摄影测量与无人机测量、全站仪等新技术在建筑遗产测绘中的运用，为建筑信息化模型的建立提供了技术支撑。以三维激光扫描为例，速度快而准确，且对不规则物体进行测绘方面也有优势，再结合点云模型，根据带有坐标信息的点得到建筑的空间尺寸数据，最后处理成建筑信息化模型。

（2）建筑遗产保护要求的提升。

随着建筑遗产保护观念的逐渐完善，对建筑遗产保护提出更高要求。对于不同性质的建筑遗产，根据其价值和保存状况，应采取多元化的保护措施。聚落建筑遗产以组群的形式出现，在应对的不同建筑遗产类型时，采取修缮保护的方式、允许的尺度均各异。通过修缮、维护、内部更新加以利用，需要根据具体要求，寻求相适应的遗产保护技术和方法。

（3）信息管理技术的发展。

数字化与信息化的遗产保护不仅改变了信息记录方式，能够记录完整的数据信息，也有助于对遗产信息进行有序的管理。除了储存测绘对象的物质属性特征，还包括与遗产相关的族谱、碑刻等"文本数据"的采集、分析、存储和显示。

◆以步云公祠为例从传统建筑遗产保护实践到信息化遗产保护

（1）测量手绘记录。

在精度、深度上都无法适应遗产保护的时代需求，且不利于修改；各方面信息缺乏参照；以平、立、剖结合局部大样进行记录的方式，整体而言信息趋于碎片化；难以记录建筑遗产相关的文本等信息。

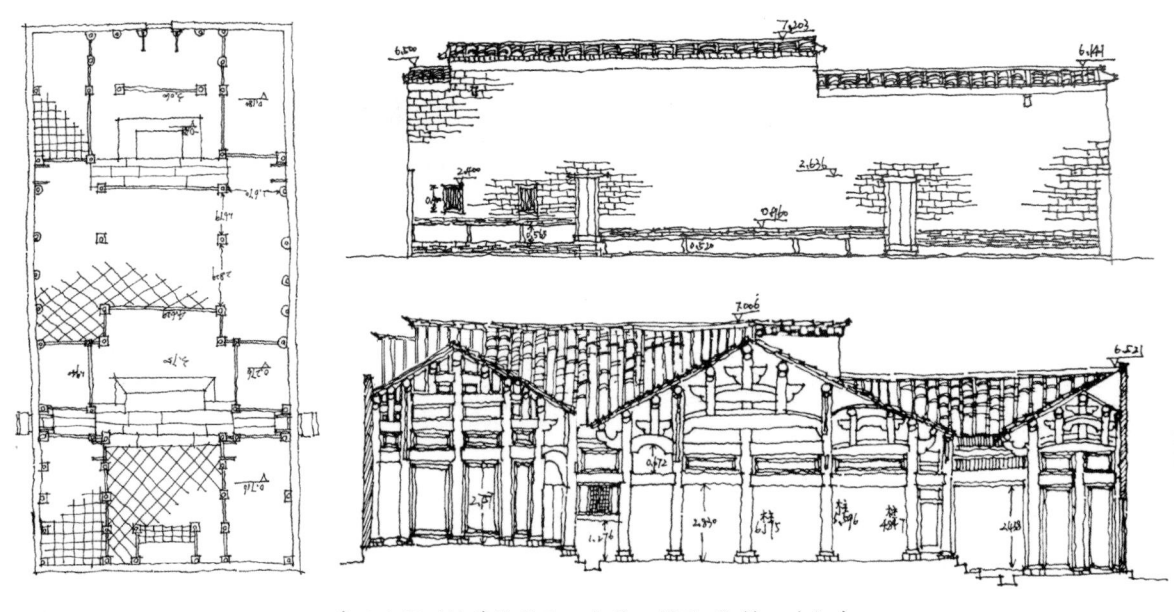

步云公祠测绘手绘平面、立面、剖面　绘制：叶征冰

（2）初步实现数字化。

虽然在精度与深度上相对于手绘记录有了较大改善，也利于修改，信息初步实现数字化，但并未改变二维图形的局限性。文本信息与损伤状况难以记录，缺乏参照，对于一些异形构件也难以进行准确的测绘。信息仍处于碎片化，难以进行有效的整合。以传统三维模型进行信息保存，同样无法与损伤信息、文本信息等关联参照。

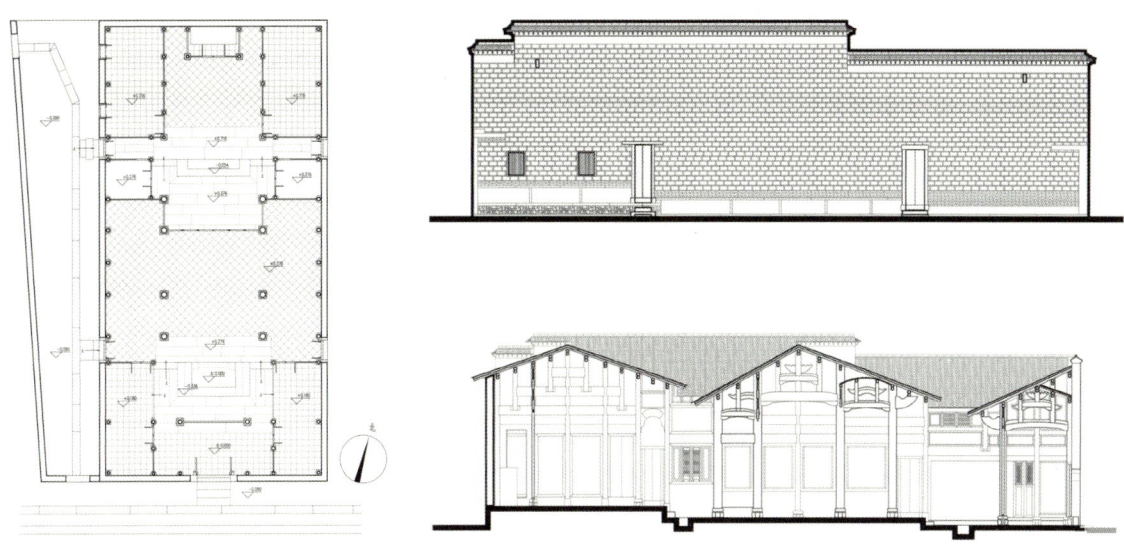

步云公祠测绘 CAD 绘图平面、立面、剖面　绘制：叶征冰

步云公祠三维模型　绘制：叶征冰

（3）建立建筑信息化模型。

无论是纸质记录，还是以 CAD 的二维图形进行储存，遗产信息都存在对于公众、读者展示的脱节。对于研究人员、设计者，同样信息隔绝孤立，无法及时获得有效的相关数据，缺乏共享而导致多次重复劳动。即便信息记录存在差异，缺乏对比矫正，为未来信息利用留下弊端，但较之于传统的二维图形，建筑信息化模型有了质的变化，图形与文本信息可以实现具体参照，同时也利于建筑遗产损伤信息的记录，更适应当下建筑遗产保护新的需求。

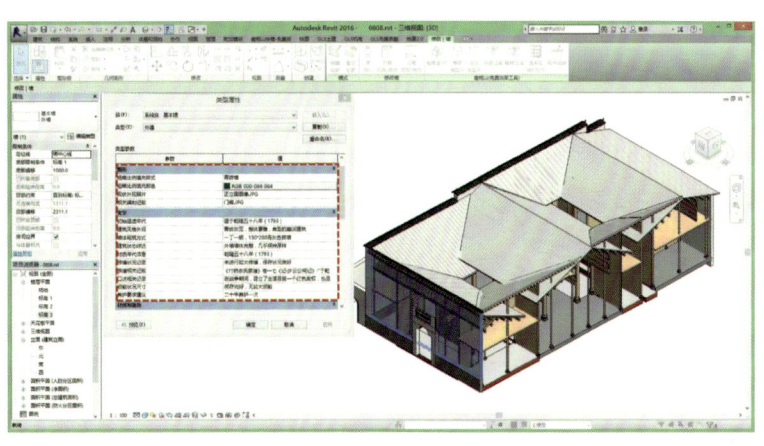

步云公祠信息化模型　绘制：叶征冰

第 15 章　启示录 | 465

◆ **基于信息化模型（BIM）建筑遗产保护的优势**

建筑遗产信息化模型的优势很大程度在于信息记录的完整与分类，其中不仅包括建筑构件尺寸、空间区域位置，还应包括建筑遗产初始建设状况、人文信息扩展、现状保存与损伤等信息。将这些信息记录分类不仅能满足研究管理与展示要求，在建筑遗产保护观念上，也利于在修缮过程中对"原真性"的思考。以步云公祠的正立面墙体为例，展开的信息记录如下：

现状外观照片：正立面图像.JPG

相关碑刻记载：门牌.JPG

初始建造年代：建于乾隆五十八年（1793）

建筑风格外观：青砖灰瓦，整体素雅，典型的赣派建筑

墙体砌筑方式：一丁一顺，150 mm×280 mm 青灰色砖墙

建筑状态综述：外墙整体完整，几乎报酬原样

材质年代信息：乾隆五十八年（1793）

修缮状况记录：未进行较大修缮，保存状况良好

族谱相关记载：《竹桥余氏家谱》卷一七《记·步云公祠记》中有"于乾隆五十八年兴工创焉。祠成，有寝有厅有屏树，其左为书塾，颜曰'怀仁塾'……计堂之深广，则东西四筵、南北三筵也……"（转引自张芳霖. 雕版古村：金溪竹桥村档案[M]. 长沙：岳麓书社，2016）。

口述相关记录：在战争期间，建立了金溪县第一个红色政权，也是一处具有重要价值的近现代革命文物……

损毁状况尺寸：保存完好，无较大损毁

养护要求建议：20 年养护一次

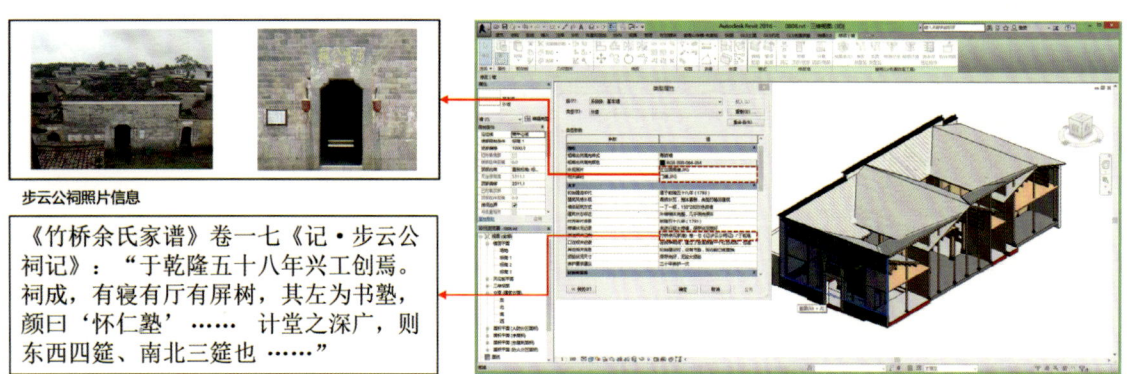

步云公祠信息化模型关联参照与拓展记录　绘制：叶征冰

（1）几何数据信息。

在对建筑遗产进行保护修缮时，初始建设、之前各阶段修缮以及现状的几何数据信息具有重大参考意义，是保证"原真性"、达到"最小干预原则"的重要依据，有利于保存建筑遗产珍贵的历史价值。

（2）人文扩展信息。

在对建筑遗产保护时，通常容易忽略相关历史文本信息，缺乏扩展记录。对于一些重要的人文信息进行扩展记录，不仅影响着建筑遗产的价值评估，也能更好地传承与发扬建筑文化遗产。例如，

步云公祠，余氏的族谱中有记载"其左为书塾，颜曰'怀仁塾'"，祠堂作为重要敬祖祭祀场所，内设书塾，充分显示出余氏家族对族中子弟教育的重视。

（3）现状损伤信息。

建筑遗产在历经漫长岁月中，常伴随着一些损伤。通过信息化模型对建筑遗产现状与损伤信息进行保存和记录，信息更全面完整，为相关保护修缮研究提供更有利的参考。进行修缮时，可根据建筑信息化模型现状保存与损伤信息进行模拟实验，使保护方案的实施可视化和结果可控，确保修缮过程建筑遗产安全，不至于对建筑遗产造成不可挽回的伤害。

（4）修复状况信息。

在修缮过程中，信息化模型根据修缮前后构件情况、修缮方法、修缮构件比例、屋顶或者墙面修复的面积，为建筑遗产保护的"可逆性原则"提供参考信息，保证"原真性"和"可识别性"。当条件成熟且有更好的方式进行保护时，能够根据建筑遗产信息化模型为参考完全撤销之前不成熟的修缮技术手段、措施，且不会影响建筑遗产的"原真性"，再一次更好地对建筑遗产进行保护。

◆**基于信息化模型建筑遗产的运维与管理**

在信息化遗产保护过程中，整合多种信息形成了信息化模型独有的多维属性，进行传承。对于建筑遗产本体，则需要进行养护与监测，即建筑遗产的运维与管理。信息化模型可根据具体结构构件储存的数据信息，进行监测模拟。通过对建筑遗产的受损情况进行结构计算，对病害状况进行监测，保证建筑遗产的诸多价值能得以有效延续。在受病害危机时，可及时采取措施。对于以木构为主的中国传统建筑而言，需要面对防火等问题，基于建筑遗产信息化模型的运维与管理具有重要意义。通过对整个建筑的风险加以评估，制订良好的消防预案，构建智能消防系统等，保证建筑遗产的安全。在建筑遗产面临危害时，将建筑遗产的损伤降至最低。

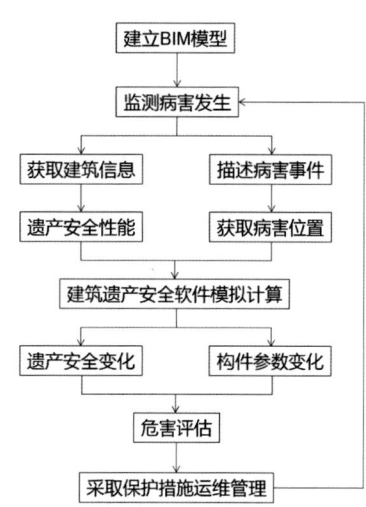

信息化模型的运维与管理　绘制：叶征冰

◆**结　语**

建筑信息化模型不仅更适应建筑遗产信息的完整表达，对于聚落研究而言，也包含着重要的研究资料，同时还能提供运维与管理平台。面对当下的乡村复兴，通过信息化模型进行聚落遗产保护，指导当下的乡村建设具有重要意义。无论是面对建设性破坏，还是商业开发，在聚落遗产的文化传承中，能让我们更明白失去了什么，传承了什么。

15.2 第一组报告：燕坊、陂下村聚落特征及公共空间分析
The First Group: Yanfang and Beixia Village

第一组有8位同学：嘉禹豪、黄振峰、吕宛育、熊怡、徐钲砚、杨玲硕、张越潮和周立佳。该组以江西古村落的整体考察为背景，分析燕坊、陂下二村的聚落特征与公共空间，对比其共性与差异。

左起：黄振峰、吕宛育、周立佳、徐钲砚、张越潮、杨玲硕、熊怡、嘉禹豪

燕坊村始建于南宋中期，有长达800余年的历史。陂下古名潭溪，自唐代开基以来，至今已有1 000多年的历史。全村面积约1.5平方千米，400余户，1800多人口。村中古祠堂保存完好，古井众多，展现了明清时期的村落风貌。

经过前期的实地考察，通过航拍照片、现场测绘、文献资料，绘制出燕坊村、陂下村的诺利地图，进而对两村的聚落特征、公共空间做详尽分析。

燕坊村航拍图　摄影：无人机小组

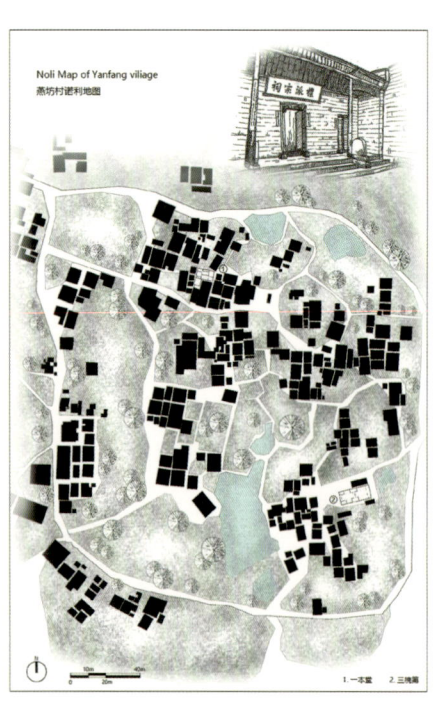

燕坊村诺利地图　绘制：吕宛育、徐钲砚

陂下村航拍图 摄影：无人机小组

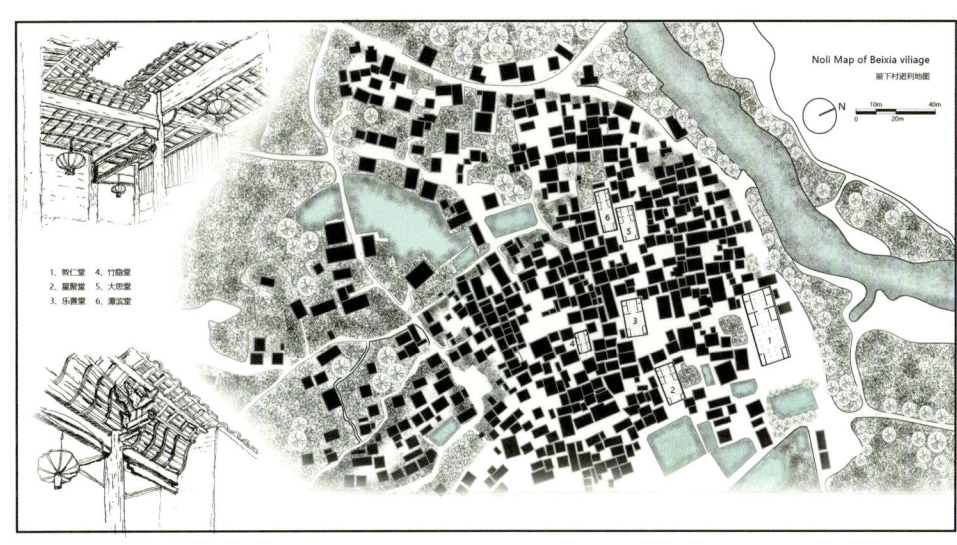

陂下村诺利地图 绘制：张越潮、黄振锋

15.2.1 燕坊村、陂下村聚落特征分析

◆自然环境与村落肌理

地理位置、气候条件、人文发展使得聚落分布呈现出不同的交通联络与肌理特征。反映聚落格局的村落肌理图可用来分析乡村自然生态、历史文化与社会经济的互动关系。

◆燕坊村聚落特征

燕坊村位于江西省吉水县金滩镇辖区内，与吉水县城一江之隔。村落位于金滩镇西南面约 7 千米的坡地上，西、北两面为山，东为开阔的平原，南临通往赣江的金溪。因处于丘陵地带，燕坊村的组团肌理顺应山势地形，几个不同高差的台地条状伸展，由西向东不断降低。

村中道路除了顺应地势的竖向条状外，还有 3 条主路联结不同高度的组团，在外围形成大圈，沟通水陆。

村中的绿化带，最为突出的是后龙山上从南到北的古樟树林，呈长条状夹在带状分布的组团中间。村内分布各个大小池塘，村中心 10 口水塘相通，对村内小气候起到调节作用。

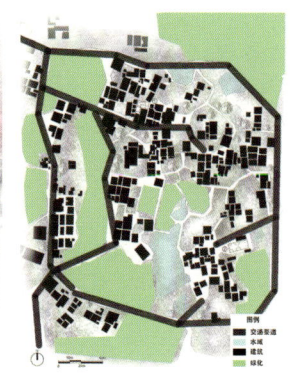

燕坊村组团分布及交通联络与陂下村景　绘制及速写：嘉禹豪

◆ 陂下村聚落特征

陂下村距江西省吉安市青原区府治南50千米，距富田镇政府西2千米。该村落是典型的依水而居，村落的东北方是一条富水河，村中有大小池塘若干。同时，该村前有紫瑶山、甫公山，后有龙山，百余棵千年古樟环绕全村，为村落形成自然的屏障。

陂下村肌理主要呈组团分布：村西北和西南与村落主体通过池塘分割，形成较为独立的组团，且水塘周边分布民居，公共空间较大；而村落的东北方建筑密度较大，主要的几个祠堂被民居包围，方便村民举办活动。

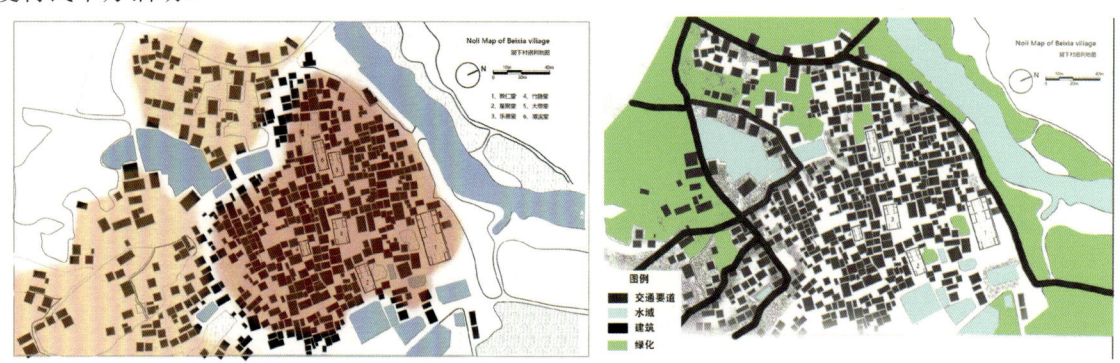

陂下村组团分布及交通联络　绘制：熊怡；杨玲硕

陂下村地势平坦，建筑密度高，因此对外的主要道路环绕村落边界，主要植被也分布在村落周围与水系的两旁。

15.2.4　燕坊村、陂下村公共空间分析

◆ 村落公共空间主体——祠堂与街道

宗祠是氏族的物质象征，在聚落中常占据凸显的地位。宗祠本身作为"家庙"供奉先祖牌位以外，还是举行各种祭祀活动、商议氏族事务等的场所。这样一个在乡村生活中具有重要地位的公共空间，也标志着聚落的兴衰。

街道也属于聚落中的公共空间，往往根据房屋分布、地理条件而形成，有时也因为某些历史原因而被赋予特殊寓意。

◆ 燕坊村公共空间分析

燕坊村的主要宗祠有两座：一本堂和三槐第。

"一本堂"是燕坊鄢氏的总祠，坐西朝东，是全村最早按祠堂功能建立的典型的天井式建筑。从诺利地图中也可明显看出，作为早期燕坊村的唯一核心，居民住宅和设施都围绕一本堂建立，形成高密度聚集。周边道路呈网格状，并都通向一本堂门口的小广场。

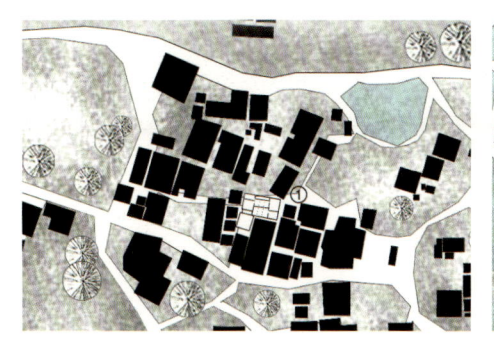
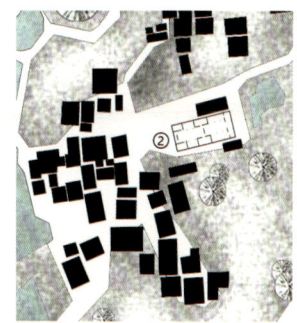

燕坊村诺利地图局部：一本堂及周边、三槐第及周边　绘制：吕宛育、徐钲砚

"三槐第"则是王氏的主祠堂，始建于明朝中期，属于"因宅为祠"，即主人生前为宅，死后为祠。宅院呈长条形多进院落，属天井式建筑。可以看出，三槐第作为王氏迁入燕坊村的第一个祠堂，在离原先村落较远的南端形成了另一个核心聚落，使得燕坊村由单核心变为了多核心的模式。与一本堂周边相比，三槐第周边聚集的建筑显得更加有序，道路排布清晰，与水系结合更为合理紧密，显然是在前期进行过一定的规划设计。

◆ 陂下村公共空间分析

陂下村主要街巷与公共空间分布　绘制：熊怡

通过诺利地图不难看出，不论是地理位置还是建筑规模，陂下村中最主要的祠堂便是"敦仁堂"。该祠堂是村中胡氏的宗祠，坐落在富水河边，始建于明朝万历年间。胡氏宗祠坐北朝南，也属于天井式建筑。其"围中有围，门中有门"的建筑布局较为完整地保留了古代村落抵御强敌入侵的布防系统，同时其围墙连接的朝天门也成了村落的大门。

从整个村落来说，大小不一的数个祠堂分布较为均匀，且均靠近水系。作为公共空间，其周边交通条件较好，街巷尺度稍大，便于村民聚集和疏散。

◆ 小结：共性与不同

燕坊、陂下两村最明显的相同点是祠堂均为天井式建筑，与江西古村落的整体特征相符。其次，在诺利地图中明显可以看出，祠堂在村中均占据核心地位，同时趋近水系。

不同之处在于：陂下村的祠堂较为集中，并且从规模上可以清楚地看出主次之分；燕坊村的两座主祠堂则相对平等地成了村中的两个核心。这样的差异与两村地理条件的不同而产生不同的聚落形态有一定关联。

15.3 第二组报告：钓源、渼陂村公共空间特征分析
The Second Group: Diaoyuan and Mcibei Village

第二组 7 位同学负责对吉安五村落（钓源、横坑、燕坊、渼陂和陂下）进行实地走访、测绘。结合无人机航拍数据，采用基于图底关系的诺利地图方式来表达村落的形态，重点对钓源和渼陂两个村落的公共空间进行分析。

第二组在流坑村头合影 摄影：梅婕
从左至右：宁嘉莉、龙启霞、牟一帆、王鸿、林锋、白艺可（组长）、陈来福、林少墩

15.3.1 钓源村

◆钓源村概述

钓源村坐落在江西省吉安市井冈山下，西距市区约 20 千米，已有 1 100 多年的建村历史。村中古樟多，明清家具、青石板、文物、门神、八卦、雕刻丰富，具有"生态美、村庄秀、建筑巧、民风淳"四大特色，有"千古钓源"和"小南京"美称。

钓源村是北宋一代文宗、政治家欧阳修宗裔和后裔的聚居之地。唐末肇基至南宋年间，欧阳氏族已成为当地名门望族。清末咸丰年间，太平军攻占吉安，掠夺钓源村，又经土地革命时期的红白区域割据和"文革"时期"破四旧"的损毁，使得现存的钓源古村只是原有规模的 1/3 左右。

作为一个经典古村，钓源村建筑布局顺乎山势，由"太阴"位的庄山和"太阳"位的渭溪两个自然村组成，并与村中的十几口池塘以两山夹一水，形成了传统八卦中的"离"卦。两个村庄由"S"形人工填造的"长安岭"隔开，并依照太极图的双鱼星座落在"S"形弯里，西为庄山，东为渭溪，又各自依山建成东西走向。

钓源村航拍 摄影：无人机组

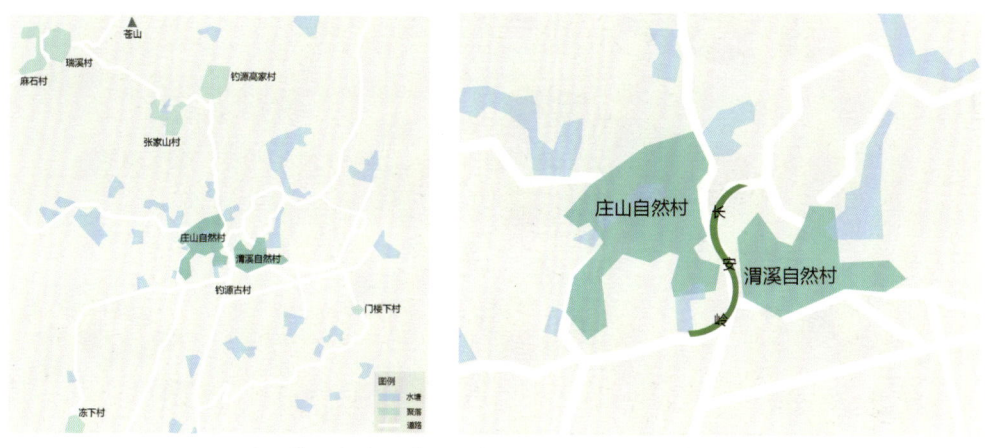

钓源村的聚落环境与八卦格局 绘制：龙启霞；白艺可

◆ 村落空间形态分析

钓源村与周边的几个村落相比较大，并具有山地聚落特征。从山水格局上看，钓源周围较为平坦，稍有起伏，三面有少量小山包围；湖泊较多，呈零散分布；农田主要集中于南边。从交通联络来看，钓源村处于三条高速公路围成的三角形中心，具有很好的可达性，同时依靠村路与周边村落及城镇建立紧密联系。

钓源村落组团形式因"长安岭"山体走向形成了庄山、渭溪两个块面的聚落形态。渭溪村组团较为集中，而庄山村组团内部又为水系、道路所分割，形成若干小组团。村中水系主要分布在西北方向，公共空间分散在主要道路的两侧。

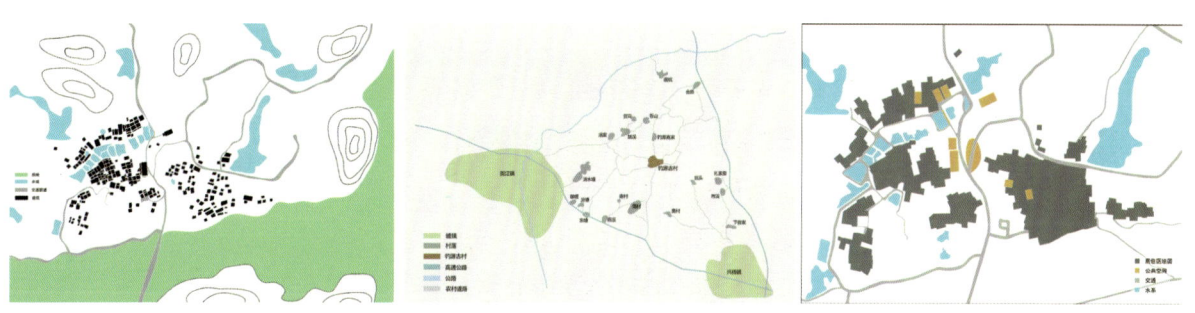

钓源村的山水格局、交通联络与组团形式 绘制：牟一帆；陈来福；白艺可

第 15 章　启示录 | 473

◆ **基于诺利地图的公共空间分析**

从诺利地图上可以看出，钓源村居民住宅的分布主要以宗祠为导向、依风水形制进行建造，全村各户的祠堂前必有池塘或敞地。七个池塘相互贯通，连成一排，和古井组合成七星伴月之形，将整个村子串起来。后来为连通庄山村两岸修建的一座廊桥，成为村民们聚居与娱乐的地方。钓源村建筑之间巷子窄小，几处小型的广场空间供人休闲娱乐，这些公共空间成为村庄结构控制点和人群活动节点，均匀地散布在村落里。全村没有一条路是笔直的，以避免直冲住宅入口，甚至每幢房屋的四边，也寻觅不到四方皆直的四沿，甚至"歪门斜道"成为村中的一大特色。把钓源古村布局概括为"村隐太极八卦形，户朝北南西东向，路尽歪门斜道连"，形象地展示了天人合一的境界以及现代的生态环境理念。

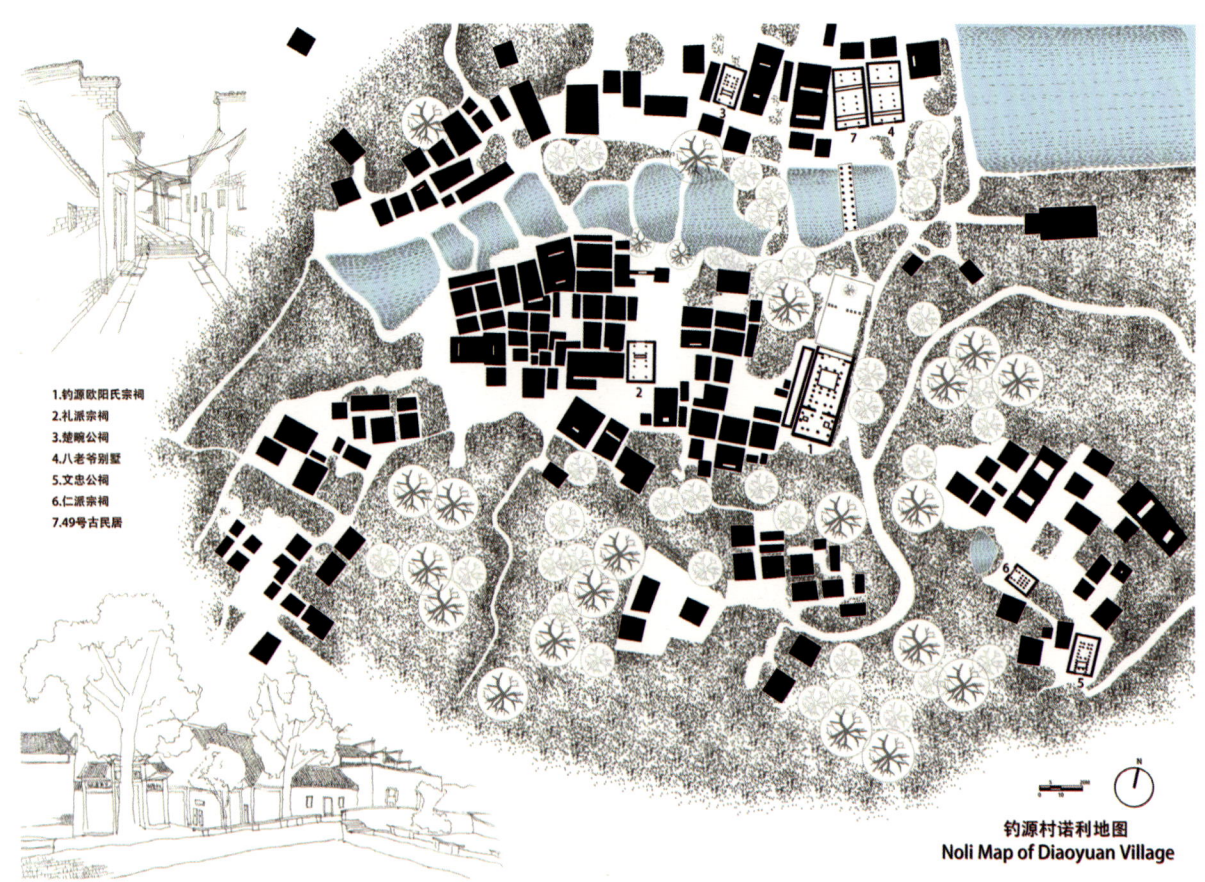

钓源村诺利地图　绘制：牟一帆

钓源村街巷肌理图　绘制：白艺可　　钓源村公共空间分析图　绘制：王鸿　　"七星伴月"的水系格局　绘制：龙启霞

◆ 钓源建筑风貌

从钓源村诺利地图可以看到一些民居用来采光通风的天井。以高位天井采光，是庐陵民居区别于其他地方建筑派别最主要的特征。钓源的建筑有一井两进、二井三进等格局，天井是"四水归堂"式，有的天井面积比较大，很开阔。钓源村建筑紧凑简洁，普遍以砖木结构为主，有马头墙，也有建在前后瓦檐上的骑瓦风火墙，既有一进两厢、二进四厢、数进数厢式厅房，也有庭院和院墙式居宅，构成了平面有序、风格迥异的建筑特色。钓源民居的门扉、窗棂、床架、脸盆架的木雕图案和门楣、屏墙石雕图多以八卦图案为内容，还保留了镂空雕饰、鎏金彩绘以及枋樽雀替、藻井漏窗，寓意吉祥的龙凤、麒麟与奔鹿，栩栩如生的文臣武将等人物造型。

楚晚公祠、马头墙、窗棂雕饰 摄影：龙启霞

◆ 村落保护建议

钓源村的历史故事与建筑文化让我们赞叹不已，燕尾墙、八卦符、歪门斜道、立体排水等。作为明清时期以来的古村落，许多古老民居在太平天国、"文革"时期遭到破坏。村内古建筑年久失修，未能展示古村的完整风貌，而新建的房屋在建筑风格上又对古村风貌造成极大的破坏。在保护时，应该恢复古村的两山夹一水的风水格局，尽量利用传统工艺对古建筑进行修缮、加固。作为游客，在游览参观的过程中也应保护古建筑，禁止随意在墙体上刻写文字。生活在钓源村内的居民相对较多，旅游发展也相对较好，但旅游开发力度还可以加强。另外，基础设施应该加强维护，如公厕、垃圾桶等。

15.3.2 渼陂村

◆ 现状概述

渼陂村位于吉安市东南部赣江支流富水河南岸，依水而生，商业街沿河而建，建筑风貌独特。整个村落的街巷空间可分为三种形态：巷道、广场和商业街。渼陂村现有民居建筑类型丰富多样，民居平面多为方形，以天井为核心组织平面，合院作为民居布局的基本单位，其中三合院居多，常常有三合院或四合院相套而成。上房厅堂开间较宽而侧面厢房或围廊进深浅，围合出略显狭长的中央天井空间。

从渼陂村的现状看，尽管对大部分古建筑按照传统工艺进行维护与修缮，但仍然有不少珍贵的古建筑年久失修，颇为可惜。村中28口池塘也已不完整，水池缺乏清理而变得水体富营养化。古街亦不如从前热闹，多数店铺闭门不开，失去了村落商业中心的特点。还有部分民居被拆除而修建成"现代"住宅，破坏了整体风貌。公共旅游设施整体相对匮乏，且应加强维护。同时应当抓住红色文化的摇篮这一特点，做好文化建设，加大宣传力度，在加强基础旅游设施的基础上，对渼陂的旅游资源进行更深层次的开发。

◆ 村落空间形态分析

　　渼陂古村傍赣江支流富水河而建,处于一片平地之中,村子内外水塘众多,因此周边环境呈现出大片的农田。聚落整体呈一个三角形,与瑶湖村隔水相望,周边星星点点萦绕十余座村落,构成了较为密集的村落体系。渼陂由于处于卢吉泰交汇点,东侧紧邻河流,因此水运方便。同时它位于高速公路与两条乡道的交汇处,无论是通过高速公路到北边富滩镇、青原区,南边的新圩镇,或是通过乡道到附近的乡村,交通都十分便捷。

　　渼陂由于它特殊的"前村后街"的布局形式,整个村落自然地被村落中央的水系划分为了两个大的组团,南面的组团以宗祠广场空间为聚集核心,形成紧密的组团形式;北面的组团以渼陂古商业街为核心,形成了沿河水流向展开的带状组团形式。

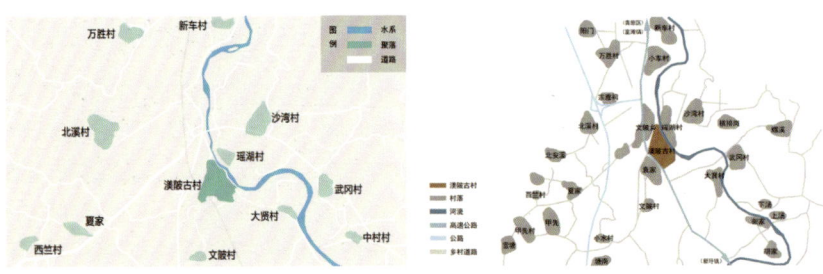
渼陂村的聚落环境与交通联络　绘制:林锋;宁嘉莉

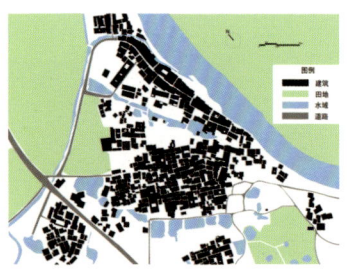
渼陂村的山水格局与组团形式
绘制:王鸿;白艺可

渼陂村航拍　摄影:无人机组

◆ 基于诺利地图的公共空间分析

从诺利地图上可以看出，渼陂村主要分为前村后街两个部分。居住部分围绕祠堂建筑而向四周发散，建筑之间由狭小的巷道空间相连接。祠堂是村落公共空间的核心，而祠堂建筑又以梁氏宗祠为核心。梁氏宗祠位于村口，是村中最恢宏富丽的场所。其他祠堂均匀分散于居住区内部，书院则主要集中于东南部分，整体呈现出众星拱月的态势。除了祠堂，居住区内还分散有建筑围合形成的小型广场空间、绿地空间等。村中古树成群，各处均有可供休息的绿荫空间。居住部分整体被大小十多口池塘环绕。整个村子的中心由民居围合形成了一片小的广场，成为连接居住区与商业区的重要枢纽。商业街沿富水河而建，形成了两侧是商铺、中间为公共街道的格局。

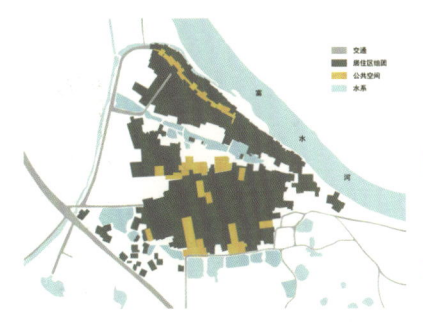

渼陂村的山水格局与组团形式
绘制：王鸿；白艺可

渼陂村街巷肌理及公共空间分析 绘制：白艺可

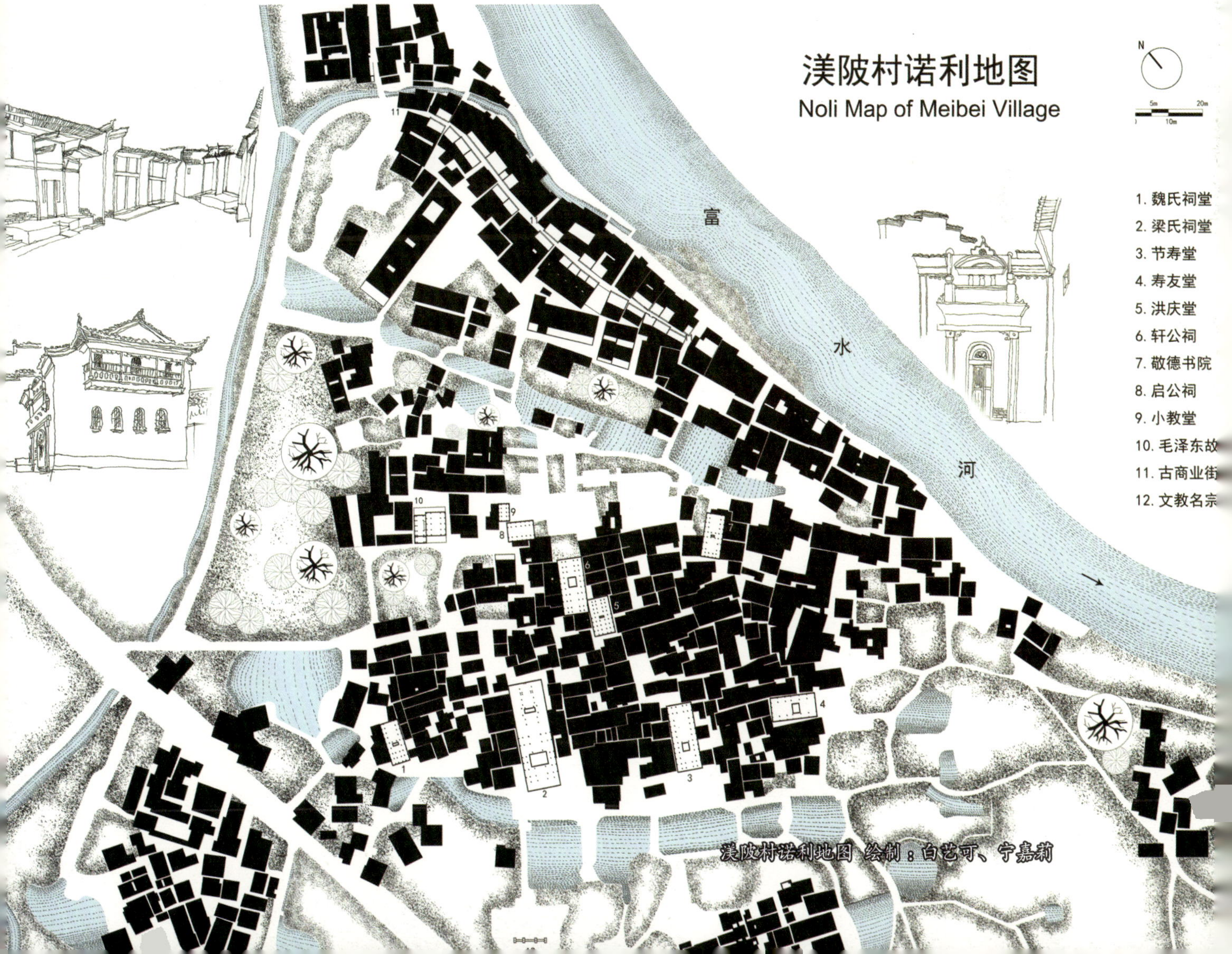

渼陂村诺利地图
Noli Map of Meibei Village

1. 魏氏祠堂
2. 梁氏祠堂
3. 节寿堂
4. 寿友堂
5. 洪庆堂
6. 轩公祠
7. 敬德书院
8. 启公祠
9. 小教堂
10. 毛泽东故
11. 古商业街
12. 文教名宗

渼陂村诺利地图 绘制：白艺可、宁嘉莉

溪陂村商业街 摄影：白艺可

◆小 结

在渼陂村中，我们可以看见文化与历史的缩影，融书院文化、祠堂文化、宗教文化和明清雕刻艺术为一体，以厚重的历史、古典的明清建筑群、璀璨的明清雕刻艺术及可敬可颂的红色文化，受到世人的瞩目。渼陂村古宗祠恢宏壮观，古民居自然明朗，古书院墨香犹存，古樟树遮天蔽日，牌坊、门楼、楹联、木雕、石刻和谐统一，革命旧址、教堂、码头一应俱全。渼陂村在建村时并没有特定的规划，但由于以宗祠为核心的凝聚力、宗法制度的约束及后人的维护，历经数百年的拆、迁、毁、建，这些古建筑一直起着强大的维系聚落的作用。

15.3.3 结 语

钓源和渼陂两个古村是中国南方古代村落氏族繁衍生息、建筑演变发展的典型缩影。公共空间是古村落的精神象征，集中表现了古代居民对天文、地理和人情的理解与表达，也是最能体现村民日常生活和社会生活公共使用的场所。对钓源和渼陂古村公共空间所进行的建筑理念、装饰艺术、民居形式等的分析和挖掘，不仅有助于加深对传统赣派民居建筑文化的理解和认识，也有利于加强赣江南北地区传统村落研究的密切联系，更有助于我们反思人与自然、人与社会的关系。

15.4 第三组报告：流坑、竹桥村
The Third Group: Liukeng & Zhuqiao Village

第三组在竹桥村合影 摄影：杨哲

从左至右：陈叶林、叶烨、李佳瑞、迪丽胡玛尔·卡哈尔（组长）、方佳清、赵雨葳、陈伟康、陈钰杰

15.4.1 流坑村

◆村落环境与形态结构

流坑村古时隶属的云盖乡境内山脉纵横，有许多小盆地，当地人称之为坑。云盖乡有十几个村以坑为名，流坑村即为其一。流坑盆地面积大约2平方千米，《流坑董氏族谱·流溪十六古迹》形容村子的自然环境是"天马南驰，雪峰北耸，玉屏东列，金峰西峙"。

流坑村拼接总平面 航拍拼贴：陈钰杰

流坑村肌理图及周边山水关系 绘制：赵雨葳

第 15 章 启示录

流坑古村虽始建于五代，但其风貌应形成于宋代。明清时沿袭先辈的产业，兴办学校，修族谱，建祠堂，并发展竹木贸易。明代中叶逐渐形成了七横一纵八条街巷，族人按照房派宗支分巷口分区居住的布局。巷口均设置有望楼，门楼间以村墙（已在战乱中被毁）连接围合。巷道采用鹅卵石铺地，并有良好的排水系统。村内现存明清古建筑及遗址均为砖木结构楼房，高一层半，格局为二至三进，装饰考究。众多古民居基本保存完好，组群完整。

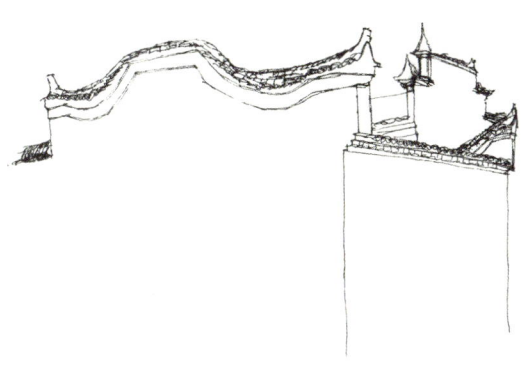

流坑村落风貌　摄影：迪丽胡玛尔　速写：方佳清

江西古村落通常"以宗祠为中心展开，在平面形态上由内而外自然生长"。但流坑村格局不同，以分祠为核心构成居住团块，再以团块组成村落的多层级团块式。这种布局结构是十分特殊的。

◆ **董氏大宗祠**

流坑董氏大宗祠本名"宋赠大司徒董公大宗祠"，坐北朝南略偏东，与左侧桂林祠、右侧文馆连为一体，形成一个宏大的建筑组群。作为流坑董氏的总源头、阖族共祠之所，董氏大宗祠始建于明初洪武二年（1369）。嘉靖年间，易地重建于现在村北面开阔幽静的陌兰洲上。遭农民军焚毁后，董氏家族在原址重建大宗祠，规模比以前更大，占地达7000平方米。前带大场院的三进重檐式建筑，朝村背江。院的正前方及东西两侧均辟有大门坊。主体建筑的正门两侧分立巨大的圆雕红石狮一对。民国十六年（1927），不幸被北洋军阀孙传芳残部所焚毁，现仅存残垣断壁。敦睦堂残留5根直径0.7米、高8米的花岗岩石柱，加上幸存的一对红石巨狮，巍然肃立在遗址之上。

董氏大宗祠遗址　摄影：迪丽胡玛尔·卡哈尔

第15章　启示录

◆ **风水与文化传统**

作为形势派风水学的发源地，江西传统村落的建设都极端重视风水。流坑村三面环水，西侧依山，完全符合风水理论中"负阴抱阳、背山面水、藏风聚气"的选址原则。相传形势派风水学祖师爷杨筠松曾在流坑居住过两年，相地尝土。流坑村大到全聚落的设计选址，小到门户、灶台的朝向，都体现着流坑人对良好风水的追求。风水体现了流坑地理环境的特点，表达的是古人利用和改造自然，规划、建设并管理好人居环境的良苦用心。这种设计思想对乡村生态环境建设工作的意义重大。

流坑村内七横一纵的街巷布局也是按照"横补直泄，补泄相济"的风水原理规划的，现在看来仍有其科学合理性。

流坑村在科举制中的近千年间，进士举人超过百人。至今，在住宅门口、祠堂门前竖旗以示荣耀的旗杆石仍遍布全村。"序塾相望，弦诵相闻"，流坑书院之多，科举之盛，历时之久，在全国古村中可谓首屈一指。

◆ **诺利空间分析**

城市和乡村在建筑风貌、空间形态等方面都大有不同，采用诺利地图方法来表述和分析，肯定会存在不少差异。历史悠久的古罗马城规模大，设施完善，城建水平高，公共空间类型丰富，建筑排布紧凑，街道规划平直，地块边缘规整，反映在诺利地图上，涂黑的私人建筑排列比较整齐，留白的公共空间形态各异（神庙、剧场、浴场等）。而江西古村落的尺度较小，建筑密度虽大但大都朝向不一，建筑之间有众多形状不规则的巷道和零碎空间。这些巷道在诺利地图上留白之后，对整体的肌理有分割、破碎的作用，看上去秩序感较弱。另外，村庄设施较为简单，室内公共空间以矩形平面的祠堂为主，柱网规整，且无家族大事一般不开启，与室外公共空间的联系相对较弱。因此，村落诺利地图表现出来的内容就比较匮乏。

流坑村诺利地图　绘制：迪丽胡玛尔·卡哈尔、叶烨

流坑村诺利地图

1 大宗祠遗址
2 文馆
3 文昌阁
4 继德堂
5 永享堂
6 蓉山亦山两先生祠
7 建成公祠
8 振卿公祠
9 寰中公祠
10 里仁门
11 大戏台
12 四陈楼
13 屯田董公祠（太和堂）
14 状元楼
15 绳武先生祠
16 秘阁校书祠

尽管如此，诺利地图在研究传统村落时依然是很有效的工具。诺利地图将聚落理解为"图"与"底"的组合，留白的公共空间被涂黑的私人建筑包围，有比较显著的边界和形状，是可以被明确感知的存在。街巷空间就像诺伯格·舒尔茨提出的"场所精神"那样，是一种"室外的房间"。诺利地图最大的特征就是对室内公共空间进行留白，并对其首层平面进行仔细描绘。逢年过节、家族大事时，宗祠大门全开。宗祠单独的体量感消失，成为狭窄街巷空间之中少有的公共、开放的空间，在天井的过渡下与室外公共空间融为一体。

流坑村是经过规划的村落，具有七横一纵的街巷格局。大部分建筑体量较小，独栋存在，分布较为自由。除了祠堂等较大的公共建筑，流坑村中还有一些大体量的私人建筑，如大宾第。这些建筑是家族聚居的产物，关系较为密切的家族成员将房子拼合而建，内部空间丰富，生活联系紧密。村北董氏大宗祠遗址，空间开阔，其边界由村落建筑群和乌江围合而成，是流坑村古时重要的民俗活动场所。

人工挖掘的龙湖贯通村落南北，将村落分为东（老）、西（新）两大组团。东部组团建筑较为密集，有明显的"活水排形"肌理，能看清经过规划的巷道布局。东部组团大部分建筑坐南朝北，西部组团沿湖建筑则主要面向湖面，且建筑分布较为自由松散，建筑密度由龙湖向西逐渐减小。

15.4.2 竹桥村

◆村落概况

竹桥村口有一株六百余年古樟，村前是一条带状溪流，良田万顷，林木繁茂，茶园广阔。村落布局错落有致，各大祠堂或大户人家门楼前都有池塘，道路不正对门楼，门与门也不正对。村内有水塘八方，中间为月塘，其余七方按北斗格局形成七星伴月，全由石块砌成，都有排水沟相通，井然有序。村北有两排独具特色的建筑群：一排是八家连一体，一排是十家连一体，因而分别得名八家弄与十家弄。据说同天动工，同天上梁，整排房屋全部耳门相通，可以贯穿。地铺青石板，墙砌青砖瓦，朴实素雅，牢固美观。

竹桥村路南侧的老村轮廓为扇形，民居多联排而建，排布有一定规整性；分支巷道较为细长、笔直，宽度没有剧烈的变化。全村有多个以水塘为中心的开敞空间，是一种内院式的空间体验，与流坑村将水塘构成视觉通廊不同。

竹桥村口总门楼与品字三井之剑井　摄影：叶征冰

竹桥八家弄、十家弄 绘制：迪丽胡玛尔·卡哈尔 摄影：熊怡

竹桥村航拍图 摄影：无人机组

◆ **建筑文化特色**

竹桥人善于将文化巧妙地融于建筑之中，让一栋栋古建筑有了灵魂。在众多建筑中有三组建筑群最为出色：文林第、十家弄和八家弄。三组建筑群均设有三门，即总门、巷门、大门，房屋之间有耳门相通，雨天来往，不会湿脚，寓意兄弟相亲相敬，团结一致。

竹桥村有一个奇特的现象：几乎每个祠堂旁边都建有书院，而且学堂建筑高度等标准和祠堂一样。据考证，诸多在外经商致富的竹桥人，念念不忘尊师重教的传统，把后辈读书习文当作人生的头等大事。

竹桥村除了拥有丰富多彩的民俗文化，还拥有珍贵的红色文化。1932年11月，红十一军军长周建屏来到竹桥村，并在步云公祠召开会议，发动群众打土豪、分田地，建立了竹桥革命委员会，这是金溪第一个红色政权。

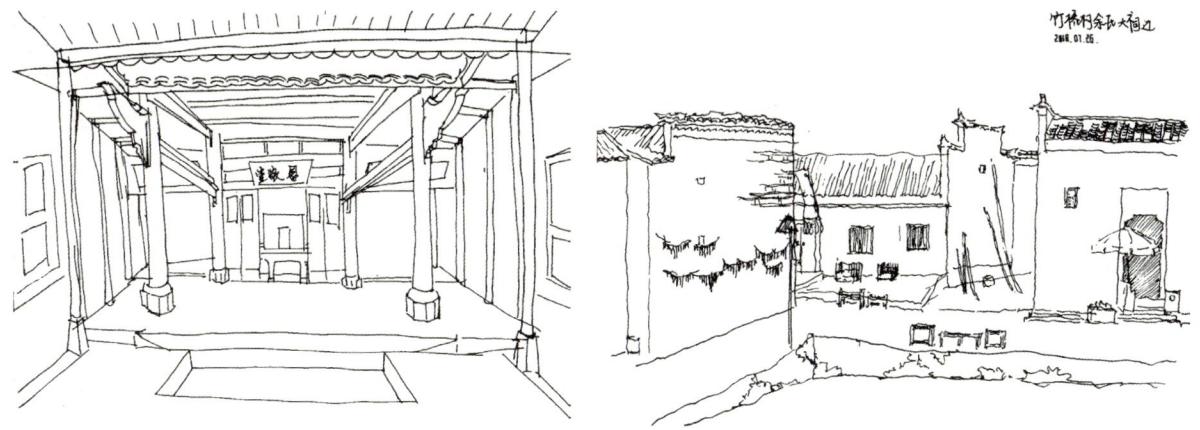

竹桥村余氏大祠 速写：赵雨葳；李佳瑞

◆ **风水选址与智慧营造**

竹桥村落选址以崇蔺岭为朝山，黄婆岗为案山，依山就势，临水塘而建。

总门楼前有以"品"字形排列的三口古井，门楼内房舍俨然，宅栉邻比。俯瞰全村，七星伴月水塘形似一把巨扇，营造出有趣的风水韵味。

竹桥村建筑既有"山管人丁水管财"的理念，又强调所谓的"肥水不流外人田"，富于风水特色，突出的例子是原先财主的一座粮仓，其屋檐边高矮不一，形成聚水之势。

◆ **村落结构与公共空间**

现今竹桥村内仍存有典雅质朴的祠堂五座、门楼四座、古井三口、水塘八方、古雕版印刷作坊两处、书房局宅等明清古建筑。俯瞰全村，村落布局与众不同，青砖黛瓦沧桑斑驳、砖木雕刻精巧别致、青石村巷幽静寂寥、天井门楼巧夺天工，彰显出赣东民居的基本特点。村内房屋幢幢相连，村落形态封闭而完整，堪称南方农耕文明、商贾兴村、"一村一品"的缩影，也是中国风水构筑文化的典范。

竹桥村东现有万亩脐橙开发基地，周边山坡全是绿油油的黄栀子，淳厚质朴的民风民俗和浓郁的耕读文化气息渗透其间。恬静淡泊的桃花源生活模式使竹桥人对自然感到亲切、亲和，并带有一丝敬畏，这与当今喧嚣的城市和破坏生态环境的现象形成鲜明对比，值得借鉴。乡愁仍在，乡愁不远。

竹桥村肌理图 绘制：方佳清

竹桥村诺利地图 绘制：陈伟康、李佳瑞

第 15 章 启示录 | 485

15.5 第四组报告：横坑、李坑村
The Forth Group: Hengkeng and Likeng Village

15.5.1 序　言

第四组 8 位同学负责对鹰潭的龙虎山、上清古镇和婺源的李坑村进行走访、测绘等前期工作，并在后期绘制了李坑、横坑两个古村落的诺利地图。

前期工作的内容为实地考察，利用航拍、访谈、测绘、速写留下一手资料。航拍主要是拍摄聚落整体平面及鸟瞰，测绘主要是测量重要公共建筑的尺度，速写让我们对村子的印象更加深刻也能锻炼手绘能力。后期研究则是绘制村落的"诺利地图"，便于区分村落公共空间和私人领域、了解建筑特点及成因、了解村落空间尺度、分析公共空间与人的行为及历史文化的关系、探究聚落遗产的保护与管理。

经过这一系列研究，我们认为古村镇的保护与更新应遵从以下 4 点：延续水系形态、延续街巷格局、延续组合模式、延续传统社会结构。

江西赣江流域的认识实习让我们了解了城乡规划这一学科的研究内容和方法。运用诺利地图可以更清晰地明确村落肌理，进而更得心应手地投身于乡村发展和聚落遗产保护。10 天的携手同行，也让同学之间的配合更加紧密，为以后的学习打下良好的基础。

15.5.2 横坑村、李坑村简介

◆横坑村

根据历史记载，横坑以钱姓为主，建村始祖是钱尧翁，于元至顺末年由三衮源迁到泓溪，至今繁衍了 30 代，共有 25 座祠堂，现保存完好的祠堂有 7 个、明清时期的民居十余栋。所有祠堂均具赣中"天井式祠堂"特色，祠堂有悬挂式坊牌、石柱、木柱、抬梁、槛间梁坊、雀替、藻井、匾额，且基本保存完好。

群体建筑以支族为单位绕祠堂而居，蜿蜒交错的小巷将整个村庄连为一个整体，具有封闭性和良好的防御性。单体建筑上，村庄内的祠堂大都采用了中轴线的布局方式，以三开间为主，体现了传统的空间、位序和等级观念。建筑外观风格上，受到道家"见素抱朴，少私寡欲"思想的影响，大都采用了清水墙、马头墙的设计。祠堂等建筑的天井有采光、集水、通风、纳阳等作用，也符合当地"四水归堂"的说法。

横坑村民居马头墙　摄影：李进元

◆李坑村

李坑村位于婺源秋口镇,原名"理田",始建于北宋年间,始祖李京为了躲避黄巢之乱迁至徽州,后五世祖李洞迁此建村,因村内溪水贯穿,"藏风聚气",便俗称李坑。

李坑村庄四面环山,民居矗立山溪两岸,再加以古建、古桥、古亭、古树,勾画出小桥流水人家的经典美景。水陆双重路径建立出"三叉"形骨架的村落布局,村内街巷溪水九曲十弯,有数十座石桥、木桥、砖桥相接,两岸的建筑沿用了清水墙、马头墙和天井设计,是徽派建筑的典型代表。

15.5.3 诺利地图分析

◆肌理的认识

肌理原本为美学的概念,是指由于材料的不同配列、组成和构造,使人得到触觉质感和视觉触感。引申到城市,即幻化为城市图景上纵横的街巷、错落的里弄、齐整的街坊等,这些元素在不同的年代背景和生活模式的引导下,进行有趣的排列组合,可以构建出一系列严整的结构体系和空间体系。循着这些肌理,在图底关系明晰的空间内仿佛触手可及依稀闪现的人与事,于是,交融、碰撞的美感从这些纵横交错的空间一步步走来。

自然肌理——干裂的泥土 来源:花瓣网　　城市肌理 作者:Jazzberry

自然、水域控制着李坑村落肌理发展 摄影:尚小钰

◆ 聚落的肌理单元

使用无人机俯视古镇村落，所感知的是肌理整体的视觉形态，是宏观意向上的肌理组成；近距离穿梭走访、观察，便会发现整体肌理之下各种不同肌理单元是交织组合、重复有序地结合在一起的。在诺利地图上，我们可以把李坑、横坑的肌理划分为点线面三个空间维度。三维的私人建筑转换到诺利地图中的二维，变成了简单而直观的面；建筑围合形成的街巷以及四通八达的水系组成线性肌理单元；点状单元则是由节点、广场等所构成。通过这些肌理单元的组织、排序、重复、交叉，构成了李坑、横坑村落的整体肌理形态。

◆ 李坑、横坑的肌理形态

李坑村诺利地图显示，建筑依水而建，紧密排列在水域的两侧，河流道路等线性元素强化了空间结构并成为有效定位空间发展的手段。"无水不成吴越"，水不仅仅是人们生活的资源和滋养土壤的源泉，还是引导村庄发展的脉络。李坑基本上以水作为交通和村落发展的主轴线，河流是空间走向的脉络，极大地影响了李坑村的空间肌理。

诺利地图中的黑色块面（私人建筑）呈现出匀质性，大多数建筑体量较小且相似。建筑排列的走向垂直于水流，越靠近水流及交汇处建筑密度越大。绵延伸展的带状布局，能充分利用水资源。

建筑与建筑、建筑与水流围合成公共空间，给人们提供休闲娱乐的场所。一些公共建筑如亭、坊周围有较大的公共空间，供人们举办各种活动。公共空间分布均匀，各处居民住宅的可达性良好，是古村空间肌理的一个个重要节点。

李坑村公共空间分布、辐射与建筑排列　绘制：梅婕、宋世尧

◆ 横坑空间肌理

从横坑村诺利地图中首先可以看到古村由多个水塘环绕包围，黑色块面的居民住宅围绕宗祠布置展开，向四周发散，偏离祠堂越远的地方建筑密度越小。

宗祠中有五个分布在靠近水塘处，水边也是过去街市林立、繁华热闹之地。宗祠周围公共空间较大，可供人们举办活动或聚集休息。居民私人住宅的形体相似，建筑中的长形空白为天井，可以起到增加光照、通风等效果，同时汇聚雨水，寓意聚财。

横坑深受吴越文化的影响，仍然保留着其柔、细、雅的个性特征。横坑村街巷尺度细长且纵横交错，曲折通幽，具有美感。水这一元素体现着柔与雅，灵动清澈的水让人联想到江南女子的温婉柔雅。尊重自然、利用自然，依水而建，以水为景。

横坑村诺利地图 绘制：尤天宇、郭疑、陈潆馨

横坑村空间肌理图、公共空间分布与围合结构 绘制：郭疑；陈潆馨；宋世尧

◆**聚落遗产的保护**

结合以上分析，村落形态是整体和内部组成部分在空间地域的分布状态。自然环境如山丘、水系等限定了村落形态的外部特征；人工环境如建筑、院落、街巷等在自然环境基础上丰富了村落形态；而非物质要素如社会经济、生活习惯等从内部影响着聚落各物质要素之间的组织方式和构成规律，从而促进聚落形态的形成和发展。

如今，极具时代特征的众多现代时尚和艺术不断充斥着人们的视觉和审美，也渐渐改变了人们的文化价值取向，崇尚城市里的宽大马路、高楼大厦、奢侈品。一些人认为历史遗留下来的东西对于现代社会并没有实用价值和文化价值。尽管制定了一系列的保护条例，但参与保护者缺乏深入理解聚落内在的文化内涵与价值，在规划中随意改动建筑体量和整体空间，往往给人以错觉。我们认为，对于聚落遗产的保护应遵从以下原则：

（1）延续水系形态。

古村的肌理形态，是经过长期的自然演变逐渐形成的。整个古村空间顺着河流发展，成为其不可分割的一部分，造就了各具特色的村落形态。随着现代技术条件下的更新建设，许多因河发展的地区失去了原本和谐的肌理形态，究其原因就是河流肌理特色的丧失。因此，如何梳理好与河流的关系，是延续聚落肌理形态的最基本条件。

(2) 延续街巷格局。

地形地貌、历史文化等因素形成了聚落的坊、街、巷、弄等路网格局。古村的街巷形态反映的是当地从古至今延续下来的历史文脉，具有宝贵的价值。如果用大尺度道路取代原有街巷将会使传统古村肌理由细腻变得粗糙，由连续趋于断裂。我们应当尊重历史，坚持按照古人的尺度保留原有街巷体系、街区形态，在此基础上构建古村区域外围新区交通的联系。

(3) 组合模式的延续。

李坑、横坑，以及其他古村古镇已经形成了自己特定的组合模式，这些模式已经在人们的脑中形成了深刻的印象，并能激起对某些场景的回忆，在更新整合的过程中应保持它们之间关系的稳定性，遵循不同元素之间组合的规律。组合模式的延续是一种历史形态与现实需求相融合的过程。

(4) 传统社会结构的延续。

血缘、地缘、信仰等因素作为一种无形的组织形态贯穿于整个古村的发展过程中，经过长期的积淀形成具有较强凝聚力的社会结构关系。随着城市化进程的加快，村镇传统的社会组织结构迅速改变，新型城乡二元关系正在架构形成中，原有社会结构的内聚力和稳定性也需要找到新的形式加以延续。

15.6 无人机组报告：高处风景独好
The Drone Group: When We Were Flying

15.6.1 无人机在田野调查中的使用【陈钰杰】

作为一种遥控无人航空器，无人机已经从少数模型爱好者的玩具，发展成为多种多样的商业产品体系。一般的民用多轴无人机配备了高级飞控系统、高清晰度摄像头、图传系统（FPV）和其他传感器，是简单易用且高效的航拍工具。无人机还可以装备其他有效载荷，是一种相对于载人飞行器而言较低成本的飞行平台。

先进的民用无人机已经装备了陀螺仪、卫星导航系统、智能飞行控制系统、障碍物回避系统、测高仪等飞行辅助设备，大幅度降低了控制难度。机上各系统能有效维持无人机的姿态与位置，并防止误操作和突发状况导致飞机损坏。机上装备了云台，能维持镜头的稳定，消除抖动。专用飞行 APP 能在手机/平板电脑上运行，显示摄像头实时传回的画面，汇总飞机各状态，并显示定位，发出复杂的飞行控制、拍摄控制命令等。总之，技术的进步已经让民用无人机达到了只需简单培训就可以安全、有效使用的程度，不存在技术门槛。

在对传统村落的田野调查中，无人机最大的用途是获取整体鸟瞰图，大范围观察地理位置和周边环境，进而分析聚落空间结构。对于正常情况下难以到达的屋顶等位置，无人机也能轻松进行拍摄。装备了3D

最稳机长陈钰杰 摄影：杨哲

扫描仪的无人机还可以对周边环境进行扫描形成点云数据，大大减少了测绘的工作量。还有红外、雷达等多种有效载荷，可以对目标地区进行深入探测。

由于多轴无人机电量消耗较大，而村庄聚落往往需要反复观察、拍摄，因此田野调查时应多配备几块电池。同时，无人机的摄像头分辨率较高，需要大容量SD卡与备用卡。螺旋桨是无人机最容易损坏的部件，也应多带一套备用。

操作无人机时，操作员自己一般是无暇顾及风景的，需要集中全部注意力在安全飞行与调整镜头上，在林木茂密或有高大建筑物、构筑物、地形复杂的地方尤其需要预先目测观察，操控时小心谨慎。

15.6.2 一路向北，高处风景独好【陈来福、林锋】

我带着憧憬，乘着清风，从赣州古城起飞。我俯瞰着八镜台的沧桑，倾听着福寿沟的沉吟，领略着赣江的壮阔……一路向北，向北，开始了千里古村的探寻之旅。

我来到了横坑村，整个村庄的风景尽收眼底。我看到这个村庄若一大平台横亘十里长坑，瞬间明悟了它的名字之由来。村里的老人小孩一直盯着我看，我羞得满脸通红，逃也似地离开了。

我来到了"神秘八卦村"钓源，村内有八口大的水塘环绕，是独具江右特色的八卦造型。我的全部心神为之吸引，久久陶醉在其中。

我来到了乌江之畔，发现了"千古第一村"乐安流坑村。我感慨于流坑的圆明园——大宗祠遗址，如今只剩下几面墙，两座狮子。当时被入侵者纵火烧毁，村内最恢宏的建筑一夜之间化为乌有，留下千古遗憾。可是，另一种思路，何尝不是这把火成就了它呢？烟花烂漫，千古留名。

我来到了龙虎山，这千年前的道教发源地，这千年前的道教神山。龙虎山不高，因此我不用飞太高就能看清它的全貌。我为丹霞地貌着迷，龙虎山的丹霞峰林地貌组合和象形丹霞景观的独特性写就了它的传奇，也吸引了无数游人慕名前来，一览神山风光。

我长啸一声，似与千年前的张天师产生了共鸣。他邀请我去他的洞府做客，我欣然答应，两人把酒言欢，共赏仙境美韵，忘情于山水。

上清古镇天师府一侧的商业街与龙虎山 摄影：无人机组

15.7 带队老师总结
The Directors' Reports

15.7.1 初来乍到，我的赣江南北城规行【黄俊清】

踏进建筑学院的门槛还不到半年，就被兴致勃勃的杨哲老师怂恿并拉进了城乡规划的专业考察队伍，说是我的所学能对这样的教育实习有帮助，出发前还特地赠送了两本速写本。说来也巧，在我专业尚无用武之地时，先是行政职务帮了忙，此行计划之一的"李坑教学实践基地"的申请和批复一路得到学校学院各级的支持。

加入了才知道，这一年一度的专业考察准备总是充分的，既有队伍组织的建立及各部门详细分工，更有流程紧凑的实习动员及目标内容的预告和分享，院长也每年亲临现场动员，这个队伍级别高。对于一个首次参加此项活动的规划专业的门外汉来说，有太多开眼界的事。"一个人生命的范围，就是他所走过的路、遇过的人、见过的风景、发生的故事和收获的回忆"，动员PPT里说得好！

"赣江南北·诺利空间"的全程，三十多人的队伍经受住了赣西火炉三伏天酷暑的考验，一切按部就班，马不停蹄，并且实践考察的内容做到环环相扣，紧张又充满活力。同时见证了带队老师严谨的教学实习安排，后勤老师无微不至的生活出行照顾以及学生干部们在整个实习实践过程中的积极投入和无私奉献。另总结几点感受：

（1）这次实习，目的是深化"城乡历史文化与保护"课程，所以在速写记录的同时，逐步加强了测绘工作，实地考察和课外原始素材资料的搜索紧密结合。同学们的速写记录水平虽有参差，却每个人都渐入佳境，在杨哲老师身先士卒的带领及"威逼利诱"的"打扰"下，锻炼了能力，增进了交流，全都收获满满。

（2）杨哲老师的现场速写，线条极富张力和表现力，注重画面节奏布局，具有很强的艺术性，加上他良好的体魄和诲人不倦的情操，一定能将这样的实习活动带得一年比一年好。当然，我最期待的是尽早看到他的速写集子。

吉安燕坊、婺源李坑村景　水彩写生：黄俊清

（3）虽然杨老师安排给我的主要任务是多带带学生们水彩写生及速写，但作为一个多年负责学生工作的老师，我更多了一双眼睛来观察我们团队的每一位同学。我看到了积极的学生干部以及大部分同学健康阳光的一面，同时我也觉得，经过两年的生活，有些同学可能已经安逸于厦门大学这样一所充满着爱的校园，以至于在某些场合，极个别同学还是暴露出了久经溺爱所带来的、今后走出校园踏向社会可能的不利。

（4）自己的钢笔速写还要多多学习和提高，在状态的调整上多向杨哲老师取经。

实习结束，工作并没有跟着结束，学校随时通知的会议，紧锣密鼓地筹备大型的全国竞赛活动，加上家里的琐事，假期早已习惯性地被肢解。杨哲老师依然不依不饶，终于成功地逼着我在个展前夕的深夜写了以上这些。以为记录，实为纪念。

15.7.2　聚落寻源，渐入佳境【杨哲】

◆聚落寻源的渐进式认知回顾

大多数传统村落从外表看，具有明显的防卫性和私密性，而对于村内居民或者没有敌意的外来人来说，则又具有相当程度的公共性和开放性。这种看似矛盾的状态究竟体现着怎样的空间特性，或者说究竟能达到一个什么样的程度，确实需要经过大量案例的观察和研究才能知晓一二。年复一年带队城乡认识实习，有了对传统聚落的防卫性与公共性方面加以持续关注的机会。2011年首届城乡认识实习将晋西陕北一带的典型地主大院与闽西的客家土楼进行对比，做了一些中国南北方防卫性民居建筑特征的开创性研究（本书第1章末）。后来，2012年河西走廊沿线缓慢而不失显著变化的城镇，2013年黔东南苗侗寨堡的廊桥鼓楼，2014年徽派民居的高墙大院，2015年齐鲁大地与山西民居的关联，2016年婺源到绩溪的山水徽居，2017年徽杭古道两端村庄水系与街巷肌理的异同，都体现了聚落环境公共性与私密/防卫性这一矛盾统一体的种种特性。近几年来，运用无人机可以便利地得到村寨聚落全面而精准的画像，从而有了对这个课题再次进行深入研究的可能。于是，当贯穿江西省全境的赣江映入眼帘时，将赣江南北聚落进行空间特性对比就成为2018年实习主题的焦点。而运用诺利地图进行公共空间特征的观察与研究当然也就成了最佳方法。

◆赣江南北聚落印象

千年前的"海绵城市"宋城赣州带给我们的是天地大河之美的惊艳之喜。那些扭动的沟渠在文人的想象中幻化成抽象的福寿二字，恰似在章贡合流处盖了一枚印章。从此，有了赣江，有了赣州城。那发源于武夷山脉从北向南再向西流淌至赣州城下的贡江，与章江汇流成赣江后竟然一路向北奔去，径自摆出了一个与黄河对称的几字形状。

赣派聚落中少不了祠堂，祠堂和民居里也有天井，却与徽派的不同，创造出天门、天眼、天窗等许多独特的采光形式或做法。特别是重要宗祠，常常把天井布置成一大两小对称的品字形。建筑单体立面朴素，以清水砖墙为主，重点装饰集中在主入口和马头山墙。较高规格的宗祠建筑常用木结构门楼，非常华丽。这些对比，彰显出对人生境界高度的追求，特别是对子孙的教益。

从堪称迷你村落的龙虎山无蚊村，到规模可与城镇匹敌的流坑村；从横坑、燕坊村落自然原始的古朴样貌，到渼陂村中西合璧的小教堂，还有一段"不见头尾"的商业街，长街背后就是滔滔大河，我们都能强烈感受到传统聚落中人与自然相生相融的智慧与技巧，展示出历史与文化的精髓是如何积淀与传承的生动景象。

渼陂村古商业街与龙虎山无蚊村 速写：杨哲

◆ 诺利地图方法的收获

全面认识聚落开始于绘制聚落总平面图。无人机提供全景且原始的数据，通过走街串巷、写生访谈、重点测绘，建立对聚落要素的直观认知，反映到总平面图上，进行各种分析和细化，通过总平面图可以观察和分析聚落的山水环境、地理地貌、交通状况、经济发展、街巷肌理等特征。然而，若想再进一步了解聚落空间的特性，特别是公共空间的概貌，就必须运用诺利地图这样的方法。

本次实习走过了吉安、抚州、婺源一共8个传统村落，通过绘制这些村落的诺利地图，进行公共空间分布及与周边民宅、环境等的分析，以及村落之间的对比分析，的确可以发现一般总平面图、肌理图所无法显现的某些特性。这样，对于聚落本源的认知得到了实质性的提升。可以预期，随着结合空间句法、CityEngine等对街巷、布局的进一步分析，将能对聚落的空间进行更加完整而准确的定量研究。对于从二年级晋级到三年级的规划系本科生来说，本阶段使用诺利地图方法正好是一个比较适宜的技能过渡。

◆ 实践队成果展览与荣誉

从千年"海绵城市"赣州，沿赣江一路北上，抵达婺源实践基地李坑村，规划系师生历时10天，战高温、抗酷暑，齐心协力，按照预定计划完成了对江西省代表性聚落和各类传统建筑的调研任务。实习结束，分头撰写个人实习报告，绘制诺利地图，总结小组专题报告。开学后，通过实习成果展、暑期社会实践活动评奖等环节，再次提升、检验城乡认识实习的教学成效。

2018年11月9日，建筑与土木工程学院暑期实践成果展现场

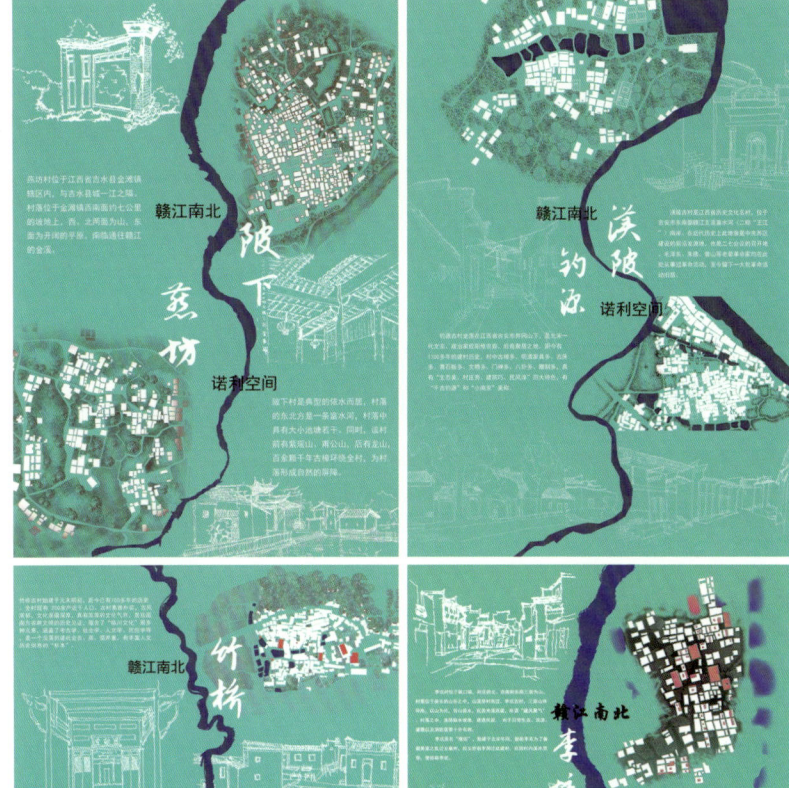

实习成果展板 设计：嘉禹豪、白艺可、迪丽胡玛尔、尚小钰、尤天宇
指导老师：黄俊清

2016级城乡规划班集体
努力获得的荣誉

第15章 启示录

结束语
Endnotes

别梦依稀咒逝川，规划实习整八年。带队规划班认识实习走过的 8 个年头里，每一年都有不同的精彩与感动，每一年也都有不少遗憾和不足，更有对下一年度实习计划的憧憬和焦虑。

◆ 收获与感动

本书是以"山水婺源"的名字开始的，在编纂过程中，自然会想到对历届认识实习的回顾，作为教学成果的检讨。一开始，以为很快就能完成，只需将以往各届的实习情况做个简要编辑，配些当时的摄影和速写作业，却不料越编越投入，沉浸其中，第一稿就花了两个多月的时间！然后就是第二稿、第三稿……直到 2018 年年初交稿都还在跟与实习相关的师生交流、探讨。每每闪现年复一年那 10 天左右的日日夜夜，还有实习前后的动员、准备与总结、展览，恍然如昨，鲜活眼前。那些常常与同学们分享的共同美好回忆，不断地丰富并改变着认知角度、生活体验和人生阅历，实在是很享受、很感动的幸福时光！

◆ 不足与遗憾

事先的实习计划必然认真制订，各项准备亦尽量充足到位，但即便如此，仍然无法避免实施过程中的各种问题。为了尽可能多看一些有特色的地方，行程安排虽疏密有致、劳逸结合，但也必须紧凑高效。实习时值盛夏，长途车程、走访调研、测绘速写，每天都会消耗大量体能，加之饮食起居环境的迅速转换，经常发生中暑、感冒甚至发烧的情况。这已成为每次实习的困扰之处。另外，局限于二年级规划专业教学所能掌握的调研方法与手段，常常无法得到理想的调研成果目标与深度，再加上有时预备功课不足，"入宝山空手而回"，造成很难弥补的遗憾。

◆ 展望未来

长途旅行我喜欢乘坐充满乡愁意味的绿皮火车，看着窗外徐徐飘过的各种景色，任思绪飞翔。2018 年 2 月初，乘火车从厦门到北京，沿途景观从绿色转为白色（江淮大雪），再转为灰土黄。列车奔驰在河北大地上，窗外闪现着古往今来的各色聚落：迅猛涌现的高楼新城——现代聚落，加速消逝的传统村庄——历史聚落，还偶然瞥见一大片墓地——未来聚落！这些从过去、现在到未来的连续而完整的画面，让我忽然对人类聚落产生了另一种时空感。

历史聚落、当代聚落与未来聚落 摄影：杨哲，2018年2月2日

"我们永远可以在聚落中找到新的智慧，诞生新的见解与词汇。"日本建筑大师原广司带领团队用26年时间，深入全世界各角落的几百个聚落走访调研，终成经典著作《世界聚落的教示100》。借由聚落的力量，其精神不断鼓舞、刺激着人类的想象力。

回顾过去8年带队城乡认识实习的历程，忽然发现，所选地点的分布非常符合"胡焕庸线"（简称"胡线"）所揭示的规律。第一次"晋陕风韵"恰巧走在胡焕庸线上的米脂、绥德。第二次"河西走廊"以胡线上的西安为起点，跨越到西北部。第三次贵州黔东南回到胡线以东。第四次之后连续5年都根据学院规定而限定在华东地区范围。

厦门大学历次城乡认识实习地点与胡焕庸线、华东地区范围的展示
绘图：高子璇（2017级城乡规划硕士研究生）

"胡焕庸线"从黑龙江省瑷珲（1956年改称爱辉，1983年改称黑河市）到云南省腾冲，大致为倾斜45度基本直线。线东南方36%的国土居住着96%的人口，以平原、水网、丘陵、喀斯特和丹霞地貌为主要地理结构，自古以农耕为经济基础；线西北方人口密度极低，是草原、沙漠和雪域高原的世界，自古为游牧民族的天下，因而划出两个迥然不同的自然和人文地域。

如果说"胡焕庸线怎么破"是国家层面城镇化经济、文化发展的大战略，那么，城乡规划专业认识实习地点跨越这条胡焕庸线，更完整地认知祖国山河形胜、城乡地理人文，就是十分必要而且十分迫切的"小目标"了。

中华大地幅员辽阔，民族文化异彩纷呈。探源泱泱华夏文明、寻根传统聚落文化，在提倡城市双修、乡村振兴的今天尤其具有深刻而长远的意义。读万卷书，更要行万里路。回顾厦门大学城乡认识实习的8年历程，已经走过了南方的皖南、婺源、徽杭、黔东南、赣江流域，北方的晋西陕北、齐鲁大地、河西走廊。然而，在祖国乃至世界聚落的版图上，这只是宏大冰山的小小一角。我们的"聚落寻源"行动刚刚起步，往昔点滴认知成果集结于此，既是师生步伐与心路的记录和总结，更是未来之路的开端和基础。长路漫漫，吾辈任重而道远。

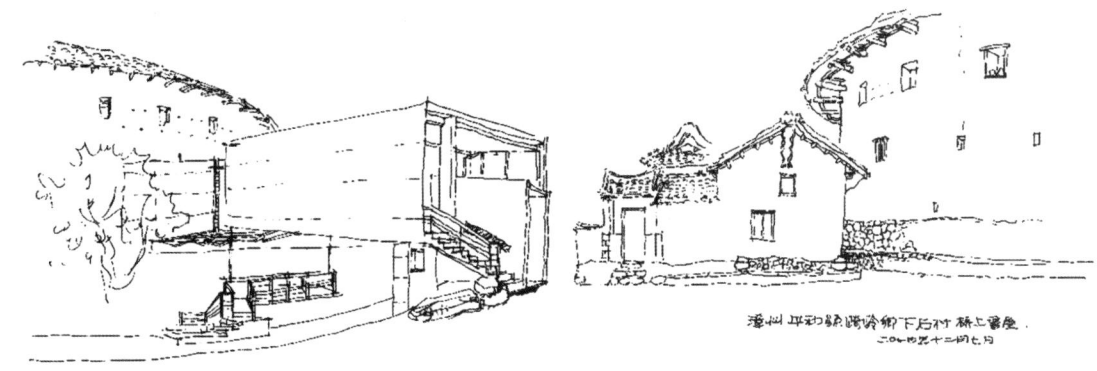

漳州平和县崎岭乡下石村桥上书屋　速写：杨哲（2014年12月7日）

后 记
Postscript

"语言、文字很多时候是假的，一起经历过的事情才是真的。"

——德国教育家卢安克

  本书是对8年（2011—2018年）城乡认识实习教学实践的回顾与总结。回顾各届实习，百感交集。每次实习之前的准备、中间的实施和回来后的总结，都始终得到每一位实践队员的全力响应，并圆满完成，更得到厦门大学领导们、建筑与土木工程学院领导和广大师生们、校友们、朋友们的各种鼓励、支持和帮助，这是本书得以面世的强大原动力。回想2016年8月暑假期间，"山水婺源"公众号系列推送时，厦门大学副校长邬大光教授、研究生院院长陶涛教授、建筑与土木工程学院王绍森院长和李立新副院长、城乡规划系王慧教授、学院党委刘梅书记和黄宇霞副书记等多位老师都对实践活动表示赞赏，提出并支持将之编辑成册的建议。厦门大学出版社陈进才老师更在百忙中亲临实习现场予以关怀和指导。每年教学实践的计划、报道、评选等活动都得到学院教学秘书王琳老师、团委刘建敏书记和熊剑龙副书记、学院党务秘书郑建斌、学院财务黄碧琳等诸位老师的热心支持与帮助。在本书付梓之际，笔者谨代表所有实践队员向你们以及所有关心我们的朋友们致以衷心的感谢！特别要感谢的是厦门大学校领导及教务处、建筑与土木工程学院对出版经费等事项所给予的大力赞助，让本书得以面世，接受社会的检验和批评。

  时光荏苒，事无巨细。待本书第一稿"山水婺源——厦门大学城乡认识实习成果"即将杀青之际，新一届城乡认识实习已悄然来临并很快顺利完成了。2017年实习的主题确定为"徽杭古道·第三空间"，特别运用了无人机收集更为准确的村镇总平面资料。以2016年"山水婺源"实习的终点绩溪作为起点，徒步穿越著名的徽杭古道，切身体验从皖南到浙西的自然与人文过渡过程，强调以"第三空间"认识方法向更为纵深和广阔的领域探究。令人感动的是，2015级规划班同学们经受住了连续9天高温天气的考验，奋力前行，获得大量一手调研材料，并在暑期整理出较高水准的实习成果。而在这次实习之前，我们专门组建了小学期研究生社会实践队，利用无人机对"山水婺源"走过的村镇进行了题为"婺源聚落画像"的乡野调研。这些成果都陆续充实到本书之中，于是重新架构内容，书名也就改成了《聚落寻源》。终于在2018年年初提交给出版社，经过几轮排版、校审接近完成之际，又迎来了2018年"赣江南北·诺利空间"的实习！这一次在之前调研方法与成果的基础上，专门引入了可以对聚落公共空间加以系统分析的诺利地图方法。经过2016级规划班同学们的艰辛努力，终于让实习成果有了质的飞跃。大家再接再厉，以每站即时公众号推送、个人报告精选、小组报告加教师总结的方式，汇编入本书第四篇。

本书是集体创作的成果，主体内容由历年QQ和微信记录、实习报告、教师总结、公众号推送文章等组成。无论是初稿写作，还是成稿内测阶段，都凝聚了校内外众多师生好友的心血。在近三年的编撰过程中，我们仍然花费了大量时间和精力查阅资料、提升认识、研究论证。在本书成稿阶段，在香港大学攻读博士学位的杨林川同学（2009级城市规划本科生）、厦门大学外文学院的丁晓君老师、英国纽卡斯尔大学的王雪峰老师，对于书名、篇章节标题的英文翻译，做了认真仔细的修正和研讨，特别是，一直以来对本书编撰和出版进度非常关心的王慧老师，在病中仍伏案疾书，写来了热情的鼓励话语，令人感动；厦大（2006级建筑学）校友施聪（"白书文创"创始人兼CEO）在百忙中对全书装帧设计提出了专业级的宝贵建议，我的研究生张萌、张曼，还有厦门大学出版社的编辑们更是精益求精，让本书呈现出一个更好的面貌，在此一并感谢。需要声明的是，全书由杨哲统一策划、组织编写、统稿定稿，任何不妥之处皆由本人负责，与参加撰写的学生们以及参与审稿的老师们无关。

本书付梓之际，2019年的城乡认识实习又将开展，确定主题为"珠江寻迹•红色记忆"。调研珠江三角洲红色侨乡聚落文化，聚焦深圳惠州一带与"东江纵队"有关的历史村落，开展"乡村振兴•红色寻迹"规划与策划，并考察极富侨乡特色的世界文化遗产开平碉楼。

最后，引用每次实习结束后很多同学都会讲到的一句话，作为全书的结尾："我们始终在路上。"

杨 哲

2019年4月30日于厦门大学

版画《鸡年吉祥》作者：高权